IM ZEICHEN DER JADEBLÜTE

YEN MIN-RU

AUS DEM CHINESISCHEN ÜBERSETZT
VON MARTINA HASSE

ROMAN

D1719251

Original dieses Buches: Copyright © 2018 by
Showwe Information Co., Ltd., Taipei, Taiwan;
Cover by PRONG PRESS Verlags GmbH
Originaltitel: Wo-men Yi-ge Nü-ren

Live-Lesung mit Autorin und Übersetzerin; Nov. 2020:
Im Zeichen der Jadeblüte - YouTube

Historische Hintergründe zur „Jadeblüte":
Im Zeichen der Jadeblüte: Drei starke Frauen aus Taiwan
- ebenfalls auf YouTube

Impressum
Alle Rechte vorbehalten
Copyright 2023: PRONG PRESS, 8424 Embrach ZH
Originaltext: Yen Min-Ru
Übersetzung: Martina Hasse
Lektorat: Rolf Bächi, Embrach
Korrektorat: PRONG PRESS
Cover: Anaëlle Clot, Lausanne
Layout: Rolf Bächi, Embrach
Druck: Medico Druck, Embrach
ISBN: 978-3-906815-25-1
1. Auflage, August 2023

YUYING

„Nun spute dich, Cuifeng, Jadephönix! Haben deine Träume dir gestern eine schlaflose Nacht beschert, dass du heute so unausgeschlafen bist? Ich will das Lied nochmal üben und eine Kalligraphie will ich auch nochmal schreiben. Und Schminkpuder will ich noch kaufen. Außerdem möchte ich ein bisschen früher auf der Piazza bei der Bühne sein. So lahm wie du dich bewegst! Da läuft uns doch die Zeit schneller weg, als wir gucken können. Wenn wegen dir aus der Sache nichts wird, überlege dir schon mal, wie du mir das ersetzen willst!" Cuifeng war damit beschäftigt, mir die Zöpfe zu flechten, während ich auf sie einschimpfte. Ich hatte langes, dickes, glattes Haar. Damit wurde man nicht so einfach fertig. Ich redete in einem fort weiter. Ich wusste genau, dass ich schlecht gelaunt war. Warum das so war? Vermag ich nicht zu sagen. Moment! Seit wann braucht's einen vernünftigen Grund, um launisch zu sein!? „Die Kleine vom Lande, die du besorgt hast, ist eine Trödelliese. Sie sieht gut aus, aber ist zu nichts zu gebrauchen. Die Ajiu ist zwar jünger, aber viel braver." Cuifeng erinnerte mich an ein Mädchen aus der Japanerinnen-Tanzgruppe, die ich vor ein paar Tagen abends auf der Bühne gesehen hatte. Kleinwüchsige Mädchen mit weiten Blusen und Lampion-Pluderhosen. Nur gut, dass das Hemd mit einem schwarzen Band auf Figur gebracht worden war. Einen Haken hatte die Sache aber. Das Band wirkte viel zu lose. Auf der Bühne kreisten sie in lebensbedrohlichen Geschwindigkeiten, die Hemden und Hosen flogen so hoch, dass man die Mädchen gar nicht mehr sehen konnte. Wie Bälle, die auf der Bühne herumrollten. Es sah lächerlich aus. Außerdem waren über ihre Köpfe Mützen gestülpt. Wie Lampenschirme, die überhaupt nicht zu dem, was getanzt wurde, passten, und die auch zu nichts Nütze waren. In der Hand hielten sie Stöcke: man konnte nicht sehen, ob sie aus Bambus oder aus Holz waren. Damit maßen sie gegenseitig ihre Kräfte. Sie hieben mit Wucht drauf zu. Waren sie auf Kakerlakenjagd oder wollten sie Schmeißfliegen erschlagen? Wenn du mir wegen deiner entwaffnenden Ehrlichkeit nicht so am Herzen lägst, würde ich dich zu solch einer Aufführung bestimmt nicht begleiten. Es ist nicht nur so, dass man davon nicht fröhlich wird! Ein paar Mal schloss ich sogar die Augen, weil ich diese Mädchen einfach nur peinlich fand. Wenn ich mein marineblau-goldenes Brokatkleid im Spiegel betrachtete, so war ich die einzige Geisha, die hier, in unserer Region eine solche Pracht trug. Denn wer sonst käme auf den Gedanken, die Schlitze der langen Brokathosen bei einem solchen Kleid noch zusätzlich mit Goldfäden zu besticken? Andere ließen eine ganz schmale Stickerei mit Goldfaden an den Rändern beim Verschluss des schräg übereinander zu schließenden Oberteils im Mandarin-Stil machen, nicht mehr. Ich dagegen hatte es so gewollt, dass die rechtsseitige Goldstickerei verlängert bis unter die Achselhöhlen ausgeführt wurde, und dass sie dann den Kurven des Oberkörpers schmeichelnd bis zur Taille folgte, und erst da angekommen wieder weniger wurde. Parallel gestickte Goldfäden durften nie breit sein; das war tabu. Dazwischen musste genügend Abstand bestehen, damit auch rankend verlaufende Blüten genügend Platz fanden. Die Knotenverschlüsse der rechten Seite des Überschlags beim Oberteil entwickelten sich, so müsste man eigentlich sagen, weiter bis zum Fruchtknoten der gestickten Blüte auf der rechten Schulter. Ich hatte dem Schneidermeister Wang, der mir den Schnitt anfertigte und das Kleid schneiderte, erzählt, wie ich mir das vorstellte. Schneider Wang hatte bisher niemals auch nur einen einzigen Stich falsch gesetzt. Den Goldfaden und den Atlas hatte ich zusammen mit Cuifeng erstanden. Wir hatten dafür einige Läden durchstreift, bis wir fündig geworden waren. Schneidermeister Wangs Stickereien waren äußerst fein. Ihm war eine solche Arbeit zuzutrauen. Er sagte, das, was ich da vorhätte, wäre gewagt. Ich würde mich damit über die Grenzen des Möglichen einfach hinwegsetzen. Ich entgegnete, dass er eine solch mühselige, penible Arbeit annehme, sei erst recht gewagt. Er kannte meine Maße längst. Deswegen konnte er sich das Maßnehmen sparen. Er arbeitete gut, und ich bezahlte immer schnell. Über die Jahre, in denen er mir meine Kleider nähte, waren wir Freunde geworden.

Im Normalfall trug ich, mit Ausnahme des spärlichen Ponys, das ich mir vor der Stirn stehen ließ, mein gesamtes Haar nach hinten gekämmt. Mit dem Haaransatz meines Ponys machte ich etwas Besonderes. Ich nahm das Ponyhaar etwas auf und steckte es nach oben auf dem Kopf fest. Das hintere Haupthaar scheitelte ich und teilte es in zwei Stränge, die ich seitlich jeweils zu einem Dutt kämmte. Den linken Dutt schmückte ich, indem ich eine mit Blüten geschmückte Haarnadel einsteckte; zwei davon herabhängende Kettchen mit pastellenen Perlen berührten leicht die obere Kante meines Ohrs. Ich besitze filigrane Augenbrauen und schmale, markante Wangen. Meine Nase ist spitz und hat einen leichten Schwung aufwärts. Meine Lippen sind eher schmal.

Wenn du allein zu mir hoch in den ersten Stock kamst, saß ich kerzengerade im Salon und rauchte eine langstielige Zigarette. Ich sprach dann kein Wort, ich lächelte auch nicht, und blickte dich nur aus den Augenwinkeln an. Dass man nun sagen könnte, meine Kunden kämen wie brandendes Flutwasser, geräuschlos anrollend, mir Zentimeter um Zentimeter auf den Leib rückend, kann man so eigentlich nicht stehen lassen. Je mehr es auf Sonnenuntergang zuging, je mehr die Vögel, müde geworden, in ihre Nester zurückkehrten, und wenn in den Häusern der Menschen die Lampen entzündet wurden, umso zahlreicher kamen sie; einer nach dem anderen in loser Folge. Das stimmte schon. Mal kamen zwei, mal drei. Manchmal ein kleines Grüppchen. Katzbuckelnd in Demutshaltung bewegten sie sich. Wenn sie zu mir hereinkamen, ließen sie aus Höflichkeit einander den Vortritt. Dabei war es dann regelmäßig gehörig laut. Stammkunden wollten immer die gleichen Séparées in den Seitenflügeln des Hauses, die sie schon einmal gebucht hatten. Sogar welchen Sitzplatz, ob an der Tür, an der Wand oder am Fenster, ob es schicklich oder nicht, und ob möglich oder nicht, neben einer bestimmten Person Platz zu nehmen, das alles war genauestens festgelegt. Es hatte den Anschein, als wären bei den Tischplätzen unsichtbare Namenstischkärtchen aufgestellt. Man setzte sich niemals an den falschen Platz. Die papierne Tür ließ sich in der Mitte des Raums nach rechts und links zu beiden Seiten aufziehen. Mal zog man sie auf, mal gleich wieder zu. Es wurden erlesene Köstlichkeiten aufgetragen und bester Schnaps geöffnet. Die Duftschwaden des Essens und des Schnapses stiegen bis an die Decke und durchdrangen die Kleidung. Zigaretten wurden – ich dir, du mir – stetig angeboten, sodass der Raum so voller Rauch war, dass man nicht klar sehen konnte. Alles war verschwommen und so diffus wie das, was die Kunden, die hier bei mir zusammenkamen, im Herzen bewegte. Ihre Herzensangelegenheiten überdeckte der Rauch gleich mit. Manche der singenden und tanzenden bunten Frühlingsvöglein hatten ihren Platz an der Tafel längst eingenommen, manche der Geishas kamen erst jetzt hereingeflattert.

Das erste Mal von Angesicht zu Angesicht: Referatsleiter Wang und Referent Zhang waren mit von der Partie. Sie riefen mich immer Fräulein Yuying, Fräulein Jadeblüte. Als Direktor Shen dich vorstellte, war es glücklicherweise der Fall, dass Ajiu mein Gesicht gerade zur Hälfte verdeckte, sodass ich deinen grauen Anzug nur halb sehen konnte. Und auch dein Gesicht sah ich nicht. Schließlich kam es soweit, dass du mir gegenüber Platz nahmst. Sowie du dich hingesetzt hattest, verhielt es sich überraschenderweise so, dass du für alle Ewigkeit dort sitzen solltest. Eine schicksalhafte Begegnung gehorcht keiner Regel. Es passiert auch nicht, weil gerade irgendetwas zusammenpasst. Und zu allem Überfluss behinderten sich, allein schon von Gesetzes wegen, deine und meine Angelegenheiten. Gesetze werden von Menschen gemacht. Weil ich, mit Verlaub des Gesetzes, verkauft worden war, konnte ich nichts gegen meine große Pein ausrichten. Sie existierte per Gesetz. Aber wer hatte mittels der Gesetze festgesetzt, dass ich solch große Pein erleiden musste? Warum ließ dieser jemand zu, dass man mich legitim verkaufen konnte und ich solche Verletzungen erlitt? Ajiu blies die Längsflöte. Ich achtete wegen der Tonstärke dieser Xiao genannten Flöte immer darauf, dass sie ihren Unterbauch beim Blasen mehr einzog und dann etwas weniger stark blies. Wenn die Bambusflöte meine Stimme beim Singen übertönte, würde das meine Kunden gegen mich aufbringen. Sie würden mit gerunzelten Brauen zuhören, denn sie verstünden dann die Liedtexte nicht mehr und wüssten nicht, von welch erotischen Gefühlszuständen, traurigen Klagen und Verwicklungen ich sang. Die, die ihre Brauen runzelten, waren zumeist die neuen, und nie meine Stammkunden. Meine Neukunden musste ich besonders fleißig umwerben. Stammkunden wussten immer genau, was sie hören wollten. Sie nickten zu ihren Lieblingsliedern gefällig mit dem Kopf, wiegten ihn hin und her, während sie den Takt auf den Oberschenkeln mitklopften und die Verse mit den Lippen mitraunten. Weißer Zigarettenqualm und der Dunst der heißen Speisen wogten zusammen mit meinen traurigen, langsamen Melodien im Raum. Wie ein Yurei, so ein randalierender, sich mit seinem Schicksal nicht abfindender, dunkler Geist, der die Ohren belästigt und sich unentwegt aufdrängt, und der sich in der Seele des Menschen einnistet. Durch solche Yureis entsteht plötzliche geistige Umnachtung.

Einsam ist meine Kammer,
bedrückt meine Stimmung,
wenn ich ins Stickzimmer gehe.
Fahlgrüne Leere im stillen Gemach,
wenn das Bett leer, die Tatamis ausgekühlt sind,
oh welch todbringende Stimmung.
Gestern träumte mir, dass ich meinen Liebsten sah,
dass er zu mir kam...

Direktor Shen hatte seine Zigarette zwischen Zeige- und Mittelfinger klemmen, zwischen den drei übrigen Fingern der Linken hielt er am Rand die Schnapsschale. Er drehte sein Handgelenk Richtung Mund und nippte in kleinen Schlucken vom Sake. Die beiden anderen Männer tuschelten leise miteinander und aßen. Nur du saßest wie zur Salzsäule erstarrt und blicktest mich unverwandt aus großen Augen an. Du betrachtetest meine blütenweißen Hände, die ich zur Lotusfinger-Mudra gefaltet hatte, eine Mudra, die zum Meditieren gefaltet wird, und du studiertest meinen feinen, blauen Kajalstrich und meine Wimpern, die wie ein aufgerichtetes Segel nach oben zeigten. Du hattest, während mein Mund lauter Worte in falscher Aussprache ausspuckte, meine undurchsichtige Vergangenheit, und meine Zukunft erkannt. Und ohne viel Federlesen begannst du mich zu mögen. Dann verleitetest du mich, dir zu vertrauen und damit den ersten fehlerhaften Schritt zu tun.

PINGGU

Du musst weiterdrücken. Ich sehe schon schwarzes Haar. Du willst doch wissen, ob es ein Junge oder ein Mädchen ist! Jetzt musst du pressen, dann weißt du es gleich! Die magere Frau lag platt auf dem Bett, das gesamte Gesicht war zerknautschter als ein abgerissenes Kalenderblatt, so eines aus dünnem Bibelpapier, das man nach dem Abreißen ein paar Mal zusammengeknüllt. Verglichen mit ihrem flach daliegenden Leib sah ihr nach oben stehender Bauch wie ein kleiner Berg aus. Die Hebamme veränderte ein paarmal die Position des Kindes im Bauch, und als die Gebärende wieder presste, drückte sie deren Bauch in Richtung der Kindsfüße. Beide Frauen versuchten es so ein paar Mal. Als sie ein bisschen, für einen kurzen Moment nur, nach Luft schnappten, glitt der Säugling aus der Gebärmutter heraus. Das Weinen war nur ein dünnes Tönchen. „Und ... was ist es?", fragte die magere Frau auf dem Holzbett matt. Neben ihr flog Staub von ihrer Bettdecke auf, es roch nach Stockflecken, feucht und modrig.

Sie hatten das Zimmer schon hergerichtet gehabt. Den Kabinettschrank, dem ein Bein fehlte, hatten sie mit einem Stück Holz wieder angehoben, so dass er nun gerade stand. Die Kanne Wasser auf dem Bambustisch war nicht das einzige Utensil dort. Um die Kanne herum lagen altes Papier und alte Pappkartons. Woher die Kartons waren und mit was sie vorher befüllt gewesen waren, wusste man nicht.

Außerdem gab es noch zwei irdene Schüsseln, die über Kopf auf dem Tisch abgestellt worden waren. Die stetiger Berührung ausgesetzten Flächen an den Bambusstühlen hatten eine nussbraune, glänzende Farbe bekommen. Hatte der Himmel dieses Mal Erbarmen mit ihr gehabt? Sie fragte die Hebamme ein zweites Mal nach dem Neugeborenen. „Es hat nicht geklappt. Nur ein Mädchen. Leider schon wieder ein Mädchen", sagte die auf einem Auge blinde Hebamme Cai. Die magere Frau schluckte. Es sah aus, als wolle sie gleich losweinen.

„Dann läuft jetzt alles so, wie unser Vertrag es vorsieht. Wir machen es so, wie es sich gehört", sagte die sich in ihr Schicksal fügende, magere Frau. Das war keine junge Mutter, die freudig darauf wartet, dass man ihr ihr Baby zeigt. Sie wollte die Sache schnell zu Ende bringen und die Hebamme wieder loswerden. Das käme ihr besser zu Pass. Die Hebamme Cai war erfahren in diesem Gewerbe. Natürlich wusste sie, was sich gehörte. Sie wusste nicht nur bestens, wie es Brauch war, sie hatte auch ihre eigenen Regeln. Sie tauchte das neugeborene Mädchen langsam, mit dem Kopf voran in das vorbereitete lauwarme Badewasser. Kein Ton, kein Blubbern vom Atmen. Nicht eine einzige Wasserblase, die sich auf der Wasseroberfläche sehen ließ. Da hatte die Kleine es nicht mal geschafft, die Augen zu öffnen und die Welt zu erblicken. Sowas aber auch! Dann war ja alles viel einfacher und praktisch! Sie machte ihre Sache ja nicht zum ersten Mal, der Ablauf war ihr mehr als klar. Das neugeborene Mädchen in der Wanne, mit der noch unversorgten Nabelschnur legte sie auf den Sandboden in die Ecke des Raums. Sie drehte sich zu der heiser vor Weinen, sich über ihr schlechtes Schicksal beklagenden Mutter, damit sie ihren Lohn für ihre Leistung in Empfang nehmen konnte. Sie wischte die Frau sauber, befühlte, wo sie schon gerade dabei war, den Holzboden des Bettes und die Bettkante. Dabei hob sie die beiden abgetragenen Hemden auf, die blutgetränkt, wie sie waren, nur noch als Regellappen benutzt werden konnten. „Du hast gerade deine Nachgeburt gehabt, tu dir jetzt kein Leid an. Wenn die Kleine nicht ersoffen ist und du sie verscharrst, verkaufst du sie eben. Das machst ja nicht nur du so. Da gibt es viele Familien, auch welche, die Geld haben, die das so machen. Wenn das Mädchen erst 17, 18 Jahre alt ist, wird sie eine Aussteuer brauchen, das Brautgeld wird teuer, und sie muss hübsch aussehen, wenn ein Mann gefunden werden soll. Wir leben hier sparsam, mit der Meeressalzluft, dem salzig schmeckendem Regen und dem Salzgemüse als Beilage zum Reis begnügen wir uns.

Ein Mädchen aufzuziehen, ist hier zu teuer." Die alte Cai war sehr bemüht, die Frau zu trösten. Sie redete in einem fort auf sie ein. Dass sich diese Hebamme, wenn sie die Frauen tröstete, während der Jahrzehnte, in denen sie ihren Beruf bereits ausübte, nie wiederholt hatte, konnte man eine Leistung nennen, die ihresgleichen suchte. Es war nicht viel Zeit vergangen, und die beiden Frauen hörten ein zischendes Geräusch. Sie meinten, es müsste eine Ratte sein, die ins Zimmer gekommen war. Die Wöchnerin war zu schwach. Sie schaffte nicht, sich aufzusetzen und nachzuschauen. Also erhob sich die einäugige Hebamme und schaute in jeder Ecke nach. Plötzlich war sie wie vom Schlag gerührt, so sehr, dass sie rücklings hintenüber fiel und auf der Bettkante zu sitzen kam. Das neugeborene Mädchen lebte noch.

Diese Geschichte hat mir meine Mutter erzählt. Sie sagte, dass ich bei meiner Geburt nicht größer als ein neugeborenes Kätzchen war. Dass ich überlebt hatte, bedeutete bestimmt, dass ich noch eine weltbewegende Aufgabe zu vollbringen hatte. Mutter wünschte sich, dass in meinem Leben alles glatt laufen und ich immer beschützt sein sollte. Obschon ich, Pinggu, wüst und grausig sterben sollte, habe ich in meinem ganzen Leben niemals jemanden enttäuscht. Meine Mutter behielt mich bei sich. Sie war besonders lieb zu mir. Sie sagte immer, dass ich als ein Kind der Mutter Erde, als etwas Urweibliches, in die Welt wiedergeboren und nun ihr Schutzengel wäre, um das Böse, das ihr angetan worden war, zu rächen. Ich wollte alles so machen, wie sie sich wünschte, wuchs heran und schaffte es, nicht den frühen Kindstod als kleiner Sämling zu sterben. Ich überlebte. Nur, von meinem Vater wusste ich nichts. Mein Vater hauchte nämlich, als ich mich zischelnd auf dem erdigen Boden bei uns quälte, um den ersten Atemzug auf der Welt zu tun, gerade sein Leben aus. Das war, als er sich an der Holzstange längs der Reling festkrallte, während er schiss, aber just die Seeräuberdschunke sein Handelsschiff rammte. Es ruckte. Er ging dabei über Bord und ertrank in der schwarzen See.

„Weg frei! Hey, Platz da! Ich komme! Ich muss durch!" Mit den zwei Ruderblättern schlängelte ich mich zwischen den Sampans hindurch. Keine neun Jahre war ich alt, als ich das in meinem Sampan schon drauf hatte. Wer hätte nicht gewusst, dass man für die Schätze des Meeres viele kostbare Schätze des Landes bekommt? Meine zwei großen Schwestern wussten nichts Besseres, als mit Mutter zusammen einen Stand auf dem Markt aufzumachen. Pah! Was konnte man da schon verdienen! Wenn man leben wollte, fand ich, dann aber mit Stil und vernünftig! Man konnte doch nicht immer wie ein Wurm am Boden kriechen, wie Regenwürmer die Erde umpflügen ... Das musste ich in meiner pränatalen Phase im Leib meiner Mutter wohl schon begriffen haben! Meine Mutter sagte immer, ich wäre bei uns derjenige, der in anderen Familien der Vater ist. Ich hielte das Ruder der Familie in meinen Händen. Spaß machte mir das, sie so reden zu hören. Wenn ich noch mehr von den Schätzen des Meeres in meinen Taschen einholen wollte, war der wohl wichtigste Kniff, dass ich geübt im Hantieren mit dem Sampan würde. Was das Sampanfahren anging, gab es hier in dieser Bucht keinen, der schneller ausweichen konnte, als ich. Der Trick dabei war, auf den Punkt, nicht auf die Fläche zu gucken. Manche hatten ein scharfes Mundwerk, doch deren Hirnschmalz war wie Talg. Sie wollten nichts andres als sofort zum Anleger ans Ufer. Deshalb starrten sie stur nach vorn, um zu entdecken, bei welcher Anlegebucht noch eine Lücke frei war. Wie sollte man, wenn beide Augen in ein und dieselbe Richtung schauten, wissen, welchen Abstand man ringsherum zu den anderen Sampans hatte, und wie die sich bewegten? Entscheidend war ja wohl, dass man nur die Richtung halten musste, im Kopf dabei einen Punkt fest vor Augen hatte, aber das dazwischen sich durchschlängeln, vor und zurück fahren, geschickt und mit Augenmaß geschah. Wenn man sich weiter weg vom Ufer befand, hatte das nicht unbedingt zur Folge, dass man es nicht oder etwa später als andere erreichte. Es kam allein darauf an, wie man zwischen den Booten, seien es zwei, drei oder auch fünf, seinen eigenen Sampan hindurch bugsierte. Denn sobald das Boot voll war, drängten Menschenmengen ans Ufer. Frisch mussten die Schätze des Meeres sein, nur dann bekam man einen guten Preis dafür.

Ich hatte den alten Hui erzählen hören, dass sein Vater den Grund für den Riesenandrang wusste. Hier an unserer Bucht war früher ein Lieferstandort für die Garnelen des Kaisers. Garnelen zu fangen, damit sie für den Transport fertig wurden, um danach in den goldenen Mund des Kaisers zu wandern, war ja auch nicht an jeder Bucht einfach so möglich. Der Vater des alten Hui sagte, dass, obwohl aus der Bucht gegenwärtig noch richtig was werden könnte, es doch schade sei, dass sich alle, Arm in Arm untereinander eingehakt, wohl abgesprochen hätten, dass die meisten arm bleiben sollten und es nur ganz wenige geben dürfte, die viel Geld verdienten. Den Leuten hier in der Bucht fehlte das Rückgrat. Sie schafften das mit dem aufrechten Gang einfach nicht. Deswegen gäbe es hier auch keine richtigen Männer!

Alles in allem war es aus seiner Sicht wohl so, dass man sich damit versündigte, wenn man aktiv den Markt belebte. Ich fand, dass der Vater vom alten Hui ja ein dermaßen verbocktes Hirn hatte, dass der schon gar nichts mehr merkte. Es kam doch drauf an zu überleben, die Holzhütte durch ein aus Stein gemauertes Haus zu ersetzen. Da war es doch vernünftig, wenn man sich zusammentat! War doch undenkbar, dass der alte Hui mit seinem Hinkebein, wenn er in den kleinen Gassen und Hinterhöfen Dampfbrötchen verkaufte, sich dabei glücklich fühlte. Die lange Stufentreppe hinauf zur alten Moschee Qingjing Si, wo er hätte Stille und Rückzug finden können, schaffte er nicht mehr hinauf. Er hätte ja nicht mal das nötige Kleingeld besessen, einen Sänftenträger, der ihn hinauf getragen hätte, zu bezahlen. Wenn ich mich im Gegenzug selbst anschaute: der Mann meiner großen Schwester war Kesselflicker, der meiner zweiten großen Schwester Totengräber und Grabbesteller. In deren beider Leben passierte nichts mehr. Da gab es null Chance. Nur ich selbst war noch frei und konnte machen, was ich wollte. Was bitteschön, mit Ausnahme von an der Reling stehen und runter ins Wasser pissen, hätte ich nicht wie ein Mann gekonnt?

Es war ein ewiger Lauf der Gezeiten, die Flut kam, die Ebbe ging mit auflaufendem und ablaufendem Wasser. An dieser Bucht war ich aufgewachsen. Aber hier begraben werden wollte ich nicht, eine solche Vorstellung fand ich bedrückend. Wenn ich schlechter Laune war, ging ich rauf in die Berge spazieren. Diese todverdammten Straßenköter bei uns folgten mir dabei jedes Mal auf Schritt und Tritt. Dass ich sie todverdammt nannte, war nicht, weil ich sie etwa verfluchte. Viel mehr verspürte ich ehrliches Mitleid mit ihnen. Wären es nur Hunde gewesen, die humpelten, deren eines Auge weggefault war, die so mager waren, dass nur das Gerippe übrig war, wäre es ja gut gewesen. Aber es gab auch solche, die hinter sich faulige Fleischbatzen herzogen. Batzen, die ihnen, man wusste nicht wie, aus dem After herausgekippt waren. Diese Batzen waren voller Fliegen, die sie nach Leibeskräften umschwirrten. Allein das Brummen der Fliegen ließ jeden verrückt werden. Ich hob, während ich ging, ständig Steine auf, die ich nach ihnen warf, solange bis diese lästigen Bestien sich

11

langsam verscheuchen ließen. Der Weg hinauf in die Berge ging sich gar nicht mal schlecht. Man wusste nicht, warum sich hierher nur selten jemand verirrte

Jetzt reichte es mir. Hatte ich nicht genug schäbiges Gefasel gehört? Hier oben über dem Dorf atmete alles Stille und Rückzug. Ich kam durch einen Backsteintorbogen, ging dann Stufe um Stufe eine endlos lange Treppe hinan, die mich auf den Gipfel des Hügels führte. Sobald ich dort über den Wipfeln angelangt war, atmete alles um mich herum Freiheit. Dann war ich wie ausgewechselt. Ich war, als wäre ich zur Windböe geworden, oder ein Gespenst, das den Wind reitet. Wenn ich mir so etwas vorstellte, ging mir das Herz auf. Das war mir das Liebste. Nicht weit weg von mir gab es eine erdige Naturterrasse, wo alles verwelkt und verwüstet war. Trostlose Steinmauern gab es, die eingestürzt waren. Nur unvollständige Reste waren übrig geblieben. Woher und aus welchen Fernen damals wohl die hasserfüllten Wutausbrüche gekommen waren? Und wohin sich die Wut, nachdem sie die Terrassenmauern zerstört hatte, gewendet hatte? Ach, was kümmerte mich das! Einziger Vorteil war doch, dass auf diesem Wipfel alles frei geworden war für den Bau eines schönen Hauses mit Blick über das Meer. Ich hörte nie damit auf, mir auszurechnen, dass ich die Chance bekäme, hier mein Haus zu bauen. Ich wollte einen reetgedeckten Drachen- und Phönixpavillon errichten, von dem aus ich meinen Blick übers Meer schweifen lassen und den ausfahrenden und heimkehrenden Sampans zuschauen konnte. Ich wollte dabei zusehen, wie die ersten Morgensonnenstrahlen die Meeresbucht rot färbten. Aber nicht mit den Fischern einen Platz im Wasser ergattern müssen, wo ich meine Netze auswerfen konnte. Ich wollte nur den verschwommenen Lichtpunkten des am Abend erleuchteten Dorfes zusehen, aber ich wollte nicht in den fauligen Gräben sitzen und die zerschlissenen Netze flicken müssen. Damals waren aller Neid und Hass, alle Konfrontationen und Beschimpfungen zuletzt nur noch Staub im Wind. Sie waren auf ewig dem Leuchtturm entrückt. Wenn früher in der Ferne ein Feuerschein blitzte, war es sicher, dass das irgendjemandes Besorgnis erregte. Ich musste mir keine solchen Sorgen machen, denn mit mir hatte das nichts zu tun. Wie ich mein Leben weiterleben, wie ich es schaffen könnte, anständig zu leben, ein Leben zu führen, mit dem ich mich sehen lassen konnte, nur das war wert, sich eingehend Gedanken zu machen.

AQIN

Die Sonne stand direkt über meinem Kopf. Ihre grellen Strahlen brannten auf meinen Schädel herab. Ein paar Männer hockten am lehmbefestigten Ufer. Das Meerwasser unter ihnen klatschte faul gegen die moosbewachsene Mauer. Schmutziges Maschinenöl mischte sich mit den Wasserpflanzen. Es war ein immenser Dreck, bei dem jeder verstummte. Die weiten Ärmel der Männer hingen schlaff herab. Kein Lüftchen regte sich. Es war eine Bullenhitze. Die Rohre müssten repariert werden. Ein Mann schürzte schon geraume Zeit seine Lippen, weil er wollte, dass man in die gleiche Richtung wie er schaute. Die Rohrleitung, aus der unregelmäßig Blasen hochstiegen, schien in weiter Ferne zu liegen, so fern wie der Horizont. Tatsächlich war sie nicht mehr als ein paar Meter von der moosbewachsenen Kaimauer entfernt. Während der Mann sprach, streckte er seine Hand aus und zog dem Kerl rechts von ihm die bereits halb gerauchte Zigarette aus dem Mund, um sie weiterzurauchen. Die großen Reisstrohkegelhüte der beiden Männer stießen dabei zweimal aneinander. Dann war wieder Ruhe. Das durchsichtig weiße Licht brachte die dunkelbraune Faltenhaut der Männer zum Kochen. Die Sonne selbst kochte auch. Die flirrende Hitze hatte den Wind verscheucht. Wie hätten sich da noch Wellen kräuseln sollen? Dieser Nachmittag, der den Menschen keinen Mittagsschlaf gönnte, war so still, stiller ging nicht. Die groben Taue am Kai, die Riesentragkörbe und das schwarze Tuch der Hemden brieten in der prallen Sonne.

„Sie kommen!", zerriss der Ruf eines anderen Manns, der mit dem langen Seil in der Hand, plötzlich die Stille. Er zeigte in Richtung eines Bootes, das am Rand der Bucht zur Hälfte hinter einem Felsen hervorlugte. Die am Kai in der Hocke wartenden Männer erhoben sich nacheinander. „Djim-a, warum gehst du nicht nachhause? Willst du dich hier in der Hitze totgrillen? Was soll ich deiner Frau Mutter sagen, wenn du hier einen Sonnenstich bekommst?" Ich hockte unter dem Sonnensegel auf einer Schilfmatte. Mein Kegelhut verdeckte mich fast völlig. Wie hatte mich Mutter da nur gefunden? Bestimmt weil ich beim Warten eingeschlafen war und dabei unbewusst meine Beine lang gestreckt hatte. Deshalb hatte sie die roten Schlappen, die sie mir kürzlich gekauft hatte, hervorlugen sehen. Die waren dran schuld. Noch was. Ich kann den Geruch meiner Schlappen nicht leiden. Mutter sagt, dass der nur durch den Schweiß meiner Füße ent-

13

stünde. Ich aber finde, dass meine Füße nur wegen der Schlappen so schwitzen. Also, dann wohl nicht mehr anziehen, nicht schwitzen und auch nicht stinken! Ich mag überall im Haus und auch vor dem Haus barfuß herumlaufen. Bloß zum Anleger ging ich nicht barfuß hin. Denn der weiße Sand wurde in der brütenden Hitze viel zu heiß. Dann musste man hüpfend gehen oder gehend hüpfen. Bei der Lattenbrücke, die das Ufer mit dem tiefen Wasser verband, schauten oft verbogene, rostige Nägel hervor, denen ich immer aus dem Weg ging. Die Muschelscherben dort waren auch schrecklich. Sie waren messerscharf. Immer dann waren mir meine roten Schlappen treue Begleiter. Der salzige Geschmack der Meeresluft war sowas von fischig. Den übertraf der rote Schlappengeruch nie im Leben! In Wirklichkeit hatte der Sand am Strand den Fußschweiß längst aufgesogen. Als Gui-gi (Guizhi) und ich gestern unter der Traufe Kinder malten, sagte sie, dass der Herr Vater jetzt in den Hafen einfuhr. Gui-gi malte das Haar der kleinen Mädchen immer viel zu hoch, und die Taille malte sie immer als spindeldürre Wespentaille. Da drückte der Kopf doch den Leib entzwei! Wie hässlich die aussahen! „Gui-gi, woher weißt du, dass die Schiffe wiederkommen?" - „Darüber weiß doch längst das ganze Dorf Bescheid. Du bist noch zu klein, um das zu verstehen." - „Gar nicht wahr! Ich versteh' das wohl!"

Das waren Riesenschiffe. In der Mitte hatten sie ein großes Loch. Klappte man den Holzdeckel hoch, kamen sofort weiße Rauchschwaden heraufgeschossen. Die Männer auf dem Schiff arbeiteten mit bloßem Oberkörper. Sie waren barfuß, hatten große Kegelhüte auf und kurze Hosen an. So trugen sie Kiste um Kiste von kleinen Stinten aus dem qualmenden Loch heraus. Das Eiswasser und ihre Schweißperlen huschten wie Salangini-Stinte auf den Leibern der Männer blinkend hin und her. Der langsam herabkullernde Schweiß war sofort auf den tiefbraunen Leibern verdampft, der schneller herabrinnende war wie strömender Regen. Wenn die Tropfen aufs Deck fielen, federten sie nochmal hoch. Den Herrn Vater hatte man von klein auf zu fremden Leuten gegeben. Es war aber vom Schicksal bestimmt gewesen, dass er mit meiner leiblichen Mutter zusammengekommen war. Er kehrte oft zu seinem ursprünglichen Zuhause zurück und rief dann überall laut nach Mutter. Wo mein richtiger Vater dann war? Der war doch längst tot! Der Herr Vater war immer schon selbstständig gewesen. Er hatte ja quasi, als er noch Windeln trug, schon verstanden, dass, wenn man essen wollte, auch was ver-

dienen musste. Mit dreizehn begann er auf dem Bau mit der Tragstange das Backsteine tragen. Zuerst machte er das tragstangenweise.
Jeder einzelne Gang wurde bezahlt. An seinen Schultern, Händen
und Füßen bekam er davon hässliche Schwielen. Er erkämpfte sich
sein nacktes Überleben, sein bequemes Auskommen jedoch erraubte
er sich. Nach mehr als zehn Jahren, in denen er, sowie er aß, sich
auch rührte, ließ er die Botengänge und das Tragstangetragen andere machen. Und er ließ andere für seine leibliche Mutter ein Haus
bauen. Sie bauten ein großes Haus für sie. Der Vater vom Herrn Vater war Fischer. Er fing kleine Fische und tat sie in ein kleines Boot.
Wenn das Wetter gut war, glitt es schwerelos aus dem Hafen. War das
Wetter schlecht, rollte es mächtig, wenn er ausfuhr. Beim Vater vom
Herrn Vater war es so, dass er manchmal leicht aus dem Hafen glitt,
um schwer schaukelnd zurückzukommen, und manchmal schwer
schaukelnd hinausfuhr, um dann sachte wieder heim zu gleiten. So
war es bei allen. Seit Generationen war das so. Der Herr Vater aber
war anders. Er ließ nicht nur andere für sich Backsteine schleppen, er
stieg auch vom kleinen auf ein großes Schiff um. Es war eine große
Sache auf der Insel und betraf jeden. Viele Leute waren damit sehr
beschäftigt. Man stellte Gerüste auf, strich an, tankte Diesel, füllte
Wasser nach, tat Eis dazu. Und man musste ausreichend Reis und
Beilagen einkaufen. Sowie das Schiff neu eingekleidet war, es rundherum mit allem versorgt war, schwamm es mit den Erwartungen,
die die Herzen der Menschen am Ufer bis obenhin füllten, und auch
mit ihren panischen Ängsten langsam ins tiefe Wasser hinaus. So wie
es die Insel verlassen hatte, war das Schiff auf dem Meer nicht mehr
als ein Blatt, eine kleine Nussschale. Ob sie durchs Wasser glitt oder
aber schaukelnd gegen den Seegang ankämpfte, darum konnte sich
der Herr Vater nicht kümmern. Es interessierte ihn auch nicht. Niemand wusste, warum er täglich Räucherwerk abbrannte und was er
zu den Göttern betete. Egal, ob es ein strahlender früher Morgen oder
ein tintenschwarzer Abend war, die Hauptsache blieb immer, dass er
sein Leben im Griff behielt. Das bedeutete, dass er nicht kenterte und
sicher durch den Tag kam. Dann konnte er entspannt darauf warten,
dass seine Schiffe wieder in den Hafen einfuhren. Ich hatte gehört,
dass Herr Vater zu anderen oft sagte: so ein Schiff ist wie ein Leben.
Wenn es aus dem Hafen raus zur See fährt, weiß, bevor es wieder
zurückkommt, niemand, wo es hingefahren ist und was passiert ist.
Ist es mit dem Leben nicht genauso? Bevor man geboren und wieder
gestorben ist, weiß niemand, wohin die Lebensreise wirklich geht

15

und was das Schicksal mit einem vorhat. Deswegen sagte Herr Vater immer: Wenn man das Schiff noch im Blick hat, und wenn man das Leben noch im Blick hat, soll man das Schiff gut behandeln und auch das Leben gut behandeln.

Wenn die Schiffe genug auf See gewesen waren und in den Hafen einfuhren, eilte Herr Vater mit seinen Männern in schnellen Schritten zum Kai. Wenn sie die Fischer auf den Schiffen reden hörten, konnten sie jedes Mal an ihrer Stimmlage und Gestik erraten, wie der Fang ausgefallen war. Was sie rieten, stimmte meist ziemlich genau. Kaum hatten sie angelegt und waren an den dicken Pollern vertäut, scherte sich keiner mehr darum, sich gegenseitig klar Auskunft zu geben, nicht die Fischer an Bord, die Stauer zu Lande, die die Ware löschen wollten, nicht die Chefs, die Gehilfen, die gnädigen Frauen, und nicht die jungen Schwägerinnen, die Grünschnäbel und schaulustigen Omas und Großtanten. Dann waren das Löschen und der Abtransport lautstark und mit großem Tamtam voll in Gang. Der Herr Vater schaute zu. Wenn es ihn in den Händen und Füßen zu jucken begann, krempelte er sich die Hosenbeine hoch, zog sein Hemd aus und ging an Bord, um mit anzupacken. Mit der Zigarette im Mundwinkel stand er da; ein Bein an Bord des Schiffs, ein Bein auf dem Fallreep. Die fast unsichtbaren Funken der glimmenden Zigarette und die Asche von der Glut fielen in den Spalt zwischen dem Schiff und dem Kai. Sie mischten sich mit den vom Diesel und Maschinenöl verschmutzen Wasserpflanzen, die auf der Wasseroberfläche trieben. Auf dem Fallreep standen ein paar Kerle mit Kegelhüten auf den Köpfen. Sie arbeiteten, indem sie von links entgegennahmen und nach rechts weiterreichten. Wie bei einer Schnecke schraubten sich Kiste um Kiste tiefgekühlten toten Fischs das Fallreep runter und wurden dann auf die Ochsenkarren geladen. Wenn Herr Vater dann als Letzter mit auf den Fischmarkt eilte, war die Ware dort bereits ordentlich und in Schüben zum Verkauf fertig gemacht, damit man sie versteigern konnte. Bei den Fischen durften keine Krebstiere dabei sein, bei den Muscheln keine Fische. Die Ware musste leicht verständlich getrennt und portioniert sein. So und nicht anders wollte es der Chef, der Herr Vater, haben.

Das erste Mal, das zweite Mal, unzählige Male, ein Jahr, zwei Jahre und unzählige Jahre ging das immer so weiter. Dann war mein Herr Vater reich geworden. Seine Schiffe waren weiterhin gut in Schuss.

Sie sanken nicht. Egal, ob steife Brise oder laue Winde, sie schwammen aufrecht, sie rollten kein bisschen zur einen oder anderen Seite. Der Herr Vater errichtete sein Haus auf den Leibern des Seefischs. Sein angenehm, müßiges Leben baute er auf dem Schweiß seiner in der heißen Sonne schuftenden Fischereiarbeiter. Außerdem zog er nacheinander vier Söhne auf. Erst nachdem ihn alle möglichen Leute in nicht abreißenden Besuchen zur Geburt beglückwünscht hatten, kamen meine große Schwester und ich an die Reihe. Später war es so, dass Herr Vater sein Enkelkind oft besuchte. Es war ja gerade mal drei Wochen später als ich geboren worden. Mich dagegen besuchte er gar nicht. Nicht nur das: er gab mich sogar weg, ich musste an den Ortsausgang in die Familie des Hei Yuan umziehen. Das kam so, weil er fand, dass es eine Schande wäre, wenn die Schwiegertochter und die eigene Frau gleichzeitig ein Kind bekämen, und dass er sich damit nicht vor den Leuten sehen lassen könnte. Er fand, dass wenn ein Mann erstmal ein mittleres Alter erreicht hätte, es doch nicht anginge, immer noch mit einer Frau im Arm zu schlafen und dann auch noch Kinder zu machen. Das wäre doch schamlos, pure Gier. Nicht mal, wenn es die eigene Gattin wäre, ging das an. Deswegen musste ich zu den Heis als Kinderbraut, um für Hei Yuans Familie später mal Schwiegertochter zu werden. So konnte Herr Vater vor anderen eine gute Figur machen.

Mein langes weißes Kleid.
Ich gehe durch einen dunklen Flur, - lautlos -
mit meinen hölzernen Geta Schlappen.
In meiner Armbeuge liegt die Kleine, ein in weißes Tuch gewickeltes Baby.
Zwei Rinnsale Tränen rinnen mir beständig über die Backen,
sie fluten meinen Mund, dass er zubleibt, ersticken meine Schreie.
Es ist bizarr, ich bin in eine andere Zeit versetzt, dabei sprudeln
schrankenlos, weiß schäumend Wellen vor meinen Augen,
und zu beiden Seiten meiner Ohren spüre ich, dass mich Unmengen Augen
anstarren, ohne dass sie ein einziges Mal blinzeln.
Der Wind bläst unter den Saum meines Kleides und
umspielt meine Waden.

Viele Jahre später hatte ich dann auch vier Kinder, drei Mädchen und einen Jungen. Wie kam es nur, dass allen, so klein wie sie waren, ihre Seele davonflog, und ich ihre kleinen Leiber beerdigte? Wie kam es, dass bei Herrn Vater das SHIH, das wir in Südchina wie die Zahl „4" und wie „Ja, richtig!" und so wie „tot" aussprechen, bei Herrn Vaters vier Kindern „Ja, richtig!" bedeutete und bei meinen vier Kindern „tot"? Hatten die vier Söhne des Herrn Vater schon vor zig Jahren die Seelen meiner vier Kinder mittels eines kannibalischen Akts verschwinden lassen? Wem bin ich etwas schuldig geblieben? Ihr Yurei, ihr Plagegeister, womit soll ich meine Schulden begleichen? Herr Vater, begleicht eure Schuld und gebt mir meine vier Kinder zurück!

„Bei denen zuhause ist heute viel los. An ein und demselben Morgen hatten sie gleich zweimal einen Boten da, der eine Einladung überbrachte. „Mach bitte mit Djim-a einen Spaziergang. Wir wollen vermeiden, dass wenn die Leute so herzlich und freundlich sind, wir es an Höflichkeit fehlen lassen. Die groben Hemden von uns sind viel zu unansehnlich. Darin mit spazieren zu gehen wäre peinlich." Das trug meine Mutter meinem Bruder Xing von den Heis auf. Sie nahm einen Holzkamm zur Hand, ergriff mein Kopfhaar, nahm es zusammen und drehte es nach oben. Ein Gummiband zwirbelte sie dreimal um meinen Pferdeschwanz. Dann nahm sie eine kleine Bürste, die wie ein Lolli aussah, und steckte sie mir oben auf den Kopf in mein Haar. Sodann zog sie mir ein westliches Kleid über den Kopf. Vorn auf dem Kleiderstoff gab es ein paar weiße Blumen, auf dem Rücken blaue. Es war frisch gestärkt, so dass es ganz steif davon war und mich am Hals piekste. Es juckte ziemlich. „Sei schön brav und mach dein Kleid nicht schmutzig. Nur dann bekomme ich keine Vorwürfe von deiner Frau Mutter, dass ich dich nicht gut genug versorgen täte." Das sagte sie mir, als sie mir die Knöpfe zumachte. Ich wusste nicht was das war, wenn viel los war, und was man dann aß, wenn viel los war. Mir wurde heiß beim Laufen und ich war schrecklich durstig. Wenn wir durchs Dorf gingen, waren dort Häuserschatten, in denen wir gehen konnten. Mein Bruder Xing ging mit mir zickzack, einmal rechts, einmal links, immer auf der Hut, da, wo Schatten war, zu laufen. Dann mussten wir das Dorf hinter uns lassen und gingen die steinige Straße weiter. Es gab keine Möglichkeit mehr, im Schatten zu gehen. Ich konnte nicht mehr, keinen einzigen Schritt mehr. Also hockte ich vornüber gebeugt am Boden. Xing blieb nichts anderes übrig, als mich huckepack zu nehmen. Unsere Leiber klebten aneinander. Wir kochten vor Hitze. Der Rücken von Xing wurde heißer und heißer, mein Gesicht puterrot. Der Himmel war so blau, dass sich kein Vogel raus traute und der Wind hatte sich selbst weggepustet.

Ein Sturzregen ging nieder, prasselnd, dass die Haut davon schmerzte. Das anschwellende Meer brüllte. Das hohe Gras auf den Wiesen bog sich, der Wind riss am Gras, als müsse es abreißen. Wir hatten Taifun. Frau Mond versteckte sich, ihre anmutige Gestalt ließ sie nicht mehr sehen. Da! Die Schatten von vier schwarzen Gestalten, die sich rasch im hohen Gras vorwärts bewegten! In jeder Hand hielten sie Eisenhacken und Messer. Um die Lenden festgezurrt trugen sie grobes Hanfseil. Sie waren Spezialisten im Schiffe versenken und verstanden sich wortlos. Fest aufeinander eingespielt verfolgten sie ein Ziel. Was sie sich als Beute ausersehen hatten, waren die Dreidecker Kauffahrteischiffe der niederländischen ostindischen Kompanie, die in die Bucht der Insel eingefahren waren, um dort Schutz vor dem Taifun zu suchen. Diese beiden Handelsschiffe lagen dort bereits drei Tage lang vor Anker. Der Besatzung fehlte der Mut, auszufahren und es mit dem Wind aufzunehmen. Man pokerte unter Einsatz des Lebens um besseres Wetter. Drei Tage hatten für die vier Männer ausgereicht, um sich ein Bild von den Holländerdreimastern zu machen, die Höhe der Schiffe, den Tiefgang und die Anzahl der Besatzung herauszufinden.

Die Fracht hatten sie natürlich nicht zu Gesicht bekommen. Beurteilte man die Sache aus dem Blickwinkel der Jahreszeiten, hatten diese rothaarigen Holländerteufel doch sicherlich vor, durch die Formosastraße in Richtung Nordosten weiterzufahren. Das Tau war einige Mal um den großen Stein herumgelegt worden. Die Vier hatten flinke Hände. Sich im Dunkeln vortastend wateten sie ins Wasser. Würde man es schaffen, den in der Dunkelheit brüllenden Sturmwind fortzujagen, wäre ringsherum alles seelenruhig gewesen. Sie tauchten mit dem Kopf unter Wasser, tauchten, um Atem zu schöpfen, wieder auf, sogleich wieder unter und dann, zum Atem holen, wieder auf. So ging das wohl ein Dutzend Mal, bis sie ihre Arbeit fertig getan hatten. Als sie wieder ans Ufer kamen, lösten sie das Tau und verschwanden flink in dem vom Sturmwind wogenden hohen Gras.

„Außerdem, Djim-a, denk bloß nicht, dein Vater wäre doch ein Gebildeter, der anderen Leuten Schreiben und Lesen beibringt. Ich wette, dass unter seinen seligen Vorvätern bestimmt Seeräuber waren, die andere Seeräuber beklauten." Das sagte der glatzhaarige Onkel, während er Fischgräten auf den Tisch spuckte, wieder und wieder zu mir. Der ganze Tisch war voller Schüsseln und Schalen. Wie kam es, dass ich nur die abgenagten Gräten und Knochen sah? Hühnerknochen, Fischgräten, Entenknochen, Schweinerippchenknochen, lange und kurze, türmten sich kreuz und quer auf dem Tisch. Die

Erwachsenen spuckten in einem fort und immer mehr davon aus. Sie ließen sie einfach aus dem Mund heraus auf den Tisch fallen. Unsere Insel war eben eine Schatzinsel! „Seit alters her haben wir es nur den vorm Wind Schutz suchenden Schiffen zu verdanken, dass es uns viele Male im Jahr möglich ist, auch mal nicht auf See hinaus zu fahren", rief laut der Onkel vom Nebentisch herüber. Dabei wild zu gestikulieren, hatte er auch nicht vergessen. Mein Bruder Hei Xing und ein paar andere Jungs maßen gegenseitig auf dem Vorplatz mit dem Holzschwert ihre Schwertkünste. Sie sprangen dabei hin und her, rannten hierhin und dorthin. Sie hatten mich mit einem Haufen von Leuten, die ich nicht kannte, allein gelassen. Gegenüber von mir saß die Großmutter, die, auf ihren Krückstock gestützt, mit ihren Lilienfüßen herbeigehumpelt gekommen war. „Djim-a, wie ich sehe, wirst du immer hübscher. Wenn dich gleich deine Frau Mutter sieht, wird sie Augen machen und sich sehr freuen!"

Während Großmutter so sprach, runzelte sie ihre Brauen. Die anderen sagten, dass sie meine Oma väterlicherseits wäre, aber die leibliche Mutter von Herrn Vater war sie nicht. Meine Großmutter sagte, dass die leibliche Mutter meines Herrn Vaters, die, der er das schöne, bequeme Haus gebaut hatte, keine paar Jahre mehr zu leben hätte, und dass ihre Seele bereits auf dem Weg zurück in den Himmel wäre. Alle im Dorf sagten, dass sie dieses Glück der Langlebigkeit nicht besäße. Sie hätte den Herrn Vater damals der Oma gegeben. Und obschon sie nun das große Haus bekommen hätte, hätte sie darin doch nicht mehr lange zu leben. Ihr bitteres Leben wäre schicksalsbestimmt. Das hatten auch andere schon beobachtet und gesagt. Ich zog meinen Rock glatt, denn ich hatte große Angst, dass Mutter mit mir schimpfen würde, wenn er zerknittert wäre. Der glatzhaarige Onkel neben mir hielt in der rechten Hand seine Essstäbchen, in der Linken, zwischen Zeige- und Mittelfinger, seine Zigarette und mit den übrigen drei Fingern seine Schnapsschale, aus der er in großen Schlucken trank. „Bringt ja nichts, dass dein Vater ein Gebildeter ist und unterrichtet. Von deinen drei Brüdern tritt kein einziger in seine Fußstapfen und tut es ihm nach", drehte sich der Glatzkopf mir zu. Seine Schnapsfahne war grässlich. Am ganzen Leib kriegte ich seinen feuchten Schnapsdunst ab. Er nahm ein paar Züge von seiner Zigarette. Als er die Asche abklopfte, flog ein Funke auf den Ärmel meines Kleids und brannte ein kleines schwarzes Loch hinein. Ich regte mich so darüber auf, dass ich weinte. Ich weinte und konnte gar nicht mehr damit aufhören. Ich weinte, weil mich mein Bruder Hei Xing hier einfach abgesetzt hatte und selber spielen gegangen war. Ich weinte, weil ich auf dem hohen Hocker saß und allein nicht herunter konnte. Ich weinte wegen des schwarzen Brandflecks. Ich weinte, weil mir so heiß war und weil ich Angst hatte. Ich würde nie mehr zu Herrn Vater nachhause kommen.

YUYING

„Da trägt man dir auf, den Tisch abzuräumen, und dann trödelst du damit. Du scheinst eine Tracht Prügel zu wollen! Ist dir nicht klar, wieviel Arbeit heute noch auf dich wartet? Ich denke, du bist bestens im Bilde! Trotzdem testest du aus, wann mir mit dir der Geduldsfaden reißt. Glaubst du, ich wüsste nicht, dass du etwas im Schilde führst? Andere sind gierig nach Essen und Schlafen und kriegen nicht genug davon. Dich dagegen reitet der Teufel! Von morgens bis abends lässt du dich von dieser dunklen Macht leiten. Wenn du fleißig bist und was lernst, wird dir das guttun. Nicht, dass es noch so weit kommt, dass andere ihre drei Mahlzeiten ohne Sorgen erwirtschaften, aber du dann erbärmlich heruntergekommen endest." Ich bekam immer, kaum dass meine Mutter ihre schrille Stimme erhob, sofort eine Gänsehaut. Jede einzelne Pore spürte ich aufploppen. Wenn ihre Rohrstockschläge wie ein von Nordwesten hereinbrechender Sturzregen auf meinen Rücken herabprasselten, wurde ich stocksteif wie eine Stabpuppe. Ich wich ihr nicht aus, sondern blieb wie festgenagelt am Platz. Ich starrte dann zu Boden, presste die Lippen zusammen, bettelte nicht um Gnade und verkniff mir das Weinen. Dass ich nicht reagierte und mich keinen Deut rührte, war, als goss ich noch Öl ins Feuer ihrer Wut. Meine Mutter fand, dass es, wenn ich nicht weinte und nicht um Gnade bettelte, doch hieß, dass ich die Frechheit besäße, sie zu provozieren. Die zwei Jahre jüngere Ajiu war da anders. Der dünne Rohrstock meiner Mutter sauste wie das fliegende Schwert des Generals Cai aus dem Puppentheater über den Steinaffen Sun Wukong auf Ajiu herab. Je mehr der Steinaffe den General Cai provozierte, umso mehr setzte der ihm nach. Wenn man zusah, meinte man doch glatt, da würde mit dem Schwert gekämpft. Sobald Mutter den dünnen Rohrstock hob, sprang Ajiu los, um ihn zu packen. Wie sollte die arme Ajiu das nur jemals schaffen, dafür müsste sie noch einige Stockschläge mehr kassieren!

21

Ich war lethargisch. Lasch murmelnd beförderte ich, was in meinem Gedächtnis schlummerte, zutage. Du dagegen saßest kerzengerade da, mit leuchtenden Augen und geschwellter Brust, und presstest mir meine Worte wie mit der Saftpresse aus. Du sagtest, der Vergleich des dünnen Rohrstocks mit einem in der Luft tanzenden Schwert, das schon aus der Entfernung tödlich ist, wäre überaus lebendig. Du sagtest, meine Augen durchschauten alles mit Kalkül, und dass es deswegen kein Wunder wäre, wenn ich so wunderschön dichtete. Was will mir das sagen? Unsereins besitzt nicht die Möglichkeit, sich mit Samenkörnern oder Bienen zu vergleichen, oder doch? Ein Samenkorn besitzt einen Acker, in den es herabfällt, und die Biene eine Blüte, in der sie Nektar sammelt. Sie haben in ihrem Leben ein klares Ziel vor Augen. Wir haben mehr oder weniger alle Ziele, die wir in unserem Leben verfolgen. Aber an den extravaganten Luxus, sie zu verwirklichen, denken wir gar nicht. Nicht mal heimlich gestatten wir uns die Vorstellung, zum Zuge zu kommen. Denn Wünsche führen doch nur zu Enttäuschungen und peinlichem Lachen über uns selbst. Denn die Kehrseite unserer Wünsche ist ein undurchsichtiger weißer Nebel.

An jenem Tag war ich eingenickt. Ich war gerade völlig weggetreten, als es draußen zu donnern begann und ein Platzregen niederging. Von den vereinzelt vorbeifahrenden Autos war nichts zu hören. Es schüttete wie aus Kübeln, als der Regen auf den Asphalt klatschte. Je länger es ging, je weniger empfand man es als laut. Aber es war stickig. Überall auf der Straße war es stickig. Überall im Haus war es stickig. Und die Gemütslage glich sich, wie hätte es anders sein sollen, dem an; man wurde lustlos. Cuifeng horchte auf. Sie hatte dein aufgeregtes Klopfen an der Tür gehört und ließ dich heraufkommen. Du warst völlig durchnässt und keuchtest. Als du den Hut absetztest, verschüttetest du das Wasser aus der Hutkrempe auf den Boden, und eine kleine Pfütze blieb auf den Holzdielen zurück. „Kann ich mich bei dir hier vorübergehend verstecken?", so fragtest du mit sehnlichem Wunsch. Und aus deinen Augen sprach pure Zuneigung. Ich besaß keine große Wohnung, nur eine große und eine kleine Schlafkammer, eine Stube und ein Esszimmer. Eine Person mehr war auszuhalten, eine Person weniger war angenehm. „Heute haben wir Regenwetter. Da wird wohl keiner vorbeikommen. Dann bleib also hier. Weiß deine Frau davon?" Du schütteltest verneinend den Kopf, als hätte, ob sie es wüsste oder nicht, nichts mit mir zu tun.

Oder wünschte ich mir etwa so sehr, dass ich die einzige auf der ganzen Welt wäre, die du wissen lassen würdest, dass du dich verstecken müsstest, und es wäre nur deshalb, weil ich deine einzige Frau wäre? „Warum sagst du ihr nichts?"- „Sie ist von Geburt an herzkrank", sagtest du, und „ich befürchte, dass in so einem Fall ein Unglück passieren könnte." Es war nur ein winziger Augenblick gewesen, dass ich aus dieser trunken machenden Sehnsucht, die einzige in deinem Leben zu sein, zurück in die Realität, in die Gewissheit, dass du schon eine Frau besaßt, geholt wurde. Mein Herz tat einen Sprung. Wie ein Reiskorn, das herabfällt, und dann noch mal hüpfend weiterfedert. „Hat man dich zum ersten Mal bedroht?" - „Nein, schon ganz oft. Ich hörte aber, dass sie mich dieses Mal wirklich schnappen wollen", sagtest du mir. „Ich habe keinen Einblick, wie Männer ihre Angelegenheiten untereinander regeln. Du erklärst es mir auch nur verschwommen. Mir bleibt allein, besorgt um dich zu sein." Vielleicht ist es ja auch nur, weil ich das genießen will, wenn ich mich um dich sorgen kann. Und nur deswegen verstehe ich deine Erklärungen nie. Wie kommt es nur, dass du sogar dein Geschriebenes vor der japanischen Polizei verstecken musst?" Du zucktest nur mit den Schultern, aber antworten tatst du mir nicht. „Ich werde dich dem Leiter der Wache vorstellen, damit der mit dir zusammen mal Schnaps trinkt. Dann wird das aufhören, dass du dich ständig fürchten musst!" Du nicktest bekräftigend, und lachtest kurz, als wenn deine Nerven damit sehr beruhigt wären.

Du hattest dich gesetzt. Ich hatte mich gesetzt. Der gegenseitige Abstand zwischen uns war nicht groß und nicht klein. Du saßest mit gekreuzten Beinen im Schneidersitz auf einem niedrigen Federkernsofa. Ich saß auf einem niedrigen Holzlehnstuhl, mit hoher gerader Lehne. Der Stuhl war einer, der für Menschen, die leicht einen Buckel machen, sehr unbequem war. Meine Füße hatte ich auf der Strebe, die als Fußstütze diente, abgestellt. Ganz leise. Du hattest mal behauptet, dass mein Temperament es nicht zuließe, mein Haupt vor anderen zu beugen. Das ist in Wirklichkeit unrichtig. Wenn ich mein Haupt beuge, so beuge ich es vor dir, und du bist außerdem der einzige, vor dem ich es beuge. Aber vor Mutters Rohrstock ducke ich mich bestimmt keinen Deut. Geduckt, mit eingezogenem Hals? Oh nein, ein Hals muss gerade und schlank sein. Einem Mann soll man nur einen schlanken und zierlichen, geraden Hals sehen lassen. Mutter sagte, „ihr Schwestern müsst von klein auf Oberteile mit einem Unterkleid oder Futter mit hohem Stehkragen tragen. Denn wenn der Hals sich gerade machen muss, wird auch der Rücken gerade. Welcher Mann würde schon Geld ausgeben wollen, damit ihm eine, einen Buckel machende Frau Gesellschaft leistet?" Meine Mutter sagte immer alles gerade heraus ohne Umschweife. Dass es einem durch Mark und Bein ging. Dass jedes Widerwort schon im Keim erstickt wurde. Wir sind alle mit der Angst vor Mutters dünnem Rohrstock groß geworden. Die Angst folgte uns ständig und überall hin, wie ein Geist, der durch Mauern geht, in den Träumen erscheint, sodass es keinen Ort mehr gibt, wo man vor ihr sicher wäre.

Der Lehrer, der mich das Spiel auf der Qin-Zither lehrte, saß zu meiner Rechten, meine Mutter zu meiner Linken. Jedes Mal, wenn ich die falsche Saite zupfte oder sie für den Ton an der falschen Stelle aufs Brett drückte, folgte geschwind ein Schlag mit der Rute auf meine Fingerspitzen, es brannte höllisch. Je öfter mir meine Mutter mit der Rute auf die Finger haute, je aufgeregter wurde ich, und umso schlimmere Fehler machte ich. Meine Finger zitterten, mein Herz pochte. Mit Herzklopfen und zitternden Fingern lernte ich Qin spielen. „Sie spielt schon sehr ordentlich, Muhme Wei. Hier muss sie mit dem Zeigefinger gleichzeitig zwei Saiten greifen, während die übrigen drei Finger sich nach oben herausstrecken müssen. Das ist kompliziert!" Mein Lehrer bemitleidete mich. Er versuchte, meine Mutter milde zu stimmen. Aber sie ignorierte das. Stur wich sie keinen Deut von ihrer Meinung ab, dass sich ohne Schläge kein Talent entwickeln könne. Als mein Lehrer das Haus verlassen hatte, und als ich dann wieder normal atmen konnte, hörte ich meine Mutter sagen, dass ich nichts zu essen bekäme. „Dass du dich nicht schämst, auch noch essen zu wollen! Nur Schweine essen, ohne zu arbeiten!"

Einen Vertrag für den Verkauf des eigenen Mädchens aufzusetzen, damit es anderer Ziehtochter würde, und so die Verbindung zum eigen Fleisch und Blut abzubrechen, taten Xu Dengcai aus der Baoxing Straße in Chongpu und seine angetraute Gattin Jiang, die beide eine leibliche Tochter ihr eigen nannten. Die Tochter wurde mit dem Namen Baofeng, Schatzphönix, gerufen und war damals vier Jahre alt. Weil die Familienumstände im eigenen Haushalt einfach nur peinlich waren, es an jedem Tage schwierig war, überhaupt etwas zu essen zu haben, beratschlagte das Ehepaar, was zu tun sei. Zuerst fragten sie die älteren und jüngeren Onkel, die großen und kleinen Brüder, und auch die Neffen. Aber keiner von denen besaß noch Ressour-

cen, die Tochter zu übernehmen. Deshalb wollten sie ihr Mädchen verkaufen. Es wurde eine Vermittlerin aufgetan, die den Verkauf in die Wege leiten sollte. Deshalb kam es in Folge dazu, dass das Mädchen durch die Hände dieser Vermittlerin ging. Es wurde dort abgegeben, die Vermittlerin Zhang Biyin wurde bezahlt, und bevor der Handel zustande kam, wurde das Mädchen Schatzphönix in Ziehtochter umbenannt. Wenn ein Mädchen aufwuchs und keine strenge Erziehung bekam, ließ es sich auch nicht verkaufen. Der Verkauf war endgültig. Schneidet man ein Peddigrohr entzwei, bleibt es für immer so. Das Ehepaar, das nun Geld besaß, traute sich nicht, Kritik und böse Anklagen einzudämmen. Diese Sache hatten sie freiwillig getan und bereuten sie auch nicht. Ein Versprechen zählte nicht mehr, die Gier trieb die Menschen von heute an. Der Vertrag über den Verkauf des eigenen Mädchens zur Ziehtochter anderer und Auflösung der Bindung zum eigen Fleisch und Blut, war erfüllt.

Der Nachttopf reichte mir fast bis zur Brust, und er war aus massivem Holz. Er war so schwer! Man muss die Sachen anpacken, ansonsten lernt man sie nicht! Das war der Wahlspruch meiner Mutter. Das sagte sie zu sich selbst, und das sagte sie auch zu uns, und zu Außenstehenden erst recht. Jeder wusste, dass sich jeder nach den Frauen, die ihre Erziehung bei der Muhme Wei bekommen hatten, die Finger leckte! In der Tat, der Nachttopf war schwer. Nachdem mich die Muhme Wei an Tochters statt erworben hatte, war die erste Arbeit, die sie mir übertrug, ihr täglich in aller Früh den Nachttopf aus ihrer Schlafkammer herauszutragen und ihn hinter der Küche in dem kleinen Wassergraben auszukippen.

In aller Früh kam die Muhme Wei mit ihren Lilienfüßchen trippelnd in unsere Schlafkammer und weckte uns eine nach der anderen auf. Diese Prozedur war jeden Tag die gleiche, wir waren alle daran gewöhnt. Im Winter fiel uns das frühe Aufstehen schwer. Die klirrend kalte Luft packte uns, sowie wir aus der warmen Bettdecke heraus waren, jedes Mal mit kalter Faust. Während wir uns wuschen, die Haare kämmten, anzogen und uns gegenseitig die Zöpfe flochten, zitterten wir vor Kälte. So begann bei uns immer der Tag.

Der Hinterausgang in der Küche hatte einen Türriegel, der ungefähr in Höhe meiner Augenbrauen war. Man musste den Schieber kräftig nach rechts schieben, dann öffnete sich die Tür und man bekam den kleinen Wassergraben, der nacheinander an allen Nachbarn vorbeifloss, in den Blick. Ich musste mich mit gegrätschten Beinen, einen Fuß links, einen rechts davon, über den Graben stellen, um es zu schaffen, den Inhalt des Nachtopfs langsam hineinzugießen. An jenem Tag hatte die Mutter wohl zweimal mehr zum Pinkeln rausgemusst und der Nachttopf war besonders schwer. Wie gewöhnlich nahm ich zuerst den Deckel herunter, um ihn dann hochzuheben und ihn Richtung Küche zu tragen. Die Mutter sagte immer, kleine Kinder haben gute Augen. Deswegen ist es euch Kindern verboten, in der Früh schon Licht anzumachen.

Es war um mich herum stockdunkel. Als ich ganz kurz mal nicht so aufpasste, trat ich gegen ein Tischbein. Dabei fiel mir der Nachttopf herunter. Die Pisse ergoss sich über den Boden und bespritzte mich am ganzen Körper. An diesem Morgen nahm ich mit einem kleinen Wischlappen die Pisse vom Boden auf und wrang den Lappen dann immer über dem Holzeimer aus. Zuletzt brachte ich die aufgenommene Pisse hinaus und goss sie im Graben aus. Nachdem ich die ganze Küche dann noch mit klarem Wasser ausgewischt hatte, waren meine Kleider, die ich am Körper trug, fast trocken. Sie rochen streng nach Urin. Die Mutter bestrafte mich mit Nachttopf hinaustragen. Das musste ich ganze dreizehn Jahre lang machen!

PINGGU

„Unser Boss kommt. Geht zur Seite, bleibt am Rand! Hey, geht zur Seite!" Drei Männer marschierten johlend die erste Straße am Markt entlang, wobei sie aufmüpfig die Köpfe nach links und nach rechts schauend drehten. Der Zitrusfrüchte Verkäufer schob schnell seinen Karren an die Straßenseite. Ein paar Bettler beugten geschäftig ihr Haupt. Ich glaubte doch glatt, die würden vor den drei jungen Kerlen den Rücken krumm machen, um ihnen Respekt zu erweisen. Aber sie bückten sich nur, weil sie die runter gekullerten Mandarinen vom Boden aufsammelten. Die drei Männer hatten aber auch eine Art zu marschieren! Es schien, als wären sie fleißig dabei, ihre mageren Leiber nach links und rechts vorschießen zu lassen, um den Eindruck zu erwecken, dass sie viel dicker, breiter und kräftiger wären, damit sie die Leute besser einschüchtern konnten. Allein ihr Äußeres und ihr Akzent verrieten deutlich, dass sie von außerhalb kamen. Sie versetzten wirklich jeden bei uns in Alarmbereitschaft. Absichtlich oder auch unbewusst behielten die Leute auf dem Markt die Drei im Visier. Es war unwahrscheinlich, dass außer mir jemand wusste, was die im Schilde führten.

Vor ein paar Tagen war wieder eine Dschunke in der Kehre unserer Bucht vor Anker gegangen! Ein ziemlich großes Schiff, ein Dreimaster. In die Bucht konnte er nicht einfahren. Deshalb hatte er außerhalb der Felsen, die die Bucht einrahmten, festgemacht, und alles Nötige musste vom Beiboot aus geregelt werden. Das war etwas, worin ich, Pinggu, geübt war. Denn wer in der Bucht konnte es schon mit mir und meinem Sampan aufnehmen? Ich war die Wendigste! Dazu kam, dass ich scharfe, flinke Augen hatte. Wenn die Masten eines Schiffs als kleiner Punkt am Himmel erschienen, hatte ich sie bereits ins Visier genommen. Besonders, wenn es darum ging, Zeit zu sparen. Wann ich heranmanövrieren musste, wann anlegen, war mir natürlich klar. Natürlich ergatterte ich den ersten Platz in der Schlange am Anleger. Mein Sampan war zwar winzig, aber hinderte mich nicht daran. Und meine Stimme? Die war von Geburt an so laut, dass sie von dieser Art von Leuten gehört wurde. „Hejo! Was ist da los? Hab ich hier jetzt Kuhfladen vor den Augen oder vergucke ich mich gerade? Wie kommt's, dass diese Bucht ein kleines Mädchen befehligt? Sowas gibt's doch gar nicht!" - „Allerdings! Du hast dich nicht verguckt! Ich, Pinggu, bin diejenige, die in dieser Bucht das Sagen hat!" Sobald ich sowas hörte, dauerte es bei meinem Temperament doch keine zehn Minuten, bis ich begierig wurde, mir ein paar Vorteile an Land zu ziehen. „Jetzt holt mich rauf auf's Schiff! Ihr befindet euch über mir. Gezwungen zu sein aufzuschauen, wenn ich mit jemandem spreche, kommt nur mit meiner Mutter in Frage, mit sonst niemandem." Als das Tau herabgelassen wurde, wickelte ich es erst einmal um Dayuan herum und ließ zu, dass sie ihn raufzogen. Dann erst wand ich es um mich selbst, um mit zwei, drei Hüpfern auch schon oben auf dem großen Schiff zu sein. „Gab es früher bei euch mal einen, der Lai Tu hieß? Macht er das nicht mehr?" Ich stand mit beiden Füßen noch gar nicht fest an Deck, als sie das auch schon fragten.

„Er ist tot", erhob ich meine Stimme, „als die Monsunwinde kamen, wollte er sie sich zunutze machen und dachte bei sich, alle kämen an Land und versteckten sich da vorm Sturm. Er meinte, er könnte diese Chance nutzen und sich so im Alleingang eine goldene Nase verdienen. Er hatte nicht damit gerechnet, dass ihn eine Riesenwindböe packte und seinen Sampan mit einem Schlag gegen die Felsen schmetterte, dabei platt wie ein Baumblatt drückte und dann so zersplitterte, dass es für jeden unfassbar blieb. Er selbst starb natürlich grauenvoll, der ganze Leib war mit Haut und Haar sofort zu Brei geworden. Das ist damit gemeint, wenn man sagt, der allmächtige Gott im Himmel sieht alles. Versteht ihr das?" So riss ich vor den Kerlen in dem Riesendreimaster meinen Mund auf und erzählte es ihnen in Kürze. Die waren wie vom Schlag gerührt, als sie es hörten. Ich sperrte wieder meinen Rachen auf: „Hört zu! Was ihr wollt, kriegt ihr. Außer Reis, Essen und euren Gerätschaften, packt ihr mir allen Krempel ohne Ausnahme zusammen. Ich nehme alles mit. Ich kann mich auch um eure Toten kümmern. Zerrt sie hervor und gebt sie mir mit. Ich suche gute Grabplätze für sie aus. Ich werde auch für feine Grabsteine sorgen und gute Grabinschriften einmeißeln lassen. Das mache ich, damit die Frauen die Gräber ihrer Männer besuchen und wissen, wo sie um sie weinen können. Das ist besser, als wie blöde die wogende See anzustarren. Das begreift ihr doch?" Die grobschlächtigen Seemänner standen um mich herum, alle mit freiem Oberkörper, schwarz von der Sonne und starr vor Dreck. Einer hässlicher als der andere und alle hielten sie ihren Mund. Es schien, dass sie verstanden hatten, wie es jetzt laufen sollte. „Hey, was ist mit ficken, ist das auch mit inbegriffen?" Man hörte sofort ein Knurren. „Stimmt! Sogar dafür müsst ihr auf mich, Pinggu, zukommen! Ihr kennt bestimmt die Regeln, tagsüber ist es billiger, abends teurer. Rohe oder erfahrene Puppen, das könnt ihr euch aussuchen." Die Männer hielten nicht aus, dass ich ihnen mit schlüpfrigen Anspielungen kam. Schon diese paar Sätze erregten sie so sehr, dass sie ihnen vor Gier und Wollust die Spucke an den Mundwinkeln herabtropfte. Außerdem waren da doch glatt zwei Kerle, die die Frechheit besaßen, auf mich zuzukommen und ihre Grapschfinger nach mir ausstreckten. Sowie meine Augen das gewahr wurden, duckte ich mich und schrie: „Dayuan, fass!" Der ursprünglich neben mir liegende Schäferhund sprang vor. Die Männer wichen zwei Schritte zurück. Der Schreck stand ihnen ins Gesicht geschrieben. Ich zog den Strick mit einem Ruck eng und hatte Dayuan wieder fest an der Hand: „Da seht ihr mal! Wer wagt es nochmal, mich Puppe zu rufen!"

Die Tage kamen und gingen. Mutter sagte immer, wenn ich weiter so wild bliebe, würde ich eines Tages die Quittung bekommen. Ich sagte ihr: „Mutter, beunruhige dich wegen mir nicht. Schau, Dayuan schläft immer in der Zimmerecke, in der ich, als ich geboren wurde, wie tot gelegen habe. Damals schützte die Muttererde mich, denn ich habe ihren Segen, und sie wird natürlich auch Dayuan beschützen. Wir beide haben den Segen der Muttererde. Außerdem habe ich ihm doch auch einen guten Namen gegeben. DA wie *gross* und YUAN wie Yuanqi, die *Lebenskraft*. Wir sind immer durch unser Seil miteinander verbunden, kein Schwert und Gewehr kann uns trennen!"

Dayuan hatte ich neben dem Leuchtturm aufgesammelt. An jenem Tag war vor der Bucht plötzlich ein Seewind aufgekommen. Ich beeilte mich, meinen Sampan flink ans Ufer zu paddeln und war auch im Nu wieder am Strand. Die gewonnene Zeit wollte ich natürlich nicht ungenutzt lassen und entschied, den Leuchtturm hochzusteigen. Es stürmte ziemlich, aber regnen tat es nur zaghaft. Ich ging durch einen Backsteintorbogen und dann Stufe um Stufe eine lange Treppe hinauf. Schon aus weiter Ferne konnte ich sehen, dass sich unten am Turm etwas langsam hin- und herbewegte. Als ich näher dran war, sah ich, dass es ein frischgeborener Welpe war; nur einen Handteller groß! Ich nahm ihn vorsichtig in meine Hände. Er hatte noch nicht einmal seine Augen geöffnet, es waren nur zwei niedliche Strichlein. Ich verstand nicht, warum die Hundemutter so weit gelaufen war und ihre Welpen hier unten am Leuchtturm zur Welt gebracht hatte. Und hatte sie tatsächlich nur einen einzigen geboren? Und wenn es nicht nur ein Welpe war, wo waren die anderen hingekommen und wo die Hundemutter? Nachhause gelaufen? Wo war deren Zuhause? Neben dem Wassergraben? Beim Müllhaufen? Ich grübelte für einen Moment. Plötzlich begriff ich. Der Welpe war von der Hundestiefmutter Cai ausgesetzt worden. [Genau wie die traurige Geschichte von der Stiefmutter Cai, an die das kleine Mädchen Dou E verkauft worden war, weil ihr Vater kein Geld hatte.] Also nahm ich den Welpen ohne Zögern mit nachhause. Ich faltete ein paar Putzlappen und legte sie unter ihn und um ihn herum. Sodann setzte ich ihn in die Lappen gewickelt in diese Zimmerecke, in der ich hätte sterben sollen, aber überlebt hatte. Ich kochte dem Hündchen jeden Tag Fischsuppe. Ich entgrätete die Fische und gab ihm frisches Fischfleisch zu essen. Dayuan wuchs wunderbar schnell heran. Es waren keine paar Monate vergangen, und er hatte sich zu einem wunderschönen, stattlichen Schäferhund gemausert. Sein Fell glänzte, seine Augen strahlten. Er war klug und reaktionsschnell, und ständig um mich, rannte vor und hinter mir her, und wenn er mal zurückblieb, sprang er kreuz und quer herum.

Ohne dass man sich's versah, war er mein allervertrautester Gefährte geworden. Selbst der Barbier Chen, den Mutter später für mich ausgesucht hatte, war mit mir nie so vertraut wie Dayuan es war. Obschon der Barbier gut zu mir war, war es kein Vergleich zu Dayuan, bei dem ich genau wusste, dass sein Herz für mich schlug. Wir beide waren nur durch den Segen der Muttererde am Leben geblieben. Wir wussten genau, was wir aneinander hatten.

Ich war die Einzige in unserer Bucht, die, wenn sie zum Arbeiten rausfuhr, ihren Hund mitnahm. Wir brachen immer in aller Früh auf. Dayuan sprang jedes Mal als erster vor mir in meinen Sampan. Er saß auf der einen Seite, ich stand auf der anderen. Die aufgehende Sonne schien auf seine Augen, dass sie leuchteten. Sein dunkelbraunes Fell zitterte im leicht fischigen Morgenwind. Manchmal tauschten wir beide einen Blick, dann hingen wir wieder unseren Gedanken nach. Immer wenn ich das Netz in das Boot hineinzog, konnte Dayuan es nicht erwarten und war sofort mit allen vier Pfoten geschäftig am Werk. Mit gespitzten Ohren und wedelnder Rute wartete er gespannt, bis er die golden blinkenden, großen und kleinen Fische in ihrem Todeskampf herumspringen sah. Sowie der Sampan voll beladen war, begriff er immer sofort, wo das Problem entstand und machte sich dann in einer Ecke ganz klein, manchmal gedrängt auf das Dollbord, damit noch mehr Platz frei wurde. Nur gut, dass er so fein balancieren konnte. Denn oft kam es nicht vor, dass er vom Boot aus ins Wasser fiel.

Ich bin überzeugt davon, dass Dayuan der einzige ist, dessen Herz für mich schlägt und dem ich blind vertrauen kann. Er ist mir treu und stellt keine Ansprüche. Ich vermag zu sehen, wie Dayuan und ich auf direktem Weg in dem Sampan in den Himmel gleiten, begleitet von paradiesischen Klängen, Musik, die mal auf- und mal abwogt. Wir lassen dann unseren Blick schweifen über den unter uns brodelnden Ozean mit seinen weißen, an der Oberfläche treibenden Schaumkronen, und sehen den großen und kleinen Schiffen zu, die schaukelnd im Sog der Wellen treiben. Der Horizont ist dann von betörendem Rot und trotzdem ist absolute Stille. Dayuan und ich hatten gute und schlechte Fänge, und das alles schenkte uns die große Göttin Muttererde Houtu Niangniang.

AQIN

In einer Jahreszeit, in der es eigentlich nie regnete, tat es das gleich ein paar Tage hintereinander. Jeder hatte massiv damit zu kämpfen. Der Weg vorm Haus wurde zu Morast. Die Mutter befüllte zwei große, irdene Bütten mit Wasser und befahl mir, nicht zu vergessen, die Kleidung in den zwei Eimern, die sie in der Ecke an der Hauswand des Hinterhauses abgestellt hatte, zu waschen. Mein Vater und mein großer Bruder waren zur großen Insel Siebenschön, nach Qimei gefahren und kamen fürs erste nicht zurück. Deswegen gab es weniger zu waschen. „Zuerst wäschst du meine und deine Unterwäsche, verstanden?" Mutter ermahnte mich, bevor ich Wäsche wusch, täglich aufs Neue. Sie hatte mit dem Vater der Familie Ding an der Ecke abgesprochen, dass sie mit der Tragstange Sand holen und die Schlaglöcher ausbessern würde. Die Dings hatten vor kurzem ihr Haus umgebaut und im Laubengang türmte sich noch ein Sandhaufen. Mutter schippte zwei Tragkörbe mit Sand voll und trug sie mit der Tragstange zu uns nach Haus. Anschließend kippte sie ihn direkt vor unserm Haus in der Meeresblickgasse Wanghaixiang aus und trat ihn mit den Füßen fest, damit man bequem drauf laufen konnte.

Zuerst, also solange das Wasser noch klar war, wusch ich Mutters und meine Unterwäsche und Kleidung. Die Sachen der Männer waren immer schmutziger als unsere. Pingping war losgegangen, um was bei den Süßkartoffeln, die sie am Berg gepflanzt hatte, zu machen. Frauen waren immer vorsichtig mit ihren Blusen und Hosen. Sie würden sich doch niemals Mund und Hände wie an einem Putzlappen an ihrer Kleidung abwischen. Solch eine Sehnsucht nach dem sauberen Duft von frisch gewaschener Kleidung, die von Sonnenwärme durchglüht ist, verspürten Männer nun mal nicht. Besonders bei Hei Yuan, den ich so schrecklich fand, war das der Fall. Seine Kleider mussten immer so lange warten, bis das Waschwasser ganz trüb und schmutzig war. Seine Klamotten waren nicht dafür da, jemandes Blöße zu bedecken, sondern nur dafür, Lehm und Modder dranschmieren zu können. Niemand würde sich jemals solch eine Jacke und Hose, wie er sie trug, anziehen! Die Kleider bei uns zuhause gaben alle immer nur mir zum Waschen. Ich finde, Hei Yuan quälte mich mit voller Absicht, als wäre er nur dafür geboren worden.

An jenem Tag wurden auf dem Dorfplatz schwarze Kaninchenfische in der Gulaschkanone gekocht. Ich war mit Gui-gi verabredet. Wir wollten uns das ansehen. Dass uns, dabei zuzuschauen, so sehr gefiel, konnte man nun auch wieder nicht sagen. Aber Mutter war zuhause am Schneidern. Ich konnte ihr dabei nicht helfen und hatte sowas von gar nichts zu tun, dass ich schon panisch davon wurde. Wir wussten natürlich, welch brüllende Hitze das Kochen in der Gulaschkanone in praller Sonne mit sich brachte. Trotzdem wollten wir unbedingt hin. Wir hätten keinen Grund nennen können. Bevor wir dort eintrafen, sahen wir schon von weitem ein paar Erwachsene, die auf dem Dorfplatz beschäftigt waren. „Gleich geht uns das Brennmaterial aus. Holt schnell ein paar Ditten!" Neben der Herdstelle standen drei, vier Männer. Man konnte nicht heraushören, wer das gesagt hatte. Zwei verdrückten sich. Man wusste nicht, wohin sie sich davon gemacht hatten, um die Ditten herbeizuschaffen. In dem Bambussieb, das über dem Herd in den Kochfischkessel eingehängt war, kochten Unmengen von Kanichenfischen. Neben dem Herd auf der großen Bambusplatte lagen die gar gekochten Rifffische aufgereiht zum Trocknen bereit. Das fertig gespaltene Feuerholz wurde nach und nach ins Feuer gegeben. Zentimeter um Zentimeter schluckte das rotglühende Ofenrohr diese grobe Nahrung. Ich fragte Gui-gi, wo da wohl der Unterschied wäre, ob die Fische nun im siedenden Wasser oder dadurch, dass sie in der prallen Sonne trockneten, stürben. Gui-gi griff nach dem Saum ihres Hemds, um sich damit die schweißnasse Stirn abzuputzen, während sie zurückfragte, ob ich den Kochfisch oder den Stockfisch essen würde?

Es war eine glühende Hitze. Die Männer arbeiteten mit freiem Oberkörper, wie gern hätten sie gleich noch ihre oberste Hautschicht, die sie so schwitzen ließ, mit ausgezogen. Bei den Frauen war das Gegenteil der Fall. Sie trugen Kegelhüte, langärmlige Blusen und banden sich noch ein Kopftuch um den Hut, sodass nur ihre Augen zu sehen waren, denn sie wollten auf keinen Fall braun werden. Braune Haut war doch hässlich. Sie machten sich ständig Gedanken, wie sie weiß bleiben könnten, und betrieben dafür immensen Aufwand. Dass die Hitze sie in der Sonne garte, nahmen sie dafür gern in Kauf. Die Menschen schwiegen schweißgebadet. Nur, wenn es sich nicht vermeiden ließ, wurde gesprochen. Als würde das Sprechen die Hitze noch steigern. Der Qualm, der über dem Kessel abzog, trieb mir scharf in die Augen, ich konnte die Tränen nicht zurückhalten. Gui-gi und ich wechselten einen Blick. Wir wussten auch ohne Worte, was der andere dachte. Sowie wir von diesem Kochfischkessel mit dem siedenden Fischsud weggerannt waren, kam ein angenehmes Lüftchen auf. Was sollten wir jetzt anstellen? Kokardenblumen pflücken gehen? Oder Hinke Pinke spielen? Das beratschlagten wir beide.

Auf diesem Himmel und Meer verbindenden, grünsprießenden Wiesenteppich blühten die Kokardenblumen im Sonnenschein um die Wette. Sie wiegten sich sachte im Wind. Je näher wir gerannt kamen, umso mehr sahen die gelb irisierenden Blütenränder der roten Blüten aus, als drehten sie sich im Kreis, als wüchsen die gelben Ränder breiter und breiter, die Blüten größer und größer, bis sie als lauter kleine Sonnen an den Himmel hüpften. So viele kleine Sonnen, die nicht aufhörten, sich im Wind zu wiegen, nach links und nach rechts kreiselnd, hellleuchtend und goldgelb, soweit das Auge reichte! Dieses Blütenmeer nahm uns die Sicht. Wir sahen nicht mehr scharf, schafften nicht, sie anzufassen. Wir rannten, sprangen, kreischten und lachten. Von unseren Gesichtern, Händen, Füßen, von jedem Fleck am ganzen Körper tropfte uns der Schweiß. Wir machten einen Bogen um die Kakteen mit den großen, scharfen Stacheln, und brachen vorsichtig Kokardenblumen an ihren dünnen Stängeln ab. Eine Blüte, zwei, drei, zehn Blüten. Zuletzt trug ich einen buschigen Strauß Kokarden-Chrysanthemen vor mir her nachhause. Auf dem Gang, wo wir immer die Kleider wuschen, stellte ich die roten Kokarden-Chrysanthemen schräg in eine Wanne, goss ein paar Schöpfkellen sauberes Wasser hinein und verschaffte ihnen Kühlung.

„Zum guten Benehmen eines anständigen Menschen gehört, nicht mit dem eigenen Schicksal zu hadern", sagte Mutter plötzlich ohne erkennbaren Anlass. Sie war gerade dabei, Hei Yuan die Hosen zu flicken. Er war in der Schule mit einem Mitschüler aneinandergeraten und beide Jungs hatten sich geprügelt. Das rechte Hosenbein war über die gesamte Länge aufgerissen. „Auf dieser Insel kann man mit der Jägerei und der Fischerei überleben, muss zwar hart arbeiten, hat aber genug zu essen. Bei anderen Leuten, die sich auf der großen Insel Siebenschön-Qimei ein bequemes Haus gebaut haben, sieht zwar alles von außen großartig aus und macht richtig was von sich her. Für mich hat es aber den Anschein, dass das eine unsichere Sache ist. Da kann man nie wissen, wie lange das vorhält. Dein Herr Vater hat es weit gebracht, er nennt eine große Dschunke sein eigen. So ein glückliches Schicksal hat nicht jeder." Mutter hielt einen Moment inne, bis sie fortfuhr: „Als dein Vater in den Süden der großen Insel in die Südstadt umzog, um dort Lesen und Schreiben zu unterrichten, beriet er sich gar nicht mit mir. Nur gut, dass ein Einheimischer von hier, der schon früher nach Qimei-Siebenschön umgezogen war, ihm half, dort ein Zimmer zu finden, das nah beim Hafen gelegen war. Dein Herr Vater ist ein Schreiberling. Aber auf unserer kleinen Insel wird damit kein Geld verdient. Nicht mal zum Sattwerden reicht es. Ich kann gut nachvollziehen, dass er sich in der Stadt eine Arbeit suchen wollte. Aber er konnte es nur in die Tat umsetzen, weil einige unserer Nachbarn längst rüber nach Siebenschön umgezogen waren. Das hatte den Anstoß gegeben. Denn ansonsten wäre er immer noch bei uns auf der Insel und würde nur hier und da mal was arbeiten, und es würde nie zum Überleben langen. Ich hörte andere erzählen, dass er Schüler genug hätte, nur, dass er sich von Zeit zu Zeit mit der japanischen Polizei herumärgern müsste, aber wir wüssten ja ... Später ließ dein Vater deinen großen Bruder und noch ein paar andere junge Leute, die auch in die Südstadt wollten, um dort einen Ausweg aus der Not zu suchen, zusammen die Überfahrt antreten. Die Leute erzählen, dass dein großer Bruder sich, sowie er an Bord war, ununterbrochen, solang bis er wieder an Land war, erbrach. Und dass er bei deinem Vater ein paar Tage wie gelähmt flachlag, bis er wieder aufgestanden wäre, rausgegangen und sich Arbeit gesucht hätte." Mutter redete pausenlos. Ich hörte ihr zu. Es hatte ja nichts mit mir zu tun, und so hatte ich fast alles im Nu wieder vergessen.

Jetzt regnete es. Meine Mutter sagte, ich würde ja spinnen. Da wäre ich in der Salzluft, im Salzwasser, und mit Salzgemüse als Beilage aufgewachsen. Wie käme es nur, dass ich, wenn es regnete, immer noch zum Meer an den Strand rannte? Ich hätte es wohl noch nicht salzig genug? Ich gebe ja zu, dass ich mir da was ausgerechnet hatte und mich drauf verließ, dass ich damit richtig lag. Ich wusste, dieser Regen fiel seit alters her und bis heute. Nie hatte es eine, auch noch so kleine, Unterbrechung gegeben. Zeigte die Sonne ihr Gesicht, blinkten die Regentropfen und wurden zu goldenen Fäden, und Frau Mond machte nachts aus dem Regen glitzerndes Silberlametta. Der Regen fiel auf See, in den Bergen und in den Gassen der Dörfer beständig. Er war noch niemals verschwunden und auch noch niemals kurz abwesend gewesen. Es regnete, wie es immer geregnet hatte, in großen Tropfen. Und ich sollte da nicht gucken gehen dürfen? Als ich klein war, erzählte ich Gui-gi die Geschichte vom Regen, aber sie glaubte mir nicht. Jetzt war ich so geworden, dass ich viele Dinge nur noch mir selbst erzählte. Wieder kam ein Regenguss runter. Ich spannte den schwarzen Schirm auf und ging raus. Die Natursteinmauern zu beiden Seiten der Gasse sahen jetzt noch hübscher aus. Teilweise war der Regen ganz tief im Gemäuer versickert, teilweise nur in die Oberfläche eingedrungen. Die Muscheln, die viel Wasser aufgenommen hatten, überlebten am Strand anscheinend sorglos, die, die wenig Wasser aufgenommen hatten, waren vielleicht schon wieder durstig. Es ging ein paar Kurven entlang, ich watete durch ein paar Regenpfützen und kam dann geradewegs aufs Meer zu. Als ich am Strand stand, die Wellen kamen und meine Füße ins Wasser tauchten, zog der Sog, als die Welle zurückschlug, mir den Sand unter den Füßen weg. Es kitzelte ein bisschen und meine Füße sanken noch tiefer in den Sand ein. Ich mochte dieses kribbelnde, kitzlige Gefühl an den Füßen und wenn sie noch tiefer in den Sand einsanken. Es war ein schönes Spiel, wenn man allein war, bei dem man nicht gestört wurde.

Der Wind brauste scharf, der Regen wurde kalt. Ich schlug meinen Kragen hoch und fasste den Schirm fester. Dunkelgraue Riesenwellen sprangen auf mich zu, klatschten mir wild ins Gesicht. Ich bekam Angst, und gleichzeitig freute ich mich. Aber nie im Leben wäre ich auf die Idee gekommen, dass du dort hinter dem dicken Felsstein hocktest und mir heimlich zuschautest.

YUYING

Nur der Regen prasselte laut, ansonsten war Grabesstille. Du saßest. Du hattest nicht vor zu sprechen. Ich wusste, dass du meine fest geschlossenen Lippen und meine gesenkten Augen gesehen hattest. Vielleicht warst du in Unruhe. Du ließest den Mund geschlossen. Also, ich würde nie im Leben zuerst was sagen. Schließlich warst du es gewesen, der zu mir hochgekommen war, oder etwa nicht? Hatten wir jetzt damit begonnen, uns gegenseitig anzuschmollen? Grolltest du mir? Warum kamst du mich trotzdem wieder und wieder besuchen? Und warum wartete ich auf dich, immer noch, wieder und wieder, und einen um den anderen Tag? Oder lohnte es nicht, sich in Angelegenheiten zu besprechen, für die es ohnehin keinen Ausgang geben konnte? Wie lange Zeit war jetzt eigentlich vergangen? Zwei

Stunden? Oder etwa nur zwei, drei Minuten? Die einzige zu verzeichnende Veränderung war der immer stärker niedergehende Regen. Der Regen ging als ein Vorhang aus Wasser herab. „Überfluten hier die Häuser?" Das sagtest du nach dieser langen Zeit des Schweigens. Sich so im Nichtssagenden zu verlieren! In Belanglosigkeiten aufzuhalten! Ich würde nichts sagen! Ich hatte nicht damit gerechnet, dass dieses Schweigen tatsächlich dazu führte, dass du die Einladung beantworten musstest. Du erhobst dich langsam und kamst behutsam auf mich zu. Mit weit geöffneten Augen sah ich dir dabei zu. Ich bekam Herzpochen. In deinen Augenwinkeln sah ich heißes Verlangen aufblitzen.

Die Leiber in Federkleidern fassten wir uns bei den Händen, als wir ungestüm die Wolkendecke durchbrachen. Übermütig flogen wir hinein in den Himmelsdunst. Das Himmelslicht war durchscheinend weiß und mild. Wir hatten keine Zukunft, keine Aussichten, die wir hätten beleuchten können. Das weiße Licht begleitete uns nur, während - ich mit dir, du mit mir - durch die Lüfte schweiften. Die Flaumfedern wehten hoch und berührten dabei unsere Augen und Ohren. Wir mussten sie nicht aus dem Gesicht streichen, denn sie behinderten uns, die wir längst unser Bewusstsein verloren hatten, nicht. Wir waren federleicht, leichter als jeder Bogen Papier, zwei Genien, die schließlich und endlich, losgelöst von allem weltlichen Schmutz, ohne Ballast ihre eigene Richtung bestimmten.

Du beugtest dich zu mir herab. Mit äußerster Zartheit legtest du sacht deine Lippen auf die meinen. Du riebst sie auf den meinen, von links nach rechts, von rechts nach links ..., sodann richtetest du dich wieder auf und machtest dich gerade. Du gingst zurück zu deinem niedrigen Federkernsofa. Ich spürte, dass du mehr von mir verlangtest, dich aber mit aller Macht zügeltest. Wir wichen gegenseitig dem Blick des anderen aus. „Mutter wählte den Ort für ihr Haus sehr genau. Hier wird nichts überflutet", hörte ich mich inmitten des weißen, lichten, undurchsichtigen Nebels sagen.

Die Herbsttage waren eine Wohltat. Die Sonne brannte nicht mehr so gnadenlos auf der Haut. Ich fühlte mein Herz Luftsprünge machen.„Wir gehen ein Stück spazieren, Cuifeng, ja?" Heute hatte der Herr Lehrer mir zwar einige Schriftzeichen auf meiner Kalligraphie geändert, aber er hatte mich nacheinander ein paar Mal gelobt. Wie wunderschön sich das angefühlt hatte. „Der blinde Lehrer, den Alang uns empfohlen hat, scheint über übermenschliche Fähigkeiten zu verfügen. Er weiß nicht nur immer sofort, was ich vorhabe. Bei all meinen Formulierungen, die ich zu Papier bringe, und die er mir mit dem Pinsel mal fülliger, mal sparsamer berichtigt oder durch andere ersetzt, wird das Gesagte immer sofort lebensecht. Was zu flach ist, muss aufrecht stehen, was zu blumenreich – darüber braucht man erst recht kein Wort zu verlieren – gehört ausgedünnt." Was hatte ich Cuifeng da plötzlich alles erzählt! Ich wusste nicht mal, ob sie mich verstand. Ich wusste nicht, wie und wo der Herr Lehrer seine überragenden Fähigkeiten erworben hatte. Er hatte zuhause nicht mal einen Schrein mit einem Buddha oder Bodhisattva, zu dem er betete. Vor über zwanzig Jahren hatte er sein Augenlicht verloren, als sein Schädel wegen zu hohen Fiebers heiß geworden war. Seine Augen waren blind davon geworden. Seine inneren Organe aber hatte der Himmel verschont, deswegen konnte er noch Schüler annehmen und etwas Geld verdienen. So hatte er es mir selbst gesagt.

Er war heute besonders guter Stimmung gewesen, hatte mich für ihn Tusche reiben lassen, damit er ein paar Schriftzeichen kalligraphieren konnte. Neben dem am Rand mit feiner Blumen-und-Vögel-Schnitzerei verzierten, roten Sandelholztisch lagen auf dem Boden eine Menge Rollbilder, bei denen er das Aufziehen schon hatte machen lassen. Es gab Langrollen, Querrollen, kurze und kleine, eine Riesenauswahl. Sowie mein Herr Lehrer sich zur Seite drehte und mit beiden Händen alle Bildrollen abfühlte, konnte er durch Erfühlen der Dicke der Rolle das passende Bild zum Beschriften für mich heraussuchen. Die Suche dauerte eine Weile, dann zog er eine Rolle hervor, die er auf dem Tisch ausrollte: „Hat das Bild einen gelben oder roten Rand?" - „Einen strahlend roten, und das Xuan-Reispapier in der Mitte ist das mit Blattgoldflocken ", antwortete ich meinem Lehrer. „Genau richtig!", erwiderte mein Lehrer. Dann senkte er den Kopf und dachte einen Moment lang nach. „Am besten, ich schreibe dir etwas in Kanzleischrift". Damit nahm er mit der Rechten den Pinsel auf und tunkte ihn in die Tusche. Mit Daumen und kleinem Finger der Linken berührte er den Rand der Rolle und maß Breite und Höhe des Bildes aus. Es dauerte nicht lang, und er hatte die vier Schriftzeichen für *Von außen anmutig, von innen intelligent* kalligraphiert. Erst als er fertig datiert und signiert hatte, legte er den Pinsel ab und setzte sich wieder. Bevor er schrieb, hatte er nochmal eigenhändig die Tusche im Reibstein gerieben, nur das Wasser hatte ich noch für ihn holen dürfen. Von Zeit zu Zeit hatte er dabei etwas Tusche mit dem Pinsel vom Reibstein aufgenommen, um die Sämigkeit zu prüfen. Die ganze Zeit über hatte er keinen Ton gesagt. Es herrschte vollkommene Stille in seinem Schreibzimmer. Nur zuweilen hörte man draußen ein paar Mal ein Automobil vorbeifahren. „Warte noch ein Weilchen. Erst wenn es ganz trocken ist, nimm es zusammengerollt mit nachhause", trug mir mein Lehrer lächelnd auf. Was ich vor meinen Augen sah, war von gekonnter Hand. Es war stattlich, wunderschön kalligraphiert und berührte mich so, dass mir die Worte fehlten. „Lieber Herr Lehrer, Sie können mich doch gar nicht sehen. Woher wissen Sie, dass ich *ein anmutiges Äußeres* habe?" - „Ich habe stümperhafte Versuche unternommen, mir von dir als Frau ein Bild zu machen. Deine Augen, deine Nase und deinen Mund kann ich natürlich nicht sehen. Aber ich höre, welche Worte du wählst, deine Stimme, die Melodie, mit der du sprichst, das Tempo, in dem du sprichst, und welches Qi die geringste Bewegung von dir bei mir vorbeischickt; dadurch weiß ich ganz gut, wie du aussiehst. Du weißt bestimmt, dass man so, wie man geboren wird, später nicht mehr aussieht, dass das Aussehen durch die inneren Werte bestimmt wird. Das ist bei dir deine Intelligenz, verstehst du?"

Als Cuifeng und ich aus dem Gässchen, in dem mein Lehrer wohnte, heraus auf die Straße traten, nahmen wir den Arkadengang, um uns vor der prallen Sonne zu schützen. Wir gingen bei den Tuchmachern, den Räucherwerkläden, den Gemischtwarenhandlungen und den Rad fahrenden Eisverkäufern mit den Kühlboxen, die lauthals ihr Eis anpriesen, vorbei. Cuifengs Augen entging nichts. Sie bemerkte eine Verkäuferin mit Kegelhut und einer Tragstange, die daran zwei große Bambuskörbe mit Papayas trug. Ich hieß sie, zwei davon zu kaufen. Sie waren durchgereift. Die schweren Früchte wippten ganz tief, und ich roch schon ihren Duft. Wie wir weiterspazierten, kamen wir an einem Zeitungskiosk vorbei. En Passant nahm ich eine der Illustrierten hoch und schlug sie auf. Ich sah die Eigenwerbung von Geishas, die in der Illustrierten veröffentlichten. Einige der Annoncen waren kreisrund, einige oval. Die runden schienen etwas kleiner zu sein, man sah nur das Foto mit der ganzen Person. Die ovalen waren etwas größer und Fotografien von der Büste. Allerdings war die Druckqualität sämtlicher Fotos miserabel. Bei manchen war das Gesicht weiß geworden, bei manchen schwarz. Noch schlechter waren die grauschwarz verschmierten, auf denen man gar nichts erkennen konnte.

Bei den Annoncen war auch ein kurzer Abriss zum Leben der Geisha dabei und eine Geisha berichtete dort von der bitteren Erfahrung, als Ziehtochter aufgewachsen zu sein. Die Annoncen aller waren mit Namen, Adresse, Angaben über Vorlieben und Telefonnummer versehen.

Ajiu hatte mal erzählt, dass es Geishas gäbe, die, um Kunden zu werben, annoncierten. Ich hatte es damals nicht geglaubt, aber sah es jetzt mit eigenen Augen. Eine der Geishas war siebzehn, eine neunzehn, zwei achtzehn und eine war einundzwanzig. Wie kam es, dass alle in Taiheichō, in Taipei also, wohnten? Wie kam es nur, dass alle die südchinesische und nordchinesische alte Musik, die Beiguan und Nanguan-Stücke, das Mahjong-Spielen und Opernbesuche mochten? Das, was Mutter uns beibrachte, konnten die auch alle. Unter den Annoncen hatte es nur eine einzige gegeben, wo bei „Vorlieben der Geisha" geschrieben stand, dass sie das Studium von Büchern liebte. „Sag, wie wäre das bei mir? Wenn ich so eine Annonce veröffentlichen würde? Würde ich dann dazuschreiben, dass ich gerne Gedichte verfasse?" - „Ganz bestimmt würdest du das dazuschreiben!" Alang, ich weiß, dass du das sagen würdest! „Aber du darfst so etwas nicht tun! Denn schon ohne Annonce hast du so viele Kunden, dass dir immer die Zeit fehlt, mich zu sehen. Was würde aus mir, wenn du eine Annonce aufgeben würdest?" Ich habe das an deiner statt so vor mich hin gesagt. Ich konnte mich nicht erwehren, zu erröten, weil ich mich so weit vorgewagt hatte. Die Illustrierte legte ich vorsichtig wieder zurück. Sanftmut, Wehmut, Tristesse oder auch gehobener Geschmack, aus gutem Hause, angenehmes Wesen, solcherart Formulierungen tauchten beständig in den japanischsprachigen Annoncen der Illustrierten auf. Sie verfolgten mich auf Schritt und Tritt und ließen mir keine Ruh. Waren diese Mädchen und ich denn wirklich so? Vom Gemüt her so sanft und feinfühlend, so wehmutsvoll und melancholisch? Und mussten wir denn immer betonen, dass wir aus gutem Hause waren, dass wir einen gehobenen Geschmack hatten und auch unser Wesen so angenehm fein war? Oder waren das nur die taiwanischen und japanischen Männer, die es so haben wollten? Und die uns nötigten, dass wir einen solchen Charakter hervorbrachten oder vortäuschten, um deren Wünsche und Bedürfnisse zu befriedigen?

Wir jungen Mädchen sind wie die Blumen auf einer Wiese, laut und mächtig wie Feuer und wie Drachen. Erhobenen Hauptes schreiten wir, die Demütigungen des irdischen Lebens und den Dreck in den kleinen Gassen verachtend, voran. Wir missbilligen, dass Männer sich hängen lassen, dass sie, alles niedertrampelnd, auf der Straße einherstolzieren und sich als Gutmenschen ausgeben. Wir jungen Mädchen sind wie die Blumen auf einer Wiese, laut und mächtig wie Feuer und wie Drachen. Von jetzt an haben wir keine Angst mehr!

Da war etwas, das mir klar geworden war. Japaner mochten an den Taiwanerinnen nicht, dass sie sich mit den Fingern die Nase zuhielten und dann den Schnupfen zur Seite ausschnupften und wegschleuderten.

Wir schlenderten, blieben von Zeit zu Zeit stehen, und sahen uns alles an. Ein Schaufensterbummel macht gute Laune, weil er einen auf andere Gedanken bringt. Von weitem konnten wir einen mickrigen Zwerg, einen Mann wie einen dünnen Affen, der auf einem Holzpodest hin und herwanderte, umringt von einer Menschenmenge, sehen. Er trug ein graubraunes kurzes Hemd und eine Dreiviertel Kong Fu Hose. In der Hand hielt er einen kleinen Wok, dabei schrie er lauthals irgendwas. Um ihn zu verstehen, mussten wir näher heran. „Wieviel soll er kosten? Wieviel? Lauter, ich verstehe nichts! Etwas lauter die Gebote! Wie bitte? So ein Gebot wagst du dir abzugeben? Da kann ich dir den Wok auch schenken! Ist dir wohl dabei zumute? Du verstehst den Lauf der Welt wohl nicht! Also los, bietet! Es sind gute Waren, die eure Gebote nicht zu scheuen brauchen! ... habt ihr diesen Gürtel gesehen? Echtes Leder! Er ist aus Schlangenleder gefertigt. Den kann man, das garantiere ich jedem, drei Generationen lang tragen! Jetzt aber los, beeilt euch! Diese Top Sachen warten nicht auf euch!" - „... das Gedränge hier ist zu groß. Die Gaffer stehen in zwei, drei Reihen und sind alles nur Männer. Hier haben wir nichts verloren." Wenn wir uns auf die Zehenspitzen stellten, konnten wir ungefähr sehen, was der Mann auf der Bühne zu seinen Füßen aufgestellt hatte: Feuerzange, Pfannenwender, Duftrauchbrenner, ein irdenes Guan-Gefäß, Waschbrett, Blau-Weiß-Porzellanschalen, Abschnitte von dickem Bambusrohr für gedämpften Zhutong-Reis, eine Eisenkette. Es waren alles entbehrliche, neue oder gebrauchte, unterschiedliche Dinge. „Lass uns hier weggehen, Cuifeng. Damit haben wir nichts zu schaffen."

PINGGU

Von drei Leuten zu sprechen, ist unrichtig. Im Grunde waren es vier. Einer der vier war klein an Statur, dazu ein drahtiger, magerer Kerl, aber mit strammen Muskeln und schwebendem Ballengang. „Guo Ming, so sahst du aus, als ich dich zum ersten Mal zu Gesicht bekam. Dein Gesicht war düster, schwarzbraun von der Sonne. Man sah auf den ersten Blick, dass du jemand bist, der vom Meer kommt und immer dahin zurückgehen wird." Alle drei, die da johlten, besaßen Münder voller fauler, zerlöcherter Zähne. Das war zwar nichts, was einen wunderte. Denn unter Seeleuten gab es so gut wie niemanden, der keine Löcher und faulen Zähne hatte. Wer sich leisten konnte, seine Zähne zu pflegen und zu erhalten, hatte es nicht nötig, zur See zu fahren und damit sein Überleben zu sichern. Die Zahnfäule der Drei hinderte ihre Kehlen jedoch nicht am Herumschreien. Nicht nur der Zitrusfrüchteverkäufer wich schnell zur Seite aus. Ein paar Bettler profitierten von dessen hurtigen Ausweichen. Der Brennholzverkäufer wurde durch das Johlen auch aufgeschreckt, sodass die Scheite, die er gerade sortiert hatte, kreuz und quer zu Boden fielen. Ein paar knallten ihm dabei auf die Füße. Erst beim Rückprall legte er sich hin. Der kleine Tumult erregte die Aufmerksamkeit der Marktleute, dabei übersahen sie, mit welch Umsicht du Winzling Großes in Angriff nahmst. Mit deinem von Geburt an verschlagenen Blick schaust du immer so folgsam drein, als könntest du kein Wässerchen trüben. Deinen ringsum kreisenden Falkenaugen entging nie, wer was an welchem Ort tat .... Alles schluckten sie sofort, das Gesehene kam über den Löffel ins Hinterhirn, wo es ins Gedächtnis eingemeißelt verblieb. Natürlich war das deine, deinem Leben auf See geschuldete, nach vielen Jahren erworbene Überlebensstrategie.

Ihr hattet euch, bei eurem Gang über den Markt, natürlich vorgenommen, bei meinem, Pinggus, Barbier-Salon vorbeizuschauen. Mit schönen Worten gesprochen, ich hatte euch ja quasi hergebeten, nachdem ich auf eurem Schiff gewesen war. Wow! Diese Noblesse oblige auf eurer Dschunke hatte mich ganz schön überrascht! Hier in unserer Bucht und außerhalb davon bin ich auf vielen Schiffen gewesen. Niemals zuvor habe ich es an Deck so pieksauber und aufgeräumt erlebt. Alle Dinge und Gerätschaften ordentlich übereinander und sortiert zusammengestellt, alle Tonnen und Truhen mit Deckel vernünftig verschlossen, alles, was durch Stricke zusammengehalten wird, bestens verschnürt. Die Planken an Deck waren so sauber geschrubbt, so dass sie schwarz glänzten. Hätte ich von Dayuan verlangt, dass er sein kleines oder großes Geschäft an Deck verrichtete, er hätte sich unwohl gefühlt. Als mich an die zehn, zwölf Seeleute mit viel Gepränge umringten, war mir klar, dass man auf einem durchschnittlichen Handelsschiff so etwas nicht zu Gesicht bekam. Ich zwang mich zur Gelassenheit. Dayuan an meiner Seite ließ mich dabei viel mutiger aussehen. Ich spürte leichte Panik, aber mein Bauchgefühl sagte mir, dass ich mir diese Gelegenheit nicht entgehen lassen durfte. Und was meinen Barbier-Salon anging, würde es, auch wenn alle kämen, keine Arbeit machen. Als der Barbier Chen einen Heiratsvermittler zu mir schickte, um sein Ansinnen vorzubringen, und der Vermittler sagte, er wäre Ende Zwanzig, immer sauber gewaschen, hätte keine ansteckenden Krankheiten ... was sagte er noch alles? … er hätte kein aufbrausendes Wesen, würde Frau und Kinder nicht prügeln. Sein Einkommen wäre zwar nicht beneidenswert, aber fürs sattwerden und sauber und warm anziehen würde es reichen. Was noch? Sein Vater würde allein erben, da gäbe es keine armen Verwandten, die an die Tür klopfen würden. Lange Rede kurzer Sinn, er wolle niemand anderes und mit ganzem Herzen nur mich, Pinggu. Allein, er wäre schüchtern, und traute sich nicht, mich anzusprechen, da nickte meine Mutter bejahend, und ich hatte nichts dagegen. Chen Hu war keiner, den man äußerlich sympathisch gefunden hätte. Ich weiß nicht warum, aber er hatte von Geburt an eine schiefe Nase. Wie sie sich über seinen wulstigen Lippen breitmachte, war für niemanden ein entspannter Anblick. Außerdem gab noch etwas. Als er ein kleiner Junge war, hatte er sich sein rechtes Bein gebrochen und der Bruch war nicht richtig versorgt worden. Deswegen schaukelte er beim Gehen. Eigentlich willigte ich deswegen ein, weil ich mich in den Barbiersalon der Chens verguckt hatte. Chen Hu hatte die Begabung seines Vaters geerbt, deswegen erbte er natürlich auch den Barbiersalon. Wenn man als Barbier einen Laden sein eigen nannte, konnte man sich die hohen Holzgestelle, die die fahrenden Barbiere trugen, an denen das komplette Werkzeug zum Rasieren und Haare schneiden baumelte, und dazu ein kleiner Holzstuhl dran angebunden war, sparen. Dann brauchte man nicht von früh bis spät überall marktschreiend Leute zur Haarrasur aus dem Haus herausrufen. Mit einem Barbiersalon hatte man ausgesorgt. Damit rückte mein Plan, auf dem Leuchtturm eine Villa zu bauen, näher.

Chen Hu war ein Schaf, das schnell gemütlich wurde. Als das Paar roter Hochzeitskerzen in der Hochzeitsnacht entzündet wurde, erfragte ich alles ganz genau. „Warum hast du dir mich ausgesucht?"- „Weil du schön bist, weil du Charakter hast und außerdem ein heißer Feger bist. Wenn ich dich anschaue, juckt es mich sofort am ganzen Körper", er redete und redete, und während er redete, legte er sich auf mich, und er ritt mich. Das Leben des Chen Hu war simpel.

Die Chens hatten ein zweistöckiges Haus, etwas, das man hier bei uns selten besaß. Es war ziemlich groß. Das Erdgeschoß bot viel Platz zum Essen und Trinken. Nur, wenn man übernachten wollte, ging man hoch in den ersten Stock. Der Ober Zhang Lukui war ein Cousin mütterlicherseits des Salon-Inhabers. Für ihn war es kein Problem, mit sechzig Banquet Gästen auf einen Schlag fertig zu werden. Es war nur selten der Fall, dass alles besetzt war. Die Kunden, die kamen, waren solche, die sich auf der Durchreise befanden, oder solche, die Handel trieben, oder aber welche, die sich verfahren hatten, und dann plötzlich nicht mehr weg von hier kamen und nachfragten, ob sie zu essen bekommen könnten. Zhang Lukuis Nase war schärfer als jede Hundenase. Sein Instinkt sagte ihm jedes Mal sofort, wer was brauchte, wer nur zum Essen kam, und wer nur zum Schnapstrinken kam. Hier war tagsüber der Laden voll und das Leben tobte, abends war das nicht unbedingt der Fall. Dass das Erdgeschoß hell erleuchtet war, verstand sich von selbst. Dass aber auch im ersten Stock lauter kleine Lampen leuchteten, verstand sich nicht unbedingt von selbst. Zhang Lukui sagte, er würde den Anweisungen seines großen Cousins folgen; er wüsste, dass ich immer viele Leute kennenlernte, und wollte sich jetzt extra Zeit nehmen, um mich zu fragen, ob er mich mit ins Boot holen könne. Wenn da auch nur einer käme, der durchblicken ließe, dass ich ihn empfohlen hätte, würde er mich reich belohnen.Das war kein schwerer Job für mich. Es kostete mich auch nichts, und ich freute mich über die kleine Nebentätigkeit. „Guo Ming, wenn du deine Leute mit den faulen Zähnen von deiner Dschunke alle, Zug um Zug, da in den ersten Stock raufschickst, wird das eine Freude, glaub' mir!"

Als du mir die Namen mit Vornamen der Männer gabst, war ich, sagen wir, nicht wenig überrascht. Es war doch immer so, dass, einerlei, ob es sich um von der Regierung gefahrene Dschunken, um Frachtschiffe oder um Seeräuberschiffe handelte, die Namen der Chefs immer streng geheim gehalten wurden. Sie wurden eingewickelt, nochmal und nochmal, zugenäht und wieder und wieder vernäht, dann unter den Planken in der Ecke des Schiffsbodens verstaut, so war das doch immer! Und du sagtest mir, ohne irgendetwas zu vertuschen, in aller Redlichkeit würdest du mir die wirklichen Namen und Vornamen deiner Leute mitteilen. Wie hätte ich damals wissen sollen, ob du mir schlussendlich die Wahrheit sagtest oder das Blaue vom Himmel erzähltest? Nur eine Sache war da, die mir nicht nur mein Instinkt sagte, sondern mich auch mein Bauchgefühl deutlich spüren ließ. Sowie du in meinen Barbier-Salon kamst, ruhten deine Augen auf meinem Körper. Kein einziges Mal wichen diese brav dreinblickenden, aber verschlagenen Räuberaugen von mir ab. Die Beschaffung von Nachschub für die Dschunke brauchte lange Zeit. Ein paar Mal kamst du mit deiner Mannschaft vorbei. Dann hattest du herausgefunden, zu welchen Zeiten ich nicht in meinem Sampan auf See war, und du kamst allein in meinem Barbiersalon bei mir vorbei, um dich mit mir anzufreunden.

Nachdem dir Chen Hu deine Mähne, die ein passables Läuseversteck abgegeben hatte, ruckzuck abgeschnitten und dir einen luftigen Sommerhaarschnitt verpasst hatte, nahm er Dayuan an die Leine und ging raus, um Essbares zu sammeln. Die Bartrasur überließ er mir. Als ich den Rasierschaum auftrug, fandst du kein Ende, ständig an mir herumzukritisieren, du hättest doch jedes Wort hören können, das ich, als ich mit dem Hund aufs Schiff gekommen war, an Bord mit den Kameraden sprach, obschon du nur aus großer Entfernung zugeschaut hättest. Dann führtest du Selbstgespräche, „auf diese Frau scheint jedermann zu hören, sie ist wohl hartgesotten aber sehr vernünftig, außerdem hat sie pralle Brüste und einen runden Hintern." Sie wäre ganz nach deinem Geschmack, so dass du dir überlegtest, wie du sie für dich an Land ziehen könntest. „Träum weiter! Ich bin eine durch Vermittlung meiner Eltern und die Anbahnung eines Heiratsvermittlers anständig verheiratete Ehefrau. Es sei denn, ich würde mit dir aus freien Stücken zusammen sein wollen, aber mich einfach so rauben und wegholen? Bei sowas ruft man die Polizei und du bekämst eine Anzeige!" Du hattest gehört, was ich geantwortet hatte, aber keinen Ton erwidert. Aus deinen Hosentaschen fischtest du einen Zipfel roten Tuchs hervor. Als das rote Seidentuch in Gänze zum Vorschein gekommen war, schlugst du es mit einem Ruck auf. Ich war starr vor Überraschung, es war die Drei Pagodenfahne. „Wie kann das angehen, dass du diese Fahne bekommen hast?" fragte ich. „Ich habe sie nicht bekommen, ich gebe sie weiter", sagtest du klar und deutlich. Abrupt fiel bei mir der Groschen. Ich kapierte, wenn man die Regeln auf der Dschunke und die unter den Kameraden gänzlich verinnerlicht hatte, wurde man zum Befehlsstandartenausgeber. Es war keinesfalls so, dass man diese Rolle erwarb, indem man die Hände danach ausstreckte und sie gebückt in Demutshaltung von einem Befehlsstandartenträger erbat. Einsichtig und lieblich lächelnd schmunzelte ich, du aber griffst nach mir und schlossest mich in deine Arme. Natürlich war es dann so, dass der Herrgott im Himmel meinen Laden eigens für uns beide allein reserviert hatte. In jener Nacht war das Wasser in der Bucht eiskalt. In dem heilsmächtigen, klugen Licht von Frau Mond, lenkte ich meinen Sampan leicht und wendig und wir schaukelten auf die See hinaus. Dort wurde Dayuan im Namen des Himmels Augenzeuge, dass wir beide in dieser Nacht ein vom Tau befeuchtetes Mandarinentenpärchen geworden waren. Als du dich auf mich legtest, schien hoch am Himmel Frau Mond blitzend klar. In ihrem Licht konnte ich bereits die leuchtend rote Villa am Leuchtturm sehen. Das war das Versprechen, dass mir der Herrgott im Himmel gegeben hatte, und du, Guo Ming warst jetzt sein Werkzeug, das dieses Haus erschaffen sollte.

AQIN

„Mutter, Mutter, wer hat bloss meine roten Kokardenblumen-Chrysanthemen auf dem Boden verstreut?", rief ich, auf der hölzernen Türschwelle balancierend, laut. Schon von weitem konnte ich sehen, dass meinen roten Kokarden-Chrysanthemen etwas zugestoßen war, und rannte hinaus auf den Gang, wo ich dann deutlich sah, dass sie überall auf dem Boden verstreut waren. Ich konnte nichts dagegen tun, nur weinend nach Aufklärung und Grund verlangen. Es war mir, als sähe ich diese lebensfrohen, hüpfend am blauen Himmel kreisenden, kleinen Sonnen abwärts fallen, zu Boden stürzen und da reglos liegen bleiben. Jede der kleinen Sonnenstrahlen war abgerissen, zertreten. Das welke Rot und Gelb lagen durch-, über- und untereinander auf dem Gang. Die Stängel, die vorher die Sonnen getragen hatten, waren zu zerdrückten kleinen Ärmchen geworden. Auf dem Blumenwasser trieben nur noch vereinzelt ein paar Blätter. Das Schlachtfeld dieses Blumenmassakers war außerhalb der Schale, auf dem Zementfußboden des Gangs zu finden.

Ich hatte zweifelsfrei begriffen, wer das gewesen sein musste, der gewagt hatte, so mit mir umzugehen. Ich bin mir sicher, dass es begonnen hatte, als ich in die Familie zur Mutter kam. Hei Yuan war ein paar Jahre älter als ich. Es war, als wäre er nur geboren worden, damit er mich ärgern konnte. Unser beider Leben schien einander auszuschließen. Wo der eine war, gehörte der andere nicht hin, und dennoch mussten wir unter einem Dach zusammenwohnen. Er hatte mich von Anfang an immer gemein behandelt. Wenn ich am Tisch saß und Reisbrei schlürfte, kreuzte er auf. Er lief extra an mir vorbei, um mir an den Haaren zu ziehen. Als Mutter schimpfte, er solle essen und mich nicht ärgern, war er längst entwischt, keine Spur mehr von ihm. Dann kreuzte er wieder auf, mit einer Kakerlake, die er an den Fühlern mitführte. Die ließ er – ich fürchte nichts mehr als Kakerlaken! – vor meinen Augen hin- und herschwirren. Dann steckte er mir dieses hässliche Insekt von hinten in die Bluse. Ich schrie auf, füßestampfend, armeschwenkend, und kreiste wie wild auf der Stelle, als könnte ich die Kakerlake damit loswerden, hatte ich doch gar nicht daran gedacht, dass dieser Käfer mir auf Brust und Rücken in Panik geriet. Ich wurde schier verrückt vor Angst. Es ging solange, bis mir Mutter die Bluse auszog und die Kakerlake davonschwirrte. Ich war vor Wut schon lange tiefrot im ganzen Gesicht und weinte so sehr, dass ich mich an meinem Rotz und den Tränen verschluckte.

Dass er dann „einfach wieder vorbeikam", stimmt so nicht, das ist viel zu milde ausgedrückt. Hei Yuan steckte sie mir mit voller Absicht in die Bluse. Denn er wollte mich genau damit aufziehen. Das genoss er.

„Hei Yuan, nun höre brav zu, was Mutter dir zu sagen hat. Sei nicht so gemein zu deiner kleinen Schwester, benimm dich nicht wie ein Affe, zieh sie nicht auf, sondern sei nett zu ihr. Sonst kann ich Djim-a's Mutter gegenüber nur schwer vertreten, dass wir Djim-a als Kinderbraut hier bei uns haben. Das kleine Frauchen Djim-a ist ein solch hübsches, süßes, gescheites und sanftes Ding, sowas kannst du mit der Laterne suchen gehen. So eine feine Schwiegertochter bekommen wir nie wieder. Wenn du weiter so gemein zu ihr bist, wird sie dir, wenn sie dich erstmal geheiratet hat, deine Wäsche nicht waschen, deine drei Mahlzeiten nicht kochen, dann werd' ich ja sehen, wie es dir damit ergeht …

„Mutter, wie oft hast du das schon gesagt? Dreimal, fünfmal, acht-mal? Als ich fünf-, sechsjährig noch von nichts einen Schimmer hatte, und bis zu meinem elften, dreizehnten Lebensjahr? So lang höre ich dich das schon sagen." Als ich fünfzehn und dann siebzehn war, ver-kroch ich mich unter der Bettdecke und weinte.

„Komm raus da, Hei De." Pfeilschnell kamst du hinter dem Fels-stein hervorgesprungen und ranntest schnurgerade auf mich zu, ranntest an mir vorbei, sprangst über zwei, drei Wellenkämme, und schwammst zu dem schwarzen Regenschirm, der mir von der Wind-böe aus der Hand gerissen und ins Meer geweht worden war. Ich kannte dich nicht, Hei De. An einem menschenleeren Strand, vor ei-nem halb im Grau verschwindenden Horizont, an einem Strand, der eigentlich mein eigener war, denn von der Meeresblickgasse Wang-haixiang gelangte man auf geradem Weg dorthin, und dort gabst du dich mir, wegen eines vom Wind durch die Lüfte getragenen und ins Meer gepusteten schwarzen Schirms, zu erkennen.

„Ich habe den Schirm zugeklappt", sagtest du höflich, „einen auf-gespannten Schirm hätte ich dir bei diesem Wind und Seegang nur schwer wiederbringen können." Ich hatte dir dabei zugeschaut, wie du mit aller Kraft mit beiden Armen rudertest, um den umgeklappten Schirm, der sich im Gleichklang mit dem Wellengang auf- und ab be-wegte, einzuholen. Du schnapptest dir den Schirm und schwammst wieder zurück an den Strand. Alles, was ich in diesem Moment so gerne gesagt hätte, blieb mir zwischen den Zähnen stecken. Es über-raschte mich, dass ich es nicht schaffte, auch nur ein Wort über die Lippen zu bringen. Du kamst langsam auf mich zu. Endlich bliebst du stehen, mit gesenktem Kopf standst du vor mir, klatschnass am ganzen Körper. Wasser perlte ohne Pause aus deinem Haar, floss über deine Kleider und tropfte zu Boden. Du hattest dich zur Seite ge-dreht, mich direkt von vorn anzuschauen, wagtest du nicht. Erst als du mir den Schirm überreichtest, bemerkte ich, dass du schlottertest, so verfroren vor Kälte warst du. Hinter dir war die sich endlos ver-längernde Uferlinie mit den schäumend heranrollenden Wellen, die Schaumkronen wie eine weiße Spitzenborte, mal zierten die Spitzen die Wellenkämme, mal waren die Spitzen abgeschnitten. Ich schaute mich in alle vier Richtungen um. Welch unermessliche Weite sich vor mir auftat! Mich überfiel ein Gefühl, als würde ich mehr und mehr schrumpfen bis zur absoluten Winzigkeit, dabei wuchs ich gerade und wurde so riesig, dass ich mein ganzes Leben in mir einschloss. Du dagegen entschwandst mir, entferntest dich so weit, dass du dich mir selbst in meinen Träumen nicht mehr zu erkennen geben würdest.

„Ich habe dir schon lange immer heimlich nachspioniert und zugeschaut!" Die Farbe der Natursteinmauern changierte von schwarz nach grau und nach braun. Zuweilen wuchs im Schatten der Mauer grünes Gras, mal sah man es dort Gelb blühen, mal sah man prallrote Blüten aus den Mauerritzen hervorlugen. Mal machte die Sonne alles knallbunt, mal zausten Wind und Regen den Mauerbewuchs. „Wie lange hast du mich heimlich beobachtet? Ein paar Tage? Einen Monat lang?" An der flachen Wand unter dem First mit dem hohen Rundziegel war ein Sprossenfenster eingelassen, die Fenstersprossen besaßen die Form eines Shou-Schriftzeichens, das für langes Leben steht. So hatte man mir erzählt. Ich selber konnte ja nicht lesen und schreiben. Die Form des Schriftzeichens war voller Sanftheit, das Grünschwarz vermittelte Sicherheit. Wollte man Himmel und Erde mild stimmen und ein günstiges Schicksal erwirken, musste man auf jeden Fall bescheiden sein.

„Nein, nicht nur einen Monat lang, schon einige Jahre lang schaue ich dir heimlich zu." - „Da krieg ich ja einen Schrecken! Das glaub ich dir nicht!" Dazu war der Saum des Dachvorsprungs und der der oberen Traufe mit bunten Blüten und Ornamenten aus lasiertem, gebranntem Ton verziert. Die grünen Blätter des Schmucks an der Traufe waren massiv und schwer. Man hätte nicht gedacht, dass bei dem Farbauftrag der gebrannten Kokardenblumen das Gelb viel mehr hervorstach als das Rot. „Sag mal, du weißt doch, dass alle im Dorf wissen, dass ich Hei Yuan versprochen bin, und dass ich mit ihm verheiratet werde. Kann doch nicht sein, dass du der Meinung bist, dass du da noch pokern könntest." - „Also hast du das mit der Heirat so einfach geschluckt?"- „Genau. Ich nehme das hin." Verdorrte Äste ragten in den Himmel. Wolkenlos blau war er wie ein schöner, klarer Traum, aber ihm fehlte die Leidenschaft, und stumm war er allemal.

„In Huazhai wohnen ja nur die paar Leute. Wie kommt es, dass ich dir noch nie begegnet bin?"- „Obwohl unser Dorf klein ist, benutzt du immer wieder nur die gleichen Gassen. Dazu kommt, dass ich dir bewusst ausgewichen bin ..."Du sagtest, du fürchtetest dich davor, würden wir einander frontal begegnen. Nur einmal hinschauen, ist schon Strafe genug. Deswegen ging es Monat um Monat und Jahr für Jahr so, dass wir alles taten, einander nahe zu sein, aber uns gegenseitig trotzdem aus dem Weg gingen, und dem anderen nur heimlich zuschauten. Ich kann nicht begreifen, warum jemand, um einem anderem aus dem Weg zu gehen, seinen Weg so wählt, dass er bei Geröll- und Müllhaufen vorbeigeht, durch wild wuchernde Einöden und brach liegenden Felder stapft, an fleckigen, verkommenen Gebäuden, eingestürzten Mauern, an Schutt und Scherben vorbei geht. Das glaub' ich nicht! Ich glaubte es nicht. Bis es eines Tags zu diesem Vorfall kam.

YUYING

Wenn das an diesem Tag in der Halle zur ewigen Freude nicht passiert wäre, hätte ich gar nicht gewusst, wie brenzlig diese Sache bereits war. Das schwarze Haar und die schwarzen hochhackigen Schuhe waren auf Hochglanz gebracht. Ihre Haare hatten die Mädchen bestimmt mit Pomade eingecremt, sonst wären sie nicht so angenehm zu frisieren gewesen. Sie trugen figurbetonte, knöchellange Kleider, Cheongsams, die bis auf halbe Oberschenkelhöhe geschlitzt waren, unter dem Oberkleid trugen sie lange Hosen, damit kein Malheur wegen der Schlitze passieren konnte. Jede von ihnen hielt einen Fächer in den Händen, den sie mit einer ruckenden Handbewegung spielerisch öffneten und wieder schlossen.Sowie sie die Handgelenke ein paar Mal nach unten eindrehten, schloss sich der Faltfächer wieder. Dann tauschten sie über Kreuz ihre Plätze und drehten sich einmal im Kreis um sich selbst. Mit einer Hand hielten sie die Fächer über ihren Köpfen in die Höh', die andere Hand hatten sie auf der Taille abgelegt. So drehten sie sich in einer kleinen Volte herum bis zur Seitenansicht und knicksten zweimal. Zehn Mädchen tanzten im vorderen Bühnenbereich mit liebreizenden, weichfließenden Bewegungen, im hinteren Teil der Bühne spielten die Musiker mit vollem Gefühl dazu die Begleitmusik. Das Bühnenbild zeigte ein rotes Backsteinhaus, in dessen Front zwei Fenster eingelassen waren. Das linke Fenster besaß Lamellenfensterläden, solche mit Holzlamellen, und war deshalb eigentlich halb geöffnet. Im rechten dagegen war nichts verdeckt, man konnte direkt hineinschauen und sah zur Hälfte ein Bild mit einer Bambusmalerei an der Wand und die Hälfte einer schwarzen Blumenvase auf dem Tisch. Ein bisschen weiter rechts von diesem

Fenster gab es noch zwei fest verschlossene Türen. Der uralte Baum vor dem Haus strotzte vor Leben.

Als wir gerade richtig Spaß am Zuschauen bekommen hatten, kamen zur Seitentür der großen Halle verstohlen ein paar japanische Polizisten hereingeschlichen. „Alang, du bemerktest sie als erster." Du hattest ursprünglich kerzengerade gesessen. Als du sahst, wie sich die Polizisten in jede Richtung umschauten, ließest du deinen Körper etwas runterrutschen. Da spürte ich erst einmal deutlich, wie groß deine Angst war, von der du mir nie erzählt hattest. In dem schummrig erleuchteten Bühnensaal, konnte man mit Mühe erkennen, ob das Publikum Männer oder Frauen waren, mehr nicht. Da hätte die Polizei schon von Zuschauer zu Zuschauer gehen und dabei jedem in Gesicht schauen müssen, ansonsten wäre unmöglich gewesen, zu erkennen, wie der einzelne aussah. Dass du dich verstecktest, musste daher kommen, dass du dauernd angespannt und in Alarmbereitschaft warst. Gab es bei dir etwa noch andere Seiten außer deiner Arbeit bei dem Zeitungsverlag, die mir unbekannt waren? „Bist du nun eigentlich ein guter oder ein böser Mensch, Alang?"

„Cuifeng, mach schnell, wir gehen zu dem Laden vom alten Fu und lassen dort schon mal Hors d'œuvres servieren. Es soll etwas üppiger sein, und es muss guter Schnaps sein, nur solchen wollen wir trinken, hast du verstanden?" Während ich beim Haare kämmen war, trug ich es ihr extra noch einmal auf. Keine Ahnung, ob es den Gerüchten zufolge, dass ihre alte Mutter erkrankt sei, war und sie davon gehört hatte, jedenfalls war Cuifeng in letzter Zeit etwas unkonzentriert. Ich öffnete die dritte Schublade an der Frisierkommode, die, die links unter dem Spiegel war. Da nahm ich die Haarnadel mit den Intarsien von schwarzen Perlen heraus, steckte sie vorsichtig schräg in meinen Dutt, und zwar mitten obenauf, damit das feine Haarnetz nicht zerreißen konnte. Diese Haarnadel hatte man mir geschenkt. Die Leute sagten, dass sie sehr wertvoll, also ziemlich teuer, gewesen wäre. Ob teuer oder preiswert interessierte mich nicht. Sie musste zu meiner Kleidung passen, mehr nicht. Du hattest nur gesagt, dass du mir zwei wichtige Freunde vorstellen wolltest. Soweit das Auge reicht, verschwimmen wolkenumwogene Hügelketten im Dunst. Mit einem Hieb trennt die herabfahrende Klinge den Kopf vom Rumpf, ein Schwall Blut spritzt im Flug hoch und tränkt den Boden. Das wütende Brüllen des Wildtiers echot durch den ganzen Wald.

Der Häuptling, betrogen und erpresst, schleppt den genötigten Jüngling mit sich fort, in geisterhaften Riesenschritten, damit sie die Wolken ritten, hinauf auf den Pass, hinunter ins tiefe Tal. Donnernd entledigte er sich des zu Unrecht abgeschlagenen Kopfes. Die Giftgas und Bomben abwerfenden Jabos richteten nichts gegen die uralten Bäume aus, die den Selbstmördern, die sich an ihnen erhängten, standhielten, wenn sie in ihrem Todeskampf nach ihren Stammesbrüdern brüllten. Nebelwolken türmten sich im Gebirge, grelle Schreie, Brüllen und Weinen, lauter Tumult durchbrachen den Dunst. Die Feinde waren zahlreicher als die Kiesel am Ufer des Flusses. Unser Wille, uns dagegen zu wehren, fester als die Berge, denen sich unsere Existenz verdankte! „Etwas anderes, Alang, hattest du gar nicht angesprochen.“ Vorgestern hattest du Cuifeng aufgetragen, mir deine Worte zu übermitteln und jetzt hatte ich alles, entsprechend der festgesetzten Zeit, pünktlich vorbereitet.

Du trafst zur verabredeten Zeit mit deinen Freunden ein. Ich saß kerzengerade in der Gaststube vom alten Fu und erwartete euch. Cuifeng führte euch Drei zu mir in den ersten Stock hinauf. Als ich deine Freunde zum ersten Mal sah, erhob ich mich von meinem Stuhl. Ich war aber so überrascht, dass ich vergaß, ihnen, so wie es die Höflichkeit vorschreibt, etwas anzubieten. Einer deiner beiden Freunde war blutjung und hieß mit Namen Ajie . Er war von der Sonne tiefbraun gebrannt, ein drahtiger, magerer Typ. Man sah gleich, dass er ein Feldarbeiter vom Lande war. Der andere war Mitte Vierzig und Japaner! Du stelltest ihn vor, das sei Herr Koizumi, er würde laufend zwischen Taiwan und Japan pendeln und sei erfolgreicher Kaufmann. Wir Vier wagten nicht, uns zu setzen, eine etwas steife Atmosphäre … Wir wussten nicht genau, wie wir nach den ersten höflichen Begrüßungen fortfahren sollten.

„Warst du den Japanern nicht immer geflissentlich ausgewichen? Alang, wir kommt es, dass du jetzt einen japanischen Freund mitbringst?“ Und der mit Namen Ajie sah gar nicht so aus, als käme er jemals auf den Gedanken, bei jemandem wie mir vorbeizuschauen. Was hatte das zu bedeuten? Ajie traute sich nicht, mich anzuschauen, und hielt den Kopf gesenkt. Herr Koizumi richtete seinen Blick auf meines Lehrers Tuscherollbild mit der Kalligraphie – *Ihr Äußeres hübsch, ihr Inneres intelligent* – und wandte seinen Blick keinen Millimeter davon ab. Tonlosigkeit füllte jede Ecke der Stube, als dann keiner wusste, wie man sich zu verhalten hatte. Der Ruf der Ober unten im Erdgeschoss am Empfang, wenn Gäste den Laden des alten Fu betraten, erschallte klar wie Kristall. Damals war ich noch unerfahren, ich durchschaute das alles nicht. Ich hörte, dass die, die Bühne aufgebaut hatten, alles Männer waren, die sich untereinander bereits zusammengetan hatten und zu eurer Organisation gehörten. Wir hatten auf dem Lande keine Halle, die wir als Veranstaltungsbühne nutzen konnten. Wir konnten uns nur vom Tempel großes, dickes Bambusrohr ausleihen. Das musste man einschlitzen, dann Stroh und Zuckerrohrlaub hineinstopfen, und es dann zusammenzubinden, damit daraus Bambuspfosten wurden, die man senkrecht aufstellen konnte, um damit dann den „Bühnenraum" zu umstellen, daraus wurden dann also die vorübergehenden Wände. Obenauf konnte man noch Segeltuch spannen, das gegen die Sonne schützte. Den Platz, wo geredet wurde, erhöhte man durch übereinandergestellte Ziegelsteine. Darauf kam dann noch Bambus, und darauf ein Brett. Nun ja, das alles war ja nur vorübergehend, man machte es halt so gut es ging.

Als zu Silvester die Neujahrsferien begannen, hüpften die Kinder auf der Bühne herum, bekamen aber Schelte von den Erwachsenen und mussten wieder herunter. Die Gruppe, die sich zusammengetan hatte, trug lange Tische und Bänke herbei. Dabei wurden Vorsitzendenreihen, Reihen der Gäste, Reihen der kontrollierenden Beisitzer, Reihen der Gasthörer usw. festgesetzt. Die ersten zwei waren für die Gruppenmitglieder selbst reserviert, die letzten zwei waren den Japanern vorbehalten. Unser Knecht von nebenan kam mit Bonbons, die er an uns verteilte, vorbei. Er fragte, ob er bei den Kontrolleuren und Gasthörern nicht auch Bonbons hinlegen solle. Ein paar Leute sagten, „… wollen mal sehen, ob die hündischen Japsen welche essen wollen." Der Knecht zögerte einen Moment lang, dann legte vorn in die beiden ersten Reihen ein paar mehr Bonbons hin und in die nachfolgenden zwei Reihen ein paar weniger. Ich hörte, wie er zu den Leuten, die die Tische aufstellten, sagte: „Wir sollten schon versuchen, das Gesicht der Japsen zu wahren, ansonsten werden sie noch böse …"

Nachdem erstmal ein paar Hühnerflügel und Entenbeinchen in den Bauch von Ajie gewandert waren, er drüber weg zwei Gläschen guten Sakes, zu dem du ihn ermuntert hattest, gekippt hatte, legte er sein kindisches Benehmen, das er gerade noch vor uns gezeigt hatte, ab. Ajie redete nun aufgeregt, mit Händen und Füßen, wollte gar nicht mehr aufhören, und in ihm war der junge Mann, der gerade hereingekommen war, nicht mehr wiederzuerkennen. Was Ajie da auf dem

Land erlebt hatte, dergleichen war mir nie zu Ohren gekommen! Ich hatte ja keine Ahnung, dass neben meinem eigenen Leben noch eine absolut andere Welt existierte. Ajie traute sich inzwischen nicht nur, mich anzuschauen, manchmal schien es, als wolle er besonders mir noch extra etwas erzählen, denn er schaute mir dabei mitten in die Augen

Der Bericht zur Organisation der Arbeit umfasste die Arbeitszeit, den Verkauf von Zigaretten und Schnaps, den Einzug der Pacht durch die Landbesitzer, die Bereitstellung von Kapital, die Aufteilung von Ackerland. Es waren viele Posten, und alles war sehr kompliziert. Diese Dinge begriff ich erst später und nur langsam und nur mit der Zeit. Ich machte zusammen mit dem Bauernverband auch Aktivitäten mit und ich wurde bei ihnen Mitglied. Alangs Verband half uns Taiwanern sehr. Denn es waren alles studierte Leute, die ein Buch nach dem anderen lasen. Klug waren sie allesamt. Wenn sie in unser Dorf kamen, um eine Rede zu halten, erwähnten sie irgendwann immer, dass wir Bauern doch sehr zu bemitleiden wären, weil wir doch Tag und Nacht so durchschuften müssten. Dass wir trotzdem nur Chimpcai, nämlich eingelegten Gurken, und Tochi, nämlich gesalzene, schwarze Bohnen, mit Süßkartoffel-Pommes Frites äßen. Dass wir schlecht angezogen wären, dass wir hausten wie Vieh und unsere Lebensumstände unter aller Würde wären. Dass unsere Ernte dem Grundbesitzer abgeliefert würde und die Steuerlast, die uns die Regierung aufbürdete, noch dazu schwer wöge. Wir müssten die Eltern durchbringen, Frau und Kinder ernähren, würden nach Kräften Geld verdienen, aber es käme nichts dabei rum! Wie sollten wir denn schon überleben?! Dazu käme, dass wir Kinder vom Lande uns keine höhere Schulbildung leisten könnten und es so viele Beschränkungen gäbe, sodass wir immer nur wir die Ochsen und Gäule ranklotzten, aber niemals Zukunftsaussichten hätten …

Respekt! Das ging bei uns runter wie Öl! Wenn wir vom Verband solche Reden hörten, klatschten wir Bauern natürlich laut! Sogar wenn die japanischen Kontrolleure Anstalten machten, uns im Zaum zu halten, scherten wir uns dann nicht mehr darum. Die Japaner wären nur darauf erpicht, sich bei uns Taiwanern schadlos zu halten. Die Arbeit, die sie verrichteten, wäre doch um Längen leichter, aber sie verdienten trotzdem mehr Geld als wir. In den Fabriken gäbe es taiwanische Techniker, die besser als ihre japanischen Kollegen wären, aber deren Löhne trotzdem nicht an den ihrer japanischen Kollegen, die fürs Nichtstun bezahlt würden, heranreichten. Damit wir mit denen keinen Ärger bekämen, müssten wir von unserem schmalen Lohn noch dauernd Geld zurücklegen, um ihnen Geschenke zu machen. Wo, beim Himmel, wäre sowas nachvollziehbar? Wieder folgte für Ajie Riesenapplaus, der nicht enden wollte. Die Bauern hörten solche Sprüche eben gern. Sowas traf sie mitten ins Herz. Die Leute von Bauernverband konnten wirklich gute Reden schwingen! … Alang, aber du schriebst lediglich Aufsätze für dein Magazin, sagtest du.

Ich begriff nichts mehr. Mich befiel ein diffuses Gefühl der Angst. Es war mir auch schleierhaft, was dieser Herr Koizumi zu bedeuten hatte. Er konnte Ajies Minnan-Chinesisch verstehen, und man hörte sogar seine Begeisterung heraus. Welcher Art mochte diese Beziehung sein, die euch beide verband? Er war Japaner. Wie kam es, dass es seine Unterstützung fand, wenn Ajie das Verhalten seiner Landsleute monierte? Wenn er doch ein erfolgreicher Kaufmann war, worin bestand, denn das erzählte Ajie, die Verstrickung zwischen ihm und deinem Zeitschriftenverlag? Außerdem …, wie kam es, dass du sie zu mir hierher geholt hattest, obschon du keine engen Beziehungen zu den beiden pflegtest? Dieses Gewirr an verstörenden Fragen verstopfte mir mein Gehirn. Ich spürte eine brennende Unruhe in mir. Immer wieder schaute ich zu dir hinüber, weil ich meinte, Antworten erhalten zu können. Aber dich interessierte allein, und bei Herrn Koizumi war das nicht anders, was Ajie da in brandendem Redefluss von sich gab. Unvermittelt befiel mich sogar ein Gefühl, als zeigtest du mir nur noch die kalte Schulter.

„Damit ist noch lange nicht genug! Die Unterdrückung und Ausbeutung der Taiwaner durch die japanische Regierung geht noch viel weiter!", hatte diesmal Herr Koizumi das Wort ergriffen und berichtete, dass die vielerorts durch die Vorfahren der Taiwaner bereits urbar gemachten Böden, einfach in die Hände von aus dem Staatsdienst entlassenen japanischen Beamten wanderten. Die Bauern verlören dadurch ihre Ackerflächen, und ihnen würde so jede Lebensgrundlage genommen. Mit dem Export von Zuckerrohr würde auf Taiwan das meiste Geld verdient. In dieser Branche häuften sich ebenso die Vorfälle von Ungerechtigkeiten. Die Rohrzucker Produktionsgesellschaft besäße das Monopol über den Zucker und die Verwaltung der Anbauflächen. Das auf ihren Flächen angebaute Zuckerrohr dürfte, nachdem es geerntet worden war, nicht außerhalb der Gesellschaft verkauft werden, dürfte privat nicht zu Zucker verarbeitet werden, nicht mal selbst essen wäre erlaubt. Die Gesellschaft setzte die Wiegegewichte selber fest und bestimmte auch die Preise selbst. Sie hätte nicht nur keinerlei Konkurrenz von außen, sie würde auch von niemandem überwacht. Arm in Arm untergehakt mit der Polizei würde bei geringstem Widerstand aus der Bauernschaft derjenige, der sich auflehnte, sofort festgenommen. Die Chance, sich zu verteidigen, würde niemandem eingeräumt. „Unsere Organisationen, die in Japan genauso wie die in Taiwan, verfolgen ein gemeinsames Ziel, nämlich der Ausbeutung durch die Kapitalisten den Garaus zu machen, um für die großen Volksmassen der proletarischen Klasse Gerechtigkeit wiederzuerlangen. Weil die Behörden überall ihre Augen haben, weil sich, egal wo, unsere Mitarbeiter immer verstecken müssen, wird es jetzt immer schwieriger, unsere Arbeit zu propagieren. Deshalb Fräulein Yuying, liebe Jadeblüte möchten wir Sie fragen: Könnten wir Ihre Wohnung vorübergehend als Treffpunkt nutzen? Wenn sich die Wogen nach einiger Zeit wieder geglättet haben, würden wir Sie auch nicht weiter belästigen." Herr Koizumi redete und redete, bis er sich plötzlich erhob und eine tiefe Verbeugung vor mir machte. Ich kriegte einen Totenschreck, erhob mich auch eiligst und erwiderte die Verbeugung, aber ich bekam keinen Ton über die Lippen. Alang, ich konnte dich nur mit weit aufgerissenen Augen anblicken. Warum hattest du mit mir im Vorwege darüber nicht ein, zwei Sätze verloren? Diese Angelegenheit kam zu plötzlich, war schwindelerregenden Ausmaßes. Ich war darauf nicht vorbereitet und wusste deshalb auch nicht, wie ich dieses Begehren zu beantworten hatte, ohne mich selbst und andere zu verletzen.

PINGGU

Welch sanftes Lüftchen am heutigen Tag, das ich, Pinggu, gern leiden mag ... Es war ein Traum innerhalb eines Traums. Ach, war ja auch egal, bloß erwachen daraus wollte ich nicht. Ich war zusammen mit Dayuan in einer großen Luftblase, die mit durchscheinendem, weißen Nebeldunst gefüllt war. Ein Windchen schickte uns hin und her, und ließ uns gemächlich, in süßem Nichtstun kreisen. Wir beide darinnen konnten nicht hinaus, andere konnten nicht herein. Wir mussten uns mit niemandem herumärgern und wurden von keinem geärgert. Die Zeit blieb stehen, es war herrlich. Du hattest dem Barbier Chen zwei große Barren Gold gegeben, ihm gesagt, dafür, weil du mich freikauftest, und dass es eure Angelegenheit wäre, eine Sache unter Männern. Ich verlangte, dass du für Mutter auch zwei große Barren Gold rausrücktest, und dass das meine Sache wäre. Guo Ming, ich hätte ja nicht gedacht, dass du tatsächlich ein so guter Sohn des Drachenkönigs, Herrscher über die Meere, und der Drachenmutter bist. Hatte ich doch bloß den Mund aufgesperrt, es gerade mal von dir verlangt, da hattest du auch schon, ich hatte meinen Mund noch nicht mal wieder geschlossen und du auch keinen Ton erwidert, bereits veranlasst, dass ein paar Leute einen Riesenkompass hereintrugen. Der hatte einen Überwurf aus rotem Seidenbrokat, und die zwei dicken Goldbarren lagen friedlich entspannt obenauf. Sie waren ziemlich schwer. Rot und Gold schimmerten ineinander verschmelzend und leuchteten, dass das faltige Gesicht meiner Mutter erstrahlte. Wenn das die Habenichtse, die auf dem Markt um Essen und Geld bettelten, sähen? Ihnen würde der Mund so wässrig, dass sie gleich ein paar Eimer voll sabberten! Deswegen mussten wir alles in der Nacht von statten gehen lassen, denn hätten die Grobiane am Zugang zur Gasse oder am Ende der Gasse davon Lunte bekommen, hätte meine Mutter nichts mehr zu lachen gehabt! „Ich regle die Dinge von jeher flott, deswegen lasse ich deine Mutter ganz entspannt umziehen, 50 km weiter raus, in Richtung Norden. Was deine beiden großen Schwestern, die mit dem Kesselflicker und die mit dem Totengräber, so vorhaben, das macht ihr Frauenzimmer schon unter euch selber aus!"

Ich verabschiedete mich von meinem, mir ursprünglich angetrauten Mann, der eine, so muss man sagen, nicht unbedingt problemarme Vergangenheit und dazu noch das steife Bein hatte. Dann ging ich an Bord. Es fiel mir leicht, leichter als den Flaum von Binsenblütenkolben wegzupusten. Jetzt sind meine Arme stärker als Ruder, und ich bin größer als Schiffsmaste. Überall auf dem Schiff, auf Deck und unter Deck, katzbuckelt jeder vor mir und hinter mir her: „Frau Chefin, Frau Chefin!". Das Schiff, der Himmel über mir und das Meer, alles Drei gehört mir! Die Tuche aus Seidenbrokat auf den Schränken im Laderaum des Schiffs, gehörten ausnahmslos mir! Die Porzellanbütten mit Campheröl, die unter den Schränken standen, waren auch alle meine! Genauso wie die in die Sklaverei aufs Schiff Verschleppten. Welcher dieser armen Teufel gehörte mir nicht? Guo Ming, ich hatte nicht erwartet, dass du mich so würdig aufstelltest, dass ich mich nicht schämte und rundum wohl fühlte. Als du mich auf dein

Schiff holest, standen an jenem Tag, mit Ausnahme der in den Käfigen Eingesperrten, alle, die gesamte Besatzung, zur Begrüßung an Deck. Natürlich standen da auch deine kleinen Dreckäffchen Spalier, deine Söhne und Töchterchen, deine Neben- und Hauptfrauen. So stabil wie eine breite Reibekeule im Reismehlmörser steht, so sicher war meine Position als Chefin auf dem Schiff.

Aber Dayuan lebte betrüblich. Auf dem kleinen Sampan von mir hopsten die köstlichen Fische, sowie sie aus dem Netz gekippt wurden, nur so herum. Ihre Schuppen glitzerten und blinkten in der Sonne. Wenn Dayuan mich das Netz einholen sah, bellte er seit jeher freudig und umkreiste mich. Schwer zu sagen, ob er nur deswegen, weil die Fische sich quälten und im Sampan auf den Schiffsboden aufschlugen, herumsprang, oder weil ihre Schuppenkleider so schön glitzerten und ihn das mit freudiger Erwartung erfüllte. Was aber mit Sicherheit stimmte, war, dass Dayuan Fisch liebte. Er war mit Fischfleisch und Fischbrühe aufgezogen worden. Dass er Fisch mochte, hatte sein Schicksal bestimmt.

Auf der großen Dschunke gab es keine glitzernden, herumhopsenden Fische, dafür dicke Taue, große Fässer und Vorschlaghämmer. Es roch falsch. Die Farben stimmten nicht. Das Gefühl, das man spürte, war falsch. Diese stumpfsinnigen Dinge, die hier dauernd den Weg versperrten, waren Dayuans von Natur aus blühendem Wesen nicht würdig. Manchmal war es auf der Dschunke möglich, dass er ins Unterdeck verschwand und dort im Kiel auf Rattenjagd ging. Jeder wusste, dass mir Dayuan genau wie ein Sohn am Herzen lag. Wer sich mit mir gut stellen wollte, würde sich immer zuerst mit Dayuan gutstellen. Zumindest wenn es vor meinen Augen passierte. Aber Dayuan war ja nicht dumm. Wer wirklich von Herzen gut zu ihm war, oder wer es nicht ehrlich meinte, das konnte er unterscheiden. Wer sich herzensgut um ihn kümmerte, da verstand sich von selbst, dass er, bevor er Dayuan Fisch zu fressen gab, ihm erstmal die Gräten herausziehen musste.

„Von klein auf folgt er mir wie ein Schatten, zwar nicht dauernd auf Schritt auf Tritt, aber so, das sage ich dir, Guo Ming, dass du dich, wenn du es nicht mit mir verderben willst und wir zusammen sein wollen, nach bestimmten Zeiten richten solltest. Ansonsten springt Dayuan dich mal richtig an und wirft dich rücklings zu Boden." Da würde dir die Lust, wenn ich mir dich dürren Affen so ansehe, aber gewaltig vergehen, denn dann wärest du Dayuans Rivale geworden. Zwischen dir und deinen Jungs funktionierte alles prächtig. Du trugst deine Nase nicht hoch und ließest die aus unterschiedlichen Provinzen stammenden und auf verschiedenen Wegen Dazugestoßenen bei dir lässig, frank und frei arbeiten. Dass man dir die fertige Ausführung der Arbeit meldete, war dir das Wichtigste. Das ordnetest du an, so setztest du deine Prioritäten. Du selbst lagst unter Deck im Bauch des Schiffs, rauchtest Opium und nahmst täglich nicht mehr als ein paar Schalen dünnen Reisbreis zu dir, um nur so eben das Nötigste aufzufüllen. Wie hättest du etwas anderes als spindeldürr sein sollen? Als deine Mutter dich gebar, war der Appetit aufs Essen wohl nicht mitgeboren worden? Von Opiumpfeifen hatte ich oft gehört, aber nie eine zu Gesicht bekommen, solange, bis ich von dir gezwungen wurde, ein paar Züge aus so einer Pfeife zu nehmen. Wer schert sich schon um so einen schwarzen, stinkenden Kram? Um kein Spielverderber zu sein, sog ich mit Mühe und Not zwei Mundvoll davon ein ... Ih Pfui! „Daran erstickt man ja, so sehr verschluckt man sich! Noch mal mache ich das nicht, Guo Ming! Selbst wenn du vor mir kniest und mich anflehst. Daraus wird nichts!" - „Du hast ja keine Ahnung! Opium erfrischt den Geist und kann Krankheiten heilen. Wichtig ist nur, sich nicht davon beherrschen zu lassen, sondern sich das Opium zu Diensten zu machen. Wer nicht damit umgehen kann, geht daran zu Grunde." - „Papperlapapp! Ich sag dir, das sind die Goldenen Worte eines Hyperaktiven! Du dürrer Affe!"

Aber mag ja stimmen, dass du recht hast! Wenn man als Befehlsstandartenträger der Drei-Pagoden-Fahne auf den vier Weltmeeren Erfolg haben will, muss man ganz schön plietsch sein. Ohne Grips wird das nichts. „Eine Befehlsstandarte auszugeben ist ein Job, bei dem man jemandem einen geköpften Schädel serviert und gleichzeitig drauf wartet, dass ein Staatsdiener einem mit einem Streich von oben nach unten den Kopf abschlägt". So hattest du mal todernst zu mir gesagt. „Nun ja, du bist eben anders als andere! Guo Ming, du machst dir sogar das Opium zu Dienste!" - „Dieser Wasserweg reicht von Nordostchina und immerfort bis nach Südwestchina, verstehst du das?" Ich nickte. „Das sind die Küsten von vier Ländern und sechs Grenzen. Begreifst du das?"Ich schüttelte den Kopf. Nachdem wir die Dschunke bestiegen hatten, waren die Tagesabläufe nicht immer so, wie ich mir das vorgestellt hatte. Auch Dayuan durfte nicht mehr den ganzen Tag um mich herum sein. Erst nach getaner Arbeit, wenn sich die Männer der gesamten Besatzung obenherum freimachten und an Deck im Meereswind ihre Bäuche lüfteten, durfte Dayuan an Deck herumspringen und dort die Möwen jagen. „Guo Ming, du brachtest mir das Lesen der Seekarten bei, angefangen bei allem, was ich nicht begriff, das Messen der hydrologischen Daten, das astronomische Navigieren, und du nanntest mir Verhaltensregeln und Besonderheiten aller Häfen."

„Dein Gedächtnis ist enorm! Wo man sich wild aufführen kann, nicht jedes Wort auf die Goldwaage legt, wo man besonders vorsichtig sein muss und besser einen großen Bogen drum macht. Welche Waren zu welchem Preis gehandelt werden, und wo man auf dem Preis strikt beharren muss. In welchen Seegebieten man auf freier See zwischen einer und der anderen Grenze mit welchem Schiff welche Form von Geschäften abwickelt, und auch, wo auf See uns feindlich beziehungsweise freundlich gesinnte Schiffe zu vermuten sind. Mit penibler Genauigkeit erklärtest du mir jede Einzelheit." Je mehr ich davon erfuhr, umso mehr interessierte es mich, umso mehr mobilisierte ich alle Energien, um mir ja alles zu merken. Angefangen von dem Zustand einer absoluten Analphabetin, die so ungebildet war, dass sie nicht mal ein einziges Schriftzeichen wusste, bis zu einem Niveau, bei dem ich von einem Schriftzeichen Rückschlüsse auf andere Schriftzeichen ziehen konnte, war es manches Mal tatsächlich so, dass ich dir dermaßen Löcher in den Bauch fragte, dass du nicht mehr zu antworten wusstest. So ein Zauber war es also, wenn man was völlig Neues lernte. Die Welt in meinem Herzen hatte ihre Grenzen gesprengt. Keine Begrenzung bedeutete kein Verlass mehr auf vertraute Farben und Gerüche. Was noch schlimmer war, es war nicht mehr möglich, sich vorzustellen, wie etwas aussah oder auszusehen hatte. Es war genau wie die Luftblase von mir und Dayuan. Obschon wir weder raus noch rein konnten, taten sich drinnen grenzenlose Weiten auf. Mir war nicht mehr klar, an welchem Ort ich mich grade befand. Aber es war auch bedeutungslos, wenn man es nicht wusste, während man sich treiben ließ,. Bis jetzt hatte es gedauert, dass ich begriff, dass dieser Wasserweg nicht nur beängstigend schmal und lang, sondern dazu noch breit und groß war. Wenn ich das mit der Bucht bei uns zuhause verglich, war sie für nicht mehr als zum Füße waschen gut. Auf die Weiten des Ozeans jenseits des Wasserwegs traf das noch viel mehr zu ...

„Und was ist mit den von der Regierung gefahrenen Dschunken? Warum sprichst du darüber nicht?" fragte ich neugierig. „Man wird auf See doch bestimmt Wegezoll einnehmen? Oder etwa nicht?" - „Was und ob man etwas einnimmt, ist eine verhandelte Summe. Was den Kaiserhof angeht, was der Hof sagt, davon ist nicht die Rede! Begreifst du das?" Ich runzelte die Brauen, nickte nicht und schüttelte auch nicht den Kopf. „Gut, ich erkläre es dir: Ist dir jemals ein unbestechlicher Beamter über den Weg gelaufen?"

AQIN

„Nimm zwei. Dann verkaufe ich sie dir billiger." Der Fischverkäufer hatte mit einem Griff zwei von den lebendigen Fischen, die auf der Zementablage hüpften, gepackt. Sie waren frisch. Ich nickte einwilligend: „Schuppe sie mir bitte gleich und nimm die Kiemen für mich heraus." Der Fischhändler hob gar nicht erst den Kopf, sondern nahm sofort mit geübtem Griff das Messer zur Hand. Ich wich einen Schritt zurück, damit ich die Fischschuppen nicht abbekam und sie mir meine Kleidung nicht beschmutzten. Er drehte die Fische von einer zur anderen Seite, und schuppte sie mit flinker Hand. Dann tauchte er sie in eine Schüssel Wasser, nahm sie wieder heraus und schuppte sie erneut. Das machte er noch zweimal, bis die Schuppen so ziemlich ab waren. Sodann fuhr er mit einem Messer hinter die Kiemendeckel, klappte sie hoch und riss die Kiemen heraus. Schnell waren die beiden Fische sauber geschuppt und fertig. Er wickelte sie in Zeitungspapier. Als er sie mir übergab, waren sie noch am Atmen.

Zuhause bei uns in Huazhai hatte meine Mutter die Fische geschlachtet und ausgenommen, und sie hatte auch die Ratten gefangen. Das hatte sie für uns erledigt. Jetzt war das anders. Ich musste alles selber machen. Im Winter vergangenen Jahres waren wir mit dem Schiff in den Süden der großen Insel nach Gaoxiong gekommen. Dort gab es breite Straßen und viele Häuser. Autos fuhren auf der Straße, Karren, Rikschas, Fahrräder, alle hin und her. Es war ein Betrieb wie bei einem im Webstuhl hin- und heraussauenden Weberschiffchen. Man wusste gar nicht, wann man freie Bahn zum Gehen bekam. Zuerst hatten wir unweit von Vaters Wohnung eine Bleibe gefunden. Obschon wir unseren Unterschlupf immerhin mit einem Landsmann, der aus dem gleichen Dorf wie wir stammte, teilten, war es nicht angenehm, mit zwei Familien unter einem Dach. Mir war es peinlich.

Ich schämte mich, wenn ich mich waschen musste und wollte immer genau wissen, dass von den anderen keiner gerade das Bad benutzte. Nur dann machte ich fix und wusch und kämmte mich. Egal ob es Probleme gab oder nicht, unterdrückte ich meine Stimmung und versuchte quasi unsichtbar zu bleiben. Ich hatte jeden Tag von früh bis spät Angst und führte ein ganz stilles Leben. Immer war ich in Anspannung. Ich kriegte keinen Bissen herunter und konnte auch nicht schlafen. Wenn ich jemandem begegnete, war ich auch noch gezwungen zu lächeln. Ich war nicht mehr Herr meines Lebens, alles war chaotisch geworden.

Wie sehnte ich mich nach der Zeit, als ich noch zuhause wohnte! Als ich mit Mutter zusammen das Feld am Berg bestellte, Reissetzlinge setzte und Süßkartoffeln ausgrub. Und wir in der Küche junge Erbsentriebe und -ranken zupften und Reisklößchen rollten. Wenn ich ihr dabei zuschaute, wie sie den Reisbrei köcheln ließ, wie sie meine Hemden und Hosen flickte, hörte, wie sie auf Hei Yuan schimpfte, und wie sie traurige Taiwanopernlieder summte. Und heute? Das alles würde nie wiederkommen, nicht mal meine Träume führten mich noch dahin zurück. Mutter hatte darauf bestanden, das Meer nicht zu überqueren, und sich nur gewünscht, dass ich oft nachhause käme, um sie zu besuchen. Nachdem ich schwanger geworden war, besprach Hei Yuan sich mit Vater, der nicht mehr mit dem Schiff zur See fuhr und nun in ihrem alten Haus sein Altenteil bezogen hatte, ob man mit den Nachbarn aus dem Heimatdorf nicht ein bisschen Geld zusammenkriegen könnte, und Vater und unser großer Bruder noch was drauflegen könnten. So schaffte es Hei Yuan mit Müh und Not, das japanische Holzhaus, das wir damalsdann bewohnten, zu kaufen. Unser Haus war sehr niedrig gebaut. Eine Holztür an der Gasse, die mit zwei Flügeln in der Mitte nach innen zu öffnen war, führte auf einen quer zur Hoftür gelegenen kleinen Haushof. Man konnte das Fahrrad mit reinschieben. Dann ging man durch eine nach links aufzuziehende Holzschiebetür, bei der man oben und unten getrennt aufschieben konnte. In den oberen Teil der Türe waren in das Türblatt mehrere Milchglasscheiben eingesetzt, beim unteren Teil der Tür war bereits etwas von der braunen Ölfarbe abgeblättert. Wenn man dann seine Schuhe ausgezogen hatte, nachdem man mit einem großen Schritt hereingekommen war, erreichte man den Tatamibereich des Zimmers, der ungefähr auf Wadenhöhe lag. Darauf konnte man laufen. Der Ort war nichts anderes als sozusagen die Stube. Von der Stube gingen die anderen Zimmer ab. Auf der rechten Seite gab es ein Zimmer, und auf der anderen Seite knüpfte an die Stube auch ein Zimmer an. Man konnte zu den Zimmern nach links und rechts die Papierschiebetüren aufziehen, die die drei Räume von einender trennten. Wenn beide Türen ganz aufgezogen waren, sah der Wohnbereich wie ein einziger, nirgendwo unterteilter Tatami aus, und der Raum erschien größer als er eigentlich war. Die Küche, an die sich das Bad anschloss, war nach hinten raus gelegen, und zwar so, dass man aus dem Tatami-Wohnbereich eine Wadenhöhe auf den Zementfußboden in den anderen Bereich des Hauses herabhüpfte. Dort gab es einen aus Lehmziegeln gemauerten Herd. Der war ein wenig kleiner als der von uns Zuhause bei meiner Mutter. Aber darauf kam es nicht an. So simpel es auch war, wenn man sein eigenes Haus hatte, war immer alles besser.

Wann war das mit mir passiert? Dass Mamas kleine Tochter mit einem Mal zur Frau geworden war? Die an ihrem schwangeren Babybauch, den vor sich herschob, schwer zu tragen hatte? Warum hatte vorher niemand dazu meine Meinung eingeholt? Und als es beschlossene Sache war, warum hatte sich niemand gefunden, der es mir zumindest danach mal gesagt hätte? Bevor ich die erste Veränderung überhaupt begriffen hatte, stand die zweite schon ins Haus. Bevor ich mich mit einem Gefühl, mit einer Umgebung vertraut machte, musste ich die neuen Umstände doch akzeptiert haben. Anders ging das doch nicht!? Mein Schiff schaukelte wie ein Blatt auf dem Meer. Die großen Wellen zwangen es, vorwärtszurudern. Wenn kleine Wellen kamen, ließ es sich treiben, aber es schaukelte immer gewaltig.

Ich kaufte Fisch, kaufte Mais, außerdem noch Tofu, Schweinefleisch und alles andere. Und ich kaufte sogar einen großen Kohlkopf, einen, der viel zu schwer wog. Normalerweise konnte ich alles tragen. Aber jetzt würde das Baby bald kommen und mein Bauch war riesig. Das Kind drückte sehr, so dass ich bei jedem Schritt das Gefühl hatte, es würde unten herausfallen. Es war an jenem Tag auch so heiß. Mir tropfte der Schweiß aus den Ärmeln und aus den Hosenbeinen, als ich im Schneckentempo nachhause ging. Ich öffnete das Türschloss unseres Haupttors, dann das der Schieboholztür, die ich nach links aufzog, zog die Schuhe aus und stieg mühsam hinauf in unsere kleine Stube. Ich durchquerte mit den zwei furchtbar schweren Einkaufskörben die beiden Tatamizimmer, kam hinten, wo unsere Küche gelegen war, an und stieg dort hinab. Dort schöpfte ich Wasser aus dem großen Bottich in eine Wanne und wusch mir meinen Körper, um mich abzukühlen. Dann griff ich mir einen kleinen Holzschemel, setzte mich und begann, die gekauften Sachen vorzubereiten. Reis zu waschen und zu kochen, war auch zuhause schon immer meine Aufgabe gewesen. Aber mit der Holzasche, die Hei Yuan mitgebracht hatte, war es sehr mühsam, ein Feuer zu entfachen. Wenn ich ihm das sagte, würde er wieder sehr wütend werden. Der Reistopf stand schon auf dem Herd, als ich die kleine Eisenklappe zum Ofenrohr öffnete, ein paar Blatt Papier nachschob und dann schnell Luft hineinfächelte. Der Holzaschequalm wurde dichter und dichter. Dieser undurchsichtige weiße Nebel schlug mir direkt in die Augen, dass mir die Tränen nur so herabliefen, und quälte meine Nase, dass ich keine Luft mehr bekam. Ich hatte einen Hustenanfall. Ich fächelte mir nun selber Luft ins Gesicht, aber den schrecklich beißenden Rauch konnte ich nicht von mir fernhalten. Plötzlich spürte ich, wie mir eine niemals zuvor gespürte, riesig flammende Hitze aus meinem Körper hoch in meinen Kopf trieb. Mir wurde schwindlig, und ich verlor das Bewusstsein.

Wie kommt es, dass du hier bist, Hei De? Verschwinde nur schnell wieder! Marsch verschwinde! Sonst beschimpft dich Hei Xing noch, mach schnell, dass du hier rauskommst! Ich habe mich fast überschlagen, so gestresst, so zu Tode erschrocken bin ich. Und du bis in einer Verfassung, als macht dir das alles nichts aus. Du bist entspannt, verträumt. Du runzelst die Brauen nicht mehr, beugst vor anderen nicht mehr dein Haupt. Sogar ein Lächeln, schwer von anderen zu entdecken, umspielt deine Mundwinkel. Du hast doch gehört, was ich gesagt hab, mach kehrt, geh schnell weg von hier. Auf leisen Sohlen und leichten Schrittes gingst du von dannen. Zuerst sah ich deine Füße nur noch ungenau, dann verschwammen die Konturen deines Körpers, dann die deiner Hände und Arme. Du verschwandest in der Ferne, deine Silhouette verblasste. Ich bekam Angst. Ich schrie: „Hei De! Du sollst zurückkommen! Komm bitte!" Ich rief, brüllte, kreischte nach dir. Aber du warst verschwunden. Absolut, hattest dich in Nichts aufgelöst …

Ich weiß nicht, wieviel Zeit vergangen war, als ich ganz allmählich wieder zu Bewusstsein kam. Ich lag am Boden und war noch nicht bei Sinnen. Einen scharfen Geruch von Verbranntem hatte ich in meinem Kopfhaar, in meinen Augen, in der Nase, auf jedem Zentimeter meiner Haut, in jeder Pore oder besser gesagt, ich war durch alle

Hautschichten hindurch fest in diesen Brandgeruch eingeschnürt. Ich schaute mit dem Gesicht auf der Seite liegend nach oben. Die Glut der Holzkohle war nicht erloschen. Nur gut, dass ich vorhin nur wenig Holzkohle ins Ofenrohr eingefüllt hatte, sonst hätte ich jetzt nicht mal mehr einen Wok. Ich stützte mich auf meinen Ellenbogen und drückte mich mühsam hoch. Dann erhob ich mich. Ich schaute mir den Reis in dem Wok an. Er war völlig schwarz verbrannt. Den Wok schob ich vom Herd und kratzte mit der Reiskelle den schwarz verkohlten, noch heißen Reis heraus. Es war nur wenig übrig, was man noch zu Reisbrei kochen konnte, und was ich sodann in eine Schüssel füllte. Die verbrannten, harten Krusten konnte man wohl nur noch nach draußen in den Kübel mit den vergorenen Abfällen tun. Ich setzte mich wieder auf die kleine Fußbank. Mir war mein Herz so schwer. Ich drehte den Wok über Kopf, nahm das große Hackmesser zur Hand, und begann damit, langsam die dicke Rußschicht abzuschälen. Ich weinte, während ich damit beschäftigt war. „Hei De, du hast mich aus meiner Ohnmacht aufgeweckt. Du warst es, der kam und mich rettete." Du bist vielleicht so wie viele andere, auch von zuhause weggegangen und nach Gaoxiong gezogen. Wie ergeht's dir hier in Hamasen, Gaoxiong?

In der stark verqualmten, kleinen Küche war ich todtraurig damit beschäftigt, Schritt für Schritt den Ruß, der mich am Leib und im Gesicht bedeckte, abzukratzen. Meine Tränen tropften auf dem Boden des Reiswoks und jede meiner Tränen wusch mehr von der aschegrauen Farbe herunter ...

YUYING

Cuifeng, jadegrüner Phönix, sagte, sie müsse unbedingt zurück nachhause. Als vor zwei Monaten der Taifun alles überschwemmte, hatte ihre alte Mutter trotzdem darauf bestanden, die Felder abzugehen. Aber sie rutschte am Feldrain aus und zog sich einen Oberschenkelbruch zu. Ihr Bein wurde steif. Sie lag den ganzen Tag und konnte absolut nichts mehr tun. Und das in dieser Jahreszeit, in der Bauern so viel zu arbeiten haben. Sie stand so unter Druck mit ihrer Feldarbeit, dass sie immer nur weinte. „Dass sie sich nur auf gute Nachbarschaftshilfe verlässt, reicht bei weitem nicht aus. Ich muss zurück und meine Mutter versorgen."

So sagte mir Cuifeng. Sie packte eilig ihre paar Sachen zusammen. Ich wusste, ich durfte sie nicht aufhalten. Cuifeng erzählte mir noch, dass ihr Vater, als sie drei Jahre alt war, auf dem Feld vom Donnergott erschlagen worden wäre. Bestimmt hätte er ihn so jung an Jahren geholt, damit er sich etwas früher bei ihm erholen konnte. Das wäre ja immer so, wenn der Donnergott einen guten Menschen zu sich holte. Er war ein feiner Mensch und sehr beliebt im Dorf gewesen. Der Trauerzug seiner Beerdigung war damals endlos lang. So wäre es gekommen, dass ihre Mutter, als sie noch ganz jung war, zur Witwe geworden wäre. Sie hatte nur sie, ihre kleine Tochter, und einen Wasserbüffel besessen. Damit hätte sie, ihre kleine Tochter immer an ihrer Seite, das Feld bestellt und den Reis eingebracht. Mutter und sie hätten zig Jahre lang bis zur äußersten Erschöpfung gearbeitet, weil sie das Feld vom Vater, das er ihnen hinterlassen hatte, bestellten. Später wäre über die Hälfte ihres Grunds und Bodens von der Regierung requiriert und dort eine Fabrik gebaut worden. Mit dem Geld für das Land hätten sich beide ein Schwein und Hühner halten können und es von da an, mit Mühe und Not, ungefähr geschafft, über die Runden zu kommen. Im ihrem Heimatdorf hätte sie auch Herrn Liu-Cai kennen gelernt.

Es war eine Seltenheit, dass Cuifeng den Mund aufgemacht und so viel gesprochen hatte. Und dass sie sogar auf dich, Alang, zu sprechen gekommen war. Da musste ich genau und mit gespitzten Ohren hinhören. „Fräulein Yuying, ich erinnere mich, dass ich ursprünglich mit meiner Mutter am Eier verkaufen war. Wir hockten neben einem Obstladen, der Mandarinen verkaufte, als plötzlich ein Platzregen niederging. Die anstehenden Kunden waren im Nu verschwunden, also blieb auch uns nichts anderes übrig, als früher, als wir es ursprünglich geplant hatten, nach Hause zu gehen. Wir trafen auf halber Strecke auf zwei junge Männer. Man sah auf den ersten Blick, dass sie von außerhalb waren. Meine Mutter und ich hielten uns den Bambuskorb über den Kopf, um den Regen abzuschirmen, die jungen Männer hielten sich ihre Aktentaschen über den Kopf und liefen flink vorwärts. Die Wege auf dem Lande sind nicht so bequem wie hier in der Stadt. Die beiden trugen weiße Oberhemden und schwarze Anzughosen. Das sah zwar gut aus, aber der Saum an ihren Hosenbeinen war völlig verschlammt. Meine Mutter hatte mit ihnen Mitleid und bat sie in unser kleines Haus herein. Sie gab ihnen trockene Handtücher, damit sie sich das Gesicht abtrocknen konnten. Sie holte zwei Schemel herbei, damit sie sich setzen konnten, bis der Regen aufgehört hatte. Nach dem Regen gingen sie, um noch mal einen Blick in den Schweinestall zu werfen. Weil es durchs Stalldach regnete, hatte sich die Sau mit den Ferkeln in die hinterste Ecke des Stalls verkrochen. Herr Liu Cai fragte nach unseren Lebensumständen. „Wieviel kostet ein Pfund Hühnerfleisch?" - „Wieviel kostet ein Pfund Schweinefleisch?" - „Mit welchem Maß wird der Reis gewogen?" - „Wie werden die Schweine transportiert?" - „Woher kommt das Wasser zum Fluten des Reisfelds?" - „Wer holt den Reis ein, wenn er geschnitten ist?" Er fragte so viel, so im Detail, und der andere Herr schrieb, so schnell er konnte, alles auf. Die Fliegen brummten uns um unsere Köpfe und die Luft im Stall roch streng nach Schweinemist. Es war mir absolut peinlich, dass diese Stadtmenschen sich hier in unserem jämmerlichen Dorf so verbiegen und unwohl fühlen mussten. Zwei Wochen später kam Herr Liu Cai plötzlich bei uns vorbei und fragte mich, ob ich in die Stadt ziehen und da arbeiten wolle."

Ich erzählte Cuifeng, wie ich, als ich vier Jahre alt war, verkauft worden war. Und dass ich, weil ich mit vier Jahren zu alt zum Einbandagieren der Füße zu Lilienfüßen gewesen sei, ich nicht die von allen Leuten so sehr geschätzten Lilienfüße bekam, sondern meine Füße sogenannte Naturfüße bleiben durften und damit viel größer als die der anderen Mädchen bei uns waren. Und wie ich dann Pipa spielen geübt hätte, Kalligraphie geübt, Singen geübt, Schulbücher auswendig gelernt, Schnaps trinken geübt, mich schminken geübt hätte ..., und wie ich Tag für Tag, Jahr für Jahr den dünnen Rohrstock zu spüren bekam, und wie ich mit dem Geschmack meiner salzigen Tränen auf der Zunge herangewachsen war. Cuifeng hörte mir genau, Wort für Wort, zu. Sie weinte noch mehr, als ich dabei weinen musste. Und ich es dann war, der sie zu trösten begann.

Ich nahm ein Seidentaschentuch, wickelte darin eine goldene Halskette und einen goldenen Armreif ein und drückte es Cuifeng in die Hand. „Das ist viel zu wertvoll, das kann ich nicht annehmen!" - „Cuifeng, jetzt hör' mir mal gut zu! Du hast ein Zuhause, wohin du zurückkannst. Du hast eine alte Mutter, die du gut versorgen musst. Du weißt, wo du herstammst, besitzt Wurzeln wie ein Baum. Die musst du schützen, sie pflegen, damit sie immer größer und kräftiger werden. Ich bin anders als du! Ich bin für viel Geld verkauft worden, man hat mir meine Wurzeln genommen, so wie das Sprichwort sagt:

Schneidet man Peddigrohr, ist es für immer entzwei. Cuifeng wusste genau wie ich: eine Geisha hat keine Zukunft. So jemand wie ich lebte ohne vorauszuschauen, immer von der Hand in den Mund. Als Cuifeng ging, rief sie mir zum Abschied immer und immer zu: „Fräulein, Fräulein Yuying, Fräulein, Fräulein Yuying ... Sie sagte, ich sei ein herzensguter Mensch. Sie würde mir niemals vergessen, wie gut ich zu ihr war. Sie wünschte sich, dass ich gut auf mich aufpassen sollte. Und dass sie, sowie sie eine Möglichkeit fände, mich sofort besuchen käme.

Es war auch von Vorteil, dass Cuifeng heimgekehrt war, denn ich war gerade dabei, Möglichkeiten zu schaffen, damit der von dir bei mir eingerichtete Treffpunkt geheim blieb und nichts davon nach draußen gelangte. „Wenn sie jetzt wieder auf dem Land ist, kann man vielleicht einen unserer Leute schicken, der ihre Nachfolge antritt. Ich muss darüber noch nachdenken, dann sage ich dir Bescheid." An jenem Tag schleudertest du mir so ruckzuck diese Worte entgegen. Dann gingst du in Eile von dannen. Nicht mal die Zeit, dich etwas zu fragen, blieb mir. Alang, was bedeutet „einer unserer Leute"? Wer ist „wir"? Du bist in letzter Zeit gehetzt wie auf heißen Kohlen unterwegs. Aber mir begegnest du immer mit voller Geduld. Es ist nur, dass ich immer weniger begreife, was dich treibt. Dass ich nicht mehr verstehe, was dich beschäftigt und was du tust. Du entfernst dich immer mehr von mir. Als würdest du verblassen ..., sind deine Konturen inzwischen verwischt.

Es klappt ja nicht, gleichzeitig in zweierlei Haut unterwegs zu sein. Wenn sich ein Mensch zu einer bestimmten Zeit an einem bestimmten Ort befindet, kann er nicht zur selben Zeit an einen anderen Ort verschwinden. Aber wenn eine Gruppe von Menschen sich zur gleichen Zeit an verschiedenen Orten befinden, kann es sein, dass sich das Tun und das Denken von ihnen überschneidet, also von ähnlicher Natur ist. Die Entfremdung, die mit der zeitlichen und örtlichen Trennung einhergeht, ist vielleicht nicht ausschlaggebend. Der Strom der Zeit, unterschiedliche Anschauungen in Bezug auf verschiedene Örtlichkeiten beeinflussen den historischen Prozess nicht unbeträchtlich. Cuifeng und ich waren grundverschiede. Ich konnte mir keinen Begriff von ihrer Schweinerotte und der Hühnerschar machen, sie konnte nicht begreifen, warum ich mich vor manchen Menschen so gedemütigt fühlte und vor anderen überragend brillierte. Edle Jade,

Yayun ..., du und Herr Koizumi und noch viele andere Menschen, die sich zu verschiedenen Zeiten an unterschiedlichen Orten aufhalten, bewegten sich, obschon sie sich nicht abgesprochen hatten, mit dem Strom der Zeit und wurden mit in die geistige Strömung der Epoche hineingezogen. Sie schwimmen gemeinsam voran für einen gemeinsamen Glauben. Währenddessen wird mancher von am Ufer zerschellenden Wellen erschlagen, mancher von riesigen Wellen erfasst und in unbekannte Fernen fortgespült. Wenn die, die übrig blieben, noch von den Totgeschlagenen, Fortgeschwemmten wussten, war das auf das unbedingte Wollen dieser einzelnen Menschen zurückzuführen. Diese Einsicht kam mir jedoch erst sehr viel später. Erst als ich in einem Ziegelscherbenhaufen lag und verblutete, begriff ich diesen Umstand in einer plötzlichen Erleuchtung.

„Yayun kommt aus Festlandchina. Sie wird alles in die Wege leiten, du brauchst ihr nichts zu sagen, und du musst auch nichts machen." So kurz und knapp war deine Anweisung. Yayun und Cuifeng ... Wie verschieden die beiden doch waren! Yayun war vielleicht zwei oder drei Jahre jünger als ich, hatte zwei dicke geflochtene Zöpfe, die ihr über die Schultern auf den Rücken fielen und wirkte dumm und naiv. Aber nicht, wenn sie den Mund aufmachte. Dann hinterließ sie einen völlig anderen Eindruck. Sie war intelligent und lebenserfahren. Sowie sie ihren Blick im Rund wandern ließ, begann ihr Mund Worte, gleichsam schimmernde Perlen, die von einer durchtrennten Perlenschnur zu Boden springen, auszuspucken. Wie aus einem nie versiegenden Quell sprudelten immerfort beste Ideen aus ihr hervor; als wären ihr Gehirn, ihre Augen und ihr Mund drei hintereinandergeschaltete Apparate einer gute Ideen produzierenden Maschine.

Einmal wurden Ajiu, Yinxia und mir Einladungen eines Handelshauses zu einer Vorstellung anlässlich deren Empfangs wegen ihres Firmenjubiläums zugeschickt. Bevor wir hingingen, suchten wir einiges an Liedern heraus. Wir trafen uns und übten viele Tage lang, damit uns nicht etwa passierte, dass die Gäste sich ein bestimmtes Lied wünschten, und wir nicht schafften, es aus dem Stehgreif fehlerfrei aufzuführen. Am Tag, an welchem der Empfang sein sollte, hatten wir uns bei Ajiu und Yinxia zuhause verabredet und warteten dort. Das Handelshaus wollte eine Limousine schicken, die uns abholen sollte. Da war es Yayun, die zur Vorsicht noch einmal telefoniert hatte, und die dann veranlasste, dass zwei Limousinen geschickt wurden.

„Ihr Drei, dazu noch ich, zusammen vier Personen, und dann noch die Musikinstrumente und alles andere. Wie hätte da ein Wagen ausreichend sein sollen?", antwortete Yayun mir, als ich sie, als wir von der Aufführung zurück waren, für ihre Umsicht belohnte. Und nicht nur das, an diesem Tag half sie mir außerdem noch, mich vor den Augen anderer abzuschirmen.

Der Jubiläumsempfang des Handelshauses fand im Konferenzsaal der Firma statt. Der Saal war nicht sehr geräumig. Man sah deutlich, dass sie ihn schon herausgeputzt hatten. Die Fensterbänke waren mit Goldpapier und rotem Papier eingeschlagen. Man sah, dass Freude zum Ausdruck kommen sollte. Außerdem gab es ein paar Blumentöpfe mit frischem Grün, die jedem ein duftiges, frisches Gefühl vermitteln sollten. Man erriet nicht, ob die nur vorübergehend hier aufgestellt worden waren oder hier schon immer an der Wand gestanden hatten. Einige hochangesehene, bedeutende Leute hielten nacheinander kurze Ansprachen, in denen sie ein paar wohlklingende Worte sagten. Die anderen saßen auf Konferenzstühlen mit runden Rückenlehnen und Ausdruckslosigkeit zeigte sich in ihren Gesichtern, während sie zuhörten. Solange, bis wir die Bühne betraten, blieb das so. Tumultös kam dann Leben in die Zuhörerschaft. Wir sangen zwei Lieder. Den Männern in den hinteren Reihen wurde das zu viel. Ohne Umschweif standen sie auf, damit sie uns im Festtagsputz, in unseren prächtigen Gewändern sehen konnten. Die Männer hatten auf der Bühne wirklich bestimmte Liederwünsche ausgesprochen, doch uns konnte das alles nichts anhaben. In solchen Situationen waren wir dankbar, dass uns die Mutter mit solcher Strenge ausgebildet hatte. Nachdem wir gelassen fertig gesungen hatten, wollten unsere Gastgeber mit uns noch im Korea-Restaurant essen gehen. Als wir alles zusammengepackt hatten, machten wir uns zusammen mit den Herren auf den Weg. Das Handelshaus hatte vier Tische reservieren lassen. Ich saß zwischen zwei Männern, deren Vor- und Zunamen ich nicht kannte. Zuerst wurde normal gegessen und sich gegenseitig zugetrunken. Die Kochkunst des Chefkochs des Korea-Restaurants wurde von allen in höchsten Tönen gelobt.

„Weil in diesem Restaurant so gut gekocht wird, haben wir euch gebeten mitzukommen und die Küche auszuprobieren. Wir bedanken uns bei euch sehr, dass ihr es nicht zu schlecht findet und uns die Ehre gegeben habt, mitzukommen", sagte der Mann zu meiner Rechten. Es dauerte nicht lang, bis ich bemerkte, dass mein Tischnachbar zu meiner Linken nichts aß, sondern mir immerfort nur zuprostete. Später wollte der mir zur Rechten sitzende, ihm in nichts nachstehen oder vielleicht noch als Weichei gelten. Deswegen machte er mit. Ich bin ja ziemlich trinkfest. Aber wenn zwei sich zusammentun und mich unter den Tisch trinken wollen, würde mir ernsthaft etwas zustoßen. Als ich gerade soweit war, dass ich keinen einzigen Schluck Schnaps mehr hinunterschlucken, ihn aber auch nicht ausspucken konnte, kam Yayun plötzlich und stellte sich hinter mich: „Fräulein Jadeblüte, Yuying, es ist so weit, sie müssen Ihre Tabletten einnehmen, kommen Sie bitte für einen Moment mit mir mit."

Nach diesem Vorfall erfuhr ich, dass du Yayun aufgetragen hattest, in meiner Nähe zu bleiben und mich im Auge zu behalten, damit ich durch andere auch ja keinen Nachteil erführe oder die Leute etwa begännen, mir zu argwöhnen. Zum Glück, dass die Trinkerei damit, dass ich deine Arbeit deckte, nichts zu tun hatte. Aber was ich eigentlich sagen wollte: Hattest du mich mit deinem Verhalten nicht längst mit hineingezogen? Alang! Jetzt muss ich zusätzlich zu dem Umstand, mich in ständiger Alarmbereitschaft vor unsittlichen, sich nicht an die Regeln haltenden Kunden zu befinden, Tag und Nacht noch dieses brennende Gefühl aushalten, eine Schlinge um den Hals zu tragen ... Dennoch bin ich darüber froh, etwas für dich tun zu können. Ich freue mich, dass ich in deinem Leben einen wichtigen Platz einnehmen darf.

„Fräulein Yuying, ich saß an einem anderen Tisch und schaute Ihnen heimlich zu. Später merkte ich, dass die Situation entgleiste, deswegen eilte ich zu Ihnen", erklärte Yayun mir, warum sie plötzlich hinter mir gestanden und vorgegeben hatte, ich hätte noch meine Tabletten einnehmen müssen. Dann sagte Yayun noch: „Sie wissen ja gar nicht, wie anziehend Sie wirken, Fräulein Yuying! Obwohl die Pipa ihr Gesicht etwas verdeckt, sieht man doch Ihre Pose, wie sie die Augen schräg den Blick zu einer Seite nach unten wandern lassen. Da wirft Ihnen jeder schmachtende Blicke zu! Sogar ich bekomme davon Herzklopfen. Und was erst diese in jeder Beziehung unterschiedlichen Herren angeht…, sie waren alle gefangen von Ihnen. Ich denke, wenn alles, was die dabei denken, strichgenau gezeichnet und aufgemalt in aller Klarheit über ihren Köpfen erscheinen würde, sollte man besser wegschauen. Das wollte man gar nicht wissen."

Es kommen eher zu viele Kunden zu mir. Manchmal kommen zu mir Taiwaner in Begleitung von Japanern. So etwas hattest natürlich bestimmt du geschickt in die Wege geleitet, Alang! Damit Außenstehende annahmen, dass diese Männer zu den Geishas gingen, um ihr Geld da zu lassen. Die japanischen Genossen waren Leute von Herrn Koizumi. Wenn sie mitkamen, bedeutete es einen besonders guten Schutz, obschon es auch beängstigend war, denn es konnte sich ja immer ein Spitzel darunter gemogelt haben. Wir mussten höllisch aufpassen. Alle, die von dir kamen, waren wichtige Kader. Einmal sagtest du mir vorher extra Bescheid. Dass man bei mir dermaßen viel ein- und ausging, machte mir mehr und mehr Angst. Aber für dich wurde der Treffpunkt bei mir wichtiger und wichtiger. Natürlich konntest du dich so auch immer weniger von mir trennen. Manchmal fragte ich mich: Wer bin ich denn eigentlich noch? War ich noch die Frau, die sich jeden Tag schminkte und ihren Kunden dabei Gesellschaft leistete, sich zu amüsieren? Oder nur noch eine Geisha, die sich benutzen ließ, anderer Leute Machenschaften zu decken? Warum konnten wir nicht ganz simpel einfach nur ein Ehepaar sein? „Alang, antworte mir endlich!"

Als ich mich an jenem Tag schon wieder mit irgendwelchen Freunden von dir über irgendwas unterhielt, von dem ich nicht den blassesten Schimmer hatte, riss mir der Geduldsfaden. Ich fasste den Entschluss, dich zu bitten, mir die ganze Geschichte von Anfang an zu erzählen. Als du dich auf dem Abort befandst, kam ich blitzschnell in die Küche. Ich trug Yayun auf, dass sie dich abpassen sollte, sowie du herauskämst, und dass sie dir sagen sollte, dass, wenn die Kunden gegangen wären, ich noch etwas unter vier Augen mit dir zu besprechen hätte. Als sich dann alle Tischgäste erhoben, alle in Bewegung waren und sich verabschiedeten, machtest du nicht nur keinerlei Anstalten, noch dazubleiben, du nahmst sogar mit keinem Blick Notiz von mir und zogst mit deinen Freunden von dannen. Ich half Yayun dabei, den Tisch abzuräumen, bevor sie in die Küche zum Abwaschen verschwand. Es war tiefe Nacht, sie schlief sofort ein. Ich brachte es nicht fertig, mich abzuschminken. Also machte ich eine kleine Lampe an und blieb neben dem Tisch sitzen. Ich war nicht nur nicht in Stimmung, sondern so zerfahren, dass mir keine Idee mehr kam, wie ich je wieder zu meinen Empfindungen zurückfinden könnte. Alang, wie konntest du mich so schneiden? Ein Gespräch mit mir auf diese Art und Weise von dir weisen? Wie konntest du, ohne mich

71

eines Blickes zu würdigen, mein Haus verlassen und fortgehen? Es war doch immer so gewesen, dass, wenn die, die neben uns saßen, mal nicht hinschauten, wir uns gegenseitig vielsagende Blicke zuwerfen konnten. Und dann musstest du mich am heutigen Abend, als ich dir antragen ließ, dass ich mit dir unter vier Augen sein wollte, wie eine Fremde behandeln? Meine Tränen tropften, Tropfen für Tropfen, stetig herab. Das weiße Seidentaschentuch in meiner Hand auf meinen Knien war klatschnass von meinen Tränen. War das das Schicksal einer Geisha? Dass sie zu jeder Zeit zulassen musste, dass andere auf ihren Gefühlen herumtrampelten? Ich hatte Selbstmitleid bisher nicht gekannt. Aber ich musste eine Antwort auf diese Frage haben. Als ich so sehr weinte, dass ich gar nicht mehr aufhören konnte, als mein Herz voller Groll war, hörte ich plötzlich, dass es an der Tür pochte. Leise, aber deutlich. Ich ging die Treppe hinab und fragte durch die verschlossene Tür: „Wer da?" Da wusste ich, dass du es warst, und ich schloss sofort auf. Langsam stiegen wir die Treppe hoch. Im weichen Licht der Lampe umfasstest du mit beiden Händen zart mein Gesicht, du hattest begriffen, wie es um mich stand.

„Yuying, Jadeblüte, hast du geweint?" Ein so simpler Satz bewirkte, dass ich dir voll in die Arme fiel. Die über viele Tage stetig gewachsene Demütigung, die immer stärker gewordenen Bedenken erlangten durch meine Tränen jetzt Läuterung. In weinte an deiner Brust, zitternd, nicht enden wollend. In jener Nacht verstand ich endlich, was deine Arbeit war und was „Unsere Leute" bedeutete. „Ich bitte dich um Verzeihung, Yuying! Ich glaubte ursprünglich, dass du umso weniger du wüsstest, umso weniger Schwierigkeiten mit diesen Dingen hättest. Jetzt weiß ich, dass es in Wirklichkeit umgekehrt ist." Dann sagtest du noch, dass die Japaner in den vielen Jahrzehnten, in denen sie auf Taiwan wären, die Ressourcen unserer Insel schon in erheblichen Maßen geplündert hätten. Der größte Teil unserer Bevölkerung wären Bauern. Ihr Grund und Boden wäre ihnen gewaltsam entwendet worden. An ihrer Ernte verdienten Japaner, und Taiwaner müssten ein Leben lang in Armut leben. Das würde sich niemals ändern. Würde man der japanischen Obrigkeit offen und mit Gewalt entgegentreten, würden nur noch mehr Familien auseinanderbrechen und noch mehr Menschenleben geopfert werden. Deswegen müsste man die Volksmassen erziehen, müsste sie täglich darüber aufklären, was die wirklichen Tatsachen wären, damit sie in die Lage versetzt würden, für ihre eigenen Rechte einzustehen. Das alles hätte natürlich seinen Preis. Dafür müsste man Opfer bringen. Außerdem würde so eine Widerstandsbewegung nicht nur hier bei uns in Taiwan existieren. In der Sowjetunion hätte es deshalb vor Jahren bereits eine Revolution gegeben. Und auf dem chinesischen Festland wäre die Revolution bereits in Gang. Und wie die Europäer den Kontinent Afrika plünderten, wüsste doch jeder. Es würde der Tag kommen, an dem die Europäer dafür bezahlen müssten. Die Proletarier der ganzen Welt müssten sich vereinigen, mit dem Ziel, den Kapitalismus, der die Sklaverei hervorgebracht hätte, zu beenden. Der erste Schritt, den wir Taiwaner machen müssten, wäre, die Japaner weg aus Taiwan zurück nach Japan zu jagen ...

Ich hörte dir zu, mit gespitzten Ohren. Ich fand nur, dass deine in Riesenwellen heranbrausenden Worte mich kleinen, schmalen Menschen in den schäumenden Ozean hineinspülten, als würde ein wilder Taifun mich an den fernen Horizont pusten. Ob nun Riesenwellen oder Taifun, in jedem Fall erweiterte ich meinen Horizont um die Kenntnis von der Unermesslichkeit des Bands, das das Meer vom Himmel trennt. Nur ..., was war Unermesslichkeit? Wo war Afrika? „Alang! Müssen wir jetzt wirklich so leben?"

PINGGU

Dieses Haus war um ein Vielfaches bequemer als die Kammern im Schiffsraum. Nicht nur, dass genau das richtige Maß an Sonne ins Haus einfiel, es war auch noch luftig und man bekam nirgens Regen ab. „Wenn ich mir dich dürren Affen so anschaue, hätte ich nicht gedacht, dass du einen solch guten Blick für Schönes hast! Dass du auf dieser Nachbarinsel ein so feines Haus bautest mit lauter großen, lichtdurchfluteten Zimmern! Das ist wirklich wunderbar!"

Das Haus stand mit dem Rücken zu den Bergen und mit der Front zum Meer. Öffnete man die Tür, blickte man durch das üppig grünende Laub der Bäume von der zentralen Empfangsdiele aus nach unten in weite Fernen, wo ein paar Sampans im blauen Wasser schaukelten. Alles sah so friedlich aus. Vor dem Haus standen einige mächtige Bäume, die Schatten spendeten, und deshalb war es hier im Sommer angenehm kühl. Auf dem Platz, auf dem das Haus errichtet worden war, hatte ursprünglich Bambuswald gestanden. Man hatte mitten im Bambuswald eine Lichtung geschlagen und dort das Haus gebaut.

73

Ringsherum war es von Bambus umgeben. Bambus ist ein Vielfaches besser als eine waffenbewehrte Schutzstaffel. Er steht tags wie nachts aufrecht. Denn er kennt keine Trägheit. Wenn man aus dem Zimmer, das neben der Küche gelegen war, hinausschaute, sah man dort rechter Hand auf einem kleinen Hügel oft eine Schafherde grasen. In der Nähe verstreut gab es ein paar Ruhe und Frieden ausstrahlende Reetdachhäuser. Es schien, dass dort einfache Leute wohnten, wodurch ich mich gleich viel wohler fühlte.

Um kein Aufsehen zu erregen, ließen wir uns dieses Mal nur zwei Dschunken folgen. Die übrigen Schiffe unserer Flotte suchten sich jedes für sich eine der vielen hier auf offener See verstreut anzutreffenden kleinen Inseln und besetzten sie für eine Weile. Erst ein paar Tage später setzten sie sich wieder mit uns in Verbindung. Du sagtest, die kleinen, unserer Insel vorgelagerten Inseln wären in früheren Jahren ursprünglich bewohnt gewesen. Weil die Bewohner aber mit den japanischen Seeräubern gemeinsame Sache gemacht hätten, hätte Peking ein Verbot erlassen und ihnen wäre Einfahrt und Zutritt zu den Häfen, in den Bergen und im Flachland verwehrt worden. Die vielen Bewohner wären dann ins Landesinnere aufs Festland umgezogen und die Inseln wären zu Brachland geworden und verkommen. Erst als eine neue Dynastie das Ruder in die Hand nahm, die Regenten andere waren, das Verbot aufgehoben worden war, lebten die vorgelagerten Inseln wieder auf. Wir wählten diesen Ort aus, um eine Erholungspause einzulegen, weil wir uns hier sicher fühlten. Wenn die Regierungstruppen jede einzelne der vielen kleinen Inseln hätten absuchen wollen, wäre der Aufwand zu groß gewesen. Es gab zu viele der Insel Penghu vorgelagerte kleine Inseln.

„Dürrer Affe, was mich neugierig macht, ist die Befehlsstandarte." Als ich noch im Barbiersalon von Barbier Chen wohnte, lugte ein Zipfel dieser roten Befehlsstandarte aus deiner Hosentasche hervor. Das hatte mich bewogen, den Entschluss zu fassen, Chen Hu zu verlassen und deine Kebse zu werden. Wenig später brachte Zhang Hu dir Geld vorbei. Da erst begann ich zu begreifen. Du bestehst darauf anzunehmen, dass es den Regierungsbeamten, der unbestechlich ist, nicht gibt. Das macht dich in der Tat mutig. Wie wäre es sonst möglich, dass du auf einen Streich gleich mehr als ein Dutzend Beamten bestichst? Und die Zusammenarbeit mit deinen gekauften Beamten klappt reibungslos. Für andere ist das schwer nachzuvollziehen. Jetzt ist mir auch klar geworden, wie diese Summen aufgeteilt werden. Der Mandarin steckt einen Teil in die eigene Tasche, zwei Teile meldet er als Einfuhr zum Zoll an, und zwei weitere Teile bekommt der Schiffseigner, damit er sich von dir den Befehl zur Einfahrt abholen kann. Dabei springt für jeden etwas heraus. Für den Inhaber der Waren lohnt es sich, weil er so fünfzig Prozent der Ware nicht zu verzollen braucht. Er verdient Unsummen an Geld. Wie viel Pfund Salz, wie viele Zentner Reis, wie viele Unzen Gold, wie viele Ballenmeter Tuch, das steht dann alles genau bis ins Kleinste in den Büchern des Mandarins und in denen des Wareninhabers aufgeschrieben. Wenn der Schein für die Herausgabe der Befehlsstandarte und der Schein, den die Leute mitbrachten, die der Mandarin schickte, um die Fracht zu versiegeln, unterschiedliche Mengen und Zahlen aufwies, würde die Frachtdschunke bombardiert und versenkt. „Guo Ming, deine Schiffsflotte besteht aus dreißig oder achtzig Dschunken, die überall auf den ufernahen Wasserstraßen unterwegs sind, sich mal versammeln, dann wieder auseinanderdriften, und bei denen nie klar ist, woher sie gerade kommen und wohin sie fahren. Wenn auf einer Frachtdschunke etwas mit Absicht verschleiert wird, brauchst du doch nur ein paar deiner mächtigen, in der Nähe von ihr schwimmenden Schiffe versetzen, den Frachter einkreisen und unter Beschuss nehmen. So ein Schiff kommt, ohne Schaden zu nehmen, doch nicht davon? Die geladenen Waren gehen dabei zu Bruch und schwimmen auf dem Wasser davon. Guo Ming, aber was passiert, wenn der Mandarin und der Schiffseigner dich ausbooten und untereinander gemeinsame Sache machen?", fragte ich Guo Ming wieder. „Das sollten sie sich erstmal erdreisten! Ich habe meine Augen doch überall! Wenn die sich nicht an die Regeln halten, gehe ich gegen beide vor. Ich lasse geheime Informationen an den Hauptzensor durchsickern. Und die Beamtenkappe des bestechlichen Mandarins ist dann ruckzuck weg, außerdem nehme ich die Handelsdschunke unter schweren Beschuss. Das sind aber alles nur Kleinigkeiten. ... Wenn ich wirklich was unternehmen muss, mache ich die einen Kopf kürzer und meine Jungs lasse ich mit deren Köpfen Fußball spielen. Und das ist kein Witz!"

Als ich meinen Lebensunterhalt noch mit meinem Sampan auf dem Wasser verdiente, hörte ich, dass unsere Blaue Bucht, nämlich Nanwan, nur eine von vielen Meeresbuchten bei uns ist, und dass andere Buchten noch viel größere Häfen und Dörfer mit viel bedeutenderer Fischwirtschaft besaßen. Damals machte ich große Augen und wäre dort, wo es so viel besser ist, gerne mal hingefahren, um mir das anzuschauen, aber ich hatte es nie geschafft. Jetzt hat mir die große Dschunke meine Augen endgültig geöffnet! Was hab' ich nicht alles gesehen? Die Augen bis an den Rand meiner Lider prallvoll mit Häfen, Küsten, Anlegern, Hafenvierteln und Meeresstränden. Und so zahlreich, dass ich sie nicht zu zählen vermag. Orte mit jedem nur denkbaren Gesicht, mit allen nur möglichen Besonderheiten, dass man Erlebnisse hatte wie die sich bunt überlappenden Traumbilder bei überbordenden, rauschenden Tempelfesten. Ich kann nicht aufsagen, was von der Hülle und Fülle des Gesehenen eigentlich was war und wie es mit Namen hieß. Fuhren wir die Küste entlang, fühlte es sich an, als besäße unser Schiff eine gewundene Gestalt. Die Schiffsbauer hatten wohl mit gebeugtem Rücken die dicken Spanten an den Kiel gezimmert. Klar, ich weiß schon, dass das nur meine schrägen Ideen sind. Fuhren wir zwischen den vorgelagerten Inseln hin und her, musste schnurgeradeaus gesegelt werden. Wenn man den Winkel veränderte und von der Geraden abkam, konnte passieren, dass man die Insel nicht fand. Mit Ausnahme der Inseln, wo wir schon mal an Land gegangen waren, musste man, bevor man anlegte, erstmal mit einem kleinen Beiboot auf Expedition gehen. Denn wenn die große Dschunke an ein Riff stieß und vom Felsen durchtrennt würde, wäre die Situation sofort brenzlig gewesen. Eine der unbekannten vorgelagerten Inseln zu betreten, war wie Regierungsdschunken auszuweichen. Da musste die gesamte Crew argwöhnisch und in äußerster Alarmbereitschaft bleiben. Rechter Hand an die vorgelagerten Inseln grenzte ein unüberschaubar großes Seegebiet an. Dass man in eine solche Leere hineinsah, die kein Ende nahm und nicht mal einen Horizont hatte, war der Grund, warum die Aussicht so angsteinflößend war. Doch die eigentliche Ursache, warum man es mit der Angst bekam, war die Furcht vor dem Erscheinen eines noch größeren Schiffes. Guo Ming, du hattest mal gesagt, die noch größeren Dschunken segelten nach Japan oder noch weiter nördlich, oder nach Annam, nach Zentral-Vietnam, oder noch weiter südlich. Die Handelswaren, die sie mit sich führten, wären schönes Porzellan und fein gearbeitete Schnitzereien, mit denen sich Reiche ihre vier Wände dekorierten, oder es würden Milz und Magen anregende Gewürze verschifft, und das wären immer seltene, kostbare Schätze. Wenn ich solcherlei Dinge hörte, meine eigenen imaginären Spekulationen dazu kamen, führte das dazu, dass meine ehrgeizigen Vorhaben Tag um Tag heranwuchsen. Ich schien mich schon dabei zu sehen, wie ich und Dayuan in der gigantischen, durchsichtigen Luftblase gemeinsam zu dem furchterregendem Ausgangspunkt hinschwebten.

Inzwischen hatte es sich so entwickelt, dass ich das Gesicht meiner Mutter vor meinem geistigen Auge nur noch schwerlich zu sehen vermochte. Seit ich mit dir war, Guo Ming, verging manchmal die Zeit wie im Fluge, und drei Monate waren mit einem Mal vorüber, und manchmal war ein Vormittag schon mehr, als ich ertragen konnte. Dass Mutter die zwei Goldbarren von dir bekommen hatte, würde ihr in ihrer zweiten Lebenshälfte ein sorgenfreies Leben bescheren. Deswegen hatte ich es gewagt, mit dir mitzukommen. Denn müsste meine Mutter sich nur auf meine zwei Schwestern verlassen, bestünde für sie niemals die Aussicht, dass noch mal bessere Tage kommen. Ich war ein Mensch, der noch Pläne hatte, die er verwirklichen wollte. Hätte sich mit dem Leben meiner Mutter erst einmal alles gefunden und wäre in bester Ordnung, würde ich ruhigen Gewissens meinen eigenen Vorhaben nachgehen. Ich musste mit meinem Leben gut haushalten, jedes Fünkchen vergeudete Zeit machte mich wahnsinnig.

Jener Tag brach nun endlich an … Der Tag, den ich immer herbeigesehnt hatte. Er kam gleich einem durch die Luft sausenden Pfeil aus dem Himmel herbeigeschossen und bohrte sich direkt vor mir in die Erde. „Bist du bereit?", fragtest du mich ... Ich nickte mehrmals betont. Guo Ming, du hattest mir das Steuer in die Hand gegeben! „Deine anderen Frauen sollen ruhig weiter unter Deck Gemüse putzen, junge Erbsentriebe verlesen und Rettiche schälen! Ich werde dich nicht enttäuschen!" So wahr wie ich Pinggu hieß, so wahr ich vom kleinen Sampan auf die Hochseedschunke umgestiegen war, so wahr war es auch, das diese Veränderung es absolut und eindeutig meiner eigenen Leistung zuzuschreiben war. Egal was andere tratschten! Es war bedeutungslos, nicht mehr als ein raschelnder Luftzug auf meinem Haar. Sollten sie doch reden! „Anker lichten! Leinen los!"

Sowie du den Befehl gabst, kam Leben in die Crew. Dayuan spürte wohl auch, dass jetzt etwas passierte, und er rannte an Deck wild vor und zurück. Mal schlüpfte er beim Rudergänger unterm Schritt zwischen den Beinen hindurch, mal umkreiste er die Kanonen am Heck. Als wenn er wirklich mithälfe, sperrte er seinen Fang auf, biss ins Tau und machte beim Tauziehen mit. Der Himmel war azurblau und Schäfchenwolken schwebten vorbei, als unser Schiff gemächlich vom Liegeplatz abfuhr und sich nach und nach vom Ufer entfernte. Ein paar Stunden später war der Wind genau richtig. „Segel setzen!", kommandierte ich. Die drei Trupp Matrosen an den Segeln rannten zugleich zu den Masten, machten flink die Taue unten am Mastfuß los und hielten sich zum Fall ziehen bereit. Den Fall in der Hand, begannen sie in rhythmischen Abständen zu rufen. Dabei gingen sie in die Hocke und kamen wieder hoch, richteten sich auf und hockten sich wieder hin, bis sich die drei Segel langsam erhoben, aufspannten und mit Wind füllten.

Die Dschunke neben meiner und die, die meiner dicht folgte, fuhren auch nach und nach mit geblähten Segeln. Am Nachmittag kam von fern das Frachtschiff in Sicht. „Wir haben sie eingeholt, dürrer Affe!" Unsere Flotte kesselte das Handelsschiff Schritt für Schritt, von der Seite her angefangen, ein, bis es gezwungen war, anzuhalten. Der Himmel war blau, die See war ruhig. Eine ganze Zeit blieb es so, dass sich auf beiden Seiten nichts tat und beide sich nur gegenseitig beäugten. Wie ein Jäger und seine Beute, bei denen sich beide fragen, welche Taktik der andere wohl anwenden wird. Es war absolut still. Keine Möwe, nichts. Dayuan saß aufrecht mit gespitzten Ohren und lauschte. Wenn die Kaufleute uns wortlos die Ware überließen, gäben wir natürlich eine Gasse frei, damit sie unversehrt von dannen ziehen könnten. Nur war es jetzt so, dass die Besatzung des Handelsschiffs mutig war. Noch bevor sie jemanden schickten, der verhandelte, hatte sie schon das Feuer eröffnet. Ein Riesenknall und die Kanonenkugel donnerte zwischen zweien von unseren Schiffen ins Wasser. „Pinggu, entscheide und handle." - „Dürrer Affe, du lässt mir wirklich freie Hand!" Unser Gegner hatte vielleicht genau gesehen, dass wir nicht auf allen Dschunken schweres Geschütz hatten und pokerte nun absichtlich. Ich gab meiner eigenen Flotte Befehl, etwas auseinander zu gehen und weiter Ausschau zu halten. Als ich fand, dass der Wirkungsbereich des Handelsschiffs nur noch für eine bestimmte Entfernung ausreichte, machte ich nichts mehr und wartete, bis die Nacht hereinbrach.

Die Wolken waren bleischwarz und das Mondlicht so schwach, dass es auf dem Wasser nicht zu sehen war. Ich schickte fünf Beiboote los, die alle mit Matrosen, die gut tauchen konnten, besetzt waren. Sie hatten

Waffen dabei und ruderten lautlos zum Frachtschiff hin. Als sie ihre Aufgabe erledigt hatten und wieder auf unserem Schiff angelangt waren, begann es soeben zu dämmern. Am Morgen danach stand die Konfrontation zwischen Jäger und Beute immer noch aus, und es war kein Ende in Sicht. Kurz nach Mittag brach plötzlich Tumult auf dem Frachtschiff los. Ich sagte immer noch keinen Ton und schaute mir das Theater in Ruhe an. Nach fast zwei Stunden war das Resultat bereits zu sehen. Die Handelsdschunke begann in Schräglage zu gehen. „Es ist soweit, Kameraden! Wir legen los!" Das Schiff zeigte eine deutliche Krängung, die Geschütze konnten nicht mehr zielgerecht feuern. Wir rückten langsam an, sprangen auf das Frachtschiff, köpften ein paar Männer, die dort mit Langschwertern standen und sich vorgenommen hatten, uns auf Leben und Tod Widerstand zu leisten. Die Kameraden konzentrierten sich darauf, die Waren fortzutragen. Ein Grüppchen von Männern, die sich aufs Plündern verlegt hatten, verteilte ich auf einzelne Schiffe meiner Flotte; solange bis ich Gelegenheit bekäme, mit ihnen reinen Tisch zu machen. Dem Inhaber der Ladung passte das alles nicht, er machte Riesenkrach und pöbelte wie nichts Gutes. Er brüllte, die Guo Bande wäre eine dreckige, nichtswürdige Seeräuberbande. Die wär's nicht wert, Nachwuchs zu haben! Die würde sich selbst in den Fischbäuchen, in denen sie ihr Leben aushauchte, noch beschweren, dass es zu billig wäre … Guo Ming, der, der das sagte, hatte dich aber in Rage gebracht! Du ließest dessen Kopf und die zweier seiner Untermänner rollen. Das Blut aus den abgehackten Köpfen ergoss sich in einem großen Schwapp über Deck und füllte jede Ritze und Spalte im Holz bis obenhin. Ihre Leichen wurden ins Meer gekippt, die drei Schädel trockneten auf dem Deck unseres Schiffs auf Pflöcken in der Sonne. Nach zwei Wochen waren sie komplett verdorrt. Da nahm die Crew sie von den Pflöcken ab und spielte mit ihnen Fußball. Dayuan machte bei diesem Spielchen auch mit. Der Schädel, dem er hinterher sprang, hatte hinten am Genick sogar noch seinen dicken Zopf …

AQIN

Mit Ashun an der Hand kam ich nur schrittchenweise und mit zwischendurch anhalten vorwärts. Da dauerte alles länger. Endlich hatten wir es so weit geschafft, dass wir von ferne die Königspalmen sehen konnten, und wussten, dass wir nun bald den Hafenanleger erreichten. Wie leicht uns da plötzlich ums Herz war! Obschon wir jetzt Winter hatten, schwitzten wir, wenn wir länger zu Fuß unterwegs waren. Ashun war so erhitzt, dass sein ganzes Gesicht rot geworden war. Ich beeilte mich, ihm schnell Schal und Mütze abzunehmen. In Hamasen war viel los. Viele schwarze Limousinen waren unterwegs, und die Rikschas verstopften die Straßen. Als ich ein paar Jahre zuvor zum ersten Mal hierher nach Hamasen, Gaoxiong, kam, hatten mir die großen Gebäude in diesem Viertel von Hamasen stark imponiert. Mit gierigen Blicken schaute ich mir damals die Häuserreihen an. Wenn ich längere Zeit nach oben geschaut hatte, hatte ich danach immer einen steifen Hals. Ich erinnerte genau, dass ich damals, als ich gerade vom Schiff gestiegen war, die kleinen und großen Gepäckstücke in der Hand, Hei Yuan, der aus dem menschenüberfüllten Schiffsraum ins Freie ging, auf den Fersen gefolgt war. Und ich weiß noch genau, dass ich es sofort mit der Angst zu tun bekommen hatte, sowie ich das wilde Durcheinander am Anleger gesehen hatte. Wenn die große Dschunke von Herrn Vater in unseren Hafen zuhause in Penghu einfuhr, stand ich immer ganz früh am Pier und wartete auf ihn. Und während ich wartete, plauderte ich mit Gui-gi und Hik-ting. Jedes Jahr sah ich das große Schiff ein paar Mal in den Hafen einfahren, und über die Jahre begriff ich, wie die Männer auf dem Schiff arbeiteten. Als ich etwas größer geworden war, ging ich in der Früh oft mit Mutter zum Anleger, um auf die kleinen Sampans anderer Leute zu warten. Sowie die Boote festgemacht waren, rannte ich mit den anderen Kindern durchs spritzende Wasser und kletterte auf die Boote an Bord. Dann griffen wir uns so schnell wie wir konnten ein paar Fische. Es waren solche, die wir mochten oder kannten, vier, fünf Stück, zogen sie auf eine Kordel, banden sie locker zusammen und trugen sie nachhause. An solchen Tagen gab es zu allen drei Mahlzeiten frischen Fisch zu essen. Wie viel die kosteten und wie bezahlt wurde, regelte meine Mutter.

Der Anleger bei uns zuhause roch allezeit nach Fisch. Der Hafen von Hamasen, bei dem ich nun gerade angekommen war, war ganz anders. Hier gab es den bohrenden, jedem die Lungen stopfenden Fischgeruch nicht. Dafür roch es nach Schweröl und Diesel. Diesen Geruch hatte man auch auf dem großen Schiff von Herrn Vater gerochen. Auf dem Passagierschiff, mit dem wir hergekommen waren, war er noch intensiver gewesen. Er war uns pausenlos, wie brandende Wellen, entgegengeschlagen. Bei den Menschen auf dem Pier herrschte ein ständiges Kommen und Gehen. Manche arbeiteten mit freiem

Oberkörper, manche trugen nicht mal Schuhe. Das sich gegenseitige Anjohlen der Arbeiter flog pfeilschnell hin und her. Überall waren bergeweise Waren abgestellt. Es war, als kümmerte sich niemand darum, und man konnte auch nicht erkennen, welcher Haufen zu wem gehörte. Es gab auch schwarzbraune Riesenbambuskörbe, die sich – ineinander gesetzt – wie die Einsatztöpfe für Dampfnudeln mit ihren unzähligen Einsätzen gen Himmel stapelten. Man hätte niemals erraten, was in den Körben stecken mochte.

Hei Yuan rief zwei Rikschas herbei. Sie waren klein und eng, zusammen mit dem Gepäck war der Platz ziemlich knapp. Wir saßen jeder in einer Rikscha. Jeder von uns mit großen und kleinen Taschen zu beiden Seiten der Beine und auf dem Schoß ging es geschwind zu dem Haus, in dem Hei Yuans großer Bruder wohnte. Entlang der Straße reihten sich die großen mehrstöckigen Häuser, und die Riesenautomobile brausten vorbei. Plötzlich verstand ich, warum mein Vater in Huazhai nicht hatte bleiben können und nach Hamasen, Gaoxiong, gemusst hatte, damit er wirtschaftlich existenzfähig wurde. Mein seliger Vater war durch und durch ein chinesischer Literat. Auf der kleinen Insel hatte es für ihn nichts zu verdienen gegeben. Er musste dafür über das Meer in die große Stadt. Auch wenn er dadurch dem Versteckspiel mit den Japanern ausgesetzt war, hatte er hier in Hamasen die besseren Chancen. Er sparte an allen Ecken und Enden, sparte das Geld für meinen großen Bruder und für uns für eine Wohnung zusammen. Und er sparte für meine Mutter auf der kleinen Insel für die Instandsetzung der Mauern aus den Natursteinen. Leider erkrankte er an Tuberkulose. Er konnte es nicht verhindern. Es war schon ein paar Jahre her, als die Krankheit ihn befiel. Sie hatte einen schweren Verlauf genommen, aber er hatte durchgehalten und sich nachhause geschleppt, um sich zu erholen. Außerdem hatte er begonnen, hartnäckig die Vorbereitungen, damit Hei Yuan und ich heiraten konnten, voranzutreiben.

Mich und meinen Vater hat das Schicksal nur selten an einem Ort zusammengebracht. Es trennte uns immer. Als er auf die große Insel, nach Hamasen, Gaoxiong kam, war ich auf der kleinen. Jetzt war ich es, die auf die große Insel gekommen war. Aber ich würde niemals mehr die Chance bekommen, zu sehen und zu begreifen, wie er hier in der großen Stadt gelebt und gearbeitet hatte. Vater war immer lieb zu mir gewesen. Er hatte mich kein einziges Mal angeschrien, nicht mal wütend schien er jemals auf mich gewesen zu sein. Als ich klein war, hatte ich mal den Deckel vom Wok heruntergeworfen. Ich hatte mal gegen ein Tischbein getreten und war mal gegen ein Krautfass gerannt. Er hatte nichts weiter gemacht, als mir mit den Fingerknöcheln auf den Kopf zu klopfen und mich ein wenig zu ermahnen. Wenn meine drei Brüder was ausgefressen hatten, zum Beispiel, als sie hinter anderer Leute Wasserbüffel hergerannt und ihn gehauen hatten, und als die Besitzer deswegen bei uns nachhause an die Tür geklopft und sich beschwert hatten, oder als meine Brüder beim Spielen mit Steinen warfen und dabei den Spiegel, der die bösen Geister fernhalten sollte, kaputtgeworfen hatten, – diesen Spiegel, der bei dem stiernackigen Onkel zuhause im Gang bei der Türe hing –, hatte mein Vater gerade mal die Brauen gerunzelt, nicht mehr. Es war ihm zu viel, groß was zu sagen. Er hatte sich darauf verlegt, alles meine Mutter erledigen zu lassen. Das waren inzwischen alles Dinge, die in weiter Ferne lagen. Nur wenn ich nach Hamasen kam, fiel es mir ein. Der Grund war wahrscheinlich, weil die Stadt am Meer gelegen war. Jedes Mal, wenn ich nach Hamasen kam, waren die Palmen, die die Küstenstraße säumten, ein wenig größer gewachsen. Die Stromleitungen, die an den Strommasten hingen, waren schon damals so zahlreich, dass man mit dem Zählen nicht nachgekommen war. Nun waren es unüberschaubar viele, noch viel mehr als früher. Der Hochstand der Feuerwehr war auch viel höher als früher.

An das zweistöckige große Gebäude des Amts der Präfektur Hamasen dachte ich immer mit Wehmut zurück. In die Backsteinmauer waren riesige Rundbogenfenster eingelassen, und die Fenstersprossen waren blitzweiß. Der Abstand zur Oberkante des halbrunden Fensterbogens bei dem sich nach unten öffnenden, weißen, in die Mauer eingelassenen und sich daraus hervorhebenden, langen Fensters war riesengroß. Die langen Bogenfenster waren in der Tat wunderschön anzuschauen! Der Baumeister musste jemand gewesen sein, der dafür einen göttlichen Fingerzeig erhalten hatte. Ein durchschnittlicher Architekt hätte solch wunderbar neue Ideen wohl nicht gehabt. Aus der riesengroßen Fläche des schräg abfallenden Daches lugten zudem ein paar Gauben hervor, von denen jede auch wieder ein kleines Dach besaß. Wie ein Neugeborenes, das seine Schlafaugen aufschlägt und mit großen Augen zum ersten Mal einen Blick auf die Welt tut. Es war wirklich sehr ausgefallen. Immer, wenn wir meinen großen Bruder zu Haus besuchten, stellte ich mich zuerst mal vor dem Amtsgebäude der Präfektur Hamasen auf und betrachtete dieses Haus für eine Weile, bevor ich weiterging, in die kleine Nebenstraße abbog und zum Haus meines Bruders spazierte.

„Hallo Djim-a, wie schön, dass du da bist! Komm setz dich!"Meine große Schwägerin mit ihrer zarten Stimme und herzlichen Art gab mir jedes Mal sofort das Gefühl, als wäre ich bei ihr um die Ecke zuhause. Sie war eine Frau mit Lilienfüßen, eine Frau aus der alten Zeit, mit zarten, schmalen Augenbrauen, schmalen Augen, zierlicher Nase und einem winzigen Mund. Die weiten, locker geschnittenen Kleider, Bluse und Hose, waren so über ihren zierlichen, schmalen Körper gestülpt, dass sie losgelassen wie schwebend aussahen. Wenn man ihr an einem brütend heißen Tag in ihren weißen Gewändern begegnete, war allein das schon ausreichend, um sich gleich erheblich kühler zu fühlen. Meine große Schwägerin gab mir einen Stuhl mit Rückenlehne und Ashun einen niedrigen Bambusschemel zum Sitzen. Dann goss sie mir eine Schale abgekochten Wassers ein. Ich ließ zuerst Ashun davon trinken. Erst dann nahm ich ein paar kleine Schlucke. Als mein großer Bruder mich bemerkte, nickte er mir nur zu. Denn er war gerade damit beschäftigt, ein paar Kunden zu erklären, wie viel und wie oft sie ihre Arzneien einzunehmen hätten.

Weil er ständig seekrank wurde, sobald er ein Schiff bestieg, kehrte er nur selten nachhause zurück. Er hatte schon früh entschieden, ganz und gar in Gaoxiong sesshaft zu werden. Eine Zeitlang war er bei einem japanischen Apotheker in die Lehre gegangen, bevor er sich mit einer eigenen Apotheke selbstständig gemacht hatte, und er hatte sich eine Frau mit braven Eltern gesucht und geheiratet. Er führte ein angenehmes, bequemes Leben. „Ist Ruiyuan wieder weggefahren?",fragte mich meine große Schwägerin. Der Bambuslehnstuhl, auf dem sie saß, war deutlich zu groß für sie. Von jeher vermied sie es, es so, wie es alle hier bei ihr zuhause machten, sowie jemand beim Vornamen angesprochen wurde, auch dessen Nachnamen Hei mit zu nennen.   Sie sagte immer, wo man doch auf die große Insel gekommen sei, müsste das Leben ein neues und gutes werden. Aber würde man den Nachnamen Hei, der ja immerhin Schwarz bedeutete, jeden Tag im Munde führen, wie sollte das Leben dann jemals hell und strahlend werden? Wenn ich zu meinem großen Bruder nachhause kam, ließ sich natürlich schwerlich umschiffen, dass wir über Hei Yuan sprachen. Obwohl ich darauf vorbereitet war, war es mir, als mich jetzt meine große Schwägerin nach ihm fragte, dennoch unangenehm. Es war ja nicht so, dass sie nicht fragen sollte oder dürfte, sondern eben nur, dass ich leider keine guten Nachrichten überbringen konnte, die anderen Erleichterung verschafft hätten. Aber dennoch durfte ich natürlich auch keine Unwahrheiten erzählen. „Ja, er ist wieder los. Er ist noch mal mit unserem Dritten Bruder nach Fangliao gefahren, Steine und Backsteine transportieren." - „Läuft das Geschäft da gut?"- „Nein, nicht besonders gut. Jetzt gibt es große Transporter, Lkws, da hat es der kleine Sampan vom dritten Bruder schwer mitzuhalten. Das Boot ist langsamer als die Lkws." - „Hm, hat er sich schon was überlegt, was er da machen könnte?"

Ich dachte im Stillen, wenn er sich was überlegt hätte, wäre ich doch die letzte, mit der er sich beraten würde. Aber das konnte ich meiner Schwägerin nicht erzählen. Da konnte ich nur mit gesenktem Kopf Ashun dabei zuschauen, wie der an seinem Ärmel zupfte und zum Spaß Fäden abriss. Hei Yuan redete deshalb so wenig mit mir, weil ich so wenig mit ihm sprach. Was hätte ich ihm auch erzählen sollen? Von klein auf waren wir nie miteinander ausgekommen. Es gab zwischen uns nichts zu erzählen. Unsere beiden Leben schienen einander auszuschließen, wo der eine war, gehörte der andere nicht hin, und dennoch mussten wir unter einem Dach wohnen …

Außerdem schlug er mich. Sowie seine Hand niederfuhr, stürzte meine Welt ein. Ich hörte die Knochen aneinander schrammen und stieß dabei Schmerzschreie aus, wild raste mir das Blut durch meine Adern. Reisschalen und Teller flogen wie Meteoriten durch die Luft. Den Holzstühlen kippten die Beine weg, wie wenn Säulen in einem Tempel niedergehen. Um mich herum nahm der Himmel Fahrt auf und kreiselte, die Erde drehte sich schneller und schneller, mir wurde schwindlig, ich sah nicht mehr klar und mir brummten die Ohren. Es war mir, als hörte ich mein Kind weinen. Allein, das Weinen verlor sich, entfernte sich, wurde leiser und leiser, zuletzt war es nicht mehr als eine juckende Mücke, auf meinem Arm, an meinem Hals oder meiner Wade. Ich fiel in ein weiches Nebelbett, auf dem ich mit geschlossenen Augen in den Schlaf glitt und die Welt endlich Ruhe gab.

„Ihr beide seid euch wieder spinnefeind, habe ich recht?" Ich konnte nur nicken. „Diese Arbeit mit den immer unbeständigen Einkünften, die er da macht, ist aussichtslos. Nun ja, sag ihm, er soll mich mal besuchen kommen. Ich will mit ihm ein paar Sätze reden." Zu dem, was mein großer Bruder sagte, konnte ich nur nicken. Die Arzneischubläden in dem Apothekerschrank reichten bis zum Boden, der schmale Gang hatte eine Glastür und der Boden war spiegelglatt gebohnert. Ashun hockte am Boden und zog an den Türflügeln der Glasschwingtür. Mal nach links, mal nach rechts, mal nach rechts, mal nach links, er hörte nicht auf damit.

YUYING

„Die Muhme Wei war hier, sie will, dass du zu ihr kommst, sagte Yayun zu mir, sowie ich zur Tür hereinkam. Ich wusste genau, was Mutter von mir wollte. Meine Stimmung, ich war strahlender Laune, fror binnen eines Wimpernschlags ein und glich einer dunklen Regenfront, die endlos andauern würde. Heute hatte mir mein Lehrer nicht nur kein einziges Schriftzeichen an meinem Gedicht verbessert, er hatte mich mein Gedicht sogar, Zeichen für Zeichen, auf Xuan-Papier ins Reine schreiben lassen. Ich war so aufgeregt gewesen, dass mir meine Hand, mit der ich den Pinsel hielt, dabei leicht gezittert hatte. Ursprünglich hatte ich mir bereits Gedanken gemacht, wie ich dir diese Neuigkeiten, erzählen könnte. Dann hatte ich dir mein Gedicht und meine Kalligraphie zeigen wollen. Jetzt sagte mir Yayun, dass die Mutter vorbeigekommen wäre. Darüber war ich so traurig geworden, dass ich nicht mal mehr Lust hatte, Pinsel und Papier ordentlich wegzuräumen. Zwischen mir und der Mutter gab es nichts, worüber wir hätten sprechen können. Wie eine Schale gekochten Reises, der, einmal abgekühlt, trocken wird und seinen Duft verliert, und den man dann nur noch zu sich nimmt, um den gröbsten Hunger zu stillen, dem dann die feine Farbe und Würze fehlt, und der ohne Beilage, keinen Nachgeschmack und auch keinen Duft mehr besitzt. Meine Erinnerungen, die bei mir hochkamen, wenn ich an sie dachte, waren wie stechendes Dornentuch, geknüpft aus Schlägen und Beschimpfungen von ihr, wie der adstringierende, bittere Geschmack einer noch grünen, unreifen Banane.

Bis heute handelten meine Alpträume immer von ihr. Einmal träumte mir, dass sie mich, ihre spitzfindigen, gemeinen Äußerungen hinter mir herrufend, verfolgte, sodass mir immer mehr bange und ich zusehends panisch wurde. Ich rannte in einen dunklen Speicher. Dort gab es viele hohe Holzfässer. Das dreckige Öl aus den Fässern war am überlaufen und ergoss sich über den Boden. Es verströmte einen

Brechreiz auslösenden Geruch. Ich rannte noch weiter in den Speicher hinein, dort eine schmale Treppe hoch, von wo aus ich auf einen Balkon kam. Dichtes Laub von den hohen Bäumen umfing mich, auch die Menschen, die dort saßen, sich unterhielten und sangen, bekamen den Schatten und die angenehme Kühle ab. Als mein Herz gerade wieder weit werden wollte und ich annahm, dass dieses boshafte Mundwerk mich nicht mehr verfolgte, sah ich, wie mich die Muhme Wie mit weit aufgerissenen Riesenaugen, man konnte die vor Wut blau geschwollenen Adern um ihre Augen sehen, anstarrte … Ich hoffte so sehr, der Rikschaführer möchte doch langsamer rennen, am besten, er käme nie ans Ziel. Aber das hätte ich niemals laut sagen dürfen, solch einen Wunsch musste ich für mich behalten. Doch weil ich sie hasste, hätte ich es zu gern gesagt. Ich fühlte mich miserabel und völlig ermattet, während ich von der Riksch aus die florierenden Geschäfte in der Stadt beobachtete. Die schweren Pakete auf den Karren türmten sich zwei, drei Lagen übereinander, die Männer im Geschirr davor gingen gequält vornübergebeugt, Schritt für Schritt, vorwärts. Sie liefen barfuß mit freiem Oberkörper. Auf dem Kopf trugen sie Kegelhüte, im Nacken hatten sie einen Lappen hängen. Die Automobile brummten in beiden Fahrtrichtungen vorbei. Drinnen saßen die hohen Beamten der japanischen Regierung oder taiwanische, gebildete Herren. Auf den Gängen vor den Geschäften wurde gefegt und saubergemacht.Ein Verkäufer, der dort Aiyu-Feigengelee-Eis verkaufte, war umringt von einer Traube Menschen. Wie hoffte ich, dass es immer so weiterginge, dass ich den Straßenszenen weiter so zuschauen könnte. Völlig locker entspannt. Ohne Verantwortung für anderer Leute Leben und Ballast. Eigentlich war ich bitterböse auf den Rikschaführer, dass er so flink und absolut pünktlich bei der Mutter zuhause vorfuhr. Ich stieg aus, bezahlte. Dann stand ich vor dem graublauen Holztor, dass ich mit vier Jahren zum ersten Mal zu Gesicht bekommen hatte. Damals war es mir im Vergleich zu der Bambuspforte meines ursprünglichen Zuhauses riesig vorgekommen. Damals wusste ich nicht, wieso ich da hinkam, noch weniger, welche Zukunft mich hinter der Tür erwartete. Wie konnte ich jetzt, da ich doch alles begriff, immer noch so einen Widerwillen und so eine Qual verspüren? „Ich war gerade mit Yinxia und den anderen Tuche auswählen gegangen, als du kamst und nach mir fragtest", erklärte ich schuldbewusst der Mutter. „Wie dreist du bist! Du belügst mich und erkundigst dich vorher nicht einmal. Ich bin doch mit Yinxia und Ajiu dich suchen gegangen."

Die verdammte Yayun hatte mir nur die Hälfte gesagt. Wie ich das hasste. So schimpfte ich im Stillen auf Yayun. Aber mir fiel sofort ein, dass es nicht stimmte, und dass es bestimmt die Mutter war, die hier log. Es war nicht zum ersten Mal davon die Rede, dass Mutter wollte, dass ich noch zusätzlich einer Operntruppe beitrat und tanzte. Andere Geishas hätten sich bereits zu Operntruppen zusammengeschlossen. Sie hätten Opernsänger aus Shanghai engagiert, die sie im Meister Schüler Verhältnis unterrichteten. Hinter ihnen dürften wir doch nicht zurückbleiben! Der Bühnensaal des Pekingopernhauses war riesig und für großes Publikum ausgelegt. Zu was für Anlässen man wohl so viele Leute auf einmal zusammenbekam? Angenommen dem Publikum gefiele die Vorstellung, würden sich doch noch viel mehr Leute an unser Haus wenden, wenn sie Gesellschaft beim Trinken und Singen wünschten. „Jadeblüte, da gibt es viele Vorteile, das verstehst du doch!" - „Wenn du die Bühne betrittst, ist das wie kostenfrei Reklame zu machen. Wenn du berühmt wirst, gibt es jede Menge Geld zu verdienen. Sag mir, warum möchtest du nicht in diese Opernkompagnie eintreten?" - „Du musst ja nicht wie die japanischen leichten Mädchen mit entblößten Armen und nackten Schenkeln tanzen. Was gibt es also zu befürchten? Du musst dich nur schön zurechtmachen, mit den Schwestern auf der Bühne in kleinen Schritten laufen und ein paar Kreise drehen. Das kann doch nicht so schwierig sein!"

Ich bin keine Ente und kein Huhn, die man zu Markte trägt. Ich bin auch kein kleines Kind, das nichts begreift. Ich hasse es, wenn Fremde mich von Kopf bis Fuß anschauen. Ich fand, dass Mutter das Tanzen können unterschätzte. Man muss vielleicht nicht wie beim Singen, die Qin-Zither spielen können und viele, viele Jahre eisern üben, aber ja wohl, wie es bei jedem Berufszweig so ist, um ein paar Kniffe, die man beherrschen muss, nur dass Außenstehende das eben nicht sehen können. Es war damit wie mit den kostbaren Tuschkalligraphien meines Lehrers. Er nahm auch ja nicht einfach nur den Pinsel zur Hand und schrieb Schriftzeichen drauflos. Da ging es nicht nur um eisernes Üben, um eine angeborene Begabung, sondern auch um die Beherrschung einiger Kniffe. Die musste man erfühlen lernen, und die waren mit Worten nicht zu erklären. Was der Himmel einem schenkt, sollte man wirklich zu nutzen wissen. Diesen allerliebsten Schatz kann einem dann niemand mehr stehlen.

Schneidermeister Wangs minutiöse Kunstfertigkeit beim Nähen und Sticken war eine andere Art wunderhübscher Arbeit. Er sagte, wenn ein Stoff durch seine Hand glitt, er ihn wendete, zuschnitt und daraus etwas nähte, entstünde Liebe, die in seine Näharbeit mit einflösse. Wenn man ihn so reden hörte, freute einen das natürlich. Dann hatte man, wenn man Kleidung, die er genäht hatte, trug, zusätzlich noch ein Gefühl von Freundschaft, dem man nachspüren konnte. „Es ist doch für die Katz gewesen, dass ich dich damals in die Studierstube zum Schreiben lernen, zum Studieren der Klassiker, zum Erlernen der klassischen chinesischen Sprache und des Japanischen geschickt habe! Du willst anscheinend nicht begreifen, was ich dir hier klar und deutlich erkläre. Was du jetzt an Geld verbrauchst, um dich zu kleiden, um zu essen, ist lange nicht das, was in Zukunft noch auf dich zukommt. Das musst du bedenken. Jetzt bist du bereits zwanzig! Wie viele Jahre willst du das denn noch machen? Wenn du jetzt nicht mehr, als du benötigst, verdienst, wie willst du dann die Zukunft überstehen? Wenn du jemanden mit Vermögen heiraten willst, der dich gut behandelt, brauchst du eine Menge Glück. Sonst triffst du so jemanden gar nicht. Du weißt im Grunde deines Herzens doch ganz genau, was das für Herren sind, die die Gesellschaft einer Geisha suchen. So, wie solche Herren mit dem Geld um sich werfen, ist selbst ein paar Häuser zu besitzen, die man noch in petto hat, nicht genug!", gab Mutter sich alle Mühe, mich zu überreden.

Weil sie zu wenige Geishas besaß, konnte sie keine eigene Tanzkompanie zusammenstellen, und dieser Umstand schmälerte ihr Einkommen. Die Mutter ging wahrscheinlich schon auf die Vierzig zu, kein Wunder, dass sie gestresst war. Wenn die Möglichkeit, ein Frauenzimmer zu verheiraten, nicht bestand, dann aber mir nichts dir nichts zwanzig Jahre vorüber waren und das Frauenzimmer zwischenzeitlich nicht krank geworden war, musste man dem Himmel dankbar sein. Was man jetzt zur Seite legen konnte, sollte man tunlichst zur Seite legen, und hoffen, dass, sowie man nicht mehr konnte und ans Bett gefesselt sein würde, noch jemanden fände, der einem das Essen kochte und zu trinken gab. Dann konnte man froh sein, mit dem eigenen Leben noch glimpflich davon zu kommen und es nicht in einem Desaster enden zu lassen. Wenn ich mir die Mutter so anschaute, und mir dann meine eigene Zukunft vorstellte, fand ich wirklich, dass wir es schlechter als Cuifeng getroffen hatten. Cuifeng besaß eine alte Mutter, und beide stützten einander. Sie nannten ein

Stück Land ihr Eigen. Es war wirklich ihr Eigentum und stürben sie, so wären auch die Nachbarn da, die helfen würden, sie zu begraben. Und was besaß ich? Und wenn ich mich zu Tode auf dich warte, Alang, bei dir in deinem Leben, bin ich nicht vorgesehen. Ich mache dir keinen Vorwurf. Du hast mich auch niemals betrogen. Du achtest die dir ursprünglich angetraute Ehefrau. Und gabst auch niemals meinem sehnlichen Wunsch nach, deine Nebenfrau zu werden.

Zwischen uns besteht eine tatsächlich platonische Liebe, eine Liebe im Geiste, bei der wir von Anfang wussten, dass sie niemals Erfüllung finden würde. Schmetterte es die südchinesische Nanguan Musik nicht ständig laut aus dem Radio: „bei uns Frauen vergeht die weibliche Schönheit. Zartheit und Porzellanfarbe unserer Haut verschwinden, und alles Sehnen hilft nichts … „Das Sprichwort sagt: Schneidet man Peddigrohr, ist es für immer entzwei. Das war mein Schicksal, das Schicksal eines zur Ziehtochter verkauften Mädchens. Sich ganz simpel nach einem Menschen zu sehnen, so ein Verlangen würde mir niemals erlaubt und erfüllt. Die Umstände, die man den leiblichen Eltern bereitete, die Last, die man ihnen war, hatten bei ihnen den Entschluss erwirkt, für die Tochter etwas Passendes suchen zu lassen, sie zu verkaufen und in anderer Hände zu geben. Sowie man Ziehtochter anderer geworden war, wurde man entweder in ein Bordell verkauft, aus dem man niemals wieder herauskam, oder man musste für andere die Schwerstarbeit eines Ochsen und Esels tun. Dass eine Ziehtochter ein schweres Schicksal erleidet, war ein seit Urzeiten eisernes Gesetz.

Die Freunde aus deinem Verband, Alang, hatten doch auch so eine Geschichte erzählt: In alter Zeit gab es einmal ein Mädchen mit Namen Xiutao – Hübscher Pfirsich –, das als Ziehtochter verkauft wurde. Die Kleine arbeitete alle Tage bis zum Umfallen und wurde auf jede nur mögliche Art und Weise gequält. Ihre Zieheltern liebten das Glücksspiel und liebten das Geld. Sie verkauften den wie die Pfirsichblühten vom Baum herabgewehten Hübschen Pfirsich Xiutao für viele hundert Yuan teuer an ein Bordell. Als Xiutao davon erfuhr, lief sie gleich in der nächsten Nacht davon. Doch die Zieheltern und die Puffmutter folgten dem Mädchen dicht auf den Fersen. Xiutao rannte zum Fluss. Als die kleine Xiutao schon dachte, nun sei ihr Ende gekommen, kam in ihrer Not zum Glück eine große Dschunke vorbei, die sich auf dem Weg zurück zum Haus des Bräutigams befand, nachdem sie die Braut zur Heirat aus dem Brauthause abgeholt hatte. Als die Dschunke vorbeifuhr und man an Bord das bitterliche Flehen der Xiutao hörte, ließ man sie aufs Schiff kommen, um sich zu verstecken. Das frisch vermählte Hochzeitspaar wollte sie retten, aber die Eltern der Frischvermählten befürchteten, dass so eine Rettung ein Unglück nach sich zöge und weigerten sich. Die bitterbösen Zieheltern und die Puffmutter bestiegen ein kleines Boot und folgten der Dschunke, sie waren schon ganz nah herangekommen. Xiutao wusste selbst, dass sie ihrem endgültigen Schicksal nicht entkommen würde, also kniete sie vor den Frischvermählten nieder und dankte ihnen mit dreimaligem Kotao. Dann wandte sie sich ab, sprang in den Fluss und ertränkte sich.

Das Schicksal einer Ziehtochter ist noch furchtbarer als das Schicksal, das die Rapssaat ereilt. Rapssamen wehen mit jedem Windzug in die Höh' und werden fortgetragen, wohin der Wind will. Dann fliegen sie zur Erde nieder und schlagen dort Wurzeln. Eine Ziehtochter würde die Freiheit des Fliegens niemals erleben.

PINGGU

An diesem Pier war viel los, Waren wurden umgeschlagen und die Geschäfte florierten. Es war ein hundertprozentiger Handelshafen. Die kleinen Kaufmannsboote warteten hintereinander und in vielen Reihen am Pier auf die Rikschas und auf die Karren, die sich hier durch die Menschenmenge fädelten, damit sie zum Zuge kamen. Die anfeuernden Rufe der Händler hörten nicht auf. Die Warenpacker und Warenträger am Pier arbeiteten mit freien Schultern oder barfüßig. Die an den Pier angrenzende Straße war breit und weithin überschaubar. Die Läden der Händler an dieser Straße waren alle sehr gutaussehend, sehr sauber. Es waren Tuchhändler, Töpfe und Geschirr verkaufende Kaufleute, Trockenwaren- und Gemischtwarenhändler und auch Verkäufer von Kinderspielsachen. Sie alle hatten ihre Waren ordentlich in schönen Auslagen ausgebreitet. Man sah auf den ersten Blick, dass diese Geschäfte alle sehr auf Sorgfalt bedachte Geschäftsinhaber besaßen. Das an der Straßenecke gelegene Amtsgebäude im westlichen Stil war sehr Eindruck heischend. Allein die zinnoberrote, zweiflüglige Tür war schon so hoch und dick und schwer, dass Passanten Furcht einflößenden Respekt empfanden.

Wenn es auf Abend zuging, hatten die Packer und Träger nicht mehr viel zu tun. Die lauten Geräusche und Rufe ebbten ab und das Meer wurde weit und weiter. Wenn ich am Pier stand und aufs Meer hinausschaute, stachen mir dabei die Sonnenstrahlen der untergehenden Sonne, die das Wasser reflektierte, so sehr in die Augen, dass ich nur mühsam blinzeln konnte. Bereits am Nachmittag war ich zusammen mit Chang Sheng an Land gegangen. Wir taten so, als würden wir in der Nähe ein paar Runden drehen und uns umsehen. Die gut gewürzten Speisen der kleinen Garküchen in der Nähe machten uns solchen Appetit, dass sich sofort unsere Mägen meldeten. Also setzten wir uns in irgendeines der Schnellrestaurants und bestellten Reis, Schwarze Graskarpfensuppe und ein paar kleine Appetithappen dazu. Ich bemerkte, dass neben diesem Schnellrestaurants ein Wagen mit einem mannshohen Holzkäfig darauf abgestellt war. Der Käfig war leer. Außer den vier Rädern daneben waren drumherum noch lange Hölzer wie eine Umgrenzung in die Erde eingepflockt.

„Wozu ist dieser Holzkäfig da? Wie kommt es, dass dieser Wagen wie ein Gefangenentransporter aussieht? In dem Käfig fehlt nur der Häftling mit Handschellen und Fußfesseln", fragte ich neugierig. Die anderen Gäste blickten auf, warfen mir einen Blick zu, aber sagten nichts. Über das Gesicht der Imbissinhaberin, die ursprünglich lächelnd die Gäste gegrüßt und hereingebeten hatte, zog ein Schatten: „Ich sehe, du bist von außerhalb!" Dann stürzte sie mit bösem Stierblick vor, hielt knapp vor meiner Nasenspitze, und flüsterte mit gedämpfter Stimme: „Was du als Gefangenentransporter bezeichnest, ist der Karren, mit dem ich deinen Bambusschemel und Bambustisch, den du gerade benutzt, fortfahre. Kapierst du das?" - „Ja. Ich bitte um Entschuldigung. Ich habe dich vor den Kopf gestoßen." Jetzt erst machte die Wirtin ihren Rücken wieder gerade und fuhr mit ihrer Arbeit fort.

Das Geschäft vom Sechsten war in der Tat nicht einfach zu finden. Es gestaltete sich schwieriger als hätte man auf hoher See ein Tributschiff ausmachen wollen. Da hatte ich mir ja richtig ausgerechnet, dass ich Chang Sheng mitnehmen müsste, damit er mir den Weg zeigte. Wir sahen noch die letzten Zipfel Sonnenlicht durch die Gassen schimmern, als wir ins Gängeviertel kamen. Wir überquerten die Lange Straße und bogen dann in eine Gasse mit einer Reihe von flachen Häusern ein, von wo aus wir in das Gängegewirr, das sich hinter der Häuserfront auftat, gelangten. Hier waren die Gänge zwischen den Häusern so schmal, dass die Hauswände von beiden Seiten fast zusammenstießen und man nur hintereinander gehend hindurch kam. Es stank bestialisch. Das war bestimmt so, weil die Leute ihr Schmutzwasser aus den hinteren Fenstern einfach hinaus ins Freie kippten. Dort war ein Ort entstanden, an dem sich Müll und Dreck türmten. „Chang Sheng, du bist hier aber auf dem richtigen Weg, oder etwa nicht?" fragte ich ungehalten und verärgert. „Die Imbisswirtin hat dich schwer gedemütigt, halte jetzt durch, wir sind gleich da. Wenn ich so etwas erledige, nehme ich jedes Mal einen anderen Weg ans Ziel. Nur die Richtung muss stimmen, ich finde mich immer hin. Keine Sorge. Dieses Dorf am Meer war, wie soll man sagen, nicht klein. Groß konnte man es auch nicht nennen. Weil die Häuser sich alle an den Hang schmiegten, ging es für alle, die hierher kamen, egal ob zu Fuß, ob Träger mit Sänften oder Leute, die einen Karren zogen, immer gewundenen Weges bergauf und bergab. Wer nicht gut zu Fuß war, für den war es nicht einfach, hier zu wohnen. Wir bogen jetzt in eine andere Gasse ein und hatten vor uns noch eine Treppe mit fünfzig, sechzig Stufen, die wir hinauf mussten, im Blick.

Obwohl es bereits dunkel war, konnten wir über den Häusergiebeln noch das saftig knackige Grün des überall wuchernden Pflanzenbewuchses hervorblitzen sehen. Es ging noch ein paar Ecken links und rechts herum, bis wir einen großen Bottich, auf den eine Fahne mit dem Schriftzeichen für Reis, aufgesteckt war, erblickten. Wir waren am Ziel angekommen. Chang Sheng zeigte auf die Fahne und bedeutete mir: „Der Sechste besitzt eine Reishandlung, in der er Reis und Trockenwaren verkauft." Die Pappschachteln mit den getrockneten Jujuben und kandierten Früchten lagen ordentlich auf den Schränken, während die getrockneten Garnelen, getrockneten Schildkröten und Fischhäute in großen Gläsern aufbewahrt wurden. Reis, Hirse, getrocknete Pilze und Schwalbennester standen in großen Säcken am Boden bereit. Das Geschäft war so winzig, dass man sich nur schwer um sich selbst drehen konnte. Der Sechste konnte sich getrost als absoluten Fachmann in seinem Gewerbe bezeichnen. Ich dachte im Stillen, dass er sein gutes Händchen für unsere Art von Geschäften hier in seinem kleinen Krämerladen versteckt hielt. Wir taten kund, warum wir gekommen waren und was wir wollten. Der Gehilfe, der gerade auf den Laden aufpasste, lief zur Teestube hinüber, den Sechsten holen. Er fixierte uns mit einem Blick, wobei er sagte: „Es gibt also wieder Ware." Man wusste nicht recht, war es eine Frage, die er an uns richtete, oder sprach er mit sich selbst, als er sagte: „Warum ist Guo Ming nicht gekommen?" Der Sechste musterte mich aus den Augenwinkeln mit schrägem Blick und fragte nochmal das gleiche. „Guo Ming wollte, dass Chang Sheng und ich hier bei dir vorbeischauen, denn ich habe die Leitung sämtlicher Angelegenheiten übernommen", sagte ich leise, aber klar und bestimmt. Der Sechste suchte mit fragendem Blick die Augen des Chang Sheng, der stumm nickte. Sodann streckte er seinen Oberkörper aus der Türe heraus und blickte nach rechts und links, um sich zu vergewissern, dass auch auf der Treppe, da wo der Gang eine Biegung machte, niemand zu sehen war, und erst dann kam er zurück in seinen Laden. Er schob den großen Reissack an der Wand zur Seite. Darunter war, in den Boden eingelassen, ein viereckiges, großes Brett zu sehen. Der Gehilfe verstand und zog aus der Schublade des Ladentischs drei Kerzen hervor, die er anzündete, und dann, jedem von uns eine, in die Hand gab.

Der Sechste umfasste mit den Fingern den Eisenring auf der Holzplatte und hob sie mit einem Ruck in die Höhe. Unter dem Brett kam zu unserem Erstaunen eine steinerne Treppe zum Vorschein. Langsam und hintereinander gingen wir abwärts. Es kalter Wind schlug uns entgegen. Die unterirdische Höhle war riesig. Wenn man nur das oberirdische Geschäft sah, würde im Traum niemand auf die Idee kommen, dass sich hier unterirdisch ein solch gewaltiges Universum auftat. „Ihr kommt genau richtig. Hier wird gerade Platz frei." Der Sechste hob die Kerze empor und leuchtete damit ins Innere der Höhle. „Oh! Nie zuvor habe ich ein so ungewöhnliches Lager gesehen!" Nicht nur alle vier Wände, auch die Decken und der Boden waren mit einer dicken Schicht von feinkörnigem, glatten Tonputz verputzt. Diese feinen Erden von der Löss-Hochebene auf dem chinesischen Festland hierher zu schaffen, musste den Sechser ein Vermögen gekostet haben. Dieser Putz aus Schluff machte aus den Wänden zwar keine Kupfer- oder Eisenwände, dennoch konnte man sich sicher sein, dass gefräßige Insekten mit spitzen Zähnen oder Flöhe und Motten sich nicht hereinwagen würden. Die Höhle besaß eine durchschnittliche Raumhöhe. Sie war nicht niedriger als die im Warenladeraum unserer Dschunke, vielleicht sogar etwas höher. Es sah wirklich so aus, als könnte man hier noch einen Schwung Waren unterbringen. Vom Boden angefangen bis hin zur Decke waren hier einige Reihen breiter Regale aufgestellt, und es waren nur noch ein Dutzend große Jutesäcke, die in ihnen übereinandergestapelt übrig waren. Was in ihnen war, würde der Sechste natürlich nicht preisgeben. Wenn die Regale alle wieder mit Waren vollgestellt wären, und sich dann auch alles verkaufen ließe, würde ihm ein noch viel ansehnlicheres Vermögen entstehen. Der Sechste bediente verschiedene Wareninhaber bzw. Schiffseigner von Frachtdschunken. Genau wie wir, die wir natürlich auch mit verschiedenen Abnehmern unserer Waren zusammenarbeiteten. Er kaufte als Forfaiteur, unsere Geschäfte waren Forfaitierungsgeschäfte. „Wir machen so schon seit Jahren zusammen Geschäfte. Wenn nichts passiert, machen wir alles einfach auf Vertrauensbasis. Zumindest oberflächlich betrachtet ist das so." Guo Ming, so hattest du mir das immer erzählt. Deine Erfahrung hatte dich gelehrt, dass man anderen nicht hundertprozentig trauen konnte. Ob es nun die Mandarine oder die Kaufleute waren; kein Vertrauen zu schenken, war letztendlich Selbstschutz. Du schütztest damit dich und das Leben deiner Familie!

„Was habt ihr diesmal mitgebracht?", fragte uns der Sechste, wobei er seine Augen weit aufriss und dazu die Kerze in die Höhe hielt. Bevor ich etwas sagen konnte, hatte ihm Chang Sheng schon geantwortet: „Sojabohnen, Baumwolle und Rapsöl. Und die sind diesmal von allererster Qualität." - „Ist das alles?" - „Genau, das ist alles." Der Sechste hörte zu und blieb dann stumm. Er war zwar kein Bär mit den Riesenpranken eines Tigers, aber er war groß an Statur und breit gebaut. Küstenmenschen sahen im Allgemeinen ganz anders aus. Er blieb für eine Weile missgestimmt. Dann legte er den Kopf schief: „Rückt ein bisschen was von eurem feinen Knochenporzellan raus. In Nordwestchina gibt es gerade eine immense Nachfrage, und wir haben hier nichts mehr auf Lager. Es ist also dringend." - „Fine Bone China ist schwierig zu beschaffen. Beim Transport darf es nicht runterfallen und auch nicht angestoßen werden. Weitaus schwieriger, als wollte man seiner alten Großtante alles rechtmachen", beschwerte ich mich. Der Sechste erwiderte sofort: „Das ist ja gerade der Grund, warum es sich so hervorragend verkaufen lässt. Das ist naturgegebenermaßen so!" - „Das nächste Mal. Unsere Mittelsmänner im Mandariat werden uns sicher in Bälde Informationen zuspielen", sagte ich gerade heraus ohne etwas zu verschleiern. So war die Lage nun mal. Die Porzellanproduktion von Fine Bone China ging nur langsam voran. Das lag am aufwendigen, umfangreichen Herstellungsprozess. Es war ja nichts, das aus der Erde hervorwuchs, das man vom Baum pflückte.

Dazu brauchte es Kooperation, nur dann funktionierte das. Bis man dieses feine Porzellan dann hergestellt hatte und verpacken konnte, war eine Sache. Die andere war, dass diese feinen in Watte gepackten Schätzchen uns dann zufallen mussten. Guo Ming, das hättest nicht mal du, der in hundert Seeschlachten erfahrene, auf den Kopf zusagen können! „Dann ist das im Moment alles an Waren, die ihr mir anbietet?" - „Akzeptierst du sie? Wir machen das Schlag auf Schlag, so wie wir das immer geregelt haben. Du bezahlst sie uns bar auf die Hand und wir geben sie dir." Der Sechste erbat sich zehn Tage, bis er das Geschäft zusagen könnte. Denn er müsste erst genaue Vorkehrungen treffen, sonst ginge es nicht. Als wir aus der unterirdischen Höhle wieder hervorkamen, war es längst Nacht geworden.

Der Sechste hieß seinen Gehilfen, uns runter zu führen und uns bis an den Pier zu begleiten. Wie kam es nur, dass der Rückweg um so viel einfacher als der Hinweg war? In der Langen Straße und den langen Gassen war es absolut dunkel, nur aus den Häusern leuchteten unzählige Lichtpunkte vom Kerzenschein. Der Abendsonnenschein war zum Vollmond geworden, ein mildes Licht, das nicht mehr in den Augen stach. Der Pier lag einsam und verlassen. Nur an wenigen Gebäuden sahen wir Menschen wie vorbeischwebende Gespinste. Wie fremd er uns plötzlich geworden war! Im Dunkeln tasteten wir uns den rutschigen, feuchten Abhang zu unserem kleinen Beiboot hinunter. Angekommen ergriff Chang Sheng mit geübter Hand die Ruder und ruderte los. Nachts so auf dem Meer zu rudern, dabei lief es einem schonmal eiskalt den Rücken hinunter. Frau Mond war so groß, als triebe sie auf der Wasseroberfläche und man könne einfach so die Hand nach ihr ausstrecken und sie ergreifen. Kein Vergleich zu dem Abend, als wir die Sojabohnen und das Rapsöl erbeuteten, an dem sich Frau Mond nicht hatte zeigen wollen und sich sogar die Sterne versteckt hatten. Ich konnte nicht zur Ruhe kommen. Sowie ich meinen Körper entspannte, sehnte ich mich danach, mal wieder lebendig herumzuspringen, und ich sehnte mich nach meiner Mutter. Diese Sehnsucht nach ihr war so stark, dass mein Körper krampfte.In einem Leben auf See war auf nichts Verlass. Auch wenn man sich bei den Mahlzeiten sattessen konnte, wusste man nie, ob es eine nächste noch geben würde. Nur war so das Leben wirklich viel einträglicher als mit dem Sampan in der Bucht rauszufahren und im Barbiersalon nach dem Rechten zu sehen.

Das Leben in der Meeresbucht glich dem im Totwasser. Wie viele Menschen lebten dort, die, bevor sie überhaupt erwachsen waren, schon an irgendwelchen Krankheiten starben. Wenn man es doch geschafft hatte, ein erwachsener Mensch zu werden, steuerte dort das Leben als nächstem, hervorstechenden Ereignis nur auf den Tod zu. Es gab nichts Schönes und Interessantes. Ich hatte gerade mal geschafft, die zwei Goldbarren meiner Mutter Schritt für Schritt in bare Münze umzutauschen, und ihr dann erzählt, wie sie das Geld unter dem Bett und im Hemd verstecken musste, und dass sie immer nur wenig davon nehmen sollte, damit sie nicht den Argwohn anderer schürte, die ihr dann ihr ganzes Haus zerlegt hätten. Meine großen Schwestern hatten nur gehört, dass ich meiner Mutter etwas für ihren Lebensunterhalt dazu geben würde. Über alles andere wussten nur meine Mutter und ich Bescheid. „Wie ist es gelaufen? Hat der Sechste irgendwas auszusetzen gehabt?"- „Er will Fine Bone China Porzellan." - „Ich weiß, was er will. Ist doch klar. Als wenn der nicht wüsste, dass es diese Art von Waren nicht überall gibt. Und wenn es sie gibt, sind sie rar. Viel gibt es davon nicht. Das hat auch nicht etwa damit was zu tun, dass Ausländer Fine Bone China so mögen und alles wegkaufen. Erst, wenn die Bestellung eingegangen ist, beginnt die Manufaktur mit der Arbeit, und erst dann wird eine Kolonne losgeschickt, die draußen wartet, um die Ware abzuholen. Bei den ordentlich beim Zoll angemeldeten ist die Lage bereits angespannt. Und solche, die wir an Land ziehen könnten, gibt es erbärmlich wenig. Deswegen bleiben wir fürs erste fleißig an anderen Waren dran, um die Lücke, bis es wieder eine Gelegenheit auf das hochpreisige Fine Bone China Porzellan gibt, zu schließen." Ich entgegnete Guo Ming: „Dürrer Affe! Ich bin da eigentlich anderer Meinung."

Ich redete nun mit lauterer Stimme: Früher war es so, dass wir ranschafften, aber die Nachfrage nach Fine Bone China kein Thema war. Und jetzt schreit jedermann nach Fine Bone China, obwohl wir mit dem gleichen Elan wie früher arbeiten. Wir können uns doch nicht in Abhängigkeit zu diesen Tontöppen begeben." - „Das ergibt Sinn. Da bin ich deiner Meinung!" - „Allerdings, dürrer Affe, will ich eins klarstellen: ich gehe mit dir überall hin, aber unsere Blaue Bucht, die Südbucht nämlich, ist tabu. Die musst du außen vor lassen. Guo Ming, du erwiderst jetzt zwar nichts, aber ich begreife es so, dass du somit weißt, was ich meine. Denn schau, wenn du in die Blaue Bucht zur Seeräuberei einfährst, erbeutest du nicht mehr, als ein paar

Fische und Garnelen. Das musst du dir nicht antun! Und der blauen Bucht auch nicht! Und den Leuten dazu noch Scherereien mit dem Mandariat machen, wenn es in die Aufzeichnungen der Beamten einfließt. Dass ist es nicht wert!" - „Außerdem hat unsere Blaue Bucht dir mal bei einem Versorgungsengpass geholfen. Du erinnerst sicherlich, dass wir uns so kennengelernt haben? Nicht wahr? Du hattest dir auf den kleinen Inseln in der offenen See vor Taiwan einen Standort geschaffen, wo du deine Versorgungsengpässe ausgleichen konntest. So war es nachweislich gelaufen." Holzschläge, Backsteinmauern, Brunnenbohrungen, Artilleriestellungen, alles hattest du dort mit flinken Händen auf die Beine gestellt, und Baustellen wie solche für den Bau von eigenen Wohnungen hattest du dort gehabt. Darin wohnten tatsächlich deine Seeleute. Diese Häuser wurden dann ihre häuslichen Bleiben. Man fährt zur See, um an der Küste wieder anzulegen und an Land zu gehen. Man kann nicht sein ganzes Leben auf den Meeren zubringen. „Nur gut, dass es diese Arbeit zu Lande gab, die die zur See ersetzen konnte. Sonst müssten die über hundert Dschunken der Guo Bande mit ihren unzähligen zu stopfenden Mäulern, die von dir, Guo Ming, erwarten, dass du es bist, der sich um ihre drei Mahlzeiten kümmert, niemals satt. Und du und ich müssten gleich etliche Lebensspannen schuften, aber würden es dennoch nie schaffen, sie zu ernähren." Um mal verschnaufen zu können, brauchte es eine Familie pro Schiff, die sich allein um ihr Auskommen kümmerte, und die nicht mehr gemeinsame Sache mit uns machte. Deine Crew kannte sich auf den Meeren bestens aus. Wenn nötig wäre, dass du einschrittest, würden sie ganz von selbst verlangen, dich aufzusuchen.

Die alten Marine- und Versorgungsbasen, die die Vorfahren hinterlassen hatten, waren es wert gewesen, dass wir ein Auge drauf geworfen hatten. So saniert waren sie gut zu gebrauchen. Die Marine hatte früher nur Orte ausgewählt, die einfach zu verteidigen und schwer einzunehmen waren, so dass unsere Generation jetzt ein echtes Schnäppchen machte. Um ehrlich zu sein, gab es tatsächlich noch einige Kriegsschiffe, die zu dieser Basis kamen und hier in Deckung gehen wollten. Es war nicht lange her, dass wir auf diese Weise fünf Dschunken auf einen Streich verloren hatten. Wie weh das getan hatte! Sie waren bombardiert worden und dann in Flammen aufgegangen. Es hatte nicht die geringste Chance bestanden, die Menschen an Bord zu retten. Die Seemänner, die ins Wasser sprangen, weil sie Feuer gefangen hatten, hüpften so wild wie die frischen Fische, denen

Dayuan auf dem Sampan so gern zugesehen hatte. Bei beiden war dieses wilde Gehüpfe nichts weiter als ihr Todeskampf. „Guo Ming! Dies schrille Schreien der Männer an Deck hörte ich in voller Brutalität auf Schritt und Tritt noch einen vollen Monat lang weiter." Es war in mein Herz eingezogen. Nicht meine Ohren waren der Grund, die hatte ich gründlich ausgeschabt. Aber das hatte alles nichts genützt. Es war so furchtbar! Die armen Männer!

AQIN

Es geschah während einer unvorstellbar fernen Urzeit. Die Kontinentalplatten am Meeresgrund stießen gewaltig gegeneinander. Magma durchschritt die gigantischen Tiefen des Meerwassers und spritzte empor in den Himmel, an dem es das taghelle Sonnenlicht noch erhitzte. Der den halben Himmel verdeckende dichte, schwarze Qualm verblieb in der Luft darüber. Es dauerte lange, bis er über der strahlend blauen See auseinander getrieben war. Das Magma hatte alle Wassertiere, die die Welt oberhalb des Wassers niemals zu Gesicht bekommen hatte, aus dem Wasser herauskatapultiert. Jedoch fehlte jeglicher Begriff davon, dass Wassertiere, so angetrieben, nur dem Tode entgegengeführt worden waren. Lebend waren sie der See entkommen, hinauf in die Lüfte gefahren und nur tot hatten sie fallen und in die See zurückkehren können. Sowie das Kraton, das Stück Festlandkern, vom Meeresboden empor an die Wasseroberfläche gekommen war und aus dem Wasser hervorlugte, wurde es zur Insel. Es gab keine Notwendigkeit mehr, zurück in die dunklen Tiefen auf den Meeresgrund zu sinken. Dann kamen die Vögel, die Landtiere und die Menschen. Diese Gäste waren von Geburt an voller Gier, Unwillen und Dummheit. Sie kamen von nirgendwoher, und sie hatten sich ohne jede Absprache auf dieser Insel einquartiert. Sie bemühten sich nach Kräften, Fuß zu fassen, ihr Leben aufzubauen und Nachwuchs zu bekommen.

Angeblich hatte es vor Tausenden von Jahren hier schon Fischerei gegeben. Archäologen hatten das bei Ausgrabungen am Laubenufer herausgefunden. Später wurden flache Kähne, die wie ein Baumblatt ausschauten, gebaut, mit denen man weiter weg vom Ufer auf See hinaus konnte. Die Familienangehörigen winkten dem dunklen Schatten ihres Kahnführers hinterher. Die Kahnführer warfen Netze aus Seil, die sie selbst geknüpft hatten, im Meer aus. Wenn sie sie herauszogen und in ihren Kahn hievten, hatte die Familie genug zu essen und war vorm Verhungern geschützt. Wieder später baute man Sampans mit Verdeck, einem Aufbau, quasi wie eine Hütte auf dem Boot. Damit konnten die Fischer noch weiter aufs Meer hinaus. Den Familien blieb nichts anderes übrig, als ihren Blick von ihren Häusern aus raus aufs Meer zu richten und auf die Rückkehr ihrer Bootsführer zu warten, denn unter dem Verdeck waren sie ja nicht zu sehen. Draußen auf See warfen die Fischer fest geknüpfte Netze aus, und wenn sie sie wieder an Bord zogen, hatte die eigene Familie nicht nur genug zu essen, sondern man konnte einen Teil des Fangs auch noch verkaufen, um andere Dinge zu besorgen. Noch später kamen dann Leute, die mit großen Hausbooten bei uns anlegten. Von irgendwoher aus offener See kamen sie. Keiner kannte den Ort, von woher sie kamen. Keiner kannte die Fremden, von deren Herkunft niemand wusste. Nachdem es einmal geschehen war, schwärmten sie wie auf einer großen Welle herbei, wie sich das niemand hatte vorstellen können, wie die Fisch-schwärme, die in der fernen Urzeit vom Meeresgrund heraufgekom-men waren. Die Menschen auf den Schiffen aus der Fremde waren seltsam. Die Waren, die sie mitbrachten, waren auch seltsam. Noch merkwürdiger als das scharfe Pulver und die glitzernden Steine. Lei-der waren sie nicht gekommen, um Geschäfte zu machen. Sowie ein Wetterumschlag drohte, waren die ausländischen Schiffe aus offener See immer schnell in die Bucht eingefahren. Sie ängstigten sich da-vor, dass, käme es zum Taifun, Riesenwellen von oben aufs Schiff herabstürzten, es erfassten und ihr von den Wassermassen erfasstes Schiff hochgeworfen werden würde, um dann, wieder aufs Wasser geworfen, zu zerschellen. Es würde dann in Stücke zersplittern, es wäre ein Bild wie die von Hei Yuan abgerissenen Kokardenblumen-blütenblätter.

Wenn der glatzköpfige Onkel der Meinung war, dass Vaters Vorfah-ren früher auch Seeräuber gewesen waren, und dass sie ohne viel Federlesen die vor der Sturmflut Schutz suchenden fremden Schif-fe ausgeraubt oder hinterhältig angegriffen häten, dann waren ihre Vorfahren diesen nachts tauchenden und anderer Leute Schiffe ver-senkenden Räubern ja wohl ähnlich gewesen. Wie hart und mühsam das Leben doch war! Der siebte Onkel von nebenan hatte mal gesagt: „Der Büffelkarren ist mit Erdnüssen und Pataten beladen. Wenn er vom rechten Weg abkommt, brechen ihm oft die Speichen. Man muss die herausgebrochenen Speichen am Karren wieder einsetzen, wenn man den Büffel vorwärts gehen lassen will." Der Weg ist weit, und ist man mit dem Büffel lange unterwegs, ist es so heiß, dass es nicht zum Aushalten ist. Und nicht nur das! Wenn es dann endlich vollbracht ist, muss man zurückblicken, und die Kuhfladen, die der Büffel auf dem Weg fallen gelassen hat, alle aufsammeln. Man muss sie in der Sonne trocknen. Dann muss man sie mit Wasser mischen, mit den Füßen zerstampfen, dann wieder flach auf den Boden aufbringen, Erdnussschalen muss man darauf verteilen, dann wieder hochnehmen, mit Schwung an die Wand schmeißen, so dass sie dran kleben bleiben. Und, wenn sie dann nach zwei Tagen getrocknet sind, sind sie zu Ditten geworden, die ausreichen, um damit drei Mahlzeiten zu kochen.

Mein zweitältester Bruder, eigentlich müsste ich sagen, mein zweitältester Schwager, und Hei Yuan setzten im Spätherbst mit dem Schiff nach Taiwan über. Sie hatten die gesamte Ernte aus den Bergen dabei und fuhren an die Südküste nach Hengchun und Fangliao, um sie dort zu verkaufen, und um dann Baumaterial, Backsteine und große Holzpfosten mit zurückzubringen. Ob es stürmte, sie die Sonne verbrannte oder es dauerregnete, sie mussten aufs Meer hinaus. Ob sie sich erbrachen, oder ob nicht, aufs Meer zu fahren, war unumgänglich. Mit tiefbraun gebrannten Gesichtern brachen sie auf, und genauso schwarz kamen sie wieder zurück. Mutter hatte ihnen schon vor langer Zeit aufgetragen, einen Sarg mitzubringen, … damit sie auf jeden Fall vermieden, dass sie irgendwann hurtig in aller Eile einen Sarg aus ein paar Brettern zurechtzimmern müssten, und der zu beerdigende Tote dann nicht mal im Tode ruhig schlafen würde. Denn käme der Tod überraschend, und sie bräuchten einen Sarg und hätten dann keinen zuhause, würde es auf so einen Notbehelf hinauslaufen. Sie hatte sich zurecht Sorgen gemacht. Vater hatte sich mit Tuberkulose angesteckt und kehrte nachhause zurück, um sich zu erholen und um gesund zu werden. Aber er meinte, dass der Tod bereits bei ihm angeklopft hatte, dass er an der Türschwelle stand und nur darauf wartete, jederzeit hereinzukommen. Hei Yuan und unser großer und zweitältester Bruder stellten den Sarg auf. Sie taten eine Reisschale und ein paar Stäbchen hinein und blieben abwechselnd beim Sarg sitzen. Mutter fand dieses Vorgehen auch etwas sicherer. Obwohl sich Vater zwar manchmal noch aufsetzte oder auch ein paar Schritte hin- und herging, lag er eigentlich die gesamte Zeit über völlig ermattet in seinem Bett. Er war hartnäckig damit befasst, die Hochzeit von mir mit Hei Yuan voranzutreiben. Vater und Mutter hatten selbst keine Tochter. Als die Frau Mutter mich hervermittelt, verkauft und ihnen übergeben hatte, war ich ein sehr kleines Mädchen gewesen und hatte von nichts was verstanden.

Jetzt waren fast zwanzig Jahre vergangen. Und plötzlich sollte ich mit jemandem, der mich von klein auf immer geschlagen und geärgert hatte, ein liebendes Ehepaar werden, ineinander verwoben wie zwei Bäume mit ineinander verschränkten Ästen? Vater und Mutter, und auch mein großer und der zweitälteste Bruder waren immer sehr lieb zu mir gewesen. Mutter wusste, dass Hei Yuan und ich oft Streit untereinander hatten. Wenn man Bruder und Schwester ist, ist sowas ja nicht weiter tragisch. Man entscheidet selber, ob man sich, wenn man groß ist, noch trifft oder sich besser aus den Augen geht. Aber eine Heiratsangelegenheit ist anders. Wenn man den falschen Mann heiratet oder die falsche Frau ehelicht, kann das bittere Leid ein ganzes Leben lang währen. „Hört bloß nicht darauf, was Djim-a dazu sagt!Wenn der Hei Yuan sich hübsch zurechtmacht und benimmt, dann wartet mal ab. Dann wird es, sowie sie verheiratet sind, keine Probleme mehr geben", sagte die Frau Mutter zur Mutter. Mutter wusste genau, dass ich Hei Yuan nicht mochte. Aber was sie nicht wusste war, wie sehr ich Hei De mochte. Und erst recht wusste sie nicht, dass ich mit Hei De, – kein Mensch hatte je etwas davon erfahren dürfen –, unsere gesamte Insel, jeden Zentimeter, abgegangen war. Hei De war genau richtig für mich.

Im Frühling wurde bei uns das Wetter mit jedem Regenguss wärmer. Dann gingen Hei De und ich auf der anderen Seite des Berges in den Wald. Dort plauderten wir und fingen Grashüpfer. Wenn Herbst war, wurde bei uns das Wetter mit jedem Regenguss kühler. Dann band mir Hei De seinen bunten Schal, den er in Gaoxiong gekauft hatte, um. Außerdem konnte er Geschichten erzählen. Er hatte mir auch erzählt, dass die Japaner, weil sie fürchteten, sich anzustecken, die dahinsiechenden Leprakranken mit einem Holzfloß auf die benachbarten, klitzekleinen, unbewohnten Inseln brachten und sie dort mit Feldsteinen, die sie um die Kranken herum auftürmten, einschlossen, damit sie einstweilen an diesen Plätzen verblieben. Sie stellten ein paar Kekse und Wasser neben ihnen ab und überließen sie dann sich selbst, damit sie so ihr Leben aushauchen konnten. Wenn der Kranke dann tot war, wurde auf der ursprünglich von ihm bewohnten Insel nicht mehr gekocht, damit vermieden wurde, dass der Totengeist den Qualm vom Herd sah und dadurch angelockt, wieder nachhause zurückkam. Bei so einer Geschichte musste man doch traurig werden. Wenn du der Leprakranke wärst, würde bei mir zuhause die Küche auch kalt bleiben, aber nicht, damit dein Geist nicht mehr nach zuhause zurückfindet, sondern weil ich mit dir zusammen auf die kleine Insel gekommen wäre, um dort bis zum deinem Tode bei dir zu bleiben. Das sagte ich Hei De. Später begriff ich, dass der Himmel die Weichen anders gestellt hatte. Und dass ich dieser Bestimmung gehorchen musste.

Aber da gab es eine Geschichte, die sich kurz vor meiner Heirat zutrug, von der ich absolut nichts gewusst hatte. An jenem Abend war ich bei Gui-gi und half Papierblumen falten. Und dann gab es zuhause einen Vorfall, von dem mir niemand jemals erzählte. Es war kurz nachdem zu Abend gegessen worden war und alle schon auf ihre Zimmer gegangen waren. In unserem Dorf Huazhai war es stockdunkel. Das spärliche Licht, das aus den Häusern nach draußen drang, bestand nur aus winzigen Lichtpunkten, wie die Lichter von Glühwürmchen. Böiger Wind kam auf. Die Erde kümmert sich ja nicht sich um die Menschengeschicke. Sie besitzt ihren eigenen Ruhemodus. Die Haustür bei uns zuhause stand einen Spaltbreit offen. In der Diele hatten wir ein paar Holzbänke stehen. Vater, Mutter und die drei Brüder, alle waren anwesend, und auch Vaters alte Freunde Onkel Hei Kun und der Großonkel Sieben waren gekommen. Vater sprach zu allen: „Hei Xing sagt zu mir, er wird sich hundertprozentig um unsere alte Mutter kümmern. Dagegen ist nichts einzuwenden. Wo ich jetzt meine beiden Augen noch nicht endgültig zugemacht habe, will ich unseren Lütten erstmal verheiraten, damit ich mir keine Sorgen mehr machen muss."

Wenn ein frisch verheiratetes Ehepaar zuhause wohnt, ist doch eigentlich alles ganz einfach zu arrangieren. Als die Männer allesamt etwas einzuwerfen hatten, wie es denn nun laufen sollte und wer was übernähme, als sie diskutierten, wen man für die Heirat einladen sollte, an welchem Tag die Hochzeitskuchen fertig sein müssten und wann zu den Göttern zu beten wäre, stieß jemand plötzlich mit einem Ruck die Tür auf. Ein Jüngling platzte herein. Er schien gerannt zu sein, er keuchte enorm. Seine Schuhe und Hosen waren voller Erde, er musste auf den dunklen Wegen ein paar Mal hingefallen sein. „Ich bin Hei De, ich wohne am Nordrand der Insel. Ich bin heute hier, um allen zu sagen, dass ich und Djim-a uns lieben, platonisch lieben. Sie darf Hei Yuan nicht heiraten. Sie versteht sich nicht mit ihm. Wie könnten zwei Erzfeinde sich jemals lieben!" So laut, wie Hei De das aus sich herausgeschrien hatte, waren alle sofort zur Salzsäule erstarrt. Wie von Sinnen! Stocksteif wie Holzpuppen! Mit Ausnahme des Keuchens von Hei De war alles ringsum sofort in Totenstarre gefallen. Hei De wiederholte wieder und wieder, was er gesagt hatte. Er wurde dabei lauter und lauter und zusehends hektischer. Die beiden Brüder erhoben sich, schnappten sich Hei De und schoben ihn mit einem Griff zur Tür hinaus. Hei De war dadurch einerseits in ein Gerangel mit den zwei Brüdern verwickelt, zum anderen hielt sein Schreien immer noch an: „Ich bin hier, weil ich um Djim-as Hand anhalten will! Ich will ihr einen Heiratsantrag machen. Djim-a darf Hei Yuan nicht heiraten!" Später griffen sich die beiden Brüder den Besen, der, an die Schwelle gelehnt, bei der Türe stand, prügelten Hei De mit Gewalt hinaus und schlossen hinter ihm ab. Man hörte nur noch das Poch, Poch, Poch von Hei Des dauerndem an die Tür klopfen und sein lautes „sie darf nicht, sie darf nicht!"-Geschrei.

YUYING

„Fräulein Jadeblüte, lassen Sie Langmut walten! Alang wird ganz schnell wieder hier sein. Bestimmt wurde er durch irgendeine Lappalie aufgehalten. Es ist nichts Schlimmes." - „Bestimmt, Fräulein Yuying. Er ist zwar jünger als wir, aber verständig, überaus reif für sein Alter und von jeher vorsichtig. Sie brauchen sich nicht zu sorgen!", trösteten mich Ajie und Shaoji nacheinander. Doch es bewirkte eher das Gegenteil. Ich fing an zu zweifeln. Ich ermahnte mich selbst, dass ich vor deinen Freunden auf keinen Fall durchblicken lassen wollte, welcherart die Beziehung war, die wir beide pflegten. Ein Literat zusammen mit einer Geisha! Wie hässlich die Leute darüber reden würden! Was sie sich vorstellen würden! Ich muss zugeben, dass das, was diese Leute sich vorstellten, genau war, was ich mir sehnlichst wünschte. Ach, wenn es doch nur passieren würde! Ob du vielleicht auch hofftest, dass es passierte? Ob es in deiner Phantasie vielleicht schon unzählige Mal passiert war? Wie sollte ich mein Verlangen verbergen? Wie müsste ich handeln, damit mein Geheimnis nicht gelüftet würde? Wenn zwischen der Geisha und ihrem Kunden nicht besondere Bande der Freundschaft geknüpft wären, würde eine

Geisha ihrem Kunden und seinen Freunden doch nie und nimmer ihre privaten Räume als geheimen Treffpunkt zur Verfügung stellen. Niemals würde eine Geisha so etwas zulassen! Diese besonderen Freundschaftsbande könnten aber solche von geschwisterlicher Liebe geprägt sein. Es war nicht zwingend erforderlich, dass es eine zwischengeschlechtliche Liebesbeziehung war. Eins aber war klar, nie und nimmer würde ein Mann eine Beziehung wie zwischen Bruder und Schwester längerfristig aufrechterhalten. So etwas wäre ihm keine Herzensangelegenheit. Derlei Diskussionen waren doch reinste Augenwischerei! Wer ließe sich damit schon hinters Licht führen?

Und so lief das Ganze dann ab. Einerseits geriet ich wegen deines Zuspätkommens in Panik, andererseits war ich so sehr mit meinen Gedanken beschäftigt, diesem dauernden Nachdenken über dich und mich und die anderen Leute, dass es meine Stimmung regelrecht auf den Kopf stellte und mich ständig auf Trab hielt. „Ich finde, diese gestaffelten, sich kaskadenartig fortsetzenden Kämpfe, die wir früher hatten, am tollsten und allerbesten!", sagte Shaoji erregt. „Von Pingdong nach Taizhong, dann Xinzhu, einmal hier, dann gleich wieder dort. Damit beschäftigten wir diese stinkenden, hündischen Japsen ungemein. Sie mussten dranbleiben. Wie beim Feuer machen. Wenn ich daran zurückdenke, fühle ich mich sofort sauwohl." - „Ich weiß, was du meinst!", übernahm Ajie sofort das Wort. „Wir waren damals aufs Versteckspiel mit der Polizei spezialisiert. Wir hatten uns Bananenblätter umgebunden und uns ausstaffiert wie wandelnde Bananenstauden, während wir grell brüllten: ´Grund und Boden den Bauern! Pachtgeld sofort auf ein Viertel senken! Unterstützt die chinesischen Arbeiter und Bauern!` Wir waren ungefähr zwei, dreihundert Leute, und die Lage war ungemein brenzlig. Sowie die Polizei kam, stoben wir auseinander und ergriffen die Flucht. Aber die hatte zu wenig Leute und deswegen nicht die geringste Chance. Zuletzt erwischte sie höchstens vier Pechvögel. An jenem Abend berieten wir paar Kader uns im Verborgenen und beschlossen, nochmal aktiv zu werden. Also versammelten wir uns nächsten Tag wieder. Wir kamen vor dem Polizeirevier zusammen und begannen dort laut zu brüllen. Erst jetzt reagierten sie. Sie gaben unsere Kameraden wieder heraus." - „Das ist doch noch gar nichts! Ihr habt nur eure Schnäbel aufgerissen und Lärm gemacht. Wir waren da anders. Wir traten richtig in Aktion. Mit Armen, Beinen und Fäusten!" Shaoji erzählte nicht nur, er fuchtelte mit den Armen ein paar Mal wild durch die

Luft. Es fehlte nicht viel, und er hätte dabei einen Lehnstuhl umgeworfen. „Wir mobilisierten ein paar hundert Leute. Um Mitternacht schnitten wir den Reis, den der Großgrundbesitzer beschlagnahmen wollte, komplett herunter und verbrannten ihn. Anderntags kamen wir heuchlerisch am Ort des Geschehens zusammen und brachten hervor, was da wohl passiert wäre: „Diese Totgeburten! Lebensunwerte Untote! Verbrennen einfach so viel Reis, eine Schande ist das! Wer sowas macht, dem soll das Schicksal einen grausigen Tod bescheren!" - „Ha! Ihr hättet mal den Großvater und den Großonkel von der Sippe der Wangs sehen sollen! Da hättet ihr euch eins ins Fäustchen gelacht! Die runzelten dermaßen die Brauen, dass sie fast tropften. Diese Großgrundbesitzer sind keine Menschen. Sie sind Teufel und machen gemeinsame Sache mit diesen stinkenden, hündischen Japsen. Sie pressen die eigenen Landsleute aus!"- „Und nicht nur das! Angeblich gibt es im Süden ein Dorf, wo es zum Widerstand gegen die zu hohen Steuerabgaben gekommen ist. Da ist das ganze Dorf auf die Straße gegangen! Männer und Frauen, Alte und Junge, alle sind zusammen auf die Straße raus. Bei dem Protestmarsch trugen die einen Särge, die anderen Pisspötte. Wieder andere hatten ihren Wasserbüffel dabei, oder sie hatten ihre Hacke geschultert. So marschierten sie zum Polizeirevier. Das umringten sie, von vorn wie von hinten in einem vollständigen Kreis. Sie verlangten, dass der Polizeichef rauskommen und ihnen eine Erklärung geben sollte, dass er einer Senkung der Steuern zustimmen sollte und dass er ihnen versprechen müsste, niemanden zu verfolgen und festzunehmen. Diese vom Ruin verfolgten, die mit dem Rücken zur Wand standen. Um dann über tausend Leuten einen solchen Todesschreck einzujagen!" - „Und jetzt? Heute kann man mit solchen Methoden nichts mehr erreichen. Es müssen neue her, sonst wird das nichts!" Alang, sag was dazu.

Du warst zu spät gekommen. Weil du auf dem Rückweg aus dem Süden mit angesehen hattest, wie ein Automobil einen Wasserbüffel angefahren hatte. Du warst extra dabeigeblieben und hattest dich damit aufgehalten. Du hattest hastig in Riesenschritten die Treppe genommen. Ein bisschen außer Atem gekommen warst du. Man hörte es dir an. Nachdem du vernommen hattest, was Shaoji da erzählte, sagtest du etwas, das einen wirklich deprimieren konnte: „Wisst ihr, das interessiert mich nicht."Wären die anderen nicht anwesend gewesen, wäre ich bestimmt auf dich zugestürzt und hätte mich dir an den Hals geworfen. Ich hätte dir anvertraut, wie besorgt ich um dich gewesen war, dir Vorwürfe gemacht, dass du es zugelassen hättest, dass ich mich gefühlt hatte, als müsste ich sterben, als hätte ich quasi die Schlinge schon um den Hals. Ich zwang mich, dir nicht nahe zu kommen, aber die Tränen spritzten mir nur so aus den Augen. Ich konnte sie, so sehr ich mich auch bemühte, nicht mehr zurückhalten. Was ich vorher, wenn auch nur im Geiste, mit Ajie und Shaoji an Diskussionen ausgefochten hatte, war mit einem Mal bedeutungslos geworden. Jeder konnte meine Tränen sehen! Und war jemand auch noch so dumm, was bei mir los war, kapierte doch jeder.

„Die Überwachung durch die Japaner erstreckt sich doch flächendeckend über die gesamte Provinz Taiwan. Es gibt kein einziges Schlupfloch. Deren Taktik ist so, als würden sie Menschen, die in langer Reihe im Dunkeln vorwärts gehen, einen nach dem anderen langsam und nacheinander, ohne, dass man es überhaupt bemerkte, verschwinden lassen. Das sind die Herausforderungen, denen sich der Verein der Bauernschaft und der Kulturverein Taiwan stellen muss. Und weil unsere Arbeit – Alang, du redetest und redetest – zusehends schwieriger geworden ist, haben wir Hilfe von außerhalb gebraucht. Jetzt machen Genossen vom Festland und solche, die in Japan beheimatet sind, bei unseren Vereinen mit. Die Route der Kampfhandlungen der Sowjets sind unser Vorbild geworden, wonach bei uns vorgegangen wird. Wir glauben daran, dass unsere Sache so Erfolg haben wird." Alle saßen um den runden Tisch herum und hörten zu, was du sagtest. „Alang, wir danken dir, dass du uns allen Mut machst!", sagte Shaoji, nachdem er aufgeseufzt hatte. „Ich und Vater saßen unser ganzes Leben am Feld neben den Bewässerungsgräben auf dem Wasserrad und traten in die Pedalen, um Wasser aufs Feld zu pumpen. Als ich noch ein Kleinkind war, saß ich mit ihm zusammen auf einem Rad und wir traten gemeinsam in die Pedale. Dabei erzählte er mir Geschichten. Als die Japaner unsere Insel einnahmen, als sie gerade angekommen waren, war es um uns Taiwaner in der Tat armselig bestellt. Die Japsen hatten Langgewehre, mit denen sie aus großer Entfernung Menschen abschießen konnten. Ihre Freiwilligenarmee kämpfte mit Lanzen, Hellebarden, großen Äxten … Wie sollten wir es mit denen aufnehmen? Die kann man doch nur wie Fleisch auf dem Hackbrett behandeln! Zerhacken, und Basta! Vater sagte, selbst wenn die Soldaten der antijapanischen Freiwilligenarmee sich in den dunklen Strohdachhütten versteckten, machten die japanischen Soldaten sie einen nach dem anderen ausfindig. Wie sie das schafften? Ganz einfach! Sie nahmen ein bisschen Kleingeld in die Hand und machten sich damit die kleinen Kinder, die noch von nichts eine Ahnung hatten, willfährig. Na logisch, dass sie sich uns dann einfach schnappen konnten. Wenn sie sicher wussten, wo sich die Männer unserer Freiwilligenarmee aufhielten, nahmen sie den entsprechenden Bambuswald erstmal mit ihren Langewehren unter Beschuss. Dabei blieben sie hinter dem Bambuswald aufgestellt. Dann rückten sie in Reihe vor. Aber sie betraten den Wald noch nicht. Wenn die Sonne wie Feuer vom Himmel brannte und sie plötzlich in die dunklen Strohdachhütten eingedrungen wären, hätten sie doch gar nichts erkennen können! Hätten drinnen wirklich Soldaten von uns gesteckt, wären sie sicherlich sofort aus dem Hinterhalt erstochen worden. Deswegen brannten sie alle Hütten nieder. Die Strohdachhütten von unseren Bauern waren aus Reisstroh, Zuckerrohrgrün und mit Wänden aus Feldsteinen und Lehm gebaut. Die Dächer brannten doch wie Zunder! Die, die sich drinnen aufgehalten hatten, kamen sofort herausgestürzt. Die Japsen fragten nicht lang, um wen es sich handelte. Sowie jemand rauskam, drückten sie ab. Schaut, diese Methode war ganz schön pfiffig! Vater hatte die Freiwilligensoldaten auf Strohmatten liegen gesehen, als man alte Schweinepferche kurzerhand umfunktioniert und daraus Auffanglager für Verletzte gemacht hatte. Die Dörfler fassten sich ein Herz und suchten für die *Lazarette* zerschlissene Segel und alte Schilfmatten heraus, die sie auf dem Boden der Pferche ausbreiteten, bevor sie die von den Japanern erschossenen toten oder fast toten Freiwilligensoldaten dort ablegten. Bei einem der Männer war der Atemstillstand längst eingetreten, aber der Tote war mit einer von zuhause mitgebrachten, kaputten und aus der Form geratenen Steppdecke trotzdem zugedeckt worden. Ein anderer keuchte noch. Sein Zopf war ihm am Kopf unordentlich abgeschnitten worden, das Gesicht völlig zertrümmert, dass man nicht mal mehr Nase und Augen erkennen konnte. Am Oberarm stand ihm ein großes Stück rohes Fleisch hervor, eines seiner Beine war vom Knie aus abwärts abgehackt worden und aus der Gelenkkugel raus, nach außen gebogen. Vater erzählte noch, dass damals einige große Erdgruben ausgehoben worden waren, die mit antijapanischen Freiwilligensoldatenleichen vollgefüllt wurden. Abgehackte Beine, abgehackte Hände, abgehackte Unterleiber, alles wurde zusammen in die gleiche Grube reingeworfen und türmte sich zu einem großen Haufen. Es gab auf diesem Haufen auch viele Köpfe, denen der Körper fehlte!"

Ihr spracht eine Weile, dann seufztet ihr. Dann spracht ihr wieder. Dann wart ihr wieder ganz aufgeregt. Nachdem Ajie und Shaoji fortgegangen waren, hattest du ehrlich und offen zu mir gesprochen. Weil zu Anfang so viele Menschen ihr Leben drangaben, war aus dem Widerstandskampf mit Waffengewalt ein Widerstand mit Wortgewalt geworden. Das Ergebnis des wortgewaltigen Widerstands war aber genauso. Einer nach dem anderen wurde zusammengeschlagen, eingesperrt und gefoltert. Der Grund waren die mehr als vierzig Jahre Fortschritt bei den Lebensumständen der Taiwaner. Deswegen waren in den eigenen Reihen immer mehr Verräter unterwegs, die ihre eigenen Leute verrieten. Das bereitet jedem großen Kummer. Du redetest und redetest. Plötzlich hieltest du mitten in einem Satz inne. Und dann fehlten dir die Worte. Alang, dabei finde ich, dass es doch einfach zu begreifen ist. Wenn ich mit meinen Freundinnen in der Stadt bummeln gehe, dann bestimmt nicht, weil uns fehlt, auf dem Feld einen Pflug zu ziehen, in der Ziegelei Backsteine zu brennen, Bambustragkörbe zu flechten oder Reis zu dreschen, sondern wir ergötzen uns an den vielen Handelshäusern und Geschäften zu beiden Seiten der Straße, an den Konfektionären, den Warenhäusern, den Obsthandlungen, den Krankenhäusern, Apotheken, den Eisenwarenhandlungen, Tuchmachern und den vielen, vielen Läden, die einer nach dem anderen, Geschäft auf Geschäft in langer Reihe die Straße säumen. Wir bummeln dann, bis wir uns satt gesehen haben und nicht mehr laufen können. Wer schon würde lieber vom Reislinge setzen, Reis dreschen und Wasserbüffel hüten müde Füße bekommen, als davon, dass er sich westliche feine Kleidung anschaut und schöne Südfrüchte aussucht? Wer flaniert nicht gern auf Hauptgeschäftsstraßen, schaut sich Musik-, Opernaufführungen oder Straßenumzüge an, sondern will unbedingt auf dem Dorf bleiben, dort das Feld bestellen und Dächer mit Ziegeln eindecken? Wer will lieber den Matsch auf den aufgeweichten Feldwegen an Regentagen und die zum Himmel stinkenden Schweineställe und Katzenpisse ertragen? Wir wissen doch ganz genau, wie wir und unsere Spielkameraden, als wir noch klein waren, gelebt haben! Wenn deine Mutter Backpataten machte und der Patatengeruch mal zur einen, mal zur anderen Seite abzog, konnte man sich zwar die Nase zuhalten, aber man hatte es trotzdem gerochen. Alang, erinnerst du dich denn nicht, mit welchen Jungs Aqiang und Acong gespielt haben? Wie oft fährst du eigentlich noch nach Haus? Nur … sag doch mal ehrlich, wer und an welchem Ort sein Leben auf ein Mal in ein angenehmes und lockeres

Leben umgestalten könnte… mit deiner praktischen Methode[, von der du immer sprichst,]…, der wäre doch völlig verbohrt und nur stupide, wenn er es nicht auf der Stelle täte! Deswegen sag ich dir eins, Alang, das es sich gut gehen zu lassen, ist es, was bewirkt, dass einer seinen besten Freund verrät, dass er blind im Herzen wird. Wenn man es sich gut gehen lassen will, wenn man unbeschwert leben will, müsste man trotzdem zusammenstehen können, ohne im Herzen blind zu werden! Eigentlich müsste man sich an den Händen fassen und Schulter an Schulter zusammenstehen! Warum sollte man, sowie man ein angenehmes Leben führt, sofort blind im Herzen werden? So ein Tausch ist doch unsinnig, Alang! Warum seufzt du in einem fort und weißt darauf nichts zu erwidern?

PINGGU

„Seid ihr Schnecken? Warum so langsam? Wenn ihr euch nicht sofort rührt, lasse ich euch köpfen und werfe euch dem Hund zum Fraß vor!" Ein Haufen Männer, bei dem sich alle ihre Zöpfe um ihren Hals gewickelt hatten. Manche von ihnen standen, manche von ihren hockten, manche lagen auf dem Deck. Genau in der Mitte, rechts neben den zwei Beibooten in einem Kreisbogen. Dort rauchten sie eine Zigarette nach der anderen. Die Zigarettenqualmwolke, die sie umgab, war gewaltiger als der Qualm, der aufsteigt, wenn die Köchin für die ganze Mannschaft kocht. Es war so verräuchert, dass es für Räucherfisch gereicht hätte. Sowie sie mich lauthals schreien gehört hatten, kamen sie ruckzuck auf die Beine. Und da standen sie nun, den Blick auf Dayuan gerichtet. Sie hatten wohl Angst, dass er sich auf Befehl auf sie stürzen würde. Es war etwas her, dass ich ihnen die mandarinenfarbene Abendröte gezeigt hatte, weil nämlich ein Wetterumschwung anstand. Alles, was auf dem Schiff, im Schiff und am Boden des Schiffs war, musste fest verankert werden, sonst hätten die Sprengstofffässer, die großen Radrahmen das Schiff lahm gestoßen, und dann wäre es mit dem Leben zu Wasser vorbei gewesen. Wenn Sturmflut war, wenn der Seegang hoch war, schloss ich Dayuan in die Kajüte ein. Zuerst bellte er dann wutentbrannt. Wenn Windgeschwindigkeit und Seegang dann richtig hoch gingen, lag er matt auf dem Boden und gab keinen Ton mehr von sich. So wie alle von uns, die wir gemeinsam die Angst und die Unannehmlichkeiten ertrugen.

Ich jedoch war das geborene Kind der See. Wenn Sturm auf See aufkam, stand ich wie eine Gallionsfigur am Bug, die Hände um die Maste, bei denen das Segel eingeholt worden war, und darauf gefasst auszuhalten, wenn das eisige Meerwasser mir ins Gesicht spritzte und meinen Körper durchnässte. Der Salzgeschmack suchte sich den Weg durch meine Nase, die Ohren und meine Augen. Ich entspannte meine Venen, meine Muskeln, meinen gesamten Muskelapparat und ging mit den Bewegungen mit, auf und ab und links und rechts. Mein Körper erlebte den gleitenden Übergang von am ganzen Leib feuchter Kälte bis zur Ganzkörpertaubheit. Ich wurde Teil der Monsterwelle, die verzweifelt in den Weiten des Ozeans kämpft und sich mit einem Sprung in den Himmel retten will, die aber von den dunklen Mächten am rätselhaft tiefen und unermesslich weiten Meeresboden mit Macht festgehalten wird. Es ging solange, bis sie gefügig geworden war, solange bis der tropische Wirbelsturm das Weite gesucht hatte. Dann verlor sie binnen eines Wimpernschlags jede Unterstützung und entschwand auf der glatten Meeresoberfläche im Nichts. Wie hätte es anders sein sollen? In kürzester Zeit schwoll der Sturmwind wieder an.

Mit Dayuan zusammen inspizierte ich genauestens unsere Dschunke. Sie war eindruckheischend, und sie war solide gebaut. Der gesamte Schiffskörper war wie ein mit Kraft runter gedrückter Handrücken, in der Mitte etwas niedriger, und am Bug ragten sozusagen die Fingerspitzen hervor, und, obwohl sie höher als die Kuhl waren, gab es einen Ausgang, der in einer Höhlung gelegen war. Die Back der Dschunke war wie die Erhebung, wo die Hand in den Arm übergeht. Das Heck war der höchste Punkt der Dschunke, nicht nur, dass es dem Bug mit seiner Vertiefung unähnlich war, es war auch von einer Reling aus dicken Hölzern umschlossen. Zwischen der Back und der Kuhl gab es da, wo die Neigung am größten war, ein aus Holz gezimmertes Deckshaus, das den vorderen Schiffsteil vom dem hinteren abtrennte, es hatte unterschiedlich kleine, separate Kabinen und vielen in Richtung Bug zeigende Fenster, und es hatte auch ein paar Türen. Die nautischen Messinstrumente zur Richtungsbestimmung der Dschunke, die Berechnungen zur Erfassung der Entfernung der Gestirne zur astronomischen Navigation, die Vorhersagen zur Wetterlage, und dann das Sammeln von Indizien, wer mit dem Mandariat kollaborierte, uns verraten und ausliefern würde, welche Räuberbande mit welcher anderen sich verbandelte und zusammentun würde, die Schiffsroutenbestimmungen und alle Bewegungen, die im Zusammenhang mit unseren Geschäften standen, alles nahm hier seinen Lauf. Zwischen dem großen Deckshaus und dem Heck gab es einen offenen Decksbereich, auf den alles mögliche abgestellt wurde. Wenn jemand große Nägel und den Vorschlaghammer brauchte, konnte er ein paar Sprossen einer Holztreppe raufsteigen, über das Dach des Hauses laufen, dann wieder ein paar Stufen hinab und erreichte die Kuhl. Wenn es schnell gehen musste, konnte man im Deckshaus hören, wie die Matrosen über das Dach rannten und dann hinab in die Kuhl sprangen.

Ich wies zwei aus meiner Crew an, zusammen mit mir und Dayuan runter aufs Orlopdeck zu gehen. Abgesehen von den Schiffsmaschinen standen hier die Arrestkäfige, in denen erbeutete Schiffskaufleute, Scharlatane oder Aufrührer eingesperrt wurden. Ich hieß die Gefangenen ihre Pisspötte rausreichen und sie meinen Jungs aushändigen, damit sie den Kot und die Pisse in die große Bütt umschütten konnten. Das machten wir so, um zu vermeiden, dass sie völlig verdreckten, wenn die Pisspötte umfielen, sobald das Schiff stark ins Rollen kam, damit die Gefangenen in ihren Käfigen vorübergehend einen Zufluchtsort hatten. Eine so simple Sache wurde in der Crew doch tatsächlich rauf und runter erzählt. Manch einer fand, dass wir uns den Gefangenen gegenüber ruhig herzlos und ohne Mitleid zeigen sollten. Sie wären ja nur gut, um sie gegen Geld einzutauschen, obschon das nicht immer klappte. Wenn sie sich verkaufen ließen, gingen die Kosten für Futter und Misten ja noch davon ab. Ließen sie sich nicht zu Geld machen, kam man nicht dran vorbei, sie abzustechen. Wie viele der eigenen Leute bei so einem Tötungsmanöver draufgingen, war immer schwer einzuschätzen. Da war es doch besser, sie wie seinesgleichen zu behandeln und den in den Käfigen Eingesperrten ein paar Vorteile zu verschaffen. In meinen Augen war das alles nicht der Rede wert. Dass die Arrestkäfige sauber gehalten wurden, hatte für unsere Dschunke nur Vorteile. Wer mir da Nachteile nennen konnte, den wollte ich mal hören! Wenn zu dem Schwerölgeruch im Unterdeck und dem Krach aus dem Maschinenraum, dem fehlenden Licht und der fehlenden Frischluft auch noch die Fäkalien zum Himmel gestunken hätten, wären meine Matrosen, die da arbeiten mussten, doch verflucht gewesen. Es war nicht nötig, hier Würmer, Fliegen und Maden anzulocken, damit sie dem Menschen das Leben schwer machten. Hinzu kam, dass das, was wir wollten, nur

Geld verdienen war. Die Gefangenen waren Ware. Wenn die Ware vollzählig war, würde sie bares Geld bringen. So funktionierte das nun mal. Seit Urzeiten ging so und nie anders die Rechnung auf. Die Plappermäuler sollten ruhig reden. Sie hatten keinen blauen Dunst. Wenn ich die Dinge in die Hand nahm, kam unter dem Strich mehr dabei heraus. Jeder sah doch deutlich, was die Gefangenen im Käfig später über uns sagen würden: Dass die Guo-Bande ein klares Verständnis davon habe, was recht und was unrecht sei. Dass sie eben sehr hinter dem Geld verdienen her sei, aber ihnen nicht danach wäre, andere Menschen in Not zu bringen. Und dass man vernünftig mit den Guos reden könne. Wenn man tue, was die Guos forderten, käme man nicht in Schwierigkeiten. Dann träfe man aufeinander und ginge, ohne Schaden zu nehmen, wieder auseinander. Ein Zusammentreffen im Lauf des Lebens, mehr wäre es nicht. Als ich meiner Crew meine Gründe mitteilte, gaben sie alle Ruh. Ich ließ die Männer nacheinander mit mir da runter gehen, um die große Bütt mit den Fäkalien auszukippen. So waren alle miteinander im Einklang.

Wenn bei hohem Seegang das Schiff zu rollen begann, erinnerte ich mich jedes mal, ohne dass ich es gewollt hätte, daran, wie ich als Kind vor unserem alten Haus an der Blauen Bucht die Ameisen unter dem Baum quälte. Zuerst spazierten sie in Kolonnen auf ein vom Baum gefallenes Blatt. Ich nahm das Blatt mit den Ameisen hoch und drehte mich im Kreis. Die Ameisen wurden eine nach der anderen abgeschüttelt. Zuletzt blieb nur eine einzige Ameise übrig. Ich füllte eine kleine Wanne mit Wasser und ließ das Blatt auf dem Wasser schwimmen. Dann nahm ich die kleine Wanne hoch und schwenkte sie hin und her. Das Wasser spritzte aus der Wanne heraus, das Blatt schaukelte mächtig. Die kleine Ameise saß unbeweglich auf dem Blatt. Man wusste nicht, ob sie bewusstlos oder gestorben war. Guo Ming saß, als das Schiff wieder so mächtig zu rollen begann, in halb liegender Pose und rauchte seine Opiumpfeife. Es war nicht zu erkennen, ob er sich beruhigte, weil er sich fürchtete, oder ob er wirklich so an das Rollen gewöhnt war. Ich fühlte mich wie die kleine Ameise auf dem Blatt. Ich konnte keinen Schritt nirgendwohin tun und war voller Furcht. Wenn das Schiff kenterte, sank, wir alle tot wären, hätte ich mich mit keinem Ton beschwert. Aber es wäre schade um die Schiffsladung. Diesmal war es keine von einem anderen Handelsschiff erbeutete, sondern es handelte sich um eine ganze Ladung feinster Holzmöbel, die uns der Kunde nach Südostasien und Südchina bringen ließ, damit wir sie dort zu einem guten Preis verkauften. Solch fein gearbeitete Tische, Schränke, Stühle! Das hatte meinen Horizont erweitert. Niemals zuvor hatte ich dergleichen gesehen! Sämtliche spitzen Ecken und Kanten waren alle kugelrund abgeschliffen. Hauchzarte, vielfarbige Muschelintarsien schmückten das Palisanderholz. Das Holz war mit Klarlack gestrichen, und wenn man über die glatte Oberfläche strich – wie angenehm das war! Man mochte nicht davon ablassen! Wie kam es, dass es plötzlich den Anschein hatte, dass die Schiffsladung wertvoller als ein Menschenleben war? Das entbehrte jeder Vernunft!

AQIN

Schon gleich zu Anfang fand ich, dass es nicht der passende Platz zum Aufhängen des Tagesabreißkalenders war. So ein dicker Block, versteckt an einem kleinen Stück Wand, zwischen der papiernen Schiebetür und dem Kleiderschrank, wo das Kalenderblatt keinen einzigen Funken Tageslicht abbekommt. Kein Wunder, dass unsere Tage einer wie der andere betrüblich waren. Hei Yuan war der Meinung, dass man alles, egal was, sparsam gebrauchen müsste, und dass auch die Wand dabei keine Ausnahme machte.

Um den Abreißkalender stand es so, dass man jeden Tag einen Blick darauf warf, damit man wusste, wann Mitteherbstfest zu feiern war und wann das Laternenfest zum ersten Vollmond des neuen Jahres gefeiert wurde. Einen anderen Nutzen konnte er an einem Kalender nicht feststellen. „Dass der Kalender dort aufgehängt bleibt, ist richtig. Du verdienst kein Geld. Du weißt nicht einmal, wie hart es ist, Geld zu verdienen. Deswegen steht dir nicht zu, deine Meinung kundzutun." Wenn die Papierschiebetür nach links ganz aufgezogen wurde, stieß sie immer an den Kalender. Und wenn man sie mit etwas mehr Kraft aufschob, schubste sie ihn jedes Mal von der Wand. „Geht es nicht auch, wenn wir den Kalender unter die Fotos von Vater und Mutter hängen?", erhob ich Einspruch. „Du dummes Weib, von nichts hast du eine Ahnung. Wenn der Kalender so tief hängt, stoßen sich die, die auf dem Sofa im Wohnzimmer sitzen, wenn sie ihren Hals gerade machen. Von was man keine Ahnung hat, davon soll man auch nicht dumm daherreden. Damit machst du dich nur lächerlich." Kaum hatte er zu Ende gesprochen, so packte er das vom Vortag übrig gebliebene Essen, etwas Blumenkohl, Degenfisch und Sojabohnen, in seinen Henkelmann, schichtete einen Batzen Reis darüber, schloss den Deckel und band die Dose mit einem kleinen Tuch zusammen. Dann schwang er sich aufs Fahrrad und fuhr los. Im Sommer kehrte er heim, und blieb dann zuhause, um Sardellen und Rundheringe zu fischen. Die übrige Zeit verwendete er darauf, mit dem dritten Bruder zusammen Transporte nach Fangliao zu machen. Ich wusste natürlich, dass sein Einkommen unregelmäßig war. Er litt darunter. Aber er hatte keine Wahl. Viel zu viele waren schon auf die große Insel umgezogen. Diejenigen, die noch geblieben waren und zuhause ihren Lebensunterhalt verdienten, wurden immer weniger. Äußere Umstände waren ausschlaggebend, nicht die Menschen entschieden. Man konnte nur Jahr um Jahr die Füße stillhalten und weitermachen, um irgendwie über die Runden zu kommen.

Acai schlief auf den Tatamis unter einer kleinen Decke. Ich hatte mich leise im Schneidersitz neben sie gesetzt, ganz vorsichtig, um sie nicht zu wecken. Was für einen schlimmen Husten dieser Säugling hatte! Endlich war es eingeschlafen! Da sollte es jetzt aber auch gut und ausreichend ausschlafen können. Jedes Mal, wenn meine Kleine hustete, schlug mir mein Herz bis zum Hals. Jetzt, wo sie so gleichmäßig atmete, ließ meine Angst einen Moment lang nach. Ashun, Yaoqing, Acai hatte ich alle drei geboren. Ich war es gewesen, die ihnen ihren Atem gegeben hatte. Habe ich für die Schutzgöttin des Bettes und der Kindlein Chuangmu jetzt zu viel von dem Kleider-Papiergeld, das bedruckt mit purpurnen Wolken und floralen Ornamenten der Göttin ist, verbrannt? Hätte ich mehr von dem Geld-Papiergeld mit den Abbildern vom Gott Chuanggong und Göttin Chuangmu, den beiden Göttern des Bettes, verbrennen müssen? Hatte die Mutter des Sternbilds des Großen Wagens Qixingmau keinen Schutz gespendet? Oder hatte sie keine Kraft gehabt, Schutz zu spenden?

Noch bevor Ashun allein zum Klo gehen konnte und noch bevor Yaoqing sich ihre Zöpfe allein flechten konnte, waren meine beiden Mädchen gestorben. Ich hielt mein Kind, eng an mich gedrückt, im Arm. Wie kam es nur, dass meine Kinder, eines nach dem anderen, zuerst nur ab und an und dann gar nicht mehr atmeten und dann der Atemstillstand bei ihnen folgte? Warum nur kühlten ihre heißen, kleinen Leiber dann immer mehr aus, bis sie ganz erkalteten? Mit tränenüberströmten Augen hatte ich ihnen dabei zugeschaut. Wie sehr ich sie liebte, wie sehr ich mit ihnen litt! Aber ihre winzig kleinen Brüstchen hörten auf zu beben, und ihre kleinen Fäustchen, die meine Finger umschlossen gehalten hatten, wurden schlaff und mein Finger entglitt ihnen. Wenn mein Finger ihren Fäustchen langsam entglitt, bedeutete es, dass sie sich langsam entfernten. Ich stieß sie sacht an, schüttelte sie. Aber sie kamen nicht mehr zu Bewusstsein, ihre Äuglein strahlten mich nicht mehr an und ihre Mündlein öffneten sich nicht mehr, um damit zu glucksen oder zu weinen. Als sie sich in meinem Leib bewegt hatten, war es ein geheimnisvolles und aufregendes Gefühl gewesen. Wenn sie an meiner Brust gesaugt hatten, hatte ich die Fülle des prallen Lebens gespürt, und ich hatte mich wie ein Baum mit festen Wurzeln in der Erde verankert gefühlt. Diese Gefühle waren noch so neu und so wirklich und kein bisschen verblasst. Aber wie war das gekommen, dass mich Ashun und Youqing um ihr Leben betrogen hatten? Warum ließen sie sich von mir bemuttern, stahlen mir mein Herz und meine Liebe und überließen mich dann meinem stechenden Schmerz und Hei Yuan, der mir ihren Tod nicht verzieh? Beide Kinder starben krank im Fiebertod. Sollte nun Acai, stellvertretend für beide, an ihrer statt zu mir Mama sagen?

Hm, das könnte sein. Jetzt schlief sie tief und fest und ihr Atem ging regelmäßig. Für diesen Moment nur spürte ich keine Angst. Die Krankheitsgeister in der Ecke des Raums warteten schon mit wachem Geist, um jeden Moment auf uns zuzuspringen und mir mein Kind zu rauben, damit es ihnen in der Unterwelt Gesellschaft leistete. Ich durfte nicht schwach sein, nicht furchtsam und sorgenvoll. Sondern ich musste standhaft sein und von brutaler Härte, um diesen Dämonen die Stirn zu bieten und sie zu verschrecken, damit Hei Yuan nicht mehr der Meinung war, dass ich meiner Verantwortung nicht nachkäme. „Wenn du den ganzen Tag nur immerzu auf dein Kind achtgibst, so stirbt es noch davon. Wie kann das angehen, dass du dich wie ein altes Weib benimmst?" - „Chunmei, ich habe Angst, dass Hei Yuan böse wird. Ich habe so große Angst davor, dass er mich wieder schlägt." - „Auch wenn der Mensch sich mit den fünf Getreidearten richtig ernährt, kann er halt mal krank werden! Dein Hei Yuan sucht bar jeder Vernunft Streit!", verteidigte mich Chunmei laut gegen diese Ungerechtigkeit. Mehr als es zu mir zu sagen, war nicht drin. Und mich zu trösten, reichte nicht aus. Ich sagte mir, diesen Stachel, der dich verletzt, den musst du an seiner Wurzel packen und herausziehen. Aber wie sollte das gehen? Das Kind wieder zum Leben erwecken? Wie sollte ich sowas schaffen? „Es passiert ja beileibe nicht nur bei euch, dass ein Kind stirbt! Wenn es das Schicksal so will, dass ein Kind am Leben bleibt, bleiben trotzdem nicht viele Familien übrig, die es dann schaffen, das Kind zuhause zu behalten und es allein durchzubringen! Es gibt so viele Familien, die ihre eigenen Kinder wegschenken!", verteidigte mich Chunmei wieder gegen diese Ungerechtigkeit. Mehr, als es zu mir zu sagen, war nicht drin.

Ich hatte sie auf dem Markt kennengelernt. Es war nach einem Regenguss, als die Wege vom Regen matschig geworden waren. Ein Glück nur, dass ich das Haus nicht in Schlappen verlassen hatte. Ansonsten wären doch schlipp, schlapp, schlipp, schlapp, meine Waden völlig mit Schlamm bespritzt worden. Am Markt angekommen, war alles nur noch schlimmer gewesen. Von den Fischständen gurgelte eine streng stinkende Brühe den Weg abwärts, von den Fleischständen gurgelte eine blutige Brühe den Weg abwärts, und alles vermischte sich mit dem Regen. Bei gutem Wetter konnten man diesen herabgurgelnden Schmutzwasserrinnsalen ausweichen, aber bei Regenwetter musste man um jeden aus dem Weg hochragenden Erdklumpen, auf den man seine Füße setzen konnte, dankbar sein, denn nur dadurch sank man einmal weniger mit den Füßen in die Dreckbrühe ein. Als ich an einem solchen Tag mit vollem Einkaufskorb und gerunzelter Stirn, den Blick konzentriert auf den Boden gerichtet, vorsichtig vorwärts ging, hörte ich plötzlich eine weibliche Stimme in der Mundart aus Penghu den Gemüseverkäufer anweisen, ihr die beiden Grüngemüsebündel, die sie gekauft hatte, mit einem Strohband zusammenzubinden und einen Henkel zu knüpfen, damit sie sie mitnehmen könnte. Der Akzent aus der Heimat hörte sich so vertraut an. Deswegen ging ich auf sie zu und grüßte sie. Wir kamen zusammen schnell ins Gespräch. Chunmei war um Jahre älter als ich. Sie war mehr als zehn Jahre früher als ich von Penghu nach Hamasen umgezogen. Ihr Mann arbeitete im Zementwerk. Genau wie Hei Yuan musste er täglich weite Strecken mit dem Fahrrad zurücklegen, bis er seine Arbeitsstelle erreichte. Das Zementwerk lag am Fuße des Banpingshan im Norden von Hamasen. Von weitem schon konnte man die große kahle Stelle inmitten des üppig sprießenden Waldes am Hang sehen.

Die Geschichte des Namens *Paravent*-Berg, Pingfeng-Berg, kannte sie nicht. Sie wusste nicht, dass der Banpingshan immer schon so geheißen hatte, weil er dünn war und wie ein halber Paravent aussah. Und sie wusste nicht, ob man ihn nur deswegen so nannte, weil man ihm,

obwohl er schmal war, trotzdem einen jahrzehntelangen, rücksichts-
losen Kalksandsteinabbau zugemutet hatte, der so rüde gewesen war,
dass er davon hauchdünn geworden war. Außerdem wusste sie nicht,
dass ihr Mann anfangs Zementsäcke schleppte, Sack um Sack, ohne
Pause, und wie schwer die gewesen waren! Wenn er nachhause kam,
war er am ganzen Körper mit Zementstaub bedeckt. Er war zu bedauern. Um Geld zu verdienen, durfte er mit seinem Schicksal nicht
hadern. Jetzt war er etwas aufgestiegen. Die meiste Zeit über saß er in
einem kleinen Büro und musste irgendwas aufschreiben. Im Sommer
gab es sogar einen Ventilator, vor dem er arbeiten konnte. Chunmei
erzählte wie ein Wasserfall von der Arbeit meines und ihres Mannes.
Sie sprach laut, war geradeheraus und schnell mit mir vertraut. Ich
war von klein auf zusammen mit Mutters drei Söhnen aufgewachsen.
Meine leibliche, große Schwester, die ich von meinem Herrn Vater her
hatte, war mir fremd geblieben. Ursprünglich hatte ich eine Freundin
mit Namen Gui-gi besessen, aber nachdem ich nach Hamasen umgezogen war, hatte ich nicht mal mehr Zeit gefunden, mich auch nur an
sie zu erinnern, so beschäftigt war ich damit, die Dinge meines täglichen Lebens zu schaffen. Jetzt war Chunmei für mich wie eine große
Schwester. Ich erzählte ihr, was immer mich bekümmerte, und davon
wurde mir viel leichter ums Herz. Chun Mei wohnte nicht weit weg
von uns zuhause, aber nah bei konnte man das auch nicht nennen.
Ging man im Sommer den Weg von ihr zu mir zu Fuß, kam es einem
endlos lange vor. Im Winter dagegen war der Weg ohne Aufwand zu
schaffen. Als ich sie zum ersten Mal besuchte, bemerkte ich erstmal,
dass auf dem Weg von ihr zu mir ein Baumwollsteppdeckengeschäft
gelegen war. Ich hatte Acai im Tragtuch auf dem Rücken, und sie
weinte gerade ohne ersichtlichen Grund ganz furchtbar.

Ich sah, wie sie die Baumwollflocken klopften. Wie lustig und spannend das war! Also hielt ich an und schaute gebannt dabei zu. Der
Ladeninhaber hatte einen Holzbogen geschultert, der mit einem Seil
auf den Schultern und um seine Lenden festgebunden war. An der
stramm gespannten dünnen Sehne baumelten hopsend die schnee-
weißen Baumwollflocken. Beim rhythmischen Schlagen entstand ein
besonderes Geräusch mit hellem Klang, das einem zahlreiche Phantasien entlockte. Die Luft ringsherum bebte und hüpfte mit. Nach einer
ganzen Zeit erst fiel mir auf, dass Acai nicht mehr weinte. Ich wandte
den Kopf nach hinten, aber ich konnte Acais Gesicht auf meinem Rücken nicht sehen. „Dein Töchterchen mag, wenn ich die Baumwolle

117

klopfe. Sie weint nicht mehr", sagte der Ladeninhaber lachend zu mir. Er hörte nicht auf zu klopfen, und die Baumwolle fuhr fort zu hüpfen und die Luft ringsherum zitterte mit. In der Folgezeit ging ich immer, wenn Acai weinte und gar nicht mehr damit aufhören wollte, mit ihr auf dem Arm zum Zugucken beim Baumwollflockenschlagen.

Ich machte aus Klebreis ein Risotto, wie wir es den Göttern reichen, wenn ein Kind geboren wird, und aus Reisschnaps, Sesamöl und Hühnchen ein traditionell zur Geburt gegessenes Sesamhühnchen. Beides stellte ich in eine Ecke auf die Tatami, um der Schutzgöttin des Bettes und der Kindlein Respekt und Ehre zu erweisen. Dann entzündete ich davor drei Räucherstäbchen und steckte sie in die Ritze zwischen zwei am Rand mit rotem Canvas eingeschlagenen und umnähten Tatamis. Als das Räucherwerk fast heruntergebrannt war, brachte ich der Göttin papierne Kleider und goldpapiernes Totengeld dar, ich hob es bis zur Höhe meiner Augenbrauen an, faltete auch meine Hände zum Namaste in Höhe meiner Augenbrauen und betete, bevor ich beide Opfergaben zu der von mir vorbreiteten Blechtonne trug und für die Göttin verbrannte. Die Blechtonne stand auf dem Zementboden bei der Haustür vor dem Tatamibereich. Wenn nicht zu viel Wind war, kam der Rauch gar nicht überall ins Haus und man konnte alles besser wieder saubermachen. Wenn ich nur zu Chuang-mu, der Göttin des Bettes und der Kindlein, betete, würde das nicht ausreichen, sagte Chun Mei zu mir. Ich bringe dich zum Tempel, damit du zum Buddha beten kannst. Du hast ein gutes Schicksal. Du bist nicht wie ich, die keine Kinder bekommen kann. Du musst nur häufiger zu Buddha beten, dann wird er dich bestimmt beschützen.

„Es liegt nicht an dir, wenn dir das Kind an einer Krankheit stirbt, nicht wahr? Euer Hei Yuan soll mal nicht so viel Druck machen! Das Leben eines jeden ist vorherbestimmt. Dieses simple Prinzip kann doch jeder begreifen. Ich kann nicht glauben, dass er das nicht versteht."

Der Tempel, zu dem mich Chun Mei brachte, lag nicht weit von der Zementfabrik entfernt. Von der großen Straße bogen wir ab auf einen kleinen Weg bis wir, es dauerte gar nicht lang, zu einer kurzen Betonbrücke kamen. Der Weg und die Brücke waren gut miteinander verbunden. Wäre das Geländer nicht gewesen, wäre gar nicht aufgefallen, dass man über eine Brücke ging. Wenn man ans Geländer gelehnt abwärts schaute, war es kein Flüsschen, das man erblickte, sondern nur ein großer, übel stinkender Abwassergraben. Der Graben war extrem verschlammt und verstopft. Abgesägte Baumstämme, unordentlich zusammengebundene Reisstrohbündel, Fahrradreifen, ein totes Huhn, unterschiedlicher Müll … Und es stank entsetzlich. Der Weg war nicht asphaltiert. Somit staubte es sehr, sobakd Wind aufkam. Bei jeder Windböe musste man die Augen zusammenkneifen, damit man keinen Sand hineinbekam. Es war sehr unangenehm. Wir überwanden eine fast einen halben Meter hohe Türschwelle, als wir die große Tempelhalle betraten. Ein Hauch kühlen Winds schlug uns entgegen. Mein Geist fühlte sich sofort erfrischt. Der goldene große Buddha thronte im Zentrum der Halle. Er hielt den Blick bei halb geschlossenen Lidern gesenkt. Er strahlte Mildtätigkeit und Erhabenheit aus. Weißer Qualm, der sachte aufstieg und sich über unseren Köpfen verlor, umwogte die Räucherstäbe. Chun Mei hatte Acai auf den Arm genommen und zeigte ihr dies und das. Ich ging in der Tempelhalle einmal im Kreis und umrundete den großen Buddha, wobei ich erst einmal entdeckte, dass es hinter dem goldenen Buddha einen langen Wandelgang gab. Die große Tempelhalle war viel größer als ein normales Haus und die Sonne fand den Weg in den Wandelgang nicht, wodurch er unendlich still und lang erschien. Dann kaufte ich Räucherstäbchen und Goldpapier-Totengeld, nahm mir von der brennenden Kerze auf dem Tisch Feuer ab, entzündete drei Räucherstäbchen und kniete auf den schrägen Betstühlen zu Füßen des Buddhathrons, um meinen Blick zu erheben und den goldenen Buddha anzuschauen. Ich hoffte so sehr, dass er Acai beschützte, damit sie ohne Pein heranwachsen konnte.

Wo wären die Gefilde der Genien wunderbarer als sie im Tempel auf der anderen Seite des Berges sind? Taglilien blühen auf den Wipfeln der Bäume, Vöglein zwitschern leise am Grasrand, derweil Heupferdchen und Affen fröhlich umherhüpfen. Die Äste und Zweige der hohen Bäume strecken sich empor in die fernen Himmelsgefilde, weil sie sich vorgenommen haben, ein paar Wolken zu erhaschen. Darüber biegt sich der Regenbogen vor Lachen. Mein Kind kam nicht zu mir. Mein liebes Kind hatte hier so wild gespielt, dass es zu weinen begonnen hatte. Ich bekam wirklich Angst, Angst, dass ich den strengen Fischgeruch von Daheim vergäße und die wie kleine Sonnen kreiselnden Kokardenblumen auch. Ich hatte geglaubt, ich fände schließlich ewigen Frieden und Ruhe, aber nicht damit gerechnet, dass mich der Weltenschmutz einholen und auslachen würde. Die heiligen Lehrer des Altertums sagen, die Gefühle der Jugend sind nichts als ein dem Herzen selbst entsprungenes Trugbild, dem Gesetz von Wirkung und Ursache folgend. Ich frage nun, darf ich hier auf der anderen Seite des Berges die Trugbilder der Gefühle meiner Jugend zwischen den blühenden Bäumen verstecken? Wo wären die Gefilde der Genien wunderbarer als sie es im Tempel auf der anderen Seite des Berges sind?

YUYING

Schneeweiße Dunstschwaden, grünlich, hellgraue Qualmwolken,
was ist dieser dichte Nebel?
Aus dessen wogendem Wolkenmeer schwebt eine Schöne, in weißem Engelskleide und bodenlangem Rock, das schwarze, lose Haar ihr bis auf die Hüften wehend. Aber ihrem Gesicht fehlt jede Kontur, die Gesichtsfarbe bleibt verschwommen. Auf dem großen Feld wird gerade geerntet, die Männer und Frauen tragen weiße Hemden und weiße Kegelhüte aus Schilfgras. Und balancieren weiße Ananasfrüchte und große, weiße Bambussprossen an ihren Tragstangen. Streckt die Frau ihre Hände mit den vom Dreck schwarzen Linien vor, schwimmen die Linien wie verdorrte Zweiglein auf ihren rauen, durchscheinenden Handtellern.
Ein Windzug trägt einen bestialischen Gestank vorbei. Sie hatte sich neben der durchscheinenden Muttersau zusammengerollt und mit ein paar Schäfchenwolken zugedeckt. Dann stand sie am Flussufer. Nur eine Zeitlang, sodann ging sie ins Wasser. Sie watete bis mitten in den Fluss, und verwandelte sich dort allmählich in Wasser. Kringelnd stieg blassgrüner Qualm über ihr auf, dabei entströmte intensiver Jasminblütenduft in jede Richtung.

„Fräulein Jadeblüte, Fräulein Yuying, regen Sie sich bitte nicht auf. Menschen von Verstand begreifen es. Die, die es nicht verstehen, lassen wir ihrer Wege ziehen. Zwar kann man ihnen den Mund verbieten, aber, was sie denken, kann man ihnen nicht befehlen, nicht wahr? Es ist ja einerlei, wenn alle sich sowieso nicht kennen. Die Leute in der Arztpraxis folgen Ihnen ja nicht nachhause. Wenn Sie die Angelegenheit hinter sich haben, kehren Sie nachhause zurück. Eine saubere Sache, keiner bleibt irgendwem irgendwas schuldig und beide Seiten haben nichts miteinander zu tun." Ich wusste nicht, ob Yayun mich tröstete oder belehrte. Sich für eine Untersuchung nackt auszuziehen, war doch das Allerentwürdigendste für uns Mädchen! Für Prostituierte ergab es ja noch einen Sinn. Aber mein Körper war nicht für die Augen anderer gedacht und an meinem Leib würde auch keiner herumfingern. Aber wie wahr, zu unsereins Geishas kann man gemein sein, wir sind wehrlos. Außer diesen neuen Bestimmungen hatte sich noch viel mehr geändert. Nun mussten die Handelshäuser irgendwelche amtlichen Stellen von irgendwelchen Behörden dazwischenschalten und durften uns nicht mehr auf direktem Wege kontaktieren, wenn sie uns zu sich bestellten, damit wir ihnen Opernlieder sängen und beim Schnapstrinken Gesellschaft leisteten. Ein Taiwan-Dollar unseres Honorars floss dabei in die Tasche dieser neuen Behörde. Ohne dass diese Beamten irgendwas taten, wurde es ihnen in ihr Münzsäckel geschüttet. Alang, jetzt verstehe ich besser, woher deine und die Wut deiner Freunde herstammt und worauf eure Arbeit abzielt.

Als ich zuhause Zuckerrohrstangen geknabbert und, weil ich den Zuckerrohrsaft danach nicht sauber weggewischt, die Ameisen angelockt hatte, und mir nun den Kopf darüber zerbrach, wie ich sie wieder wegbekäme, waren die Zuckerrohrbauern, barfuß und den Leib im groben Hemd und Hosen, dabei, auf dem Feld das Zuckerrohr abzuhacken und es zu ernten. Nachdem es vom Laub befreit und über Kreuz, eine Schicht quer, eine Schicht gerade, auf einen Holzkarren geladen worden war und ein Wasserbüffel es zum Wiegen gebracht hatte, durfte nicht anhand dessen, was es wert war, der Preis gemacht werden. Den setzte die den Zucker monopolisierende Produktionsgesellschaft fest. Für die Bauern war der Preis, den die Gesellschaft diktierte und den sie akzeptieren mussten, absolut ungerecht. Jetzt habe ich endlich begriffen, welche unrechten Dinge du und deine Freunde mit angesehen haben, welch Sachen ihr miterlebt habt, die euch so in Rage versetzten, dass ihr keinen Bissen mehr hinunter bekamt und euch gänzlich der Schlaf geraubt war.

Wie viel sollte der Bauer für seine Arbeit bekommen, wenn er in aller Früh beim ersten Morgengrauen schon aus dem Haus ging, um seinen Acker zu bestellen? Spatenstich für Spatenstich grub er den Boden um. Wenn er sich verletzte, schluckte er Arznei und arbeitete trotzdem weiter! Wie viel sollte er für seine Arbeit bekommen, wenn er durch den knietiefen Morast der Nassreisfelder watete, um die Reispflänzchen, Setzling für Setzling, in den Boden zu pflanzen, derweil ihm die brütende Sonnenhitze so das Bewusstsein raubte, dass er sich am Ackerrain hinsetzen und einen Schluck Wasser trinken musste? Wie viel sollte er für seine Arbeit bekommen, wenn er, damit die Tabakblätter mit dem Tabaköl seine Kleidung nicht gelbbraun färbten, das Tragejoch mit bloßem Oberkörper schulterte? Wie viel sollte er für seine Arbeit bekommen, wenn er den Wildreis auf den Wasserbüffel-Karren geladen hatte? Und zwei, drei Kinder hochkletterten und oben drauf saßen, um die sich keiner kümmerte? Und die es lustig fanden, hoch oben auf dem Wildreissprossen zu sitzen, aber zusammen mit dem Wildreis abtransportiert wurden? Je mehr Beispiele mir dazu einfielen, umso größer wuchs die Angst, die mich befallen hatte. Es waren die Regierungsstellen, die eure Contreparts waren. Woher wussten die Zivilbeamten der Staatsverwaltung, was das Volk wollte? Sie kannten die Arbeit auf dem Feld nicht. Woher sollten sie wissen, wieviel Geld ein sein Feld beackernder Bauer benötigte, damit er einen Hof mit Herdstelle unterhalten konnte? Wieviel Geld er benötigte, um einen Eber zu mästen, damit er auf seinem Hof und im Tempel den Göttern einen heiligen Eber weihen konnte, dessen Fleisch er an die Gläubigen verschenkte? Wieviel Geld nötig war, um den Kindern Süßigkeiten zu kaufen, und wieviel, um die abgetragene Kleidung ihrer älteren Geschwister zu ändern, damit sie darin groß werden konnten? Alang, wie wolltest du es anstellen, dass dieses Wissen an die Regierungsstellen weitergegeben wurde? Wüssten sie davon, würden sie auf das Volk hören? Würden sie überhaupt wollen, dass des Volkes Tagwerk nicht weiter so elend wäre und es in Pein überleben müsste? Weil ich nun ganz genau wusste, wovor ich mich fürchtete, war meine Angst riesengroß geworden. Just kam von weit her ein Mensch angelaufen. Zuerst sah es für mich so aus, als wäre es Muhme Wei. Sowie er nah dran war, bestätigte sich meine Vermutung. Wie sehr ich sie doch fürchtete! Sie hätte tot sein müssen, ansonsten würde meine Angst vor ihr niemals los. Wie sollte ich diese Furcht nur in den Griff kriegen? Alang, ich kann dir versichern, wenn diese Behörde nicht dichtgemacht wird, wird niemals passieren, dass du und deine Freunde ihre Wut verlieren. Das ist wohl der Grund, weswegen ihr bei denen die Tür abschließen wollt?

„Fräulein Jadeblüte! Yuying! Nun beruhigen Sie sich doch! Wir müssen jetzt aufbrechen!" Wenn wir zu spät eintreffen, wie sollen wir in der Menge der demonstrierenden Menschen da noch zuschauen können? Mir war zumute, als fehlte mir die Luft zum Atmen. Den Vorschriften der Behörde nicht zu folgen, wagte ich nicht. Und wäre ich ehrlich und würde gehorchen, wäre das Ergebnis davon, dass die Würde des Menschen verletzt und er gedemütigt würde. Als wir aus der Arztpraxis heraus waren, hatte ich, und es blieb so, das Gefühl, als verfolgte mich der starke Geruch von Desinfektionsmittel und lies nicht mehr von mir ab. Meine ursprünglich gute Laune war längst zu einem Fähnchen Qualm geworden und verflogen. Die Demonstration anzuschauen war mir unwichtig geworden. Doch Yayun zog mich weiter. Sie wollte unbedingt, dass ich dabei zuschaute. In der Tat war immer viel los auf der Straße. Im Allgemeinen fuhren Automobile, Rikschas, Fahrräder, Schubkarrenwagen in beiden Richtungen auf der Fahrbahn hin und her, während sich die Fußgänger im Kollonadengang unter dem ersten Stockwerk der Häuser zu beiden Seiten der Fahrbahn auf dem Gehsteig vorwärts bewegten. Doch heute war alles anders. Außer den elektrischen Leitungen, die hoch oben, an hölzernen Strommasten aufgehängt, längs der Straße entlang oder quer über die Straße hinweggeführt wurden, war die Straße nun leer, der Kollonadengang war auch leer. Stattdessen besetzten die Fußgänger die Straße, von überall herbei drängende Menschenmengen füllten die Fahrbahn. Da, wo man als Fußgänger nicht gehen durfte, war jetzt möglich zu gehen, und das, was man im Normalfall nicht durfte, war nun selbstverständlich. Ein komisch seltsames Gefühl war das. Alle Automobile und jede Art von Fahrzeug waren spurlos verschwunden. Das einzige, worauf man noch traf, waren Rikschas und Fahrräder, die in der Menschenmenge feststeckten und dem Spektakel zuschauten. Farbige, breite Bänder und Fähnchen füllten tanzend den Himmel. Im Anschluss an die Trommler und Drachentanztruppe folgten dem Zug Mädchen und Buben, Alte und Junge mit Räucherstäbchen in den Händen. Auf die Ladenschilder an den Gebäuden zu beiden Seiten der Straße achtete niemand, weil heute die Läden geschlossen blieben und auch der Markttag ausfiel. Aller Augen waren nur auf die Kolonnen in der Mitte der Straße gerichtet. Die Männer trugen Hüte, die Frauen hatten Tungölschirme aufgespannt, sie hielten ein Kind an der Hand oder trugen eines im Arm. Es waren auch Männer und Frauen, die in Kimonos gekleidet waren, darunter. Die Kimonos waren knöchellang und wurden durch einen steifen Obi um die Taille herum gehalten. Das waren Japaner. Aber auch nicht gänzlich. Denn manche Taiwaner hatten japanische Namen und japanische Lebensformen angenommen. Referatsleiter Wang war so ein *Konvertit*, so ein in einen Japaner verwandelter Taiwaner. Nachdem er einen japanischen Namen angenommen hatte, nannte er keine Liedwünsche mehr und trank auch keinen Schnaps mehr. Ajiu erzählte, er würde nun in die Nordstadt gehen und dort die japanischen Geishas aufsuchen. Bei uns in den Handelshäusern und unter den Kaufleuten gab es ebenfalls solche Verwandelten. Sie *konvertierten*, wenn sie befördert wurden, und sprachen dann auch gleich viel lauter. Heute wollte ich der Demonstration wirklich nicht zusehen. Mir war kein bisschen danach.

Alang, ich möchte dich ehrlich was fragen: Wissen diese taiwanischen Japaner, wieviel Geld man braucht, damit man, wenn man das Fleisch aus den Austern gelöst hat, die Schalen wegwerfen kann? Oder wissen sie, wieviel Geld der Heuduft der Reisspreu, die auf der Tenne im Wind verweht, wert ist? „Yuying, warum demonstrieren die heute?"

PINGGU

An diesem Tag war der Pazifik mucksmäuschenstill. Es war die Ruhe vor dem Sturm.

„Dürrer Affe, wir lassen die zu Wasser an uns herankommen, was meinst du? Das ist sicherer, als würden wir durch die Berge auf sie zukommen, nicht wahr?" Du nicktest, aber du warst nicht bei der Sache. Ich verstand, was du dir bereits ausgerechnet hattest. Wenn wir das Geld erst hätten, und uns auch der Leute entledigt hätten, wäre es der Wind, der die Entscheidung brächte, ob wir Richtung Süden oder Richtung Norden weitersegeln würden. Für uns hing alles vom Wind ab. Wenn wir Richtung Süden segelten, war die Gefahr, dass wir einer der von der Regierung gefahrenen Dschunken begegneten, größer. Segelten wir Richtung Norden, entfernten wir uns zu weit weg vom Ursprungsort der Waren. Dieses Problem beschäftigte, ja quälte dich, und ich spürte, dass es auch mir die Ruhe nahm. Dayuan bellte böse und rannte dabei wild auf dem Deck auf und ab. Manchmal war ein Hund wirklich effizienter als ein Wachsoldat! Denn aus Nordwest kam jetzt tatsächlich ein etwas kleineres Binnenschiff langsam in unsere Richtung gesegelt. Das Schiff wurde längsseits von unserem aufgestoppt. Fünf Männer kamen zu uns an Bord. Jeder von ihnen trug einen großen Reissack auf dem Rücken. Unsere Männer hatten sich in einer Reihe aufgestellt und würden sich auf Befehl rühren. „Es sind mit Sicherheit Männer aus dem Dorf Xiding, und zwar Gesunde, ohne körperliche Malessen", informierte dich deine Crew. Dann nahmen meine Jungs ihnen das Geld, das in den Säcken steckte, ab. Zuerst beim Raufkommn aufs Schiff und dann kontrollierten sie noch einmal. Sie zählten es schweigend, ohne irgendeine Regung im Gesicht. Sie flüsterten dir nur leise ins Ohr. Du gabst zu Befehl, die in den Käfige Gesperrten heraufzuführen. Es waren sechs Frauen und fünfundzwanzig Männer, zusammen einunddreißig Personen, niemand fehlte. „Wie kommt es zu den falschen Summen in den Reissäcken?" fragtest du mit verschlossenem Gesicht. Erst da merkte ich, dass das Ganze merkwürdig lief. Der eine von den fünf Männern, die das Geld auf dem Rücken getragen hatten, sperrte den Mund auf: „Es sind zwei dabei, die du bestimmt nicht laufen lässt". Er sagte weiter: „Fällt man dir, Guo Ming, in die Hände, ist man entweder verloren oder tot. Da macht es keinen Unterschied, ob man für dich Geld beschafft hat oder nicht." - „Entweder verloren oder tot? Gut gesprochen! Ich sag euch was. Na klar bin ich, Guo Ming, schon immer nur hinter dem Geld her! Begreift jetzt mal, die einunddreißig Personen kann ich so füttern, dass sie nicht nur gesund bleiben, sondern auch kein Gramm Fleisch verlieren. Ich bin Händler, bei mir zählt, dass ich glaubwürdig bin. Habt ihr verstanden? Wenn die finden, dass sie es bei mir mies getroffen haben, lass ich sie spüren, wie es ist, wenn's mal richtig mies läuft. Gib die Namen der beiden, deren Köpfe auf der Kippe stehen, an mich weiter! Ein bisschen dalli, kapiert? Einer der fünf nannte, er druckste dabei ganz schön herum, zwei Namen. Zwei aus den einunddreißig stürzten sofort hervor. Einer war ein kräftig gebauter Typ, der andere einer, der sich einen Bart im Gesicht stehen ließ. Sie wollten über Bord ins Wasser springen und abhauen, aber wurden sofort von den Spalier stehenden, auf Befehle wartenden Kameraden ergriffen und aufgehalten.

„Entscheidet selbst, was ihr lieber wollt, Hände abhacken oder Füße abhacken?" Sowie deine Worte heraus waren, ertönten gellend grelle Schreie und hellrotes Blut ergoss sich über die Planken und färbte das Deck rot. Die es mitangesehen hatten, wandten sich ab. Sogar Dayuan war so ärgerlich geworden, dass er mit Bellen gar nicht mehr aufhörte. „Der Himmel meint es gut mit euch! Ich lasse es bei den fünf Säcken Geld bewenden und sehe hiermit alles als bezahlt an."

Der Wind blies in Richtung Süden, also segelten wir mit dem Wind südwärts. Hübsch gescheit, so wie es die Leute zur See nun mal machen. Du hattest dich entschieden. „Wenn wir die Behörden heute nicht treffen, bleibt uns bald keine Möglichkeit mehr. Wenn wir ih-

nen immer aus dem Weg gehen, erfahren wir nie, welcher der Mandarine unsere Rechnung bezahlte und welcher sich dagegen sperrte."
Das Wetter auf See war gerade richtig gut. Die Wasseroberfläche war ruhig, die Segel waren gebläht und standen aufrecht. Fährt man zur See, muss man sich, so wie zu Lande auch, völlig verausgaben, um sein Auskommen zu sichern. Erfreulich ist, dass man, sowie man auf See ist, schwebend dem Einflussbereich der Älteren und ihren Beschränkungen entflieht, und den, einen in Fesseln legenden, gesellschaftlichen Konventionen auch. Man lebt auf See eine grenzenlose Freiheit der Seele und spürt, dass erst das es ist, was wirklich sinnvoll ist.

„Hör zu, Pinggu, lass uns das mal machen, dass jemand deine Mutter und deine großen Schwestern in die Provinz Fujian, nach Minnan, bringt und sie hierher umziehen. Für den Fall, dass hier unter uns ein paar sind, die uns in die Sklaverei verkaufen", sagtest du, Guo Ming, eines Tages plötzlich zu mir. Und du meintest es ernst. „Sind dir irgendwelche Informationen zugetragen worden, dürrer Affe?" - „Es gibt da ein paar feige, unsere Vorfahren und Sippe ruinierende Krücken, die dem Hof ein paar Informationen über meine Frauen und Kinder gesteckt haben, dazu noch solche über meine Kanonen und Geschütze, die wir auf unseren Dschunken montiert haben, und das alles, weil sie um Geldgeschenke winseln. Wenn man angestrengt damit beschäftigt ist, unmoralisch zu handeln, muss es die Aufmerksamkeit der Regierungsbehörden wecken! Kann doch nicht anders sein! Wir werden in deren Falle tappen, wenn die Behörden das Spielchen mit dem Lösegeld für die entführten Angehörigen mitspielen, wenn wir uns als Kidnapper aufspielen und Lösegeld verlangen." - „Dürrer Affe, das hört sich schlüssig für mich an." Über diesen Umstand dachten wir angestrengt ein paar tage- und nächtelang nach. Meine Mutter und meine großen Schwestern umzusiedeln, war nicht das Problem. Nur eben, dass mein Traum von dem großen Anwesen beim Leuchtturm im Zuge dessen wie eine Luftblase im Fischmaul zerplatzen würde. Denn welcher Hafen hätte es mit unserer Blauen Bucht aufnehmen können? Tagsüber war die Bucht voller Boote, dicht an dicht, wie vom Baum herab gefallene Magnolienblüten füllten sie auf der Wasseroberfläche. Und schaute man abends oben vom Hang aus in die Bucht hinab, konnte man rings der Pier Lichter aufleuchten sehen. Es waren viele, viele im Rund, aus Südwest und sich weiter fortsetzend in nordwestlicher Richtung, von links nach rechts, leuch-

126

teten sie im Kreisbogen auf, um sich dann weiter Richtung Ost wie eine Lichterschnur fortzusetzen. Die Lichter der Fischereilampen auf den kleinen Sampans und Booten in der Bucht flackerten hell, erstarben, flackerten wieder auf …, so ging es in einem fort. Sie antworteten den funkelnden Sternen am sternübersäten Himmel. … „Es gibt keinen Hafen, der unsere blaue Bucht an Schönheit übertrifft. Hast du gehört Guo Ming? Keiner kann es mit unserer Blauen Bucht aufnehmen. Das begreift sogar Dayuan."

Wir standen uns gegenüber, wer würde die Konfrontation zuerst beginnen? Das Handelsschiff oder wir mit unserer Dschunke? Wir eröffneten das Geschützfeuer nicht. Denn wir wollten die Schiffsladung nicht anrühren. Die andere Seite wartete damit, weil sie wussten, dass sie keinen Grund angeben konnten, warum sie ihre Warenladung nicht herausgeben würden. Aber es passte ihnen auch nicht, einfach, so ohne jeglichen Widerstand, alles fahren zu lassen und dem Gegner das Ruder zu übergeben. Die vielen Dschunken unserer Kameraden hatten uns und das Handelsschiff eingekreist. Die Schiffsladung des Handelschiffs war uns sicher. Als du losbrülltest, das Schiff zu versenken, Guo Ming, waren da plötzlich, es war fast, als wären sie durch die Luft herabgekommen, ganz viele Dschunken der Regierungsbehörden um uns herum aufgefahren. Stillheimlich hatten sie uns aus allen vier Richtungen eingekreist. So dass es jetzt folgendermaßen aussah: das Handelsschiff und unsere Dschunke waren ganz in der Mitte, die Dschunken der Kameraden hatten sich einem Kreis darum aufgestellt, und die Regierungsdschunken verstopften in einem weiteren äußeren Kreis den Weg hinaus in die freie See. Es war ein seltsames Bild. Zu Anfang hatten wir es im Zentrum des Kreises noch gar nicht entdecken können, dass der Hof wegen nur eines einzelnen, einsamen Handelsschiffs doch tatsächlich eine ganze Dschunken-Flotte zum Schutz geschickt hatte. Das ging bis zum ersten Kanonenschlag, bei dem wir nicht mal erkennen konnten, wo die Bombe aufgekommen war.

Guo Ming, du pöbeltest sogar noch: „Welcher glatzköpfige, geile Bock beginnt zu feuern, wenn ich den Befehl dazu noch nicht gegeben habe!", bis du merktest, dass die Kanone von außerhalb des Kreises, den die Dschunken unserer Kameraden um uns herum gelegt hatten, geschossen kam. Du schautest in die Richtung, aus der du sie gehört hattest. Keine der Dschunken unserer Kameraden war beschädigt worden. Jetzt hattest du begriffen! Es war ein Drohschuss gewesen, den eine der Dschunken aus der Flotte der Regierungsdschunken abgefeuert hatte. Von diesem Zeitpunkt an, war die Schlachtenordnung eine andere, das Blatt hatte sich gewendet. Die Dschunken der Kameraden wichen zurück und gaben den Schutzwall um uns herum auf. Sie verlegten sich darauf, immer ein paar Dschunken zusammen, jeweils eine der Regierungsdschunken zu umzingeln. Wir dagegen begannen sofort die Auseinandersetzung mit dem Handelsschiff. Ursprünglich waren wir in der Lage gewesen, dass der erfolgreiche Ausgang ein Leichtes gewesen wäre. Jetzt waren die Karten neu gemischt worden. Die Kanonenkugeln blieben, sowie der Entschluss, das Feuer zu eröffnen, gefasst war, keine Sekunde mehr in den Rohren. Sie donnerten gen Himmel und fuhren hinab zum Meeresgrund. Flammenwerfer explodierten mit einer Geschwindigkeit, dass es Zehntausenden von fliegenden, sie jagenden Schlangen glich. Man erstickte fast. In Nase und Rachen brannte der scharfe Qualm, der in alle vier Himmelsrichtungen über der weiten See auseinander trieb. Menschen würden von dem schwarzen Qualm erblinden, deshalb mussten sie ihre Augen bedecken. Sowie unsere Jungs das feindliche Schiff bestiegen hatten, folgte ein Akt des wilden Mordens. Grauen verbreitende Schreie stopften jedem die Ohren. Der entscheidende Kampf fand auf stiller See statt. Nicht Himmel noch Hölle fürchtend nahm er seinen Lauf. Die, die sich vom Leben und vom Tode, von beidem noch etwas erhofften, machten mit ihrem Leben schon mal reinen Tisch. Wie Blumen, die erblühten, dann aber welkten und zu Boden fielen, mussten auch Menschen, die sich an Bord eines Schiffs eingefunden hatten, wieder runter vom Schiff. Nur, dass sie nicht komplett frei entschieden, ob sie tot oder lebendig von Bord gingen.

Von den Regierungsdschunken hatten wir vier versenkt, die übrig gebliebene fünfte Dschunke steckte nach einem Auffahraufprall zur Hälfte mit dem Bug unter Wasser. Man erriet nicht, wie lange sie es noch schaffte, sich über Wasser zu halten. Die Guo-Bande hatte eine gesunkene Dschunke zu beklagen, drei ihrer Dschunken trieben jetzt ziellos auf dem Wasser und wurden zu Geisterschiffen. Bei dem gesunkenen Schiff war alles klar, die Besatzung war ertrunken. Es war passiert und vorbei. Die drei zu Geisterschiffen gewordenen trieben, die Besatzung halbtot, die Schiffskörper zur Hälfte auf dem Meeresboden schleifend, sich selbst überlassen auf See umher. Wer hätte sie retten sollen? Einige aus der Crew waren über Bord gegangen. Ihre

Leichen würden für immer verschollen bleiben. Andere waren im Feuer verbrannt oder zu Tode bajonettiert worden. Manchen waren die Beine oder Oberarme abgeschlagen worden und nun lagen sie beim Bug, beim Heck oder beim Dollbord auf den Planken. Obwohl ihr Stöhnen noch gut zu hören war, ließen wir sie trotzdem zurück und kümmerten uns nicht um sie. Wenn das Blut den Körper verlassen und der Mensch ausgeblutet war, starb er ja sowieso. Was an Land passierte, passierte auch zur See. Auf See ging es keinen Deut besser zu. Es war immer gleich. Um zu überleben und für den eigenen Nachwuchs ging man aufs Schlachtfeld. Rüde zuschlagende Regenstürme lieben verkommene, jedem Alpträume verursachende Seeschiffe. Hemmungslos toben sich solche Unwetter auf diesen Schiffen aus, quälen die dem Tode nahen nach Strich und Faden, schleudern sie gegen Felsklippen, um sich am laut splitternden Holz zu erfreuen. Laut jauchzend, tief seufzend ergötzen sie sich daran, dass ihre Opfer alles wehrlos erdulden. Einerlei ob ein Geisterschiff geschunden vom schlechten Wetter dahintrieb oder die Wohltaten der ruhigen See genoss, zuletzt würde es doch zerbersten und alle Bootsteile würden zu Grund sinken. Vielleicht würde ein Zimmermann, der am Uferstrand Fischerboote reparierte, nach fünfzig, sechzig Jahren eine verrostete Axt von so einem Geisterschiff auflesen. Er würde nicht wissen, dass die Axt einst die Crew auf dem Geisterschiff benutzte, um Feuerholz zum Essenkochen zu spalten.

Erst als die Gegner sich ihren Schlagabtausch lieferten, wurde klar, dass das Handelsschiff keinerlei schweres Geschütz an Bord gehabt hatte, und dass es nur deshalb die Dschunken der Regierungsbehörden zu Hilfe gerufen hatte. Was der Reeder dem Mandarin wohl versprochen haben mochte? Dass der ihm eine ganze Schiffsflotte als Geleitschutz schickte? Nur … da hatte sich der Mandarin komplett verrechnet. Jede Rettung kam zu spät. Vielleicht hatte er sich ausgerechnet, dass die Guo-Bande mit zwei Dschunken gleichzeitig losfuhr, dass, wenn es ganz schlecht lief, es vielleicht fünf oder sechs Dschunken wären? Was er nicht begriffen hatte, war, wie es möglich sein sollte, auf einen Streich fünfzig, sechzig Dschunken zu dirigieren. Aber du, Guo Ming, besaßt diese Fähigkeiten. Unsere Schlagkraft gründete sich auf japanisches Silber, leuchtend weiß und schwer! Erst, als die Guo Bande in Schiffsnot geriet, als bei den Regierungsdschunken der Kollaps nahte und sie geschlagen ihrem Untergang entgegensahen, bestiegen und übernahmen wir das Handelsschiff, in einer Manier, als zückten wir unsere Essstäbchen, um die Fleischstücke auf den Platten aufzunehmen. Dann fuhren wir mit unseren Kameraden-Dschunken in aller Gelassenheit hinaus in die mit Zwistigkeiten voll beladene offene See.

AQIN

Ich hörte wie die Hoftür zur Gasse geöffnet wurde, und dann das Geräusch, wie der viereckige Rahmenständer heruntergezogen und hineingetreten wurde, und das Fahrrad sodann mit Schwung nach hinten gezogen und im Ständer aufgebockt wurde. Das war bestimmt Hei Yuan, der Reis eingekauft hatte und jetzt nach Hause kam. Ich musste schnell den restlichen Reis aus der Reisbütt auskippen, damit der neue Reis hineinkonnte. Ich stellte den Wok auf den Boden und wollte gerade den Reis in den Wok kippen, als Hei Yuan auch schon mit einem großen Reissack – erst war er hoch auf die Tatamis gestiegen – nun quer durch die Tatamizimmer geradewegs in Richtung Küche gelaufen kam.

„Kannst du denn nicht schon mal vorher den Reis auskippen, das schon mal fertig vorbereitet haben? Glaubst du, der Sack wiegt nur ein halbes Pfund, oder wie?" - „Pst, bitte sprich ein bisschen leiser, ja? Ich habe die beiden Kleinen gerade gebadet und Meihui soeben in die Wiege gelegt. Bitte weck' sie nicht auf." Hei Yuan löste den Strick, mit dem der Sack zugebunden war, und lies den Reis, indem er ihn mit einem Handgriff überkopf drehte, die Öffnung des Sacks ließ er dabei ein Stück in die Bütt ragen, am Rand der Bütt mit einem lauten Rasseln hineinfahren. Sofort war die Bütt wieder voll mit schneeweißem Reis. „Gleich kommt unser drittältester Bruder zum Essen zu uns. Bitte koch was Schönes." - „Wie kommt es, dass du mir das jetzt erst so auf die Schnelle sagst? Am Nachmittag haben die Marktverkäufer ihre Stände längst abgebaut. Wo soll ich jetzt noch was herzaubern?" - „Schwatze nicht, dann mach was Einfaches, geht doch auch." Er hatte seinen Satz noch nicht zuende gesprochen, da fing Meihui, die gerade noch ruhig und fest geschlafen hatte, plötzlich zu weinen an. Acai, die am Tisch vor einem Blatt Papier gesessen und gemalt hatte, hatte sich vom Stuhl gleiten lassen, und war mit ihrem ganzen Leib auf Meihui gelandet. Ich rannte blitzschnell zur Wiege. Sie schaukelte, entsetzlich weit ausschwingend. Acais aus der Wiege herausragende Beine schwangen mit, hin und her, und hin und her. Sie war neidisch darauf, dass ihre kleine Schwester in der Wiege liegen durfte und kletterte oft heimlich hinein. Einmal hatte sie so toll darin geschaukelt, dass die Nägel, mit denen der Korb aufgenagelt war, sich verbogen hatten und der Korb runter gefallen war. Acai selbst war zusammen mit der Wiege um-, auf die Tatamis gefallen. Jetzt gab ich Acai eine Ohrfeige. Ihr Weinen übertönte sofort das Geschrei der kleinen Meihui. Hei Yuan nahm Acai an die Hand und ging mit ihr hinaus. Er ließ mich mit dem brüllenden Säugling allein, und mit der Einladung zum Abendessen, wo mir jede Idee fehlte, was ich da überhaupt kochen könnte. Ich nahm Meihui auf den Arm, griff mir das Tragtuch und band sie mir auf den Rücken. Dann öffnete ich die Tür zum Vorratsschrank und suchte nach etwas geeignetem. Außer einer kleinen Schale Hackfleischsauce, einem halben Fisch, eingelegter Bittermelone, Tofu und Erdnüssen gab es nur ein Bund Spinat, das einen Nachmittag lang auf dem Herd abgelegt und schlapp geworden war. Meihuis Gebrüll verursachte bei mir nur noch mehr Druck. Ich war völlig im Stress.

„Gräme dich nicht. Ich rate dir, koche doch einfach eine Reissuppe. Und nicht zu sämig, das macht schön satt. Und wenn die sehen, dass es Reissuppe gibt, dann füllen die sich doch gleich eine Schale mehr davon auf. Dann sind sie noch satter." Ich war mit meiner Kleinen auf dem Rücken zu meiner Nachbarin Azhu spaziert, um sie um Hilfe zu bitten. Bevor ihre Schwiegermutter aus ihrem Mittagsschlaf erwachte, packte sie mir schnell Eier, Mais und ein wenig Schweinefleisch ein. Ich bedankte mich. Wie war ich erleichtert! Ich machte schnell, dass ich nach Hause kam.

Mein drittältester Bruder sprach donnernd. Er konnte die Füße nicht stillhalten, mal stellte er sie auf dem Schemel ab, mal unter den Schemel. Jedesmal, wenn er seine Körperhaltung änderte, erbebte unser wackliger Stubentisch. Ich saß an dem niedrigen Tisch, der auf auf den Tatamis stand, und fütterte Acai. Die Männer sollten in Ruhe am hohen Tisch reden, dort den großen Wok Reiseintopf mit hin nehmen und dort auch bequem essen. Jedesmal, wenn der Tisch wackelte, blickte ich auf. Ich befürchtete, dass das Essen im Wok herausspritzen würde. „Wir haben es hier in Hamasen, verglichen mit Zuhause auf Penghu, auch nicht leichter", donnerte es aus Asan hervor, so laut, als spräche er zu einem Tauben. Bestimmt hatte Hei Yuan ihm von seinem Fischfang auf der kleinen Insel erzählt. Jetzt wollte Asan, dass ihm Hei Yuan, wenn er ihm von seinem Kummer berichtete, auch einmal zuhörte: „Mit vierzehn bin ich bereits aufs Schiff gekommen. Damals konnte ich gar nichts. Also blieb für mich als Aufgabe nur das Essen kochen übrig. Aber auf dem Schiff war Essen zuzubereiten überhaupt nicht einfach! Besonders deshalb nicht, weil immer für zwölf Leute gekocht werden musste. Ich fragte alle reihum, einer sagte, für eine Person rechne man eine Schale Reis, das Wasser müsste vor dem Kochen zwei Finger breit über dem Reis stehen, so könnte man den Reis dann zum Kochen aufsetzen. Kann man Schnittknoblauch essen?, fragte ich meinen Kajütennachbarn Aqiang. Der meinte, auf keinen Fall, den könne man nicht essen! Ich glaubte das nicht und fragte den Kapitän. Der brüllte mich aus vollem Rohr an: „Bist du blöd? Natürlich kann man den essen!" Klar, dass ich auf meinen Kapitän hörte. Wenn der Kapitän den aß, würde Aqiang nicht wagen, den nicht zu essen. Außerdem musste ich Bratfisch machen. Da waren welche, die sagten, die Pfanne müsse ganz heiß sein, und Öl musst du reichlich nehmen. Dann hab ich ganz viel Sojasauce drübergekippt, musste doch schön braun aussehen. Sonst würde der Kapitän schimpfen: „Das ist doch kein Bratfisch! Hast du wohl mit Kochfisch verwechselt!" Wenn der Reis mir anbrannte, war es ganz schlimm. Das war ein Todesurteil! Die ganze Crew an Bord, insgesamt ein Duzend Männer, von denen elf schimpften und pöbelten. Zuletzt stimmte ich auch noch mit ein und beschimpfte mich selbst mit lauten Schmährufen. Wie kam es, dass ich geboren worden war, um so ein mieses Schicksal zu ertragen! Wenn wir in einen Hafen einfuhren und Nachschub holten, gingen alle los und wollten Spaß haben. Ich jedoch musste mich um den Nachschub kümmern und sämtliche Sachen einkaufen, auch Woks, Schöpflöffel, Reisschalen, Schüsseln, Gewürze. Reis musste ich auch kaufen und Salz und auch Wasser. Besonders das Wasserkaufen war äußerst bitter. Wann das Schiff auf See durchs Wasser glitt, freute sich jedermann an Bord, wenn eine Insel ins Visier kam. Bei manchen Inseln konnte man nur schwer an Land gehen. Und auch, wenn man sich schließlich auf der Insel befand, hieß es noch lange nicht, dass man auch eine Wasserquelle fand. Wenn das Wasser zur Neige ging, wurde es nötig, den Himmel zu beobachten, ob der es wohl regnen ließ. Wenn es regnete, stellten wir Segeltuchsäcke auf, um den Regen aufzufangen. Warum wir keine Fässer für den Regen benutzten? Natürlich, weil uns die Fässer zu viel Platz weggenommen hätten. Apropos viel Platz einnehmen: Es war ein jämmerliches Unterfangen, wenn ich kochen musste. Ich hatte zwei Woks, drei Herdstellen und ein Ofenrohr zur Verfügung, auf so engem Raum, dass ich mich nicht mal umdrehen konnte…"

Die zwei Kleinen waren eingeschlafen. Als ich das Moskionetz darüberhängte, bemerkte ich dass einer von den Nägeln, mit denen es angenagelt war, abgefallen war. Ich ließ mir ihn von Hei Yuan wieder festnageln. „Ich bin in unzähligen Häfen an Land gegangen. Aber im Hafen von Hamasen ist und bleibt es am schönsten", fuhr Asanzi fort zu erzählen. „Wenn es auf Abend zuging, sah man den Eingang des Tempels immer in ein Lichtermeer eingetaucht. Anziehsachen, Esssachen, es gab von allem im Überfluss. Die Menschen drängten in den Tempel. Es war ein ständiges Kommen und Gehen, und es war richtig viel los. Was den in aller Herrgottsfrühe abgehaltenen Fischmarkt betraf, war der von den städtischen Behörden in Hamasen perfekt organisiert. Alle wollten ihren Fisch erstmal mit gehobeltem Eis bestreuen, nur so konnten sie ihn schon möglichst früh zu Markte tragen. Nun war es aber so, dass die Polizei daneben stand. Und die guckte genau zu, wenn die Händler das gehobelte Eis über ihre Ware schaufelten und wie viele Schaufeln sich jeder da runternahm. Keiner getraute sich, etwas wider die Bestimmungen zu machen …" Asanzi redete. Als es zur Nacht dämmerte, und als der Mond schon hoch am Himmel stand, auch da machte er noch keinerlei Anstalten, aufzubrechen und nachhause zu gehen.

Die beiden Männer steckten sich eine Zigarette nach der anderen an, und der scharfe, den Rachen reizende Qualm wogte durchs ganze Haus. Ich lag in der Schlafkammer unter dem Moskitonetz und fächelte meinen beiden Töchtern und mir mit einem Palmblattfächer Luft zu. Gleich würde es zu regnen beginnen. Die Luft war dann immer so drückend. Es gab keinen Anflug von blauem Himmel mehr. Nichts, dass man es schier nicht mehr aushielt. Am liebsten hätte man eine Schere zur Hand genommen und die Luft zerschnitten, um sich frischer zu fühlen. Ein Moskito sirrte durchs Zimmer. Ich war mir sicher, er war in unserem Moskitonetz und längst nicht mehr außerhalb davon. Aber ich war zu träge, um aufzustehen und ihn totzuklatschen. Nur … Hei De, wie kommt es, dass ich plötzlich an dich denken muss? Wohnst du noch in Huazhai? Bist du da noch, wo den ganzen Sommer und Herbst über alles voll blühender Kokardenblumen ist? Da wo, wenn Taifun ist, Tsunamiwellen gegen die Felsensteilwände unserer kleinen, heißen Insel klatschen? Als mein Vater krank war, heiratete ich natürlich Hei Yuan. Das muss dir ja wohl klar gewesen sein. Hei De…, siehst du mich eigentlich noch, wenn ich von Hamasen heim nach Huazhai fahre? Wenn ich am Anleger stehe, neben dem Kochfischkessel, wenn ich dort meinen Blick über den Hafen schweifen lasse? Wenn ich bis zum Bauch in den riesigen Konkardenblumenwiesen stehe? Hei De, ich hab dich überhaupt nicht mehr gesehen! Du bist es, der heimlich immer hinter mir hergeht und mich beobachtet, oder etwa nicht? Erst, als du dich zeigtest, weil du meinen schwarzen Tungölschirm einfangen wolltest, begegneten wir uns, konnten einander folgen und miteinander Blicke tauschen. Warum nur verspürten wir solche Furcht, wenn wir zuließen, dass der andere uns folgte und anschaute? War es deshalb, weil alle im Dorf wussten, dass für mich längst eine Heiratsvereinbarung bestand? War es, weil, wenn sich zwei wünschten, zusammen und nebeneinander zu gehen, es als unschicklich empfunden wurde? Welcher Leute Schicklichkeit war das? Den Heiratsvertrag hatten sie doch, als ich noch ein Kleinkind war, geschlossen. Warum durfte ich das Beschlossene, als ich groß war, nicht nach meinen Wünschen ändern? Warum ließ man zwei Menschen, die nicht miteinander auskamen, zusammen unter einem Dach wohnen? Wer hatte den Vorteil davon? Wer verdiente dadurch Geld? Wen würde es unsterblich machen?

Im zweiten Jahr, nachdem wir den Sarg aufgestellt hatten, verstarb der Vater. Damals waren wir gerade nach Hamasen umgezogen. Ich war schwanger geworden, und schon musste ich wie im Fluge wieder zurück nachhause. Jetzt ist Mutter auch gestorben. Es ist gerade zwei Monate her. Meine kleine Azhu gab ich Meihui und Acai gab ich Chunmei, als ich mich zusammen mit Hei Yuan auf den Weg heim machte. Auf dem Weg zu Mutters Beisetzung weinte ich so sehr, weil wir doch auch den kleinen Hügel hochgingen, wo ich mit ihr zusammen immer das Feld am Hang bestellen gegangen war. Ich war so traurig, dass ich plötzlich wie von Sinnen war. Die Last meiner Verzweiflung wog mit einem Mal so schwer, dass ich auf die Knie fiel. Ich konnte gar nicht mehr aufstehen. Es dauerte lange, bis ich wieder die Kraft fand, hochzustehen. Wie welk und verkümmert mir die vergangene Lebenzeit erschien! Warum waren wir gezwungen, erwachsen zu werden! Warum mussten wir uns der Schönheit und unserer Anhänglichkeit entsagen?

Hei De, keine Ahnung, was das war, das dich aus meiner Erinnerung wieder an die Oberfläche befördert hatte. Oder, war es gar nicht so plötzlich? Denn meine Sehnsucht nach dir raubte mir längst den Atem, ließ mir mein Herz längst bis zum Halse pochen. In dieser Nacht schickte ich dir meine, mir den Hals zuschnürende, atemlose Sehnsucht als ein funkelndes Band durch die schwarze Nacht bis zu den Sternen, während ich im Dunkeln unter dem Moskitonetz meinen beiden Töchtern Luft zufächelte. Siehst du das Band denn auch? Hei De, es ist alles so anders geworden. Nichts ist mehr wie früher. Ich kenne dich viel weniger lange, als du mich kennst. Aber eins weiß ich genau, dass meine Sehnsucht nach dir mit meinem vierundsechzigsten Lebensjahr bei meinem letzten Atemzug, den ich dann tue, enden wird. Sie wird mein Leben lang fortdauern. Hei De, ich bin vom Schicksal dazu bestimmt, mich lebenslang nach dir zu sehnen.

Hei Yuan sagte, dass heute ein Schiff in den Hafen einführe, und dass ich mit ihm an den Anleger müsste, um Waren zu schleppen. Er beförderte das Rattanstühlchen auf die Stange seines Rades, plazierte es vor seinem Sattel, griff sich die kleine Acai mit ihrem Stoffhütchen auf dem Kopf und setzte sie auf das Stühlchen. Ich hatte Meihui im Tragetuch auf dem Rücken und saß quer zur Fahrtrichtung auf dem Gepäckträger. Mit der rechten Hand hielt ich mich an den Metallringen hinter dem Sattel fest, in der linken hielt ich einen Schirm. Hei Yuan trat mit aller Kraft in die Pedalen. Er musste nun deutlich spüren können, wie schwer er an seiner Familie trug. Mit jedem Tritt in die Pedalen musste er volle Kraft aufwenden, nur bergabwärts konnte er mal mit dem Treten pausieren und das Rad durch sein Eigengewicht nach unten rollen lassen. Ich weiß nicht, wie lange ich in dieser Stellung verharrt hatte, aber ich wurde zusehends ungeduldig, mein Rücken tat weh und meine Hände waren ganz taub. Mit dem Kind auf dem Rücken und dann noch quer zur Fahrtrichtung und dazu noch einen Schirm in der Hand war es unaussprechlich unangenehm. Aber ich getraute mich nicht, Hei Yuan Bescheid zu sagen, dass ich eine Pause brauchte und kurz ausruhen müsste. Es war eine Tortur. Mit wehen, brennenden Gliedern fuhren wir also direkt zum Anleger. Der warme Wind trug den salzigen Geschmack des Meeres, den strengen des Fischgeruchs und den drückenden des Schweröls der Schiffe mit sich. Ich spürte, wie mir schwindlig wurde. Hei Yuan hatte Acai an der Hand und ging vorneweg, ich ging hinterher. Wir mussten ständig langsam bergabwärts gehen, um hinunter ans

Wasser zu gelangen. Unter den Leuten am Hafen war ein ständiges Kommen und Gehen. Ein Trupp Männer, alle mit freiem Oberkörper, umringten ein schwarzes, offen gezogenes, engmaschiges Netz. Alle hielten den Blick nach unten auf das Netz gerichtet. Ich wusste nicht, was sie sich da in dem Netz anschauten. Der Boden unter meinen Füßen war aus kleinen Kieseln und aus Sand, der mir unentwegt durch meine Schlappen, vorn hinein und und hinten wieder hinaus, rutschte. Weil der Weg so steil war, zog ich meine Zehen ein und kniff sie zusammen, damit ich nicht abrutschte und hinfiel. Es war extrem anstrengend, so zu laufen. Hei Yuan schien die Leute hier gut zu kennen. Er grüßte unentwegt, während wir zum Wasser runter gingen.

„Wo ist Thooá? Habt ihr den Dullkopp gesehen? Ist er schon in den Hafen eingefahren?" - „Der ist schon ewig da. Guck da rüber, da liegt er vor Anker." Der Mann, den Hei Yuan aufgehalten und gefragt hatte, zeigte auf ein altes Segelschiff, das unweit vom Ufer im Hafen lag. „Wann kam er denn?"- „Er ist bereits mittags hier eingefahren." - „Nein, wie furchtbar! Es könnte sein, dass die Ladung längst gelöscht ist", sagte Hei Yuan besorgt. Als er dann anfing, überall herumzufragen, ob er sich ein Sampan ausleihen könnte, mit dem er zu dem Segelschiff fahren könnte, um die Waren abzuholen, hörte er mit einem Mal, dass nach ihm gerufen wurde. Hei Yuan hatte viele Bekannte, von denen ich nichts wusste, deren Namen ich nicht kannte und die ich nie gesehen hatte. Der Grund war, dass er so gut wie nie erzählte, was draußen vorfiel. Vieles erfuhr ich nur, weil meine Brüder mir davon berichteten.

„Ich habe den ganzen Nachmittag auf dich gewartet. Wie kommt es, dass du jetzt erst da bist?" Aha, das war der Thooá, der Dullkopp, mit dem Hei Yuan verabredet war, der nach uns rief. Er war längst an Land und wartete auf uns. „Die Sachen sind alle bereits zusammengeschnürt und nach oben gebracht worden. Komm los, wir gehen sie zusammen anschauen!" Nach seinem Akzent zu urteilen, kam Thooá auch aus Penghu. Ich erfuhr später, dass er immer die Route nach Amoy, Xiamen fuhr. „Dieses Mal habe ich Stärkungsmittel, Kräuter und Toniken, dazu Tuche, Zigaretten und Spirituosen, Teller und Schüsseln mitgebracht. Was nicht dabei ist, siehst du dann schon, wenn du die Sachen anschaust", berichtete uns der Dullkopp beim Gehen, denn wir hatten den Strand verlassen und befanden uns nun wieder auf dem Weg nach oben. Die Sonne stand weniger steil am

Himmel, deswegen klappte ich den Sonnenschirm zusammen. Meihui war auf meinem Rücken eingeschlafen. Bei jedem Schritt spürte ich wie ihr Kopf hin- und herschleuderte. Es war immer noch viel Passantenverkehr. Am Strand herrschte das gleiche geschäftige Gedränge wie bei unserer Ankunft. Als ich mich umschaute, bemerkte ich erst einmal, dass die Sonne bereits im Meer versank. „Ich habe die von dir bestellten Waren an einen besonderen Platz gebracht. Ansonsten wären sie ja längst fortgeschleppt und für dich nichts mehr übrig gewesen". Ein großes Bündel hatte der Dullkopp bei einem Geschäft für Kakigori, geschabtes Eis, abgestellt. Was darin wohl sein mochte? Schon auf den ersten Blick sah Hei Yuan, dass er sich gewaltig verrechnet hatte. Das waren nicht nur ein, zwei Taschen, die man huckepack wegschaffte. Ein so großes Bündel fand doch nicht einmal in einer Rikscha Platz. Die beiden Männer redeten und redeten. Zuletzt beschlossen sie, die Waren auf zwei Pakete aufzuteilen. Eines, das ich in einer Rikscha mitnehmen sollte, und ein zweites, das Hei Yuan sich auf dem Gepäckträger seines Fahrrads festband. Den Rest würden sie erstmal beim Dullkopp zuhause abstellen.

Die Rikscha fuhr die Küste entlang. Soweit das Auge reichte sah man überall Balangay-Langboote und Dschunken, die man seit alters her für den Fischfang nutzte. Bei den Balangay-Langbooten waren das Heck und der Bug weit hochgezogen und in der Mitte gab es einen riesigen Bauch. Große und kleine lagen dicht an dicht am Anleger. Die Stoffsegel waren eingeholt und aufgetucht worden, während die vielen Maste erhaben und kahl gen Himmel ragten. Das goldene Abendsonnenlicht leuchtete aus weiter Ferne über die ruhige See. Es beschien das Gerangel der sich am Strand drängelnden Menschen und ließ einen wohligen Frieden aufkommen. Mit dem Kind auf dem Rücken konnte ich nur auf der Kante des Sitzes sitzen und mich nicht anlehnen. Es war aber, verglichen mit dem Hinweg auf dem Fahrradgepäckträger, in der Rikscha immer noch deutlich angenehmer. Nachdem Hei Yuan Acai und die Waren aus dem Bündel auf dem Fahrrad nachhause gebracht hatte, begann er sie zusammen mit denen, die ich nachhause geschafft hatte, zu sortieren. Welche, die er verschenken, und welche, die er verkaufen wollte. Wir zuhause bekamen zwei Seladonschüsseln, ein Stück Stoff und drei Pakete Zigaretten. Man sah ihm an, dass er mit den dieses Mal angekommenen Waren sehr zufrieden war. Verglichen mit der Zeit, als wir gerade nach Hamasen umgezogen waren, ging es uns jetzt schon deutlich besser. Alles war einfacher geworden. Als ich klein war und noch zuhause wohnte, konnten wir uns Reis, wenn er teuer war, nur selten leisten und mussten dann Reisbrei kochen, den wir oft mit Süßkartoffeln streckten.

Ich erinnere, dass ich zusammen mit Mutter, wenn wir die Felder am Hang abernteten, Süßkartoffeln buddeln ging. Wir taten sie vorsichtig einzeln in unsere Tragkörbe, damit sie unversehrt blieben. Wenn wir zwei Tragkörbe voll hatten, schob Mutter das Tragjoch durch die aus groben Stricken geknüpften Schlaufen am Rand der Körbe. Zuerst musste sie in die Hocke gehen und dann mit einem Ruck aufstehen, damit sie das Joch auf der Schulter tragen konnte. Die Körbe am Joch federten auf und ab. Sie marschierte los, aber nach einer Weile konnte sie nicht mehr. Die Körbe waren einfach zu schwer. Sie nahm ein paar Pataten aus dem Korb und ließ sie mich in eine Tasche legen, die ich auf dem Rücken tragen sollte. Als wir zuhause ankamen, taten wir die Pataten in unseren Holzzuber zum Füßewaschen, gossen Wasser dazu und traten so lange mit unseren Füßen darauf, bis sie sauber gewaschen waren. Nachdem wir sie heraus gefischt hatten, mussten Mutter und ich noch das schlammige Schmutzwasser ausschütten. Dazu trugen wir gemeinsam den Zuber weg. Den gewaschenen Pataten wurde oben und unten die Spitze abgeschnitten und dann wurden sie in feine Streifen geschnitten. Die Süßkartoffeln mit dem Tragjoch nachhause zu bekommen, brauchte Muskelkraft, sie in feine Streifen zu schneiden, brauchte Geduld. Wieder und wieder, noch eine und noch eine. Wenn die rechte Hand müde war, kam die linke dran. Bis zum hunderttausendsten Mal, bis wir nicht mehr sitzen, bis wir nicht mehr stehen konnten. Erst dann war es soweit, dass wir die zwei Zuber randvoll gefüllt hatten und sie mit dem Tragjoch auf die Tenne trugen, die wir vorher hergerichtet hatten, um die Streifen dort in der Sonne dörren zu lassen. Der Platz mit der Tenne war auch unser Erdnussgarten. Wenn die Erdnüsse aus der Erde geholt worden waren, musste man mit dem Joch zum Wasserholen gehen und das Feld unter Wasser setzen. Die nasse Erde wurde mit einem Brett geglättet, danach mit Steinen abgedeckt und dann mit den Füßen festgestampft. Wenn dann die Sonne drauf schien, wurde die Fläche ganz eben und hart. Auf so einer Tenne konnte man die Süßkartoffelstreifen in der Sonne dörren. Wenn die Sonne unterging, wurden sie zusammengefegt und eingesammelt. Den nächsten Tag kamen sie dann wieder in die Sonne, solange bis sie getrocknet waren. Dann kamen sie in ein Sieb und wurden durchgesiebt, bis der Sand heraus war. Das ging alle Tage so fort, bis der Berg abgeerntet war und auch die letzten Patatenstreifen fertig getrocknet waren.

Ob Pataten oder Reis gegessen wurde, ich wusste ziemlich genau, wie hart die Feldarbeit des Bauern war. Ein Reicher und ein Armer waren Nachbarn. Wenn beim Reichen Reis gewaschen wurde, ging man niemals vorsichtig damit um. Immer gerieten beim Waschen einige Reiskörner in der Gosse verloren. Wenn der Arme die Reiskörner in der Gosse sah, tat es ihm leid um diese Verschwendung. Deswegen sammelte er sie auf, wusch sie, trocknete sie und hob sie in einem Gefäß auf. Als eine Hungernot ausbrach, hungerte den Reichen so sehr, dass er den Armen um Essen anbettelte. Der nahm die alle Tage gesammelten Reiskörner hervor und sprach: „Das hast du alle Tage verschwendet, sie sind dir zu Boden gefallen. Hiermit gebe ich sie dir zurück." Der Reiche bedankte sich unter Tränen. Seine Fehler waren ihm eine Lehre. Diese Geschichte hatte mir Mutter erzählt. Ich mochte sie so gern, dass sie mir immer im Gedächtnis blieb. Jedes Mal, wenn ich Reis wusch, passte ich auf, dass er mir nicht mit dem Wasser durch die Finger rinnen konnte. Es ist mir kein einziges Mal passiert.

YUYING

Für meinen Liebsten leiste ich den Schwur, niemals einen anderen zu heiraten.
Da bleibe ich lieber bis an mein Lebensende eine keusche Jungfrau.
Wie bin ich voller Gram und täglich fließen meine Tränen. Habe ich doch mit reinem Herzen umsonst geliebt!
Das Schicksal stellt sich quer, eine Heirat ist nimmer möglich …
Welch Einsamkeit, welch Leere!
Sitze ich vorm Bett, sehne ich ihn herbei.
Heimlich singe ich todverfallene, herzzerreißende Lieder …
Tag um Tag bin ich in Sehnsucht beim Liebsten,
laut seinen Namen rufend, Nacht um Nacht kommt er nur im Traum zu mir …

„Fräulein Jadeblüte, Yuying! Ist heute so ein selten froher Tag, an dem Sie in Stimmung sind, Schallplatten zu hören?" In die Kissen des Sofas versunken, hatte ich eine Schallplatte, die ich lange nicht mehr angerührt hatte, aufgelegt. Ich war ja so träge. Draußen war der Himmel vor schwarzen Wolken dunkel. Von Zeit zu Zeit fielen klatschend ein paar Regentropfen. Bis dass die Wolken aufrissen, da hatte der Regen keinen Ort mehr, sich zu verstecken, und auch die Regenwolken schwanden. Mit den Augen schrieb ich die Strichfolge der vier Schriftzeichen nach und betrachtete sie dabei: **Aussen hübsch - innen intelligent.** Als sich meine Augen an den vier Zeichen müde geschrieben hatten, wanderte mein Blick zu den geschnitzten Stühlen und dem Tisch. Die runden Hocker waren um die Sitzflächen herum mit Perlmuttintarsien verziert. Dass sie dezent in Silber gefasst waren, sprang ins Auge. Aber es war kein Stilbruch. Der Tischrand trug eine feine Schnitzerei von fliegenden Vögeln und in voller Blüte stehenden, einfarbigen Blumen. Das Teegeschirr auf dem Tisch war in gerader Linie aufgestellt. Ich erwartete nur einen einzigen Gast. Mein Blick fiel auf meine, auf den Hockerstreben abgestellten Füße, dann auf meinen Körper. Ich spürte dich Schritt für Schritt näher herankommen, schloss meine Augen und ließ zu, dass deine Lippen sich auf die meinen pressten. Die Musik von der Schallplatte durchwogte den Raum. Wogen, die mein Herz krampfen ließen, mich aufrieben. Verglich ich mein Schicksal mit dem der Schneeschlehenblüte Xuemei auf der Schallplatte, konnte ich mich doch glücklich schätzen, sang sie doch:

Mit dem Kinde auf dem Arm kniee ich vorm Grab.
Auf dem Opfertisch vorm Grab stehen die drei Gaben Fisch,
Huhn und Schwein.
Tränen strömen mir aus meinen Augen.
Beim Blick auf das Grab bemächtigen sich meiner die Bilder unserer Liebe,
und meine Tränen wollen nicht enden.

Alang, das zumindest muss ich nicht erleiden. Das ist so, weil du mich nicht angelogen hast. Deswegen habe ich mich von meinen hoffnungsfernen Sehnsüchten nicht blenden lassen. Ach wie sehr ich mir gewünscht hätte, dass du mich angelogen hättest. Alang, dann hätte ich täglich glückselig in meinen Sehnsüchten und Hoffnungen geschwelgt, bevor sie zerbrochen wären …

„Fräulein Jadeblüte, Yuying, ich weiß genau, dass Sie schon wieder an Herrn Liu Cai denken …" Yayun besaß ein Höchstmaß an Feingespür. Den Liedtext verstand sie zwar längst nicht in Gänze, aber durch genaue Beobachtung kombinierte sie Einzelnes zu einem Ganzen. Kein Wunder, dass du ihr Glauben schenktest, und dass du sie zu mir gebracht hattest. „Fräulein Yuying, es ist ja auch kein Wunder, dass Sie nur immer und immer an Herrn Liu Cai denken. Als er zu uns nach Shanghai kam, waren auch viele von ihm so sehr eingenommen und staunten nicht schlecht. Wir hätten niemals für möglich gehalten, dass es in Taiwan solch kluge Köpfe gab. Jeder nahm doch an, dass Taiwaner nicht anders als die japanischen Teufel wären." Versehentlich hatte Yayun aus deinem anderen Leben, dem, das mir fremd war, erzählt. Ich kam hoch, setzte mich gerade hin, nahm den Tonarm auf, stellte das Grammophon aus und bat sie weiterzuerzählen.

„Es war ein kleiner Saal und wir waren ein paar Dutzend Leute, die unsere Organisation dahin beordert hatte. Gesagt hatte man uns, wir sollten einen Bericht über Taiwan vorgetragen bekommen. Unter uns waren viele, die vom Bauernhof kamen. Weißt du eigentlich, wie es bei uns auf dem Dorfe zugeht? Darüber rede ich lieber erst gar nicht. Die Dörfler bei uns sind so was von bäurisch. Sie sind wie aus Lehm geformt, sie krabbeln wie die Würmer in der Ackererde herum und halten sich so am Leben. Was mich angeht, bin ich in Shanghai groß geworden. Ich habe niemals Entbehrungen hinnehmen müssen. Wer solche Bauern zu Gesicht bekommt und keine Träne vergießt, den sollte der Himmel auf der Stelle tot umfallen lassen. Dann kam Herr Liu Cai ans Rednerpult – welch eindruckheischende Gebärde! Sowas sieht man sonst nirgends! Da wusste man sofort: Dieser junge Herr war studiert und hatte die Klassiker und Dichtkunst rauf und runter gelernt. Das war ein Junker aus bestem Hause. Er berichtete uns, wie die Japsen die taiwanische Bauernschaft ausbeuteten. Wie sie die Ärmsten, die mit dem Rücken zur Wand standen, in die Ausweglosigkeit zwangen, sie in ein menschenunwürdiges Leben trieben. Dies alles hörte sich zusehends so an wie die schmutzigen Machenschaften unserer Großgrundbesitzer und Regierungsbeamten. Er hoffte, dass es eine Entwicklung wie die in der UDSSR gäbe, auf Grundlage von deren Erfahrungen. Dass sich nämlich die Genossen zusammenschlössen und gegenseitig anspornten, damit sich das Schicksal der Bauernschaft wendete und das Proletariat gesund und prächtig heranwüchse. Alle im Saal vor dem Rednerpult Sitzenden begeisterten sich an seinen Worten und fanden, sie träfen hier auf einen Seelenverwandten. Später kam es ganz zufällig dazu, dass ich nicht nur mit ihm zusammen an einem Tisch aß, sondern auch noch direkt neben ihm zu sitzen kam. Deswegen ergab es sich auch, dass wir zusammen Spaß hatten und uns ausgelassen unterhielten. Nach einer Weile fragte mich die Organisation, ob ich nicht Lust hätte, mal nach Taiwan zu fahren. Ich wusste, dass ich für den jungen Herrn arbeiten sollte. Deswegen zögerte ich keinen Augenblick und packte auf der Stelle meine sieben Sachen zusammen. Fräulein Yüying, Fräulein Jadeblüte, man merkt, dass Sie ein gutes Karma haben, wo doch Herr Liucai so gut zu Ihnen ist. Welch feiner Zug von ihm, ehrlich mit Ihnen umzugehen! Ihnen gleich zu sagen, dass er nicht alleinstehend, sondern verheiratet ist. Wie gut, dass er nichts verschleiert und Ihnen in allen Dingen freie Hand lässt. Er hat große Ziele, befasst sich mit seiner Laufbahn und seinen Aufgaben. So ein Menschen ist so selten, als zündete man helllichten Tags noch die Lampen an und machte so jemanden trotzdem nicht ausfindig."

Ich hörte es mir an und gab Ruhe. Aber der Zweifel blieb. Ich würde Klarheit haben wollen. „Yayun, sag mir doch bitte, was denkst du, warum er, wenn er doch längst gebunden und mit Familie ist, uns dennoch aufsucht? Ich weiß natürlich, dass er eine Ehefrau hat. Aber ich habe noch kein einziges Mal seine Familienangelegenheiten mit dem Umstand, dass er zu einer Geisha geht, in einen Zusammenhang gebracht. Ich habe wohl ein Brett vor dem Kopf?" - „Fräulein Jadeblüte, Fräulein Yuying, Sie scheinen mir ziemlich verwirrt zu sein. Wer von Ihren Kunden, die Sie bestellen, Musik und Gesang vorzutragen, wäre denn alleinstehend gewesen?" - „Yayun, mit dieser Frage machst du mich mundtot, wirklich." - „Fräulein Yuying! Männer haben, das müssten Sie doch wissen, eine Ehefrau, die im Haus bleibt und Kinder bekommt. Wenn sie sich außerhalb der Familie aufhalten, brauchen sie jemanden, der ihnen Gesellschaft leistet, ihnen die schlechte Laune vertreibt und sie in Stimmung bringt. Dazu kommt, dass jemand wie Herr Liu Cai seiner Frau nicht viel zu erzählen hat. Sie würde es sowieso nicht begreifen. Aber sowie er dir etwas erzählt, hast du für ihn ein offenes Ohr. Warum also sollte er nicht zu dir kommen?"

Alang, du bist die Sticknadel, ich bin das Stickgarn. Nadel und Faden gehören allezeit eng zusammen und sind aufeinander angewiesen. In den Operliedern wird das so gesungen. Alang, genau das ist immer meine stete Hoffnung gewesen. Ich war und bin starrköpfig genug, das auch immer zu glauben. Ich glaube daran, dass die Dinge im

Zuge der Zeit unter Umständen ein andres Äußeres zeigen. Dass ich den Teil, der mir zusteht, wenn ich nur lange genug gewartet habe, bestimmt bekommen werde.

Yayun gab mir die Chance, meine Minderwertigkeitsgefühle mit Verachtung zu betrachten. Sie eröffnete mir die Möglichkeit, zu begreifen, dass, wenn ich schon bei der Kleidung und dem Make up die neue Mode mitmachte, ich genauso einen fortschrittlichen und modernen Geist benötigte. Das ist der Punkt, mit dem ich mich von der Masse abhebe. Alang, du liebst genau diesen Punkt, dass ich nämlich anders als der Durchschnitt bin. Der Haken dabei ist, dass soviel Zeit vergehen musste, bis ich zu dieser Erkenntnis kam. Yayuns Worte hörte ich gar nicht gern. Mein fortschrittliches Denken will ich nicht auf liebreizend hübsche Art und Weise vor deiner egoistischen Herzenseinstellung verstecken! Wenn du mich nicht als deine Frau willst, als Hauptfrau oder als deine zweite Frau, warum bekundest du dann wieder und wieder dein eindeutiges Interesse an mir? Wenn du nun aber tatsächlich keinerlei Anstalten machst, mich zu dir nachhause zu holen, damit ich mit dir zusammen sein kann, wie kommt es dann, dass du mich verliebt in dich möchtest, mich umwirbst, mit meinen Gefühlen spielst und immer und immer mit mir anbandelst? Das ist nichts andres als dein männliches Ego, das du bei mir auslebst. Der typische Egoismus des männlichen Geschlechts. Diese Einsicht kam mir jedoch erst sehr viel später. Erst, als ich auf einem Ziegelscherbenhaufen liegend verblutete, begriff ich es in plötzlicher Erleuchtung. Aber bevor der letzte Tropfen Blut meinen Leib verließ und auch danach, als er mir schon aus meinem Leib geflossen war, liebte ich dich. Alang, warum liebe ich dich dennoch so selbstverzehrend und tief? Warum hasse ich dich nicht? Oh Alang …

PINGGU

Es war Winter geworden. Die Nacht brach schon herein, als es sich endlich ergab, dass wir beide in Stimmung waren, um gemeinsam ein paar schöne Stunden zu verbringen. Das letzte Handelsgeschäft war umfangreich gewesen. Wir hatten hart gearbeitet. Jetzt mal leichten Herzens, mal nicht das Gesicht straff wie eine gespannte Bogensehne, sondern mit entspannter Mine dem täglichen Leben nachzugehen, war, als belohne man sich selbst. An dem kleinen Tischchen in unserem großen Ladengeschäft zündete ich Licht an. Auch reichte ich dir deine Opiumpfeife, die du schnaufend mit lauten Zügen rauchtest, während du es dir halb liegend bequem machtest. Am frühen Abend hatte Mutter He bereits frische Wäsche und Kleidung vorbeigebracht, die jetzt in den Schrank geräumt wurde.

„Pinggu, ich habe kein so glückliches Schicksal wie du, die du in eurer Bucht wie ein fliegender Schwertkämpfer von einem Ort zum nächsten unterwegs gewesen bist." - „Was ist mit dir denn plötzlich los, dürrer Affe! Bist heute zum Bodhisattva geworden? So mitfühlend und zärtlich! Und erzählst mir nun auch noch Geschichten!" - „Ach, von diesen armen Verhältnissen, die ich in meiner Kinderzeit erlebte, willst du doch gar nichts wissen. Bei uns war es so, dass jede Familie ein kleines Boot besaß. Das Boot war unser Haus. Wir wohnten darin. Aller Tage im Jahr spielte sich unser Leben nur auf dem Hausboot ab. Unser Nachbarboot linkerhand war das Hausboot meiner fünften Tante väterlicherseits, das rechterhand war das meiner zweiten Tante mütterlicherseits. Das Heck des Hausboots stieß an den Bug des Schiffes von Shen Gui's Familie. Und circa ein Dutzend Meter vom Bug unseres Hausboots entfernt lag das der Muhme Zhao. Wer sein Boot bewegen wollte, weil er losfahren musste, machte sich mit lautem Organ bemerkbar, damit die anderen die ihren beiseite bewegten und den Weg freimachten. Wollte man Fisch verkaufen oder Pfannenwender und Holzkohlen einkaufen, musste man über die Hausboote einiger Familien hinweg laufen und sich so einen Weg bahnen. Sonst wäre man nicht ans Ufer gelangt. Je nach Jahreszeit warf man Netze aus, fing ein bisschen was oder ging unter Wasser harpunieren. Oder aber man holte die Fische mit der Gabel aus dem Wasser. Aber wie sollte man überleben, wenn der Fisch im Meer knapp wurde? Dann blieb einem nur übrig, ein paar der Gören von den Onkeln und Tanten einzuladen, und zusammen mit den am Ufer die Hand aufhaltenden Bettlern und Taschendieben ein kleines Schiff zu finden, das täglich auf die offene See hinausfuhr und sich darauf zu verdingen. Das war für die Armen in Not eine tolle Gelegenheit. So ein Schiff war gar nicht viel größer als unseres. Der Unterschied war, dass bei unserem Hausboot der Platz unter dem Verdeck unser Schlafplatz und der Platz zum Essen war und bei so einem dort die Waren verstaut wurden. Wir nahmen Messer und Haken oder, was wir als Lanzen zum Schälen von Bambusrohr nutzten, mit. Auf diesen Schiffen ging die Arbeit nicht leicht von der Hand. Darauf musste man eingestellt sein, sonst würde man scheitern. Manchmal bekam man seinen

Lohn in Reis, manchmal kriegte man Fische auf die Hand, andere als die, die wir bei uns fingen. Manchmal konnte man nur dem Herrgott danken, dass man mit heiler Haut davon kam. Wenn wir Waren bekommen hatten, brauchten wir Käufer. Und die mussten sich damit auskennen, wie sie die Behörden umgingen, die ihnen dafür Steuern abgenommen hätten. Denn sonst hätten die Käufer niemals den von uns geforderten Preis bezahlt. Nur ohne Steuern kriegten wir unsere Waren verkauft." - „Also kanntest du dich von kleinauf mit dem Kaufen und Verkaufen und allem, was dazu gehört, aus?" - „Auf jeden Fall! Als wäre mir diese Fähigkeit angeboren. So ist das bei mir. Pingu, du begreifst sicherlich, dass nur die, die an Land nichts richtig zu beißen hatten, die Not litten, bereit waren, zur See zu fahren und dort ihr Auskommen zu suchen." - „Mit dieser Ladung Silber, die du da bei dir hast, ist dir wohl leichter um Herz! Das ist wohl der Grund, dass du mit mir über Vergangenes plauderst? Jetzt läuft es ja eigentlich so, wie du es aus deiner Kinderzeit erinnerst, nur dass die Ausmaße der Geschäfte viel größer sind. Auf unserem Schiff sind viele aus deiner Crew Verwandte von dir oder deine Bekannten. Nur dass die kleine Dschunke nun eine große ist. Dass die kleinen Messer und Haken nun Schwerter und Kanonen sind und dass die transportierte Ladung nun nicht mehr Reis und Fisch ist, sondern alles, was man zu Geld machen kann." - „Das stimmt, Pinggu. Eins allerdings läuft bei uns anders als bei den anderen. Was wir, wenn wir an Land gehen, an Waren einkaufen, ist saubere Ware. Darauf bestehe ich strikt."

„Woher weißt du, was die anderen Handelsschiffe geladen haben? Ob deren Ladung sauber ist? Ob es nicht Dinge sind, die von anderen Schiffen umgeladen wurden? Und…, was den Behörden an Steuern gezahlt wird, ist doch garantiert Geld, das die sowieso in ihr eigenes Säckel stecken. Warum sollten wir die korrupte Beamtenschaft durchfüttern? Wie beim Sechsten, wo es genauso läuft. Wenn er mit der Beamtenschaft zusammen arbeiten würde und sich auf sie verließe, würde er glatt verhungern! Um eine Genehmigung einzuholen, von Anfang bis Ende, von der Antragstellung bis zu Erlaubniserteilung und Erklärung, um welche Art von Steuer es sich handelt. Hinter den Kulissen war es, wenn Steuern ermittelt wurden, Abzocke, nämlich Steuerunterschlagung oder Steuerbetrug. Der Sechste nahm für unseren Preis von uns Waren an. Er wusste natürlich genau, dass es sich dabei um den uns ein Überleben sichernden Preis handelte. Er bezahlte direkt bar auf die Hand, frohgelaunt. Er hatte seinen Laden an Land auf dem Festland und deshalb war er immer schnell über alles informiert. Deswegen sagte er zuweilen auch Bescheid, bei welchen Waren ein Überschuss und wo eine Knappheit vorlag. Wir wussten dann, bei was wir uns anstrengen mussten, und dass wir nicht blind ins Leere arbeiteten. Er musste seinen Laden nur größer aufziehen, und beim ihm auf der Ecke noch ein paar Helfer anstellen, die ihm zur Hand gingen. Dann würden die Eltern dieser Gehilfen doch von einem zum anderen Ohr um die Wette strahlen, nicht wahr?"- „Das alles habe ich doch längst verstanden, dürrer Affe!" - „In unserer Branche ist es zuletzt meistens so, dass uns ganz schnell das Schicksal ereilt, von Regierungswegen dem schleichenden Tod am Pfahl ausgeliefert zu sein, posthum exekutiert zu werden oder, dass unser Schädel, nachdem wir geköpft wurden, am Stadttor zur Ansicht und Warnung aufgehängt wird."

„Das hast du bisher mit keinem Wort erwähnt. In deiner Jugendzeit konntest du auch nicht voraussehen, dass du mit ein paar kleinen Booten und einer handvoll Leuten so expandieren würdest, dass du hunderte von Hochseeschunken und Tausende von Seeleuten befehligen und dein eigen nennen würdest." - „Diesen, jedem Furcht einflößenden Erfolg wird kein einziger Mensch erinnern." - „Wenn die korrupten Beamten aus Altersgründen dem Staatsdienst entsagen und auf ihre Heimatscholle zurückkehren, besitzen sie eine reiche Nachkommenschaft mit vielen Enkeln und Söhnen. Die zur See fahrenden Händler können von Glück sagen, wenn ihre Leichen den Fischen zum Fraß ins Meer geworfen werden, nicht wahr? Oder sie lassen sich mit falschem Namen auf irgendeiner kleinen Insel nieder, auf der sie dann leben, bis ihr Haar schüttern und der Bart weiß weiß ist?" - „Trotzdem sind da Tausende Seemänner der Guo Bande, die dir alle die Treue halten, dich niemals verraten und dir deine Wünsche und Träume erfüllen! Ist das tatsächlich so? Noch kürzlich wolltest du, dass ich Mutter und Schwestern weiter in den Süden umziehen lasse! War das nicht aus dem Grund, dass du fürchtetest, dass dich deine eigenen Leute ausliefern würden? Wie kommt es, dass du davon kein Wort mehr sprichst? Mache ich mir zu viele Gedanken? Gräme ich dich mit meinen Vorahnungen? Ach was! Lassen wir es gut sein mit diesem Thema! Ich sehe, dass du voll entspannt deine Opiumpfeife rauchst." Ich halte lieber meinen Mund und spreche diese Dinge erst mal nicht mehr an. Ich verbannte sie an einen fernen Ort meines Gedächtnisses."

„Dass du dir so bald den Zopf abschneiden und nicht mehr der Himmelsmutter Göttin Matzu opfern würdest, oh Guo Ming! Du bist wahrhaftig ein Rebell. Du scherst dich nicht um Traditionen! Ich folge der Lebensenergie, die durch deinen Leib schießt und werde dir nicht von den Fersen weichen. Aber eine Bedingung gibt es, die zählt. Darauf kannst du dich verlassen! Höre genau zu: keine der Frauen, die ihr erbeutet, egal, ob jung oder alt, wird angerührt. Punctum. Die Kameraden der Guo Bande haben alle genug eigene Frauen, mit denen sie es treiben können. Wenn diese Frauenzimmer es dann aus freien Stücken tun, wenn sie es wollen, können deine Kameraden ja gern jeder ein Dutzend oder sonstwie viele Frauen besitzen. Damit habe ich, so wahr ich Pinggu heiße, nichts zu schaffen. Aber wehe, wenn ich sehe, dass Mütter, Großmütter, Tanten und Großtanten gemein belästigt werden! Dann ist egal, wessen Kerls Schwanz in der Hose keine Ruh gegeben hat. So einem Sauschwanz lasse ich seinen Schildkrötenkopf abhacken. Zu meiner Freude werde ich mir den vorlegen lassen. Und den Bringer reich belohnen! Ich besitze Füße, wie sie mir die Natur gegeben hat. Sie können sich frei bewegen. Ihnen kann es egal sein, was sie in anderer Leute Augen sind. Ich hasse nichts mehr, als die Sitte, den Frauen ihre Füße zu zwei Riesengrützbeuteln abzubinden. Mit diesem Paar fleischummantelten Grützbeuteln kann eine Frau ja nicht mal laufen. Wie ein Huhn, dass drauf wartet, geschlachtet zu werden. Und so ein auf der Schlachtbank wartendes Huhn wird dann vergewaltigt und nach Strich und Faden gevögelt? Wenn wir dafür dem Täter den Kopf abhacken, ist so einer noch gut bedient. So ein Stück Vieh ist nicht mal einen Arsch wert. Igitt."

AQIN

Da ist eine Welt mit nur zwei Farben, die eine Schwarz, die andere Weiß. Der Herr Vater holte aus der Luk seines großen Schiffs schwarze Fische, die auf den Planken hin- und herhüpften. Am Süll stieg langsam schwarzer Rauch aus der Luk hervor. Weiße Menschen taten die schwarzen Fische auf die weißen Ochsenkarren. Die weißen Ochsen zogen die schwarzen Fische auf dem schwarzen Natursteinweg, bis sie in der Ferne verschwanden. Menschen mit schwarzen Augen, schwarzen Zähnen und langen Bambusstaken standen in weißen, kleinen Sampans. Die tonnenförmigen Verdecke der Sampans klebten fest an den beiden Längskanten der Sampans, es war ein dreckiges Weiß, das die Sampans trugen. Azhu kam. Sie war ein senkrecht stehendes Brett. Auf der rechten Seite und die linke Kante weiß, auf der linken Seite und die

rechte Kante schwarz. Azhu sah mich von oben bis unten weiß, auf dem lin-
ken Arm die schwarze Meihui, auf dem rechten Arm die schwarze Acai. Hei
Yuan war weiß geworden. Er saß auf schwarzen Tatamis, und sah dabei aus
wie ein Buddha. Ich bekam Angst davor. Ich Weiße lag zusammengerollt da,
neben mir ein riesenhaftes, schwarzes Bündel. Wenn Schwarz redete, schloss
ich meine weiße Augen, weil ich das Gerede nicht hören wollte. Schwarzer
Regen peitschte meinen Leib. Der weiße Hei De schwamm mit aller Kraft
gegen die Strömung an und dem weißen Tungöl-Schirm hinterher. Zwei wei-
ße Tupfer, die aus der schwarzen See herausragten, trieben auf der See. Ich
sah zwei schwarze Teufel Acai und Meihui wegtragen.

„Meihui ist noch so klein! Sie und Acai müssen doch zusammen bleiben, damit sie sich nicht einsam fühlen", jammerte ich bitterlich fle-
hend Hei Yuan an. „Du verstehst von gar nichts was! Sie sind alle
beide meine Kinder. Ein Sarg ist doch das gleiche wie ein Haus. Ich
will jedem von ihnen ein Haus schenken und sie sollen nebeneinander wohnen. Lass jetzt das überflüssige Gerede!", herrschte mich Hei
Yuan scharf an. Wie konnte er es nur wagen, Menschen anzustellen,
damit sie das Grab der beiden Kinder aufstemmten! Wie hartherzig er
doch war. Dass er es fertigbrachte, die beiden längst gestorbenen Kinder noch einmal zu sehen! Das Grab war verbreitert worden, mit Acai
und Meihui lagen nun alle vier Kinder, jedes in einem Sarg, nebeneinander und so wurden sie beerdigt. Wie konnte es auf der Welt nur
etwas so erbärmlich Trauriges geben? Wie konnte der Jadekaiser sich
nur einen solchen Spaß mit uns machen?

Dass er meine beiden Töchter gleichzeitig sterben ließ! Es hatte gerade mal etwas mehr als ein halber Tag dazwischen gelegen. Im Allgemeinen krabbelte Acai, wenn sie morgens aufgewacht war, aus dem
Moskitonetz hervor und spielte allein für sich. An jenem Tag jedoch
hatte sie nur die Zähne fest auf die Zudecke gebissen. Erst als ich das
Mositonetz und die Bettdecken zusammenlegte, bemerkte ich, dass
sie am ganzen Leib kochend heiß war. Ich hatte eine böse Vorahnung.
In höchster Eile schob ich den Himmel der Wiege auseinander und
nahm Meihui auf den Arm. Wie kam es, dass ihr Kopf so merkwürdig herabhing? Und das auch beim leichten Hin- und Herschwen-
ken so blieb und sie nicht aufwachte? „Meihui! Meine kleine Meihui
ist tot!" An einem Morgen, ohne jeden Anlass! Im Schlaf gestorben!
Was hatte das zu bedeuten? Es war nun schon mein drittes Kind, das
starb! Schnell! Ich musste Acai zu Hilfe kommen! In absoluter Panik

nahm ich mein einzig übrig gebliebenes Kind auf den Arm, rannte zu Azhu rüber und pochte an ihre Tür. Sie willigte sofort ein, ohne ein Wort. Sie kam zu mir nachhause und passte auf Meihui, die vielleicht gerade gestorbene kleine Meihui, auf. Ich wickelte Acai in Hei Yuans Mantel und nahm sie, fest an mich gepresst, auf den Arm, rannte hinaus, aus der Gasse zur Straße und rief eine Rikscha, um zur Krankenstation zu fahren …

Durch die Holz verschlagenen Fenster drang Licht in den Raum und schrieb ein paar schräge Schattenbänder auf den Kleiderschrank. Es herrschte absolute Stille im Haus. Man hörte die Spinnen vorbeikrabbeln, so still war es. Wie lange ich schließlich auf den Tatamis gesessen hatte, wusste ich nicht. Es war auch unwichtig. Ich wollte nur in Frieden bei meinen Töchtern bleiben. Und wenn die Zeit stehen blieb, es wäre noch besser gewesen. Wie kam es, dass bei Herrn Vater das „ist", das wir in Südchina wie „Vier" aussprechen, und das soviel wie „Ja, richtig!" und von der Aussprache her zugleich „tot" bedeutet, bei Herrn Vaters vier Kindern „Ja, richtig!" bedeutete und bei meinen vier Kindern „tot"? Hatten die vier Söhne des Herrn Vater schon vor zig Jahren die Seelen meiner vier Kinder mittels eines kannibalischen Akts verschwinden lassen? Wem bin ich etwas schuldig, dass ich noch zu begleichen habe? Ihr Plagegeister, mit was soll ich die Schulden begleichen? Herr Vater, gebt mir meine vier Kinder zurück! Ich saß da. Vielleicht einen ganzen Tag lang. Vielleicht waren es zwei Tage gewesen. Ich hörte, wie draußen die Holztür geöffnet wurde. Ich hörte, wie Hei Yuan das Rad in den kleinen Vorhof schob, wie er den Aufbockständer trat und das Rad dabei gerade zog und aufbockte. Ich hörte wie er herauf kam. Von da an hörte ich nichts mehr. Ich hörte nicht, was er sagte, was er schrie, was er böse knurrte. Ich sah nur, wie er abwechselnd Acai und Meihui auf den Arm nahm, und dann Meihui und Acai. Dann sah ich seine Fäuste vor meinen Augen in wildem Flug. Ich sah seine Füße auf meinen Brustkorb und meinen Rücken trampeln. Ich sah wie mein Kopf an die papierne Tür flog, wie die Schiebetür davon sofort einstürzte. Mein Leib spürte nichts. Ich spürte deutlich, dass ich nichts fühlte. Oder war das ein Gefühl dessen, dass man bestimmt nichts fühlen würde, also so ein Gefühl des Nichtsfühlens? War ich das schon gewohnt, nichts mehr zu spüren? Dass das, dass ich nichts mehr empfand, schon mein wahres Empfinden geworden war?

Habe ich etwas falsch gemacht? Wenn das so ist, heilige Gottheit, belohne mich, wenn ich die Mondblöcke werfe, mit deiner heiligen Antwort. Aber die Antwort der Gottheit war, wenn ich die Mondblöcke warf, nur, dass sie über mich lachte und nicht antworten wollte, einmal, zweimal, dreimal war es Xiaobei. Yinbei – Nein. Xiaobei – wieder keine Antwort. Haben meine Mädchen etwas Falsches gegessen? Wenn das so ist, heilige Gottheit, belohne mich, wenn ich die Mondblöcke werfe, mit deiner heiligen Antwort. Aber die Antwort der Gottheit war, sowie ich die Mondblöcke warf, nur, dass sie über mich lachte, einmal, zweimal, dreimal war es immer wieder Xiaobei. Ist es im Haus schmutzig? Wenn das so ist, heilige Gottheit, belohne mich, wenn ich die Mondblöcke werfe, mit deiner heiligen Antwort. Aber die Antwort der Gottheit darauf war nur, dass sie über mich lachte und keine Antwort geben wollte, und zweimal wurde sie wütend, denn sie wollte die Frage nicht, nämlich Xiaobei, und dann Yinbei, Yinbei. Ich kniete mit frommen Herzen auf dem Betkissen im Tempel vor der Gottheit. Mein Herz stellte die Frage. Dann warf ich die beiden rote Sichelmonde mit einem Wurf zur Erde. Die beiden roten Sichelmondklötze sprangen zweimal weiter, wenn sie nicht gerade beide gleichzeitig auf dem Bauch landeten, landeten sie beide auf dem Rücken. Der Buddha wollte mir nicht sagen, warum meine Kinder gestorben waren. Er wollte mich strafen, ich sollte Buße tun. Und um mich zu ermahnen und um mich zu warnen, hatte er mir die Kinder wieder weggenommen. Was hatte ich denn falsch gemacht? Wem hatte ich Schaden zugefügt? Vielleicht war der größte Fehler der, dass ich auf die Welt gekommen war? Denn dann wäre ich nicht zu Vater und Mutter gekommen, dann gäbe es die Feindschaft zwischen Hei Yuan und mir nicht und ich wäre auch nicht sein eigen geworden. Warum ließ man zwei Menschen, die nicht miteinander auskamen, weil sie sich stachen, zusammen unter einem Dach wohnen? Ich müsste nur die Welt verlassen, dann wurde das ein Ende haben. Wäre ich niemals auf die Welt gekommen, hätten diese vier unschuldigen Kinder nicht sterben müssen. Ich saß hinter dem Tempel am Hang auf einem Stein und leise liefen mir die Tränen über mein Gesicht. Ich hatte kein Herz mehr, es war auf und davon konnte deshalb nicht mehr brechen.

„Chunmei, ich möchte Nonne werden. Ich habe es mir genau überlegt, und ich sehe klar. Ich sehe dieser Welt bis auf ihren Grund. Ich gebäre ein Kind nach dem anderen, aber meine Kinder sterben in einem fort. In so einem Leben finde ich keinen Halt. Es wird sich auch nichts ändern. Dann ist es besser, tagtäglich den Buddha anzurufen, nicht mehr zu grübeln, nichts mehr zu wollen, keine Tragik und keinen Spaß mehr zu haben, aber dafür auch nichts, worum ich mir Sorgen machen muss. Es sei denn, ich stürbe oder Hei Yuan stürbe. Wenn ich weiter mit ihm zusammen bleibe, gibt es keine Zukunft. Räucherwerk abbrennen und den Buddha anrufen ist nichts, was mir Furcht einflößt. Dann brauche ich keine Angst davor zu haben, dass ich die Kinder nicht groß kriege, und auch vor Hei Yuans wütendem Gesicht brauche ich dann keine Angst mehr zu haben." Nachdem meine beiden Töchter beerdigt worden waren, wurde ich krankhaft vergesslich. Ich konnte mir nichts mehr merken. Ich kniete auf den Tatamis und wischte sie sauber. Ich sah den Staub, wischte ihn weg, dabei weinte ich und meine Tränen tropften zu Boden, ich wischte die Tränen weg. Ich saß mit dem Waschbrett da, rubbelte die Wäsche mit aller Kraft, denn ich wusch die Kinderkleider. Ich wusch sie wieder und wieder. Dabei sah ich die Kleinen vor meinen Augen, weinend, lachend, maulig, und wieder und wieder sah ich sie. Es vergingen viele Monate, bis ich wieder begann, mich gedanklich irgend einer Sache zuzuwenden, dass ich meinen Geist langsam wiederfand, um mich dem auszusetzen, was um mich herum geschah. „Chunmei, man sollte so eigentlich nicht leben, findest du nicht? Ich habe mein Leben vor die Wand gefahren. Chunmei, ich möchte Nonne werden."- „Djim-a, was redest du für dummes Zeug! Du bist erst Mitte Zwanzig! Wenn du weiter solch einen Unsinn redest, sieh dich vor, dass der Jadekaiser dich nicht totschlägt!", ermahnte mich Chunmei. Sie nahm mich dabei streng ins Visier und runzelte die Brauen.

YUYING

Ajiu und die anderen waren runter nach Taizhong gefahren. Ihnen war zu Ohren gekommen, dass jeder Ort doch sein eigenes Flair besitzt. Also müssten sie in Taizhong Neues dazulernen können. So sagten sie jedenfalls. Für mein Dafürhalten konnte ich nicht finden, dass man in Taizhong Dinge auftat, die unbekannt und erlernenswert gewesen wären. Herrschte in Taipeh denn nicht schon genug Trubel? Wegen jeder Belanglosigkeit taten sich Geishas zusammen, gingen zum Tanzen, zum Opern spielen, zum Filme drehen. Es war eine fröhliche Geschäftigkeit, die geschäftig bis zur Besinnungslosigkeit war. Es gab auch Geishas, die mit den Japsennutten zusammen arbeiteten. Und welche, die mit den japanischen Geishas konkurrieren wollten und deshalb regelmäßig mit einem Orchester übten, um auf der Bühne geübte, absolute Kunstfertigkeit zu erlangen. Obschon jede von ihnen natürlich wusste, dass die männliche Zuschauerschaft nicht nur ihren Gesang und ihr Bühnenspiel schätzte. Denn sie schauten mit gierigen Blicken … Sie betrachteten Figur und Gesicht, und gleich danach hatten sie im Stillen schon entschieden, mit welcher Geisha sie zusammen sein wollten und wann das sein sollte. Reiche Geschäftsleute bekam ich häufig zu Gesicht. Sie waren – oberflächlich betrachtet – alle gleich. Mit ein paar Gläsern Schnaps intus waren sie wie ausgewechselt. Bei solchen Leuten lief der Schnaps nicht die Kehle in den Magen hinab sondern zischte nach oben ins Gehirn. Alkohol funktioniert wie ein Chinaböller. Der explodierte in ihrem Schädel und entzündete dort ein Feuerwerk der Phantasie in allerschönsten Farben. So wie Yayun mal gesagt hatte, wenn deren Phantasien über ihren Köpfen wie ein Film herauskämen und der Film abgespielt würde, würden diese bunten Phantasmen allein ihre obszönen Gedanken wiedergeben und nur Männern, wenn sie unter sich wären, gefallen. Andere würden selbst, es sich anzuschauen, nicht mal über sich bringen. Mutter tadelte mich, dass ich nicht genug Ehrgeiz besäße, zu wählerisch sei und mir immer das eine oder andere nicht gefalle, dass ich bei der einen Sache nicht teilnehmen wolle und bei der nächsten zu mäkelig sei.

„Du hast wohl zu lange die Pisse ausgekippt, dass du bei allem das Gesicht verziehst und dich alles betrübt!", war das einzige, das sie aus meinem Verhalten schloss. Als Yinxia uns verließ, räumte sie vorher ihr Zimmer leer und brachte mir einen ganzen Haufen von irgendwelchen Sachen vorbei. Ich guckte alles durch. Darunter gab es ein paar alte Zeitungen, die mich ziemlich interessierten. Die Frauen, die dort annoncierten, sahen um einiges, nein, viel, viel besser aus als die in den Annoncen der Geishas. Es waren alles Photographien, die beim Fotografen in feinst gestellten Posen entworfen worden waren. Der Hintergrund war immer schönster Wolkenbrokat und Seidendamast oder artistisches Porzellan und Topfblumen. Photographiert wurde nicht nur der Torso, sondern es waren vergrößerte, gestochen scharfe Ganzkörperphotografien. Die Frauen trugen zumeist Cheongsams, lehnten sich an einen geschnitzten Holzstuhl, die Hände reich mit Fingerringen geschmückt, trugen Halsketten, Ohrringe und Armbanduhr. Nichts fehlte. An den Füßen trugen sie hochhackige Pumps amerikanischen Stils, wie man sie selten sah. Besonders eine von ihnen stach hervor. Sie trug ein Damenkostüm mit mittiger Knopfleiste in Pastellfarben. Um ihre Wespentaille hatte sie einen durchbrochen gearbeiteten Ledergürtel gebunden, die rechte Hand berührte leicht ihren Hut, den sie schräg aufgesetzt über ihrem kurzen lockigen Haar trug. Unter dem linken Arm klemmte ihre Unterarmtasche, die Armbanduhr am linken Handgelenk hatte haargenau die gleiche Farbe wie ihr Taillengürtel. Ich war unendlich überrascht! Außer dem vom Schneidermeister von Hand gestickten großen chinesischen Mantel, waren die Dinge auf der Photographie alles solche, die auch ich tagtäglich benutzte, um mich zurechtzumachen. Wie kam es, dass nur dadurch, dass es photographisch aufgenommen und dann in der Zeitung inseriert wurde, alles so edel und strahlend schön aussah? Ich brauchte geraume Zeit, bis mir endlich klar wurde, dass Schönheit etwas ist, dass nur einen kurzen Augenblick lang verharrt und präsent bleibt. Wenn einem die Schönheit aus der immer im Fluss befindlichen Bewegung heraus zur Gewohnheit geworden war, erschien sie alsbald banal und alltäglich. Diese viele Jahre alten Zeitungen waren außergewöhnlich. Nicht nur wegen der Aufsehen erregenden Photographien in den annoncierten Inseraten, noch mehr waren es die Texte, die die abgebildeten Frauen kommentierten und porträtierten:

Strahlend schwarze Augen, strahlend weiße Zähne, zarte Anmut der langbeinigen Schönheit, und beide Jadewipfel eng nebeneinander aufragend! Welch Lust, sie anzuschauen! Und in edler Gesinnung mit ernst gemeinter Zuneigung mit ihr Freundschaft zu pflegen und ständig ihre zwei Nippel, zart wie frisch gerupfte Hühnerköpfe, zu streicheln. Und sie wird nicht wütend darüber.

Ich erinnerte, dass eines späten Abends, die zwei Herren Lin und Chen vorhatten, bei den Geishas zu feiern. Sie riefen Herrn Jian Liucai, auch dazuzukommen und mitzutrinken. Mir war, als würde ich ihn sofort in mein Herz geschlossen haben. Den beiden Herren Lin und Chen konnte ich nicht die Schuld dafür geben, dass es bei mir Liebe auf den ersten Blick war. Eine andere Zuschrift lautete:

Schöner und kunstfertiger als die anderen, ist meine Prächtigkeit in allen Freudenhäusern bekannt. Ich wertschätze, dass mein Schicksal mich mit der Liebe meines Lebens zusammenführen wird. Und pokere, nur ein einziges

Mal einander sehen, und schon liebt er seine kleine Baocai, die so anmutig,
liebreizend, so von äußerster Zartheit ist, die Verliebtheit in ihren Blicken
zeigt, von Natur aus offenherzig ist und sich prachtvoll bewegt. Ich beherr-
sche die Kun-Oper, liebe Einladungen zum Abendessen, werde entzückend
amourös, und danach trifft den Vogel der Pfeil.

Dann gab es noch eine: *Jadene Handgelenke, federleicht schwebend und*
schräge Brauen wie herbstliche Wellen auf See, der Leib leicht wie eine
Schwalbe am Himmel und die Stimme zwitschernd wie Nachtigallen. Zu-
schauende Kunden verfallen in Ekstase, denn sie spüren, hier spielt ein auf-
strebendes Talent.

Bei einem dieser Inserate wurde ich starr vor Verwunderung. Alang,
wenn du auch aus dem Operntheater Sakam in Tainan herstammen
würdest … Was denkst du? War das, was hier geschrieben stand ein
Inserat, dass auf mich aufmerksam machen sollte?!

Im Haus der schlanken Weiden, an der Ecke zur Wollmispelbaum-Gas-
se gibt es eine grazile Schöne mit hübschen Posen und feinstem Benehmen.
Mit Saiteninstrumenten spielt sie nördliche Beiqu Musik, und sie singt
Nanxi Operettenlieder der südlichen Musik. Sie ist weithin berühmt. Sie
war zuvor Schülerin im Sakam Operettentheater. Man wollte sie als neuen
Opernstern in der Kompanie. Doch aus privaten Gründen musste sie dem
Begehren widersprechen und verrichtet harte Dienste am Bodensatz der Ge-
sellschaft. Jammerschade! Die jadegleiche Schönheit! Dabei ist ihr Leben auf
dünnem Eis gebaut. Wie kann der Schöpfer nur wagen, jemanden, dem je-
der mit Eifersucht begegnet, zu erschaffen? Sie verließ das Künstlergewerbe
und arbeitet nun als Salonnière. Die hingehauchte Frühlingshafte ist sehr
von Eleganz. Fraulein Xu ist nicht mehr blutjung, aber sie besitzt erotische
Ausstrahlung. Ein Ungenannter schenkte ihr die Verse: In platonischer Liebe
sind es nun drei Jahre einer Seelenverwandschaft. Würde ich ihr begegnen,
würde ich meine Liebste bemitleiden, dass sie nie geheiratet hat. Ihr Lieblings-
satz stammt aus dem Munde der Tang-Dichterin Xue Taos und lautet: „Des
Titels, eine Dichterin zu sein, muss ich mich nicht schämen.“

Yayun sah, dass ich verblüfft davor saß und keinen Ton herausbrach-
te. Sie kam zu mir, hob die Zeitung vom Boden auf, warf einen Blick
darauf, las und lachte kurz: „Fräulein Yuying, das ist doch nicht der
Rede wert. Haben Sie schonmal etwas von Misswahlen gehört? Ich
habe meinen Großvater davon erzählen hören. Im Kaiserreich, als die

Männer noch einen Zopf trugen, gab es schon solche Misswahlen. Von Männern ausgewählte Frauen treten an, um sich begutachten zu lassen. Gewählt wird die Schönheitskönigin. Nicht nur äußerliche Schönheit und innere Werte zählen. Die Schönheiten müssen sich beharrlich geblieben sein, nur ihre Kunst, aber nicht ihren Körper zu verkaufen. Dabei wird dann noch der erste, zweite und dritte Platz vergeben. Hört sich doch interessant an, nicht wahr? Im Grunde ist es ein vorsintflutlicher Wettbewerb. So antiquiert sind wir Shanghaier, Fraulein Yuying. Shanghaier bingen alles fertig. Sie haben zu allem irgendwelche Ideen, egal ob es Gutes ist, oder ob es Schlechtigkeiten sind. Die Japsen machen uns mit ihren Gefechten so zu schaffen, dass unser Land dem Untergang geweiht ist. Es sterben so viele Soldaten und Offiziere und sind schon so viele Zivilisten gestorben! Die ganze Stadt riecht nach Leichen und die Flüsse sind voll von auf dem Wasser treibenden Toten. Die noch nicht tot sind, vegetieren dahin wie die miesesten Teufel. Die, die noch Unterschlupf finden, verstecken sich. Allen anderen bleibt nichts übrig, als sich dicht aneinander gedrängt mit den Ratten in den Mauerecken zu wärmen. Aber bei uns in Shanghai gehen die Leute trotzdem in Scharen ins Restaurant, ins Tanzlokal, bummeln durch die Läden und sind am Schaufenster gucken. Als sei das einzige, was sie fürchteten, der Zeit hinterherzuhinken. Wollte mir einer erzählen, in der Menschenwelt gäbe es Recht und Gerechtigkeit, ich würde es niemals glauben." Yayun faltete die Zeitung zusammen und legte sie zurück in die Schrank. Ich hieß sie, sie in den Ascheimer zu werfen. Ist doch einerlei, ob es nun Misswahlen sind oder, dass man Fotos von Frauen für Zeitungsinserate macht und sie in den Himmel hebende Kontaktanzeigen schreibt. Es lässt mir keine Ruh. Es macht mich fuchsteufelswild. Es hat mir jetzt wirklich die Augen geöffnet und mich aus dem Tiefschlaf geholt! Solch Frauen, wie ich eine bin, werden nach Strich und Faden ausgenutzt. Und dann müssen sie sich auch noch dafür schämen und erdulden, dass man sie auslacht. Männer verlangen von Frauen nicht nur, sich bei ihnen nach eigenem Gusto bedienen zu dürfen. Sie zwingen sie sogar noch, keusch zu bleiben. Ich trage das Schicksal der Entwurzelung.

Denn bei mir ist es wie das Sprichwort sagt: *Schneidet man Peddigrohr, ist es für immer entzwei.* Ich bin nicht freiwillig ohne Wurzeln. Es wurde mir aufgezwungen, als ich klein und unwissend war.

PINGGU

Auf den Dschunken die Seeleute. Auf der See die Bootsleute. Die Geschichten, in denen Himmel und Mensch interagieren, haben nichts Schockierendes. Der Grund ist, dass sie sich immer wiederholen. Und Zeiten der Muße und Behaglichkeit können natürlich nicht ewig währen. Bei uns war es die Crew, die uns Umstände bereitete. Denn wenn keine Geschäfte anstanden, drohte die Meuterei.

„Zu viel Geld auf der hohen Kante, lässt nur die Knochen einrosten. Genau jetzt ist die Zeit reif, dass wir uns recken und strecken, um Neues in Angriff zu nehmen. Seid ihr bereit?" - „Macht euch keine Sorgen, Chefin. Wir haben noch dreißig, vierzig große Sack im Unterdeck. Damit kommen wir eine ganze zeitlang aus", erwiderte Chang Sheng zuversichtlich und mit Bestimmtheit. - „Guo Ming! Dürrer Affe, glaub nicht, das wären da lauter Säcke voll Blech, Nägel und Eisenklötze, unnütze Maschinen, die niemand haben will. Wie haben wir uns abgemüht, diese Sachen zu erjagen! Ist die Zeit erst reif, wirst du schon wissen, wie sinnvoll das Zeug ist. Sollten die Nachrichten, die aus dem Mandarinat nach außen dringen, richtig sein, kommt die Warenladung, auf die der Sechste wartet, in Kürze bei ihm an. Seit Wochen sitzen wir mit quietschenden Bremsen in den Startlöchern. Unsere Nerven liegen blank. Sie sind so zerrieben, dass sie messerklingenscharf sind. In dieser Jahreszeit ist unwahrscheinlich, dass Wind und Wellen unsere Schiffe zum rollen bringen. Die gute Gelegenheit ist da. Scheint als hätte der Herrgott heimlich seine Finger mit im Spiel. An unserem geheimen Ort, an dem wir unseren Nachschub lagerten, luden wir die großen Maschinen ab. Sowie die Dschunke leicht geworden war, kam sie viel schneller voran. Nach zweieinhalb Tagen, in denen wir mit dem großen Segel mit Leichtigkeit vorwärts schossen, hatten wir unsere Beute fast erreicht." - „Chefin, woher weißt du, dass es das Schiff da vorne ist?" - „Zuerst musst du mal aus der Sonne gehen. Wenn du vom Topp aus schaust und dann ganz geradeaus guckst und der sich in der Mitte der des links und rechts wegdriftenden Wassers erhebenden Linie folgst, wirst du einen Riesenpudding in etwas blasserer Farbe gewahr. Gemessen an der Größe von Dschunken und der genauen Beschreibung, die wir vom Mandarinat erhalten haben, können wir mit Sicherheit davon ausgehen, dass es das Schiff ist, worauf wir es abgesehen haben." Die Crew stand an Deck und hielt Ausschau in die Ferne. Alle gerieten in

Wallung. Dayuan witterte genauso, dass etwas Aufregendes bevorstand, und drehte Runde um Runde an Deck.

„Wir können das nicht einfach auf die leichte Schulter nehmen!", ermahnte ich extra noch alle, „woher wollt ihr wissen, dass es keine Falle ist, die uns die Regierungsbeamten da stellen? Wir wollen Geschäfte machen. Da müssen wir jeden als potentiellen Feind betrachten. Anders geht es nicht. Jedenfalls gibt es solche Meeresarme nicht viele. Rechtsseitig eine Felswand und linksseitig eine lange Sanddüne. Wenn wir jetzt die Windböe windwärts erwischen, gibt es mit unserem Gegenüber ein Katz und Maussspiel; unser Gegenüber die Maus, und wir die Katze, deren Maul bereits wässrig ist und die es übel mit der Maus treiben wird. Wenn es eine Falle der Regierungsbeamten aus dem Mandarinat ist, bleibt uns nur der Kampf auf Leben und Tod. Diesmal sind wir allein gekommen. Unser Gegenüber kann auch unmöglich Rettung ordern. Der rechtsseitige Felsabhang ist wie ein Riesenparavent. Wie abgesägt fällt er senkrecht ins Meer. Die linksseitige Sanddüne ragt als Ganzes aus dem Meer heraus auf, Schiffe können sich dahinter nicht verstecken. Auch an ihrer höchsten Stelle reicht ihre Höhe nicht aus. Die Schiffsmaste jederart von Schiff würden immer überstehen und sichtbar bleiben." - „Diese Kaventsmänner fliegen nicht weit. Wir müssen zum Abfeuern näher dran sein", sperrte ich wieder meinen Rachen auf. Wenn wir nah dran wären und erst dann in Aktion träten, hätte es einen weiteren Vorteil. Die anderen würden annehmen, dass sich nur zwei Schiffe kreuzten und wir deshalb feuerten. Sie würden sich dann schon wundern, wenn wir zum Überraschungsangriff übergingen. Deren Dschunke hatte einen ziemlichen Tiefgang. Ein Zeichen, dass sie viele Waren geladen hatte. Ich schaute mir das eine Zeitlang genau an, bis ich mir sicher war, dass deren Geschwindigkeit nicht höher als die unsere war. Trotzdem sollte meine Crew erstmal nicht die Segel einholen. Zuerst gingen sie auseinander und an die Arbeit, damit unser Gegenüber nicht argwöhnisch wurde. Die Segel mussten haargenau zur gleichen Zeit, zu der die Kanonen gezündet wurden, eingeholt werden. Wir kamen Stück für Stück näher. Wir konnten schon ungefähr hören, was auf dem Handelsschiff gesprochen wurde. Die Luft zitterte von unserer Nervosität.

„Jetzt!", kommandierte ich. Sowie die Kanonen zündeten und der Knall kam, echote der höchste mittlere Mast des Handelsschiffs und ging zu Fall. „Das war ja punktgenau!" Nach diesem wundersam treffsicheren Kanonenschlag waren die Schiffsbesatzungen beider Schiffe eine ganze Zeit starr vor Schreck. Als man wieder zur Besinnung kam, hatte das große Feuer, entstanden durch das mit Schnaps vermischte Schwarzpulver in der Kanonenkugel, das durch die glühenden Kohlen in der Kugel in Brand gesetzt worden war, bei der Crew auf dem Handelsschiff bereits Atemnot ausgelöst. Zur gleichen Zeit holte ein Trupp Kameraden unsere sämtlichen Segel ein, ein anderer warf den Stockanker aus. Nachdem der Anker am gegenüberliegenden Schiff festgehakt worden war, und noch während das Tau wieder eingeholt wurde, kam der zweite Kanonenschlag mit lautem Knall. Wie die Kanonenkugeln so unberechenbar durch die Luft flogen, konnten sie Menschen Riesenfleischbatzen aus dem Körper reißen, die Nägel, Blechstücke und Eisenklötze aus den Kugeln stachen und schlitzten die Haut der Menschen auf und zerstückelten sie. Als die beiden Schiffe schon kollidieren wollten, sprangen die Kameraden alle miteinander mit einem Riesensatz auf das vom Bombardement völlig handlungsunfähig gewordene Handelsschiff mit der völlig schockierten Crew. Das Schiff hatte jede Richtung verloren. Das von uns extra hergestellte Schießpulver ließ die Besatzung des Handelsschiffs so husten, als risse es ihnen Herz und Lunge aus dem Leib. Manche von unseren Jungs schleuderten Bambusstangen, an die oben Messerklingen gebunden waren, manche hackten und stachen mit Säbeln und Äxten. Unsere Crew war dermaßen am Morden und das Blut so am Spritzen, dass aller Augen mit einem grellrotem Schleier aus Blut überzogen waren.

Wenn man jetzt sagen wollte, wir hätten reiche Ernte eingefahren, sollte man sich auch fragen, was es denn implizierte. Diesmal waren es über vierzig Männer gewesen, die um ihr Leben gebettelt hatten, und die wir dann inkludierten. Natürlich zeigte ich ihnen sofort Dayuans scharfe Zähne und ein paar der getrockneten Schädel im Orlopdeck. Die Augen an den verdorrten Schädeln waren alle geschlossen, nie und nimmer wäre ein Lächeln zu sehen gewesen. „Auf allen Schiffen, auf denen ihr zur See fahrt, ist es so, dass ihr Geld verdient und essen könnt. Die Ehrlicheren unter euch haben dann den Vorteil, zu bekommen, was sie verdienen. Wenn ihr so was Simples nicht vonander kriegt, hört schleunigst auf damit, zu träumen, dass ihr noch mal ein Mädchen abbekommt, die es zulässt, dass man sie in den Arm nimmt. Das kapiert ihr doch! Jungs! Schrubbt das Deck und werft die Leichen über Bord. Die Waren braucht ihr nicht rüber-tragen, wir nehmen das ganze Schiff mit." Die Ladung musste nach und nach verkauft werden. Anders würde das nicht zu machen sein. Guo Ming, das war nicht nur mein Gedanke. Du dachtest das gleiche. Deswegen mussten wir uns ein paar verlässliche Kerls suchen, die uns eine tiefe, große Grube aushoben, in der wir die Sachen einst-weils verschwinden lassen konnten. Dass wir keine Käufer fänden, brauchen wir nicht zu fürchten.

„Wir sollten Changsheng dem Sechsten ein paar der erbeuteten Kerls mitbringen lassen. Nicht zu viele, denn nur wenn die Ware knapp ist, ist der Preis hoch. Und dann sollten wir nach Linjiang, Baocheng und Yongjing fahren, um uns dort mal genauer umzuschauen und Möglichkeiten auszuloten. Außerdem sollten wir unterbinden, dass die Käufer sich untereinander kennenlernten. Wir mussten verhin-dern, dass sie sich zusammentaten und einen Preis aushandelten." Ich öffnete eines der in viele Schichten Packpapier eingepackten Pa-kete. Während ich seinen Inhalt mit größtem Wohlgefallen betrachte-te, hörte ich gleichzeitig deinem Gemeckere zu, dürrer Affe.

Was ich sah, erweiterte meinen Horizont, denn dergleichen war mir nie zuvor zu Augen gekommen. Dieses Porzellan fühlte sich ange-nehm warm und doch kühl an. Es war so fein und zerbrechlich, dass ich es gar nicht hochnehmen mochte, sondern nur die Wandung kipp-te und drehte, um es zu betrachten. Denn ich fürchtete, dass es Risse von meinen Händen, die voller Schwielen waren, bekommen könnte. Dass es aus Erde gebrannt sein sollte, konnte ich mir beim besten Willen nicht vorstellen. Aber, ob ich es wahrhaben wollte oder nicht, mein Herz schlug für feines Porzellan. Außer an meinen Hund Dayu-an, hatte ich rauhe Frau mit meinem grob gestrickten Gefühlskos-tüm mein Herz noch ans Porzellan verloren. Dieses Gänsekükengelb, Himmelblau und Feuerrot musste doch geradewegs dem Himmel entsprungen sein. Die Musterung auf den Vogelflügeln war so fein wie Haar. Die Blütenblätter standen aufrecht, die Stängel kerzenge-rade und das Blattwerk reckte sich empor. Drachenleiber wanden sich schlängelnd und tollten wild Purzelbaum schlagend durch die Wolken. Ihre Sprünge spiegelten sich im Wolkenmeer. Das Feder-kleid der bunten Finken war in vielen bunten Schichten aufgemalt. Die Buddha-Statuette aus weißem Porzellan zeigte sich makellos und erhaben. Jegliche Schnitzerei und Formgebung am Material war so fein, dass sie den Betrachter unendlich überrascht aufseufzen ließ. Ich hätte nie geahnt, dass es auf der Welt solcherart Schätze geben könnte. Noch weniger war ich je damit in Berührung gekommen. Kommt man mit solch seltenen Schätzen in Berührung, stimuliert es den Geist enorm. Das Denken wird dadurch glasklar und die Trivialitäten der Welt können einem dann nichts mehr anhaben. Ich hatte deshalb die aschgraubeige Farbe der schlickigen Wege bei uns an der Blauen Bucht fast vergessen. Mutters alten Filzponcho, den sie bereits ihr ganzes Leben lang um die Schultern trug, auch. Genauso die vermoderte Kante der Bootswandung meines Sampans beim Zaun neben dem Tempel, wo das modrige Holz hervorlugte, und den runden Holzhocker aus dem Barbiersalon, bei dem die Beine abgebrochen waren … Alles Erniedrigende, Miserable und Unanständige war von mir gewichen, hatte sich verflüchtigt.

Ich war zur Elfe im reinweißen Kleide geworden. Blitzblank, glückverheißend, sanftmütig und strahlend. Die alles durchdringende Kraft des Porzellans wirkte bei mir gigantisch! „Es erweitert meinen Horizont, denn dergleichen habe ich nie zuvor gesehen, Guo Ming." Ganz vorsichtig nahm ich die Drachen-Phönix Vase hoch und wollte dir diesen Schatz, – ich war ganz aufgeregt dabei, als ich sie vor mir hertrug –, zeigen, aber ich musste feststellen, dass du längst auf deinem Opium-Chaiselongue eingeschlafen warst.

AQIN

Dass mein zweiter großer Bruder sich in Hamasen niedergelassen hatte, war schon eine ganze Zeitlang her. Er hatte Glück gehabt. Zuerst arbeitete er als Bauarbeiter und baute in Iâm-tiân-po, also Yanchengpu, ein mehrstöckiges Haus. Die Tochter des Bauherren hatte ein Auge auf ihn geworfen, der Bauherr selbst hatte es dann eingefädelt. Sie wollte unbedingt meinen Bruder heiraten. Eigentlich hatte mein Bruder da ziemliche Manschetten gehabt. Er fand, dass er für sie nicht standesgemäß wäre. Später ging der Eigentümer persönlich auf ihn zu. Meinem zweiten Bruder erschien es zu peinlich, ihn zurückzuweisen. Nach nicht einmal drei Jahren gründete mein zweiter Bruder in Gaoxiong eine Familie. Zusammen mit seinem Schwiegervater handelte er mit Holz, die Holzhandlung bot eine sichere Lebensgrundlage. Es war auch nicht verwunderlich, dass sich meine Schwägerin meinen Bruder zum Mann ausgesucht hatte. Denn er war gutaussehend, fleißig und ziemlich clever. Außerdem war er sehr freundlich zu anderen Menschen. Er war nach Gaoxiong umgezogen, weil Mutter gestorben war, und er sie deshalb nicht mehr pflegen musste. Und außerdem, weil sein Bruder der Meinung war, dass er nach Gaoxiong umziehen und was aus sich machen sollte. Mein kleinerer Bruder hatte den Schlüssel zur Haustür von uns zuhause dem siebten Großonkel von nebenan gegeben und ihn gebeten, auf alles ein Auge zu haben, weil er selbst, sobald er sich auf See auf Überfahrt nach Hamasen befände, ein neues Leben begänne. Wenn die Männer von zuhause auf die große Insel, nach Taiwan, umzogen, um mehr zu verdienen und ein besseres Leben zu führen, blieb den Frauen nichts anderes übrig, als mitzuziehen, und dort weiterzukochen, weiter die Wäsche zu machen und am dem neuen Ort eine kleine Arbeit zum Zuverdienst zu suchen. Vielleicht ist, ein gutes oder schlechtes Schicksal zu haben, ja wirklich vom Himmel vorherbestimmt. Und auch, wem man später angehört, wen man heiraten wird, alles schon vorher angebahnt.

Mein großer Bruder, ohne Vermögen, aber anständig, ehrlich, jedoch wortkarg bekam vom Himmel eine überaus zierliche, einfühlsame, liebenswürdige Frau. Mein zweiter Bruder war robust, kerngesund, dabei aber ziemlich auf den Mund gefallen. Deswegen wohl bekam er die gutherzige, etwas zu laut sprechende Frau, die ihm half, zusammen eine eigene Familie aufzubauen. Was mich und Hei Yuan betraf, war ja außer, dass die Leute sagten, eine, die superhübsch aussieht mit einem, der ein klingklangklang klapperndes Knochengestell ist, nur noch der Fall, dass für ihn das Leben Entbehrungen bereithielt und er körperliche Schwerstarbeit tun musste, und bei mir, dass mir nacheinander vier Kinder unter der Hand wegstarben. Dass das Schicksal uns deswegen zusammengebracht hatte, war ja ziemlich komisch. Chunmei sagte, dass wir beide die Schuld, die wir in unserem vorangegangenen Leben angehäuft hatten, nun gegenseitig in diesem Leben abträgen. Aber dass bei einem Ehepaar beide bei manchen Sachen den Mund einfach nicht halten können, und dass ein Kind nach dem anderen stirbt, soll das etwa eine Methode sein, die Schuld aus dem vorangegangenen Leben abzutragen?

Damals gingen die drei Jungs bei uns zur Schule. Weil ich ein Mädchen war, blieb ich bei Mutter und folgte ihr auf Schritt und Tritt. Mein großer und mein zweiter Bruder waren immer sehr lieb zu mir.

Sie halfen mir, wo sie konnten, und sie verzärtelten mich. Nur mein kleiner Bruder Hei Yuan machte sich einen Spaß daraus, mich zu ärgern. Manchmal lief er mir heimlich hinterher und zog mich an den Zöpfen. Manchmal warf er den Zuber, in dem ich mir gerade die Füße wusch, um, so dass ich hinfiel und klatschnass wurde. Manchmal, wenn er mit den Kuhfladen-Ditten die Wand reparierte, und dann bemerkte, das ich vorbeiging, warf er die Ditten nach mir. Wenn ich nicht schaffte auszuweichen, beschmutzte ich mir damit meine Kleider, und mir blieb nichts andres übrig, als zur Mutter zu laufen und ihr weinend mein Leid zu klagen. Hei Yuan rupfte meine wie kleine Sonnen mit leuchtendem Halo blühenden Kokardenblumen eine nach der anderen aus. Das machte mich am meisten traurig. So zarte Blütenblätter der gerade aufgeblühten Blüten mit so leuchtendem Farbenspiel erlebten in der Waschschüssel, in die ich sie gestellt hatte, gerade die Hochzeit ihrer Schönheit. Und mussten dann Opfer einer, wie sollte man wissen, woher diese kam, Brutalität werden und starben ruiniert und vertrocknet.

Viele Menschen aus meinem Dorf setzten über das Meer und siedelten sich in Hamasen an. Einer lockte zehn andere an. Bei Zehnen kamen hundert weitere nach. Die Bevölkerung zuhause sank rapide. Die, die auf die große Insel nach Taiwan umzogen, wurden mit jedem Tag mehr. Der große Onkel vom Siebten, der von Aqi, erzählte, Gui-gi und Hik-ting wären unabhängig voneinander nach Gaoxiong umgezogen. Nur, dass er leider nicht wusste, wo sie sich da jetzt aufhielten. Außer dem ältesten Herrn großer Bruder, waren meine Herren große Brüder und Schwestern aus der Familie meines Herrn Vaters auch hierher nach Gaoxiong umgezogen. Sie besaßen eine gute Ausbildung und hatten deshalb auch gute Arbeit gefunden.

Was meinem ältesten Herrn großer Bruder widerfahren war, ließ jeden aufseufzen. Als er als junger Bursche zur See gefahren war, hatte er einen Unfall gehabt, bei dem ihm das rechte Bein abgerissen worden war. Er war mit dem Leben noch davon gekommen. Von da an bestand er nur noch aus einem halben Menschen. Ihm war vom Schicksal bestimmt, sein gesamtes Leben mit einem Holzbein auf einen Stock gestützt laufend zu verbringen. Als sich der Unfall ereignete, war er erst siebzehn Jahre alt. Der Herr Vater war reich. Es hatte ihm keine großen Schwierigkeiten bereitet, dem humpelnden Herrn großer Bruder eine Frau zum heiraten zu suchen. Traurig war

nur, dass diese rechtmäßige, erste Ehefrau nach vielen Jahren plötzlich erkrankte, so krank, dass sie davon nicht mehr aufstand, sondern
direkt zu Gottvater in den Himmel zurückkehrte. Mit Mühe und Not
fand der Herr Vater ein zweites Mal eine Frau, die seinen humpelnden Sohn heiraten wollte. Aber dann starb sie bei einer schweren Geburt. Es hieß, dass das Kind nicht mal den Körper der Mutter verlassen hatte, als sie starb. Erst, als bei ihr schon der Atemstillstand
eingetreten war, konnte es herausgezogen werden. ... „Dann geben
wir die kleine A-Muâi eben der Djim-a , wo ihr ihre Kinder doch sowieso alle bis aufs letzte gestorben sind", verfügte Frau Mutter. Der
große Herr Bruder konnte dagegen nichts Vernünftiges vorbringen.
Weil sie fanden, so könnten sie den quälenden Schmerz, den ich über
den Verlust meiner Kinder verspürte, auflösen, bestellten sie mich
ein, nachhause zu kommen.

Ich fuhr ja nicht oft nachhause, und im Herzen fühlte ich mich dieses Mal besonders traurig. Welch wüst-kaltes Gefühl das war! Die
Kokardenblumen standen wie immer um diese Jahreszeit in voller
Blüte. Diesmal aber hatte ich keinen Armvoll Blumen gepflückt, um
sie mit nachhause zu nehmen und in die Vase zu stellen. Mir war
nicht danach. Man sah die Fischerboote in der Bucht wie schaukeln-
de Farbtupfer auf See. Welch verträumtes Bild das war! Wer sich mit
anderen messen wollte, wer wohl den schönsten Traum hätte, und
behauptet hätte, der Blick in die Bucht wäre ein solcher gewesen, hätte damit gewiss gegen jeden Traum antreten können. Die Sonne auf
dem Meer stach wie eh und je mit ihren nicht endend kreiselnden,
hüpfenden Lichtern auf der Wasseroberfläche in den Augen. Sie war
immer schon fröhlicher und herzlicher als die kleine Insel es war.
Schäumend gurgelnde Wellen mit den weißen Schaumkronen kamen
in langen Streifen angerollt. Sie waren ewig während Schönheit. Die
Natursteinmauer, von der aus man in den Hafen hinab schaute, war
zu beiden Seiten noch fleckiger geworden. Kleine Blumen, kleine
Zweige lugten aus den Mauerlöchern, die nicht ausgebessert worden
waren, hervor. Mal trotzten sie dem Wind, mal der Hitze. Genau. Das
war mein Zuhause. Ich schaute mir alles an und umkreiste den Hof.
Warum überkam mich nur so eine Traurigkeit, so ein Gefühl, dass
alles, das mich wie mein Schatten verfolgte, vorbei war und nie wie-
derkehren würde? Warum war dieses Gefühl des Verlustes und des
nie Wiederkehrens so greifbar, so tatsächlich geworden? Ein durch-
scheinendes Etwas, auf dem man den Blick verweilen lassen konnte?

Hei De, was ich dich eigentlich fragen wollte, wo steckst du denn? Du hattest mich doch immer entdeckt, nur ich hatte dich nie gesehen. Wolltest du dieses Versteckspiel jetzt weiterspielen?

Da warst du doch tatsächlich auch auf die große Insel umgezogen. Großonkel Sieben sagte es mir. Er erzählte mir, wie du dieses Abends zu mir nach Haus gestürmt warst. Welch Mühe du dir gegeben hattest, die Hochzeitsvorbereitungen zu unterbinden, die der Hochzeit zwischen mir und Hei Yuan vorausgingen. Aber du warst von den zwei Brüdern hinausgejagt worden. Großonkel Sieben sagte, er hätte gesehen, in welch miserabler, gestresster Verfassung du gewesen wärest. Aber du wärest ja so ehrlich gewesen. Dennoch wäre es unangebracht gewesen, gegen die Heirat etwas zu sagen, noch weniger, die eigene Position zu verteidigen und den Ehevertrag zwischen mir und Hei Yuan aufheben zu wollen. Von alledem, Hei De, hatte ich rein gar nichts erfahren! Ich hatte nie davon erfahren, dass du um mich gekämpft hattest. Ich hatte nie gewusst, dass du, der du immer im Hintergrund geblieben warst, dann öffentlich, vor alle Menschen tratst, um um mich zu kämpfen. Und dass man dich maßlos demütigte, dass du, erbärmlich zugerichtet, von dannen ziehen musstest. Mein Hirn fühlte sich an, als wäre es mit schwerem Geschütz bombardiert worden. Ich schaute zum Großonkel Sieben rüber, sperrte meinen Mund auf, aber bekam keinen Ton heraus. Ich wollte ihn fragen, aber hatte nichts, dass ich hätte fragen können. Ich wollte weglaufen, aber meine beiden Beine waren wie in die Erde gerammte Pfosten. Ich musste weinen, aber nichts als ein Lachen entkam meinem Mund. Der Großonkel Sieben sprach langsam ohne Pause immer weiter. Ich jedoch spürte, wie ich zu bersten begann. Stückchen für Stückchen begann ich geräuschlos zu zersplittern.

Das mehrgeschossige Haus, es gehörte dem Herrn Vater, war sehr schön, die große Diele bei ihm war überaus bequem. Nur kam ich meinen Herrn Vater leider selten besuchen. War man über die Schwelle hinweg, hatte man eine Buddhastatue und einen Altar vor sich. Zu beiden Seiten der Diele war an den Wänden jeweils eine lange Bank aufgestellt. Der Zement war so sauber gefegt, dass einem gar nicht auffiel, dass die Fliegen es liebten, über dem Enten- und Hühnermist in der Diele ihre Kreise zu drehen. Rechterhand des Altars schlüpfte ich in eine Kammer, in dem ich Frau Mutter mit der kleinen A-Muâi auf dem Arm sah. Der Säugling hatte so sehr geweint, dass es inzwischen nur noch geräuschvoll schluchzte. „Djim-a, die Kleine ist schon neun Monate alt. Nimm sie mit nachhause und ziehe sie groß!", sagte die Frau Mutter zu mir, sowie sie mich sah. „Ich will das nicht, ich will ins Kloster gehen! Jedes Kind, dass ich gebäre, stirbt mir unter den Händen weg. Die Kleine kriege ich nicht groß!" - „Keine Widerrede! Du brauchst dich nicht zu beschweren. Ich spreche mit großem Hass. Dass du es wagst, solch böse Sachen zu sagen! Die verbreiten sich doch schnell wie der Wind!"

Frau Mutter runzelte die Brauen, aber beherrschte sich und sprach nun in entspannterem Ton: „Wirklich! Hätten wir das doch früher gewusst, dass du so gar nicht mit Hei Yuan auskommst. Dann hätten wir dich nicht mit ihm verheiratet. Jetzt kommt jede Einsicht zu spät. Du nimmst die kleine A-Muâi jetzt mit nachhause. Wer weiß? Vielleicht bringt sie dir Glück! Und dann bekommst du noch mehr eigene Kinder! Dein Herr Großer Bruder hat ein Holzbein. Er kann die Kleine nicht alleine großziehen. Vater und Tochter würden einander zur Last fallen und später würden sich beide gegenseitig hassen. Wenn du die kleine A-Muâi jetzt zu dir nimmst, tust du damit eine gute Tat. Jedem tust du damit nur Gutes." Ein paar Tage lang blieb ich unentschieden. Ich sah, dass Frau Mutter, betagt an Jahren, dem Säugling immer nur gestampfte Süßkartoffeln zu essen gab. Sie überließ die Kleine sich selbst, und sie krabbelte am Boden, klaubte alles Mögliche auf und steckte es sich in den Mund. Zuletzt akzeptierte ich, was Frau Mutter verfügt hatte. Sie, diese Frau, die mich geboren, aber nicht großgezogen, und trotzdem verheiratet hatte, und die mir nun ein kleines Wesen, das ich großziehen sollte, in den Arm drückte.

YUYING

Nur gut, dass der Herr Lehrer nicht sehen konnte, dass Yayun, als sie in seinem Arbeitszimmer auf mich wartete, so heftig eingenickt war. Wenn seine Augen sie so gesehen hätten, hätte er gewiss nicht gelobt, dass sie so gescheit und verständig wäre, still neben uns säße und keinen Deut störte, wenn wir beide Gedichte studierten. Der Herr Lehrer sagte, er wäre überrascht, dass ihm erst heute zu Ohren käme, dass mir die Kühnheit und der Schneid, mit dem sich Su Dongpo in seinen Gedichten zeigte, so sehr gefiele. Dabei hätte er immer angenommen, ich würde Liedgedichte wie solche Li Houzhus schreiben, dass das mein Geschmack wäre ... „Jetzt kann ich dich Heroine nennen –, du bist ein wahrer Recke, dabei aber eine Amazone –", lachte Herr Lehrer. „Du weißt bestimmt von dem Vorfall der Rabenterrasse?" Ich antwortete, dass ich nichts davon wüsste.

„Na, dann erzähle ich dir jetzt mal davon. Die Rabenterrasse ist das kaiserliche Zensorat, der Ort, in dem damals die Prüfbeamten und die Ermittler saßen. Während der nördlichen Song Dynastie war der Innenhof dieser Behörde dicht mit Zypressen bestanden. In dem Geäst der Bäume nisteten die Raben. Deswegen wurde das Amt Rabenterrasse genannt. Als Su Shi seinen Staatsdienst in Huzhou in der Provinz Zhejiang antrat, reichte er bei seinem Kaiser eine Throneingabe ein, um ihm seine Dankbarkeit zu zeigen. Eine solche Biao ist die literarische Gattung, derer sich der Staatsbeamte bediente, um seinem Kaiser Treue und Loyalität zu erweisen. Das weißt du gewiss, nicht wahr? Die Biao-Schrift wurde zum Corpus delicti. Es war eigentlich nicht der Fall, dass an der Throneingabe etwas auszusetzen war. Jedoch die ihm feindlich gesonnenen Kollegen gaben sich alle Mühe, den Sinn der Worte darin zu verkehren. Mit Absicht missinterpretierten sie das Geschriebene und schmückten die Inhalte auch noch aus. Das Zensorat kritsierte scharf, dass er vermessen und respektlos den Hof verspottet hätte. Dass er Lügen verbreitet und unnachgiebig im kritische Reden geführt hätte, dass er sich starrköpfig und falsch verhielte. Mit dem Ergerbnis, dass man ihn deswegen zu einer Gefängnisstrafe verurteilte. Su Shi war gegen die radikalen Reformmaßnahmen, die Wang Anshi anstrengte. Er vertrat aber auch nicht die Ansichten des Sima Guang, der die neuen Gesetze komplett abschaffen wollte. Er bewegte sich zwischen den Stühlen und wurde deshalb von beiden Seiten geächtet. Als er ins Gefängnis geworfen wurde, war er der Meinung, dass er bestimmt im Kerker sterben würde. Später begann er, Gedichte zu schreiben, in denen er den Hof lobpries. Er konnte bewirken, dass die Kaiserinmutter und ihre Anhänger sich für ihn stark machten und das Disaster von ihm abwendeten. Dennoch wurde er in die Verbannung nach Huangzhou in Hubei geschickt. Als er dort lebte, schrieb er in einem Brief an seinen Onkel, dass er „alle Kontakte abbräche, die Türen für jedermann verschlossen hielte, in seine Strohsandalen schlüpfte, seinen Nachen bestiege und draußen in den Bergen und am Wasser bliebe. Die, mit denen er hin und wieder noch zusammenarbeiten würde, wären Holzfäller und Fischersleute." Es ist genauso, als würden wir dich aus Taipei wegholen und hinaus aufs Land schicken, und dann müsstest du dort klarkommen. Verstehst du, was ich meine?" - „Ich verstehe, Herr Lehrer," erwiderte ich sofort, und ich dachte sogleich an Cuifeng, die jetzt den Schweinestall ausmistete, Bambuskörbe flechtete und auf dem Acker die Erde mit dem Spaten umbrach, und an alles, was sie mir vom Lande erzählt hatte, wie Shaoji mit seinem Vater auf dem Wasserrad saß und, während beide in die Pedalen traten, die Leute erzählen hörten, wie unsere Freiwilligensoldaten von den japanischen Soldaten erschossen, abgeschlachtet, geköpft und nicht einmal beerdigt wurden. Dann waren da noch Ajie und die anderen, die innerhalb der Bauernvereinigung Ananasfelder und Zuckerrohrfelder bestellt hatten und die dann Streit bekommen hatten, weil man ihnen die Felder wegnehmen wollte.

„Wenn ich Su Shi wäre, würde ich wahrscheinlich für gar niemanden mehr erreichbar sein. Ich wäre bestimmt unfähig, mit den Holzfällern zusammenzuhocken." - „Su Shi wurde während seines Lebens zweimal in die Verbannung geschickt. Das zweite Mal verbannte man ihn auf die Insel Hainan. So ein rückständiges Überleben in der Wildnis am Rande des chinesischen Reichs war vielleicht nur wenig besser als im Gefängnis zu sein", fuhr mein Lehrer fort: „Als er aus Hainan nach Hause zurückkehrte, starb er im Jahr darauf. Vielleicht waren es die Folgen des rauen Lebens in der Wildnis … Su Dongpo war von Natur aus ein heiterer, freimütiger und unvoreingenommener Mensch. Er sagte von sich selbst, er besäße *Größe wie ziehende Wolken und fließendes Wasser*. Von Anfang an in keine Form zu pressen, aber handelnd, wenn zu handeln ist, und in jedem Fall innehaltend, wenn Stopp sein müsse. Nun ist und bleibt der Mensch ein Mensch, und auch, wenn er einen grenzenlos weiten Geist besitzt, wird er immer gezwungen sein, beharrlich Stellung zu beziehen. Zum Beispiel fragte er seinen Angestellten, als er Wissenschaftler an der Hanlin Akademie war, wie er denn zu seinen Werken stünde, wenn er sie mit denen von Liu Yong vergliche. Der antwortete: Die Gedichte vom Junker Liu passen gut zu siebzehn- oder achtzehnjährigen Mädchen, die mit Paiban-Klappern aus rotem Sandelholz von sanfter Brise und Sichelmond an Pappeln und Weiden bestandenen Ufern singen. Gelehrtengedichte für Hochschulabsolventen müssen beim Hangu Pass der westlichen Han gesungen werden, und demnach begleitet durch die bronzene Pipa und der Takt mit metallenen Klappern geschlagen. Dazu sollte das Ci-Gedicht „Der Yangzijiang gen Osten fließt" gesungen werden.

„Herr Lehrer, so verstehe ich es besser. Wenn eine wie ich behauptet, dass sie Kühnheit und Schneid des Su Dongpo liebt, kann es sich eigentlich lediglich um eine Sehnsucht im Herzen handeln, die sie zu solchen Behauptungen treibt. Denn ich bin ja wie ein siebzehn-, achtzehnjähriges Mädchen, und nicht zu mehr fähig, als zum Takt, mit Klappern von rotem Sandelholz geschlagen, von sanfter Brise und Sichelmond an Pappeln und Weiden bestandenen Ufern zu singen. Zu mehr tauge ich nicht." - „Aber nicht doch, Jadeblüte! Schwester! Yuying! Wie kommen Sie darauf, dass ich eingenickt sein könnte? Ich habe mir nur gedacht, ich vermeide mal besser, dass Sie durch mich abgelenkt werden. Die Organisation hat mir doch aufgetragen, mich gut um Sie zu kümmern", lachte Yayun, während sie so sprach …

Ich hörte, wie sie so sprach. Es hörte sich für mich grauenvoll an. „Deine Organisation hat dir aufgetragen, dich gut um mich zu kümmern? Von welcher Organisation sprichst du?"Als ich über Yayun, nachdem sie bei dem Herrn Lehrer eingenickt war, gelacht hatte, antwortete sie mir in einer Art und Weise, bei der ich rein gar nichts mehr verstand. Als wir das Haus des Herrn Lehrer verließen, konnten wir endlich entspannt durchatmen und bekamen beste Laune. „Yayun, lass uns beide hier untertauchen, damit man uns nicht findet." Also begannen wir, umherzukurven und gingen extra lange Strecken. Diesmal hatten wir uns wirklich ganz schön weit entfernt und waren vom Laufen müde geworden. Tatsächlich hatten wir uns verlaufen und waren bei einer besonders ordentlichen, sauberen Straße angekommen. Wenn wir uns Zeit ließen und genau in Augenschein nahmen, wo wir uns befanden, erschien uns die Gegend und auch die Straße nicht fremd. Waren wir nicht in der Straße der Handelshäuser angelangt? Wir selbst hatten dieser Straße den Namen Handelshausstraße gegeben, weil sich hier ein Handelshaus an das andere reihte. Wie der wirkliche Name der Straße war, wusste ich nicht. Sie schickten ein Auto, das uns abholen sollte. Es fuhr auf der einen Seite in die Straße hinein, während wir vom anderen Ende der Straße hereinkamen. Die Handelshausstraße war gut wiederzuerkennen, weil die Häuser alle anders als die in gewöhnlichen Straßen aussahen. Sie war auch nicht besonders breit, aber diese westlich aussehenden Handelshäuser zu beiden Seiten der Straße sahen alle eins wie das andere aus. Es waren zweistöckige Gebäude mit roten Backsteinpfeilern in den Arkadengängen der Fassade. Sie waren ordentlich nebeneinander aufgereiht, sauber und luftig anzusehen. Es gab keine wedelnden Nasenschilder, und auch keine Menschen oder Autos und Fuhrwerke, die den Weg versperrten. Referatsleiter Wang hatte erzählt, sie würden hier Zucker, Reis und Campher verkaufen, und Gewebe, Stoffe aus Baumwolle und Wolle, einkaufen. Diese Waren müssten alle mit Fuhrwerken transportiert werden, und wenn man sich für den Transport auf Lastschiffen entscheiden und verlassen wollte, müsste man gut vernetzt sein. Auch würden hier Ausländer und Taiwaner gemeinsam Finanz- und Versicherungsgeschäfte machen. Ich begriff nicht recht, wobei es sich bei den Finanz- und Versicherungsgeschäften handelte. Es hatte mit mir nicht das Geringste zu tun. Wenn Referatsleiter Wang sprach, nickte ich immer lächelnd. Wenn ich ihm zuhörte, reichte es ja.

Wir fragten uns durch, bis wir die gesuchte Einkaufsstraße fanden. Yayun und ich bummelten durch die Geschäfte und schauten uns die Auslagen an. Es war eine wirklich lange Straße. Hier waren alle möglichen Geschäfte zu finden, Lebensmittel, alles was man so brauchte, Kleidung und Nippes, Ansprechendes fürs Interieur, Arztpraxen und Apotheken. Die Nasenschilder waren mit chinesischen Schriftzeichen, aber auch mit japanischer Schrift bestückt. Alle paar Meter sah man Rikschas, die darauf warteten, Fahrgäste mitzunehmen. Es war Nachmittag, und es waren nicht viele Leute unterwegs. Unter der Traufe des Laubengangs waren auf der Seite zur Straße dicke Betonpfeiler. Sie bildeten auch den Zusammenschluss der einzelnen Arkaden vor den Ladengeschäften. Zwischen Pfeiler und Pfeiler der einzelnen Arkaden waren immer viele Fahrräder abgestellt. Von klein auf hatte ich mir immer gewünscht, Fahrrad fahren zu lernen. Aber es war mir immer verwehrt gewesen. „Wozu soll das gut sein, wenn Mädchen Fahrrad fahren lernen?", erwiderte Mutter auf meinen Wunsch, und das hieß natürlich, dass sie es mir nicht erlaubte. Sie empfand es als unschicklich, wenn Mädchen in die Pedalen traten und Fahrrad fuhren. Ich fand, dass ich mich dabei frei fühlen müsste. Wenn ich über zwei Räder befehligen könnte, sie vorwärts rollen hieße und damit überall hinführe. Das müsste Spaß machen und sich gleichzeitig magisch anfühlen. So stellte ich mir das immer schon vor.

Dann gingen wir in ein Schuhgeschäft. Es war ziemlich schummrig im Laden. Außer uns waren auch keine weiteren Kunden da. Der Geschäftsinhaber hatte die Brille auf der Nase und las die Zeitung, während er zuließ, dass wir uns ungestört alles anschauten. Herren- und Damenschuhe waren getrennt voneinander aufgestellt. Weil viel

Ware vorhanden war, stand sie dicht an dicht. Auch hatte sich etwas Staub auf den Schuhen abgesetzt. Ich schaute sie mir Paar für Paar alle an. Entweder sah die Farbe komisch aus oder sie waren zu altmodisch. Oder es waren unmöglich langweilige Schuhe, nichts dran, was irgendwie einen Hingucker wert gewesen wäre. „Fräulein Jadeblüte, Fräulein Yuying!" Ich wandte mich um, und sah, wie Yayun ein paar cremefarbene Stöckelschuhe hoch in die Luft hielt. „Sehen die nicht genauso aus wie das Paar Schuhe, das die Frau auf dem Bild in der Zeitung getragen hat?" - „Stimmt. Dass es sowas gibt! Mit Pfennigabsätzen. Die sehen aber hübsch aus! Da schaut man nur die Schuhe an und findet sich schon vom bloßen Anschauen anmutig werden." - „Ich probiere sie mal an! Oh, sie passen ganz genau!" - „Fräulein Jadeblüte, lassen Sie uns die kaufen, ja? Sie sehen zu Ihrem weißen, weit geschnittenen Seidenbrokat-Cheongsam sehr gut aus. Sie passen genau zu den weißen Perlen. Es ist, als wären sie passend dazu entworfen."

PINGGU

Ich war dabei, dir im Laderaum des Schiffs ein Paar dunkelgraue Büxen zu nähen. Deine alten hattest du so lange getragen, dass ihnen am Saum schon die Barthaare wuchsen. Selbst bei so ausgefransten Hosen wolltest du dir keine zwei Paar neue nähen lassen. Du sagtest, dass die alten gemütlicher zu tragen wären. Das ist ja nicht von der Hand zu weisen. Dennoch kann nicht alles nach deiner Denke gehen. Wenn wir unsere Lebensführung immer deinen Vorstellungen entsprechend ausrichten würden, könnten alle Baumwollbauern, Spinnereien, Webereien, Tuchhändler, Schneider und Konfektionäre für Ober- und Unterbekleidung pausieren. Für die gäbe es nichts mehr zu tun. „Du hörst solche Reden nicht gern? Lass deine anderen Frauen die Näharbeit für dich machen und liege mir nicht in den Ohren, dass dir die steifen Hosen unangenehm wären. Horch! Dayuan bellt komisch. Heute haben wir zwar etwas mehr Seegang, aber es gibt deshalb keinen Grund, so komisch zu bellen." Sowie ich die Türe öffnete, schlug mir der Wind entgegen. Ich wich abrupt vor der Kälte zurück. Dayuan bellte nicht nur. Er rannte durch den Wind. Die braunen Haare hatte er aufgestellt. Er zitterte am ganzen Fell, als wolle es sein Leben. Seine beiden Ohren hielt er hoch aufgestellt. Als er mich kommen sah, rannte er noch wilder auf und ab und bellte noch viel aggressiver. „Chefin, dein Hund ist durchgedreht. Er kläfft ohne

Grund." Einer aus dem Grüppchen der Männer, die zusammen am Kartenspielen waren, hatte das gesagt. „Halt den Mund! ", schimpfte ich ihn an und sagte ihm: „Wenn du Dayuan durchgedreht nennst, heißt es nichts anderes, als beschimpftest du mich als durchgedreht. Ich werde dich schon lehren, wie es sich anfühlt durchzudrehen." Ich sagte mir, Dayuan muss etwas gespürt und gesehen haben. Darauf hätte ich meinen Kopf verwettet. Ich lief an Steuerbord los und das ganze Schiff entlang, denn ich wollte herausbekommen, was los war. Doch Dayuan sprang sofort zu mir hin und zog mich an meinem Hosenbein mit sich nach links runter fort. Ich ging mit ihm mit. … „Aha! Da ist also doch was faul!", sagte ich, ging in die Hocke und nahm Dayuan in den Arm. Da sah ich mal wieder, dass ich mich nicht umsonst so lieb um ihn kümmerte. Ich strengte meine Augen, so gut ich konnte, an und erkannte so eben, wie zwei Männer in einem kleinen Boot dabei waren, mit unserer Dschunke auf Tuchfühlung zu gehen. Ihnen folgte bestimmt ein großes Schiff, heimlich, in aller Stille …

Ein Tau wurde ganz nah an der Schiffswandung herabgelassen. Kurz bevor die Tauspitze ins Wasser eintauchte, holten wir das Tau wieder ein und zogen die beiden Kerls hoch an Bord. Sie sahen völlig erschöpft und kraftlos aus. Sie hatten nichts an Waffen bei sich und benehmen konnten sie sich auch. Ich wies meine Leute an, ihnen Reis mit zwei Stücken fetten Fleisches zu essen zu geben. Sie aßen wie zwei gerade dem Hungertod entronnene Teufel mit lautem Schmatzen und Schlucken. Da gab es keinen Zweifel, es war die Hungersnot. Sie sagten, sie wollten Reis von uns ausborgen. „Ist auf dem Schiff der Hunger ausgebrochen?" Die Sache lief merkwürdig. Leute, die zur See fahren, leiden keinen Hunger. Seit Anbeginn aller Zeiten ist das schon immer so. „Dürrer Affe, greif dir mal deren Anführer raus und bring den hierher, damit wir ihn ausfragen können", riet ich. Du nicktest zustimmend. Die beiden Männer ruderten zurück und kamen zu Dritt wieder. An der Schiffswand wurde wieder das Tau hinabgelassen und, als es fast ins Wasser ragte, wurde es eingeholt und die drei Männer, baumelnd am Tau, an Bord gezogen. „Ich traue meinen Augen nicht! Bist du nicht der Alte Marschall Zhang?", riefst du. „Guo Ming? Bist du Guo Ming?"

Dürrer Affe, erst später hattest du mir alles erzählt, so dass ich begriff. Es war der Alte Feldmarschall Zhang, der mal eine kleine, miese Schweinebande anführte, und damals nur angetreten war, dich zu

171

schikanieren! Er behandelte dich damals abfällig, brachte dich in Diskredit, weil er sah, dass du dünn und kleinwüchsig warst. Das ließ ihn nicht los. Jede Minute, die er dich nicht pisackte, wurde ihm so zur Qual, dass er sich am ganzen Körper unwohl fühlte. Alle Nachbarn auf den Hausbooten glotzten, von wegen, dir ginge die Arbeit nicht leicht von der Hand. Wenn du an Land gingst, um Rifffisch, diese roten Kaninchenfische, zu verkaufen, oder deiner Mutter das Feuerholz ins Boot nachhause trugst, versteckten sich seine bösen Buben hinter den verfallenen Lehmgemäuern. Wie ein Rudel Jagdhunde, die einem Kojoten auflauerten. Wenn du dann vorbeikamst, kriegtest du plötzlich Baumgeäst voller Laub durchs Gesicht gewischt, straucheltest, gingst zu Boden, aber warst nicht schnell genug, um zu erkennen, wer dich zu Fall gebracht hatte.

Keine zwei Happen hättest du schlucken können, so schnell waren die Schläger da, die dich prügelten und mit Füßen traten, und die, so schnell, wie sie aufgeschlagen waren, mit Gebrüll und Krawumm wieder von dannen waren. Du konntest dir nur mit den Armen den Bauch halten, mit am Oberkörper hervorstehenden Knochen, ein Bein nachziehend, mit blutender Stirn zurück ins Hausboot humpeln. Die Mutter meinte noch fälschlich, du hättest so wild gespielt, dass du dich anderen zum Feind gemacht hättest. Sie schimpfte dich lauthals aus. Nach einiger Zeit hörtest du andere reden, all das wäre dem Alten Marschall Zhang geschuldet, der böse Buben zu diesen miesen Spielchen aufwiegelte. Du gingst hin, fordertest ihn zum Zweikampf heraus, aber er verkloppte dich dermaßen, dass du auf eurem Boot unter dem Verdeck den ganzen Herbst über flach lagst. Nicht mal deine Notdurft zu verrichten, schafftest du. Deine Mutter musste dir dabei helfen. Die Wut über die Niederlage schlucktest du natürlich nicht einfach hinunter. Wenn du erst wieder ranntest, klettertest und kröchest, würdest du, und kostete es dein Leben, rächen, dass er dir diese Schmach angetan hatte. Einen Monat später tauchtest du, es war eine Nacht mit von schwarzen Wolken verhangenem Himmel, unter das Hausboot der Zhangs, um unter dem Boot mit Hammer und Meißel ein Loch in den Unterboden zu stemmen. Dann würdest du dem Alten Marschall dabei zusehen, wie dessen Boot am nächsten Morgen schräg auf dem Wasser trieb. Wer hätte gedacht, dass du genau an der Stelle hämmertest, wo er auf der Oberseite sein Ohr beim Schlafen liegen hatte.

Er weckte die ganze Familie und eine Unzahl der Hausboot-Nachbarschaft noch dazu, als er schrie: „Noch vor Anbruch der Morgendämmerung werde ich dich eiligst zum Mandarinat vor Gericht schleppen."

Deine Mutter stieg von Hausboot zu Hausboot. Angekommen kniete sie nieder, um Gnade bettelnd. Beim Kotau hörte man ihren Kopf deutlich auf den Boden stoßen. Ihr war klar, dass du diesmal nicht so einfach davonkämst und sie dich entweder tot oder halbtot nach Hause tragen würde. Dabei hatten sie dich zum Narren gehalten. Dein Kopf und dein Bauch hatten dir nur gesagt, dass du Gerechtigkeit für dich einfordern würdest. Die Erwachsenen hatten Bedenken, dass daraus eine große Sache gemacht würde und man ewig damit zu tun hätte, deshalb gestanden sie diesen Kuhhandel vor den Ältesten. Die wogen eins gegen das andere ab und befanden, dass sie damit nicht vor Gericht ziehen wollten. Denn die Erniedrigung des Alten Marschalls würde dein Vergehen aufwiegen und ihr wäret somit quitt. Deine Mutter führte dich nachhause zurück und der Alte Marschall mit seinen Kumpanen wurden gerügt und verwarnt. Sie mussten bis nach Chinesisch Neujahr abwechselnd für euch Wasser und Feuerholz schleppen.

„Nun sag, Alter Marschall, was ist los bei euch?" - „Guo Ming, nenne mich einfach alter Zhang. Die Sache ist doch längst über dreißig Jahre her", antwortete der mit verhutzeltem Gesicht. Es schien, als besäße er nicht mehr die Kraft, gerade zu stehen. Ich hieß einen meiner Männer, ihm einen Stuhl bringen. Unter größter Anstrengung redete der Alte Marschall mit stockenden Worten. Wir mussten genau hinhören, damit wir begriffen, was er sagte. Der Grund wäre die kaputte Maschinerie seiner Dschunke und, dass sie sich seitdem nicht mehr steuern ließe. Der Monsun hätte sie fort in eine Bucht mit einer Steilküste getrieben, worin sie jetzt festsäßen. Über vierzig Tage schon kämen sie nicht mehr vom Fleck. Sie wären 89 Leute an Bord, 89 Bäuche, die gefüllt werden wollten. Sie konnten den Weizenvorrat im Schiffsraum nicht auffüllen. Konnten kein Wasser nachfüllen. Selbst die Ratten und Mäuse hätten sie bis zur letzten alle gefangen. Das Wasser in der Bucht wäre so klar, wie hätten sie Fische fangen sollen? Das Seegras wüchse in großer Tiefe und in solcher Länge, dass, wenn sie es gepflückt hätten, sie aus diesem Dschungel nie wieder herausgefunden hätten. Sie hatten immer wieder versucht, die Dschunke zu bewegen, immer mit dem gleichen Ergebnis. Wenn sie Beiboote auf die große Wasserstraße schicken wollten, um Hilfe zu holen, waren sie auf freundliches Wetter und das Gutdünken des Himmels angewiesen. Wenn sie hinausgefahren wären, wäre ihr kleines Boot von den großen Schiffen oftmals gar nicht gesehen worden. Sie hätten sich ihre Rachen blutig geschrien, aber es hätte nichts genützt. Und es wäre zuweilen vorgekommen, dass die großen Schiffe zwar auf die Hilfesuchenden aufmerksam geworden wären, sie aber ignoriert hätten. Sie wären vor ihnen, ihnen an der Nase vorbei, gefahren. Sie selbst hätten ihnen dabei mit großen Augen zugesehen, wie ihre Hoffnung davonsegelte. Wie konnte es auf der Welt nur so grausige Sachen geben! Den auf dem Schiff Erkrankten blieb nur, unter Stöhnen den Tod zu erwarten. Das musste der Wille des Himmels sein, was sonst? Der Alte Marschall musste sich erstmal zusammenreißen, um wütend zu werden. Da war die Dschunke doch tatsächlich bei prächtigem Wetter zwischen den großen Felsen so verkeilt, dass sie nicht mehr hinaus konnte. So dass die Menschen auf dem Schiff verhungern mussten. Sowas gabs doch gar nicht …? So etwas war wider alle Logik!

„Moment mal, Alter Marschall Zhang. Treibt dein Schiff etwa nicht auf dem Wasser? Wie kommt es, dass du sagst, dass es zwischen den Felsen feststeckt?", fragte einer der Kerls, die ihm beim Erzählen der ganzen Geschichte zugehört hatten. „Das ist erst vor zwei Tagen passiert! Da hat sich die Erdschildkröte gedreht!" Es war ein Beben, dass durch den Meeresgrund bis hoch in die Felsen ging. Das Kliff erzitterte mit einem großem Ruck und zerbrach dadurch viel Felsgestein. Unser Schiff geriet dabei in Bewegung und erst so wurde es möglich, dass wir es schafften, hinaus zu schwimmen. „Bitte rette uns Guo Ming, meine Besatzung und mein Schiff liegen ganz in deiner Hand", hatte der Alte Marschall Zhang zu uns gesprochen. Jetzt war er damit zuende und ließ kraftlos den Kopf hängen. Ich ließ ihm zu essen und zu trinken bringen. Diese verfressene Art wollte so gar nicht zu einem Generalkommandeur passen, der gutaussehend sein musste, beste Haltung und Größe zeigene und jederzeit Abstand bewahrte.

„Dürrer Affe, ich traue dem Braten nicht. Die Beamten haben ihre Spitzel überall. Woher willst du wissen, dass dieser plötzlich aufgetauchte Marschall kein Betrüger ist? Wir müssen den Abstand, den wir jetzt haben, beibehalten, denn die großen Kanonen können nicht so weit schießen. Ich werde erstmal zusammen mit Dayuan und ein, zwei bewaffneten Jungens aus unserer Crew zu dem Schiff des Alten Marschalls hinfahren und mich vor Ort umschauen." Ich bestieg also das Schiff des Alten Marschalls. Die öde Wüstenei auf der Dschunke war keinen Deut besser als wie es auf einem Geisterschiff aussehen musste. Das Deck hatte Riesenlöcher, die von zerbrochenen Planken herrührten, und alles starrte vor Dreck und Unordnung. Die Kanonen zusammen mit dem Schiffslafetten waren in Schräglade gegangen. Die Maste waren umgekippt. Die Taue lagen kreuz und quer ineinander verdreht. Überall lagen Felsbrocken verstreut herum. Viele der Männer lehnten mit ihren ausgezehrten Leibern am Schanzkleid, manche kauerten an den Bütten. Man konnte nicht sehen, ob sie noch lebten oder schon tot waren. Keiner nahm Notiz von uns. Als wir hinab in die Kajüte stiegen, schlug uns Gestank entgegen. Niemand hatte mehr Dreck weggeputzt. Unter dem Wok in der Kombüse klebte eine dicke Schicht schmieriger Belag. Der Herd war über und über von Mäusedreck bedeckt. Die Sprossenfenster waren verrottet und zerbrochen. Pfannenspatel und Kellen lagen verstreut übereinander. Die Truhen bedeckte eine dicke Schicht Staub. Kakerlaken gab es nicht. Sie waren wohl aufgegessen worden. Wären die Flöhe etwas dicker geratene Tiere, wäre die Mannschaft wohl nicht verhungert. „Dürrer Affe, lass uns die Dschunke abschleppen und zum Nachschublager bringen. Die hier ist erledigt." - „Mach das. Der Alte Marschall bleibt hier auf unserer Dschunke. Ich muss ein Auge auf ihn haben, die anderen aus der Crew verteilen wir auf unsere Flotte. Wir müssen mit allem rechnen. Nicht, dass die uns, wenn sie sich satt gefuttert haben, noch in die Pfanne hauen."

AQIN

Das Fahrrad wog ja selbst schon viel. Fuhr man damit auf der Straße bergan, musste man sich beim Fahren mit aller Kraft in die Pedalen stemmen. Hei Yuan und ich stiegen ab und gingen zu Fuß weiter. Erst da bemerkten wir, dass A-Muâi in dem Rattansitz, der auf der Stange festgemacht war, eingeschlafen war. Sie trug einen kleinen Hut und hatte wie immer geschwitzt. Also nahm ich mein Taschentuch, wischte ihr den Schweiß ab und fächelte ihr Luft zu. Bevor es nochmal bergab ging, stieg Hei Yuan wieder aufs Rad und setzte sich auf den Sattel. Hinter dem dreieckigen Ledersattel hatte das Fahrrad einen Gepäckträger, worauf man seine Siebensachen mitnehmen konn-

175

te. Ich nahm quer zur Fahrtrichtung auf dem Gepäckträger Platz. Es war sehr unangenehm, so zu sitzen. Als das Rad bergabwärts rauschte, hatten wir ganz schön viel Fahrtwind. Diese kleine Abkühlung ließ uns etwas fröhlicher werden. In Hamasen war nun viel mehr los als zu der Zeit, in der wir hergezogen waren. Alle Ladewagenrikschas, Schubkarren, Lastenkulis waren voll mit Paketen beladen. Motorisierte Lastwagen ohne Verdeck hatten noch mehr Waren geladen. Man wusste auch nicht, wo das alles hin verschifft wurde. In Hamasen gab es jetzt ordentliche und breite Straßen, die Schulen, die Gebäude der Raiffeisen-Gesellschaft und die Amtsgebäude befanden sich gut einsehbar, großzügig geschnitten und pieksauber an den besten Standorten. Die Straßen säumten Tuchhandlungen, Geta-Schlappen-Handlungen, Schuhgeschäfte, Apotheken für traditionelle Kräutermedizin, Porzellangeschäfte… Es gab so viel zu sehen, dass man sich niemals sattsehen konnte. Die Leute, die kleine Besorgungen oder Einkäufe tätigten, sahen alle aus, als hätten sie massenhaft viel Zeit. Sie schlenderten gelassen in den Arkadengängen mal hin, mal her.

Weil es auf Mittag zuginge, sagte Hei Yuan, wäre es unpassend, bei unserem großen Bruder hereinzuplatzen. Weiter sagte er: „Sie behalten uns dann zum Essen da, aber können sich nicht darauf vorbereiten, weil sie vorher nicht Bescheid bekommen haben, dass wir kommen. Dann wird der Besuch nur Schikaniererei." Hatte er vergessen, was er immer mit mir machte? Er lud seine Freunde ein, ohne dass ich ein Fünkchen Vorlauf hatte, gerade wie er wollte, und ich musste ihnen dann Essen vorsetzen … Das dachte ich im Stillen, aber ich verzichtete darauf, mit ihm deswegen zu streiten. Hei Yuan bog in eine kleine Straße ein, dann in einen schmalen Gang, bis wir vor einem Imbissstand anhielten.

Der Stand war neben einem Holzhaus aufgebaut. Im hinteren Teil des Hauses wurde gewohnt. Man konnte durch das einen spaltbreit geöffnete, holzgerahmte Glasfenster in den Raum hineinsehen. Auf der linken Seite war eine Zementwand. Eine verrostete Wasserleitung, die von der Traufe von oben nach unten in den Wassergraben vorm Haus reichte, leitete das Wasser vom Dach nach unten in den Gossengraben. Der Zulauf in den Graben war feucht und dunkel, auch krabbelten dort ein paar Kakerlaken. An der Zementwand standen zwei Kochherde mit Woks auf den Herdstellen. Wenn man von vorn auf den Imbiss schaute, sah man auf ein großes Brett, eine Arbeitsplatte längs des Stands. In den Schränken über dem Brett gab es verschiedene Sorten eingelegten Gemüses, und auf dem Schrank obenauf eine Schüssel, in der Hühnereier aufbewahrt wurden. Der Wok auf der Herdstelle neben dem Schrank hatte eine kohlrabenschwarze Schmutzschicht, eine, die sich scheinbar nicht mehr wegputzen ließ. Der Imbissstand war rechtwinklig. Zwei Zwillingsschwestern kochten die Speisen, und es gab nur vier Sitzplätze. Die zwei Jugendlichen, die vor uns eingetroffen waren, waren bereits beim Essen, so dass nur zwei Plätze übrig waren, die wir bekamen. Ich nahm A-Muâi auf den Schoß. Hei Yuan bestellte für uns Reis mit Hackfleischsoße und Fischklösschensuppe. „Da hast du ein entzückendes Töchterchen zur Welt gebracht, tolle Leistung!", sagte eine der Zwillingsschwestern zu mir. Ich lächelte freundlich. Hei Yuan hob nicht mal den Kopf, er kümmerte sich nur um sein Essen. A-Muâi war ja nicht von ihm. Ich wusste nicht, was er dachte, als er das hörte. Ich wagte es nicht, den Kopf zu drehen und zu ihm rüber zu schauen. Ich wusste nie, was er dachte. Er fragte mich auch niemals nach meiner Meinung zu den Dingen, die so passierten. Dass man ein Kind hatte, war für andere eine Freude; pures Glück. Für uns aber war es so schwer, dass es nicht auszuhalten war. Dass das so war, hätten andere niemals begriffen. Als A-Muâi fast zwei Jahre alt war, wurde ich wieder schwanger. Aber ich sagte Hei Yuan nichts davon. Er würde es ja sowieso wissen, wenn er sah, dass mein Bauch dick würde.

Das Haus unseres großen Bruders hatte hohe Decken und große Zimmer. Es war angenehm kühl drin. Die zwei Männer sprachen zusammen. Solange gingen ich und meine Schwägerin nach hinten in die Küche, um Melone zu schneiden. „Besucht ihr Rui Xing oft?", fragte meine große Schwägerin. „Es wäre uns peinlich, ihnen häufig auf die Nerven zu gehen. Deren Geschäfte laufen so gut, dass sie immer viel zu viel Arbeit haben." - „Ich habe gehört, dass sie nicht nur ein Holzfuhrunternehmen haben, sondern auch Tuche und Lebensmittel transportieren." Das Haus, bei dem unser zweiter Bruder beim Hausbau mitgeholfen hatte, war zu klein geworden. Deswegen hatten sie die unbebaute Fläche neben ihrem Haus dazugekauft, um an diesem Ort eine Halle zu errichten, die als Warenlager zu nutzen wäre. Bei unserem großen Bruder gingen immer alle möglichen Leute ein und aus. Nicht mal ein kurzes Gespräch war willkommen. Ich unterhielt mich mit meiner großen Schwägerin, während ich gleichzeitig damit befasst war, mit meinen Essstäbchen die Melonenkerne aus dem Melonenstücken herauszupflücken, bevor ich sie A-Muâi in den Mund schob.

„Rui Yuan ist starrköpfig. Wir wollten, dass er zu Rui Xings Familie geht. Er kann da doch arbeiten. Aber er will das partout nicht machen." - „Er sagt, er wolle nicht, dass die Leute sagen, er sei auf seinen Bruder angewiesen, damit er seine Familie satt bekommt ..." - „Schließlich ist es doch so, das sagen nämlich alle, bei Rui Xing verdient man auch nicht mehr als anderswo. Aber es ist doch immer noch besser, als nach Fangliao zu segeln und von dort Backsteine hierher zu schiffen. Und wenn das Wetter umschlägt, dann gar nicht rauszufahren. Dazu kommt, dass man sich alle paar Monate umschaut, wie und ob man fischen fahren könnte. Wirklich mühsam und nicht mal verlässlich." A-Muâi aß Melone und bekleckerte sich so, dass sie vor Melonensaft triefte. Ich nahm sofort einen Lappen, tauchte ihn ins Wasser, wrang ihn aus und wischte sie sauber. Da hatten mein großer Bruder und meine große Schwägerin also bereits über einen Arbeitswechsel Hei Yuans gesprochen. Und mir war alles komplett unbekannt.

Die Straße war asphaltiert, und ich hoffte so sehr, dass sie auch unseren schmalen Gang asphaltieren würden. Wenn Wind aufkam, wehte der Staub in jede Richtung und setzte sich in jede Ritze. Obschon wir doch Fenster und Türen fest verschlossen hielten, waren alle Spalten und Löchlein mit Staub gefüllt. Unsere Tatamis musste ich deshalb mit einem feuchten Lappen von oben bis unten und sogar die Unterseite der Tatamis abwischen. Wenn die kleine Gasse asphaltiert würde, müsste sich das doch bessern. Die Nachbarn von gegenüber hielten sich Hühner. Manchmal kamen die aus ihrem Käfig herausgerannt und hinterließen dann überall ihren Hühnerdreck. Wenn diese Schiete in der Sonne trocknete, war es ja noch erträglich. Aber ein richtig ekliges Gefühl war es, wenn man den feuchten Hühnerschiss unter den Schlappen kleben hatte. Die Nachbarn sagten nichts und mir war es unangenehm, zu ihnen rüber zu gehen und ihnen das Problem zu erklären. Wenn unser kleines Gässchen asphaltiert würde, könnte sich der Hühnerdreck nicht mehr mit dem Sand vermischen. Würde dann alles schlimmer? Oder wäre so ein Hühnerschiss auf dem Asphalt in der Sonne viel schneller trocken? Es war kurz nach Mittag, zu einer besonders stillen Stunde, als der Himmel sich plötzlich verdunkelte. Es regnete. Dann kam der Donner. Ich beeilte mich, die im Hof vorm Haus zum Trocknen aufgehängte Wäsche reinzuholen. Sie war noch feucht, also blieb mir nichts andres übrig, als sie über unsere Möbel zu hängen und dort notdürftig auszubreiten. Unser Haus sah dadurch ganz schön verrückt aus. Unsere Holzfenster funktionierten nicht zuverlässig. Manchmal ließen sie sich gut schließen, aber häufig war es so, dass man mit aller Kraft ziehen musste, bis man sie endlich zuhatte. An Regentagen machte es sich besonders bemerkbar, dass sich das Holz verzogen hatte. Die Fenster klemmten furchtbar. Mein Gesicht und mein ganzer Kopf waren vom Regen bereits durchnässt, wenn ich es endlich geschafft hatte, sie zuzumachen. Ich musste A-Muâi wecken, damit sie heute Abend nicht etwa, weil sie nicht einschlafen konnte, den ganzen Abend maulig sein würde. Als ich mich über sie beugte, merkte ich, dass sie fieberte! Sie hatte ein hochrotes Gesicht und war kurzatmig. Ich kriegte einen solchen Schreck, dass mir Knie und Handgelenke weich wurden. Ich wollte so gerne weinen, ohne dass eigentlich ein Grund vorlag. Aber die Angst schnürte mir so die Kehle zu, dass mir die Kraft zum Weinen fehlte. Ich sagte mir, dass ich mich konzentrieren müsste, um zu entscheiden, was ich jetzt täte. Mein Entschluss, den ich sofort gefasst hatte, war, dass das Kind zum Arzt musste. Aber wie sollte das gehen? Draußen gewitterte es, es regnete in Strömen. Hei Yuan war nicht da. Chunmei war zu weit weg. Richtig! Ich musste zu meiner Nachbarin Azhu gehen.

Ich packte A-Muâi von Kopf bis Fuß dick ein und nahm sie ganz fest auf den Arm. Azhu hielt mir den Schirm. Im Gegenwind, der Regen schlug uns direkt ins Gesicht, marschierten wir schnellen Schritts auf die große Straße. Der Regen prasselte mit solcher Gewalt vom Himmel, dass es den Anschein hatte, als wäre da eine Wasserglocke mit einem gigantischen Wasservorhang, um die ganze Welt zu überdecken. Autos kamen auf der Straße nicht mehr vorwärts. Azhu wusste, dass mir bereits vier Kinder gestorben waren. Und jetzt war auch noch A-Muâi erkrankt. Azhu hatte panische Angst um mich. „Es gibt bei uns eine neue Arztpraxis, die, nicht allzu weit entfernt von uns, kürzlich aufgemacht hat. Da solltest du A-Muâi untersuchen lassen", rief Azhu mir durch den Regen laut zu. Wir warteten in größter Unruhe, blickten nach rechts und nach links, um jederzeit jede Bewegung im Blick zu haben und keine Chance zu verpassen. Wir hatten zehn Minuten, vielleicht war es auch länger gewesen, gewartet, als wir eine Rikscha sahen. Der Rikschaführer in seinem Mino, dem

Cape aus chinesischer Hanfpalme, trabte unter großer Kraftanstrengung auf uns zu. „Hoffentlich ist die Rikscha noch frei", sagte Azhu. „Ja. Hoffentlich ist sie frei", antwortete ich. Die Rikscha war nun ganz nah. Tatsächlich war sie noch frei. Azhu sagte ihm die Adresse, ich stieg mit A-Muâi im Arm schonmal ein. Der Rikschaführer ließ den Vorhang herab, damit wir vorm Regen geschützt waren und sofort ging die Fahrt los. Die Praxis lag in Richtung des neuen Bezirks Iâm-tiân-po , eine Gegend, in der ich mich nicht auskannte.

Der Rikschakuli lief und lief, bis er schließlich vor einer Arztpraxis hielt. Ich stieg aus. Unter den Arkaden bezahlten wir und gingen sofort hinein. Vielleicht war es dem Starkregen geschuldet, dass keine anderen Kranken dort warteten. Eine Frau mit großen und geschminkten Augen reichte mir ein Formular, das ich ausfüllen sollte. „Ich bin Analphabetin, ich sage Ihnen, was Sie wissen müssen". Die Frau half mir mit dem Aufschreiben und zeigte dann auf das Untersuchungszimmer. Als ich eintrat, beugte sich der in Weiß gekleidete Arzt gerade herab und las etwas. Aufgeregt rief ich: „Herr Doktor!", worauf der Arzt aufblickte: „Oh, du bist es!" - „Ach, du bist es!" Der Arzt stand überrascht auf, ich setzte mich überrascht. Wir waren wie vom Schlag gerührt, wie zu Salzsäulen erstarrt. Wie Felsen am Meeresgrund, die tausend Jahre vom Wasser ausgewaschen und ausgehöhlt, sich durch nichts mehr erschüttern lassen, sondern ruhig geworden sind. So eine Hülle umschloss uns. Nach diesen vielen Jahren waren wir doch tatsächlich beide auf der großen Insel gelandet und nun an diesem triefend nassen Regentag wieder aufeinander getroffen. Tatsächlich! Hei De! Der, nach dem ich mich täglich, von morgens bis nachts verzehrte.„Wann hast du Huazhai verlassen? - „Wohin bist du umgezogen?" - „Was hast du so gemacht?" - „Wann bist du Arzt geworden?" - „Wann hast du deine eigene Praxis aufgemacht?" - „Und noch was, bist du verheiratet?" Nach so vielen Jahren, in denen ich schon glaubte, ich würde dich niemals mehr wiedersehen, bist du aufgetaucht und stehst vor mir! Ich glaube es kaum!

Binnen eines Wimpernschlags verstopften unzählige Fragen mein Hirn, so dass ich vergessen hatte, warum ich gekommen war, um welchen Ort es sich hier handelte.Als wir uns wieder gefangen hatten, untersuchtest du A-Muâi. Du maßest Fieber, schautest ihr in die Augenlieder. Dann griffst du nach dem Stethoskop und hörtest vorn auf der Brust sowie hinten auf dem Rücken ihre Lungen ab. „Ich gebe ihr zwei Spritzen und noch zusätzlich Arznei, die sie drei Mal täglich einnehmen muss. Dann ist alles schnell wieder überstanden." Das sagtest du. Dann senktest du den Kopf und fragtest leise: „Was ist mit Hei Yuan?" - „Er ist nach Huazhai zum Fischen zurückgekehrt", sagte ich tonlos. Ich war wie in Trance. Ich blickte stumm auf meine vom Regen triefenden Füße. Die Frau, die mir das Formular ausgefüllt hatte, kam mit zwei Spritzen, die in den Po gegeben werden mussten. Ich legte A-Muâi, Amei, auf den Bauch auf die schmale, lange Krankenliege im Untersuchungszimmer und hielt ihre Beine fest nach unten gedrückt. A-Muâi weinte wie von Sinnen, aber ich hörte scheinbar nichts davon.

Wie in Trance wartete ich, bis du uns zurück zu der Rikscha gebracht hattest. Wie in Trance kam ich nachhause und legte A-Muâi schlafen. Selbstvergessen betrachtete ich die Kleidung, die ich auf Stühlen und Tischen im ganzen Raum ausgebreitet hatte. Ich bewegte mich wie im Traum und hoffte so sehr, dass ich daraus niemals mehr wieder erwachen würde.

YUYING

Ich ließ Yayun noch eine Schachtel neue Streichhölzer holen. Von den Hölzchen aus der Schachtel in meiner Hand waren nur noch wenige übrig. Die dünne Schicht Schwarzpulver, die draußen an der Schachtel klebte, war von den Männern ganz glattgestrichen worden. Wenn die Kerle Tabak rauchten, ähnelten sie den Industrieschornsteinen draußen in der Vorstadt, die Tag wie Nacht qualmten. Ich rauchte nur gelegentlich, nur, wenn mir alles, so wie es jetzt der Fall war, zu viel geworden war. Diesen Pfeifentabak hatte ich schon so lange bei mir liegen! Er war doch bestimmt feucht geworden! Wie hätte es anders sein sollen! Zusammen mit Yayun zündete ich ihn an. Aber der Tabakqualm räucherte so stark, dass wir beide einen Hustenanfall bekamen. Es war wie bei dem ersten Mal, als uns Frau Mutter das Pfeiferauchen gelehrt hatte. Der scharfe Geschmack war uns Mädchen damals nicht nur nicht bekommen, sondern wir hatten so gehustet und geschnieft, dass uns allen die Tränen gekommen waren. Nur Xinyue hatte damit angeben wollen, dass sie es konnte. Sie hatte ihren Mund fest verschlossen gehalten, nicht gehustet und den Eindruck hinterlassen wollen, irgendwie besonders zu sein. Mit dem Ergebnis, dass ihr Gesicht so puterrot angeschwollen war, dass man meinte, sie müsste jeden Moment ersticken. Unter uns Mädchen war keine, die Dinge wie das Rauchen gemocht hätte. Aber Frau Mutter sagte, Tabak zu rauchen und Schnaps zu trinken, wäre für uns ebenso wichtig wie der Gesang von Musikstücken. Denn Männer würden so etwas gern mögen. Wenn man mit Männern Geschäfte machen wollte, müsste man die Fähigkeit besitzen, ihnen gefällig zu sein und sich ihnen anzubiedern. Wie sonst soll man denn Geld verdienen?! Das waren ihre *Goldenen Worte*, ihre Maxime, die sie immer und immer im Munde führte und uns ständig wiederholte. Ich war diejenige unter uns Mädchen, die diese Worte am wenigsten hören wollte und am meisten hasste. Denn es war mir ein Graus und blieb mir fremd, dass ich mit Männern Geld verdienen musste.

Weil Frau Mutter mir befahl, mit Männern mein Geld zu verdienen, war ich, seit ich ein kleines Mädchen war, damit befasst, diesen Beruf zu erlernen. Etwas anderes konnte ich nicht. Diese Antwort hatte Frau Mutter mir gegeben: „Untersteh' dich, hier Widerworte zu haben! Wenn ich dich Pipa spielen und singen lernen lasse, dich lesen und schreiben lernen lasse, ist da nichts Schlechtes dabei! Wenn dir das Glück hold ist und ich dich gut verheiraten kann, du ein Leben lang nicht mehr arbeiten musst und genug zu essen hast und nicht frieren musst, ist das doch gut!" - „Und wenn es bei mir wie bei dir läuft und ich niemals verheiratet werde?" Kaum, dass mir diese Worte über die Lippen gekommen waren, hatte ich auch schon Mutters saftige Backpfeife im Gesicht.

„Du hast ja ewig nicht mehr geraucht. Wie kommt es, dass du jetzt die Pfeife hervorholst?", fragte mich Yayun, während sie sich den langen, silbern weißen Stiel der Pfeife anschaute. „Ich fühle mich so elend. Mal sehen, wohin mich diese zarten Rauchwölkchen entführen." Ich schwinge mich auf die weiße Wolke, direkt vor einer langen weißen Nebelwolkenwand. Sowie wir näher schwimmen, erscheint im Nebel eine weiße Tür. Kaum habe ich sie aufgeschlagen, verdunste ich zu einem zarten Wolkenband und, lieblich anzusehen, entschwinde ich im Nichts.„Weil ich gerade Nachrichten im Radio gehört habe, die mich in schlechte Stimmung brachten. Jetzt sind wir schon einige Jahre im Krieg. Aber alles bleibt immer nur Hörensagen, zu Gesicht bekommen tut man davon nichts. Ich erfahre nichts, will Neuigkeiten hören, aber komme in schlechte Stimmung, sobald ich sie gehört habe. Ich kann nicht in Worte fassen, was ich eigentlich will."

„Fräulein Jadeblüte, Yuying, Ihr Schicksal meint es gut mit Ihnen, wenn Sie nichts vom Krieg sehen. Auf dem Festland werden schrecklich blutige Kämpfe ausgefochten. Bevor ich hierherkam, hörte ich schon, wie kompromisslos die japanischen Teufel zuschlagen, dass eine Kreisstadt nach der anderen fällt, dass man nicht mal mehr damit hinterherkommt, die Leichen wegzuräumen. Die um ihr Leben flüchtenden Kinder laufen, ihrem Schicksal machtlos ausgeliefert, irgendwelchen Erwachsenen hinterher. Die, die noch Verwandte haben, laufen auf ihren zwei Beinen, was sie können. Sie durchqueren eine, auch zwei Provinzen zu Fuß, um sich bei ihren Verwandten in Sicherheit zu bringen. Die, die ohne Verwandte sind, wissen überhaupt nicht, wohin sie denn fliehen könnten. Sie sind ohne Ziel auf der Flucht. Es gibt sogar Menschen, die sich an wehrlosen Kindern vergreifen, sie auf der Flucht ausrauben und kidnappen. Auch rauben die Flüchtenden sich gegenseitig aus. Sie bestehlen einander. Es gibt schwangere Frauen, die, auf der Flucht unterwegs ihr Kind gebären müssen. Ihnen bleibt nichts anderes übrig, als ihren Säugling auszusetzen und am Wegesrand zurückzulassen, denn sie schaffen es nicht, ihren Säugling mitzunehmen. Denn wenn das Kind mit der Mutter zusammen bleibt, ist sein Tod gewiss. Wenn es von Fremden aufgesammelt wird, hat es eventuell eine Chance zu überleben. Aber letztlich werden die Säuglinge nur den Hunden zum Fraß vorgeworfen. Denn etwas andres ist es ja nicht, wenn man seinen Säugling am Wegesrand liegen lässt." Die Hunde hungern auch! Alang, du hast mal gesagt, dass die japanische Regierung auf Taiwan sich an Taiwans materiellen Gütern bereichert, sie uns quasi ausraubt. Die Japaner beklauen uns. Sie stellen von uns produzierte Waren den Soldaten der japanischen kaiserlichen Armee auf dem Festland zur Verfügung. So machen wir indirekt unsere eigenen Leute nieder. Wir führen also Krieg gegen unsere eigenen Landsleute, hast du mir gesagt, Alang. Wie kommt es, dass du das alles im Blick hast, aber ich davon keinen Deut Ahnung habe? Im Radio werden noch andere Orte genannt, an denen jetzt Krieg geführt wird. Und ich weiß nicht einmal, wo diese Länder, in denen der Krieg wütet, gelegen sind. In der Welt herrscht Chaos und das macht mich trübsinnig. Noch was, Alang … Ajiu und die anderen planen von Taizhong aus nach Tainan zu reisen. Sie wollen, dass ich auch mitkomme. Das macht mich noch unruhiger als ich es ohnehin schon bin. Es geht in erster Linie nicht darum, ob ich nun fahre oder nicht. Ich begreife nicht, warum ich nicht auch so denken und fühlen kann wie die anderen Mädchen?

Es klingelte an der Tür. Ein Pochen am Türblatt hörte man auch. Es war ein ziemlich wildes Hämmern gegen meine Haustür. Yayun lief schnell die Treppe runter, um die Haustür zu öffnen, aber kam sofort langsam wieder nach oben. „Wer war es?" - „Es war niemand an der Tür!" Einen Augenblick später war das Läuten an der Tür wieder da, das Hämmern war jetzt noch lauter geworden. Yayun ging wieder die Treppe hinunter um nachzuschauen. Es war immer noch niemand an der Tür. Seltsam! So etwas war bisher nie vorgekommen. Ich bekam es mit der Angst tun, und Yayun sah wachsam aus. Könnte es denn sein, dass sich jemand in der Tür geirrt hatte? Wenn das so wäre, wieso war es dann zweimal passiert? Und dann mit solcher Dringlichkeit! „Bin ich nicht direkt zur Tür gegangen? Ich habe doch niemanden warten lassen! Ob das ein Irrtum war, kann man ja nur herausbekommen, indem man in Erfahrung bringt, wer bei uns geklingelt hat, nicht wahr? Wenn man sich den Zeitverlauf anschaut, scheint derjenige sofort, nachdem er an der Tür geklopft hatte, weggegangen zu sein. Zu fragen ist, welches der Grund dafür war, dass er sofort, nachdem er geklopft hatte, weggehen musste!"

Dass Yayun in so extrem kurzer Zeit alles durchblickt und analysiert hatte, überraschte mich. Hatte ihre Organisation sie trainiert? Wir hielten dann die Luft an, ob derjenige wohl ein drittes Mal an die Tür klopfen würde. Es stresste uns so, dass wir wie gelähmt waren. Eine ganze Zeit war vergangen, in der kein Klingeln ertönt und auch niemand an der Tür gepocht hatte. Nun waren wir des Wartens müde und entspannten uns wieder. In letzter Zeit kam meine Monatsblutung nicht pünktlich. Ich hatte auch dauernd einen so prallen Bauch, so dass ich mich sehr, sehr unwohl fühlte. Ich beschloss, zum traditionellen Arzt in die Zhong-Ren-Tang Praxis zu gehen und eine Pulsuntersuchung machen zu lassen. Vielleicht würde ich ein paar Briefchen chinesische Medizin mitbekommen, die ich zur Unterstützung einnehmen müsste. Aber Yayun ließ mich doch tatsächlich nicht vor die Tür. „Wenn solch seltsame Dinge geschehen, verlassen Sie das Haus besser nicht, Fräulein Yuying. Sie sollten heute auch keine Kunden empfangen. Wenn jemand kommen sollte, werde ich die Herren für Sie abfangen und wegschicken. Ich habe Herrn Liu Cai mein Wort gegeben, dass ich mich gut um Sie kümmern werde. Sie dürfen mir nicht dazwischenfunken und mir in den Rücken fallen." Alang, du bist so lange nicht mehr dagewesen! Das bewirkt aber gerade, dass du mir gar nicht mehr aus dem Sinn gehst, als hieltest du meinen

Geist mit all seinen Gedanken besetzt. Alang! Plötzlich fiel es mir wie Schuppen von den Augen! Meine Zerfahrenheit hatte ihren Ursprung nicht in der Kriegsberichterstattung, die ich immer im Radio mitverfolgte, sondern nur darin, dass du mich so lange nicht mehr besucht hattest.

Gerade, als wir nach dem Abendessen abräumen wollten, ertönte wieder dieses dringliche Pochen an der Tür. Vom Zimmer aus konnte man nur auf die Straße runter schauen, aber hatte nicht im Blick, was unter der Traufe in den Arkaden passierte. Es machte mich ziemlich nervös … Mein Herz pochte rasend schnell! Yayun rannte schleunigst die Treppe runter, um die Haustür zu öffnen. Dieses Mal war sie nicht zu spät. Es war Shaoji gewesen! Als er uns berichtete, erfuhren wir erst einmal, dass die zwei Male vorher, bei denen es so geheimnisumwittert geklingelt und gepocht hatte, es auch er gewesen war. „Ich fand, bevor mir noch jemand folgt, verstecke ich mich doch schnell. Danach erst merkte ich, dass ich mir unnötig Sorgen gemacht hatte. Verzeiht mir, dass ich euch in Unruhe gebracht habe", sagte Shaoji, während er sich gleichzeitig verbeugte und so sein Bedauern zeigte. Er hatte auch deinen Brief mitgebracht und einen Schuldschein, der von mir unterschrieben werden sollte. Der Brief war von deiner Hand verfasst. Da war ich mir sicher. Ich war neugierig, warum du nicht selbst vorbeikommen konntest und Shaoji schicktest, um mir ihn auszuhändigen. Ich öffnete den Briefumschlag und las den Brief. Ich ging ein paar Schritte in der Stube auf und ab. Voll Kummer dachte ich einen Moment nach, um dann einen goldenen Ring von meiner linken Hand abzuziehen und ihn Shaoji auszuhändigen.

„Die benötigte Summe ist außerordentlich hoch. Ich verfüge über kein Bargeld. Mit dem Verkauf des Ringes müsste er dieser Notlage aber entgegentreten können. Den Schuldschein unterschreibe ich nicht. Denn Alangs Verpflichtungen sind auch meine eigenen Verpflichtungen. Wie sollte das angehen, dass er mich fragte, ob er bei mir Schulden machen dürfte, indem er sich von mir Geld per Schuldschein borgte." - „Allergrößten Dank, Fräulein Yuying! Alang ist momentan überall in der ganzen Provinz unterwegs, um Mittel zu beschaffen. Er wollte eigentlich nichts von Ihnen leihen. Er sagte, er hätte Sie schon genug enttäuscht. Er wolle Sie nicht auch noch in diese Geldspirale mit hineinziehen, die doch einem, jeden in den Abgrund hinabreißenden Strudel gleichkomme. Denn er wüsste

wirklich nicht, wann der Tag käme, an dem er die Schulden zurück-
zahlen könnte. Wir haben ihn überredet! Sie wären doch eine wahre
Heroine! Ihre Art zu denken und zu urteilen, wäre doch anders als
die anderer Frauen. Wir fanden, dass Sie diese Sache gewiss freudig
unterstützten. Wir werden es Alang ausrichten, dass Ihr Beitrag eine
Spende und kein Darlehen ist." - „Mein Schicksal verbietet mir, frei
eigene Entscheidungen zu treffen. Diesen Ring kann ich abgeben."
Shaoji wickelte ihn mit großer Sorgfalt ein und verstaute ihn in einer
Geheimhosentasche seiner Hose. Er machte drei Verbeugungen, bedankte sich und brach eilig auf.

Die Siedlung, die Hilfe benötigte, lebte wirklich in größter Armut.
Niemand besaß Schuhe zum Anziehen. Die zwei-, dreijährigen,
schmutzigen Kinder liefen in Horden durcheinander und spielten
im Schotter und Dreck. Der Hauptverkehrsweg war eine einspuri-
ge Eisenbahntrasse, die für die Kohlewaggons für den Gütertrans-
port vorgesehen war. Zu beiden Seiten der Trasse waren die Häuser
der Siedlung gelegen, alles aus Holz und Bambus errichtete Hütten.
Vor den Siedlungshäusern und um die Häuser herum war alles voller großer Kieselsteine, die wohl das Fundament stabilisieren sollten.
Das Dorf lag versteckt in den Bergen. Jede Familie besaß ihr eigenes
Haus. Die Frauen verrichteten die Hausarbeit und zogen die Kinder
groß. Die Männer arbeiteten hauptsächlich im Kohleabbau. Wenn
das Schicksal es gut mit ihnen meinte, atmeten ihre Lungen nur mä-
ßig viel Kohlestaub ein, und sie lebten lange genug. Dann erlebten sie
noch, wie ihre Söhne hinab in die Grube fuhren und dort ihr Geld
zum Überleben verdienten. Die Eisenbahnschienen auf dem Weg
folgten dem Rauf und Runter der Berge. Die voll beladenen Kohlewa-
gen mussten manchmal noch von zwei Männern angeschoben werden, denn sonst kamen sie nicht den Berg hoch. Manchmal mussten
zwei Männer auch zusammen rückwärts ziehen, damit die Wagen
nicht ins Rollen gerieten und den Abhang hinunterrasten. Im Dorf
gab es nur eine einzige Praxis mit Ambulanz, nur einen Arzt und
nur eine Krankenschwester. Jetzt wollten die Japaner die Praxisam-
bulanz abreißen und dahin ein Bürohäuschen zur Vermarktung der
Kohle bauen, damit die Kohleflöze im Umkreis zusammenarbeiteten
und die Geschäfte erweitert werden konnten. Ohne Krankenstation
müssten die Kranken in Zukunft zwei Stunden Fußmarsch über einen Berg auf sich nehmen, denn dann gäbe es nur noch auf der anderen Seite des Berges ärztliche Hilfe. Du warst in Hast dabei, Geld

zusammenzubekommen, um die Krankenambulanz zu kaufen und im Register als Volkseigentum anzumelden und einzutragen, damit die Siedlungsbewohner diese allermindeste ärztliche Versorgung behalten konnten. Alang, Shaoji hatte mir noch ausführlich erklärt, was du in deinem Brief geschrieben hattest, so dass ich es besser begreifen konnte. Wenn ein Goldring ein bisschen helfen kann, kann der Himmel es ja als meine gute Tat verbuchen.

PINGGU

„Ist schon geklärt, wer dableibt?" - „Ja, alles ist fertig in die Wege geleitet, Chefin." - „Und wie wir einander ablösen?" - „Ist alles fertig abgesprochen. Ihr könnt Euch darauf verlassen, Chefin." Der Kreis Yao war groß und ein bergiges Terrain. Man musste den Weg bergauf, bergab in einigen Touren gehen. Meine Crew hatte den Ablauf mit den einzelnen Touren vor einigen Tagen durchgesprochen und fest verabredet. „Die mit kleinen Familien, die mit Schwierigkeiten, die, die bisher weniger Touren gemacht haben, haben auch alle zugestimmt." - „Dann ist ja gut!" - „Anker setzen!"

Gestern gegen Abend warfen wir endlich unseren Anker aus. Es entstand freudige Aufregung und alle machten einen besonders fröhlichen Eindruck. Man redete nicht nur laut miteinander, mehr noch, es wurden überall Scherze gemacht. Darauf, dass es an Land gehen sollte, warteten alle immer sehr. Zwischen dem Bug und dem Strand kam ein langes Brett zu liegen. Diese „Gangway" war sehr steil. Sie stand so steil, dass man, hatte man die Hälfte der „Gangway" hinter sich, in Trab fiel, um auf den Strand runter zu rauschen. Einige hüpften dann ohne Umschweif, wenn sie die Mitte des Bretts erreicht hatten, hinab und wurden patschnass vom aufspritzenden Wasser. Wie immer man den Weg vom Bug auf den Strand auch genommen hatte, alle landeten mit der Leichtigkeit von Wildgänsen. Dieses Mal war die Zeit, die die Crew auf See verbracht hatte, besonders lang gewesen. Sie war wie eine Verhungerte in ihrer dringlichen Gier, an Land zu kommen. Der Mensch ist beileibe kein Fisch. Er kann sich schließlich nicht ein Leben lang immer nur im Wasser hin- und herbewegen. Vor allem deshalb nicht, wenn an Land mehr zu tun bleibt, als es zu Wasser der Fall ist. Ins Fischerdorf zu gehen und dort Lebensmittel zu transportieren, waren nur kleinste Aufgaben, die getan werden mussten und die nicht der Rede wert waren. Diesmal waren es zwei wichtige Handelsgeschäfte gewesen, die zwar viel Zeit in Anspruch genommen hatten, die es aber wert gewesen waren. Hatte Spitzmund vom Zhuang-Qi-Yuan-Garten nicht gesagt, dass die Preise und der Absatz am Markt für Seidentuche und Porzellan- und Steingut nicht fallen würden, dass die wie Affen behaarten Teufel aus Übersee in genau diese Dinge vernarrt wären? Wenn sie sie über die Behörden einkauften, mussten sie die Waren versteuern. Wenn man in See stach, kam man allerdings ein, zwei Jahre nicht mehr nachhause zurück. Damit vertrieben sie sich ihre Tage aber auch nicht unbedingt einfacher, als das für unsereins der Fall war. Spitzmund war auch zu Ohren gekommen, dass diesen behaarten Affen aus Übersee nicht nur das Kopfhaar wie ein Teppich herabhing und die Barthaare wie Maden über das gesamte Gesicht krochen. Ihrem Körper entströmte dazu ein strenger Schafsgestank. Sie waren ausgemachte Mutierte. Sie waren keine Menschen, sondern wie Monsterschlangen, denen zwei Köpfe, oder wie Baumdämonen, denen am Stamm Riesengeschwülste wuchsen. Wenn die Überseeler nicht vorsorglich ein paar Sprachmittler mit an Bord nahmen, die deren und unsere Sprache übertrugen, nur der Teufel würde wissen, was diese Affen zu vermelden hätten. Hatte der Sechste nicht auch gesagt, dass sich diese Art von Waren absolut gut verkaufen ließ? Nur …, dass der Transport auf Wegen zu Lande noch um ein Vielfaches komplizierter wäre, als es zu Wasser schon der Fall war.

„Leute haben, die die Arbeit machen, ist nicht das Problem", sagte der Sechste, „für mich arbeiten genug Leute. Aber woher sie stammen, aus welchem Elternhaus sie kommen, ob sie Regeln einhalten und sich benehmen können, das weiß nie jemand. Und noch eins: Man muss im Vorwege genau geplant und Vorbereitungen getroffen haben, wie man von einem zum nächsten Dorf kommt, ob man Lastpferde oder Esel führt, wie viele Hochgebirgslastenträger man braucht, wenn man die Fracht von einem Berg über den nächsten Berg trägt, wie viele Brücken man gehen muss, wie viele Stromschnellen, wie viele Gießbäche man überwinden muss. Wann man sich von einem zum nächsten Kreis in Verkleidung als Hochzeitsgesellschaft mit einer Brautsänfte fortbewegen muss, oder wann man die Last in einem Heuerntewagen verstecken muss. Das muss im Vorwege alles genau stimmen. Wenn man den Grenzpass hinüber und auf die andere Seite der Großen Mauer genommen hat, und was danach letztlich passiert, wissen immer nur wenige. Es heißt, dass es beim Jiayu-Pass mit einer Sandwüste, so groß, dass man ihr Ende mit bloßem Auge nicht sehen kann, weitergeht. Die Lasten müssen dann auf Kamele umgeladen werden. Die Kameltreiber haben immer wenig Zeit, ihre zwei Beine auszuruhen. Beim Laufen durch den Wüstensand sinken sie mit jedem Schritt tief ein. Außerdem müssen sie Raubüberfälle mit Krummsäbeln abwehren können." So gesehen kommt die Arbeit auf hoher See der Arbeit in den Wüstenmeeren irgendwie gleich. Ununterbrochen müssen wir Süßwasser zum Trinken ausfindig machen und die Wüstenkarawanen können sich nicht nur auf die Pisse der Kamele verlassen, wenn es darum geht, am Leben zu bleiben. Orte, die einem fremd sind, Dinge, die man nicht begreift, kann man sich nämlich nicht vorstellen. Gibt es nichts, womit man seinen Gehirnkasten füttern kann, sieht man, wenn man sich etwas vorstellen soll, nur ein gähnendes Schwarz. „Dayuan, komm mit! Wir gehen von Bord!"

Auf dem Markt war ziemlich was los. Grob ging es nur einmal zu. Die Menschen grob, die Waren grob. Man konnte sich wild aufführen und sich gegenseitig bedrängen. Die Leute trugen ihren Zopf hochgesteckt und zweimal um den Kopf gewickelt. Die Hosen trugen sie nur dreiviertel lang und die behaarten Unterschenkel lugten hervor. Man besaß hier keine Schuhe. Barfuß waren die Menschen im Schotter und Dreck unterwegs und es klappte problemlos. Die Körbe mit den Waren auf dem Markt, die am Boden abgestellt worden waren, waren mal hoch und mal niedrig. Fast immer hatten die Tragkörbe ein paar Bambusstreifen locker oder es schauten welche hervor, oder der Korb hatte ein Loch. Makellose Körbe gab es wenige. Die Tragjoche aus Bambusrohr waren kreisrund und besonders dick. Wenn sie auf der Schulter zu liegen kamen, schmerzte es ziemlich, so sehr, dass sich Schwielen bildeten. Neben einem der Marktstände standen ein paar Leute im Halbrund und schauten beim Schafsbeine abhacken zu. Das lange Hackbrett, worauf sie ausgelegt wurden, war schmal. Wenn der Verkäufer zuhackte, erzitterte es. Wenn er dann nochmal zuhackte, befürchtete man jedes Mal, dass es von der Wucht zerbrechen müsste.

„Dürrer Affe, diesmal dürfen wir aber nicht vergessen, Hühnerkäfige zu kaufen." Schafsbeine abhacken erinnerte mich ans Abhacken von Hühnerköpfen. Unsere alten Hühnerkäfige hatten Löcher bekommen. Wenn die Hühner aus dem Käfig entwischt waren und Dayuan sie entdeckte, jagte er sie. Manche, die durch die Jagerei in Panik gerieten, flatterten auf das Schanzkleid. In den Augen der Hühner war das wohl nur ein Lattenzaun, der neben ihnen entlangführte. Wenn sie den Landepunkt nicht genau im Auge hatten und die Landung misslang, fielen sie ins Meer und wurden zum Selbstmordhuhn. Der Koch schimpfte dann laut, wenn so etwas passierte: „Huhn über Bord. So gibt's kein Hühnerfleisch zum Essen mehr!" - „Was denkst du? Das lassen wir doch andere machen! Damit muss ich meine Zeit nicht verschwenden! Da sind wir endlich mal zwei Wochen an Land und wollen unsere Zeit doch sorglos in vollen Zügen auskosten!" Die Stände links und rechts des Tempelzuwegs ließen mein Herz hüpfen. „Ich kümmere mich ja darum! Aber nur für den Buddha und die Bodhisattvas! Obschon der Weg hierher schön angelegt ist, dreht sich mir, wenn ich hier überall die Misthaufen vom Vieh auf der Straße sehe, mein Magen um."

Das im Felsen hängende Kloster mit dem Tempel des süßen Taus, Ganlu-Si, nutzte die zu Pfeilern geschnitzten Baumstämme, um das Tempelgebäude zwischen den Felsen zu pressen. Obschon der Baldachin, den die Pfeiler aufspannten, viele Flicken besaß, war doch alles daran untadelig, mit feinem Stich und eingeschlagenem Saum, genäht. Wenn eine einzelne Frau nur in Begleitung eines großen Hundes so umherging, wusste jeder sofort, dass sie eine Fremde war. Die Leute glotzten mich an, ich glotzte zurück. Sie fanden mich seltsam, ich fand sie fremdartig. Beim Stand vor mir zu meiner Linken und hinter mir zu meiner Rechten …, ach was war das für eine Vielfalt! Es gab gebratene Reisnudeln, kurzgebratene Fischkuddeln, frittierte Fischbällchen … Die Luft war geschwängert vom Duft der in Öl gebratenen Speisen, vom Korianderduft, vom Duft des marinierten, gesottenen Fleisches und von vielen unerklärlichen und fremdartigen Gerüchen, die mir nacheinander in die Nase stiegen. Wir probierten von allem, während wir vorwärts gingen. Dayuan schmeckte es auch. Wir schwenkten dann noch einmal ab und machten eine zweite Runde. Dann stiegen wir ein Stück weiter die kleine Treppe neben der Tempelhalle hoch. Sie war sehr schmal. Die Steinhäuschen zu beiden Seiten waren über und über von Moos bewachsen und Grashalme und Blüten ragten über die Mauer in den Weg herein. Die in vielen Kurven gewundenen Stufen ließen einen zuerst ein erhebendes Gefühl der Spannung empfinden. Aber alsbald begannen wir müde zu keuchen. Wir gingen, hielten inne, schauten uns um, schnupperten, befühlten alles, bis wir entdeckten, dass am Ende des langen Treppenweges tatsächlich eine Herberge zum Vorschein kam. Der Treppenweg führte in einen Waldweg, der scheinbar selten von Menschen benutzt wurde.

Wir beschlossen, hier Pause zu machen. Danach wollten wir die Segel wieder neu setzen. Sowie das Sonnenlicht im Wald verschwunden war, kamen in loser Folge Gäste in die Schänke der Herberge, die hier zu Abend aßen. Es schienen fast alles kleine Höker zu sein. In letzter Zeit waren wir, man könnte fast sagen, reich geworden. Wir hatten unser Geld in Silber angelegt, und wir besaßen volle Getreidespeicher, so dass wir über eine ganze Zeitlang unser Auskommen sicher wussten. Das gab uns eine wunderbare Leichtigkeit des Seins. Du ließest den Wirt ein paar Spezialitäten des Hauses auftragen. Verglichen mit den anderen Kaufleuten, die kleine Schalen mit Suppe und Tellerchen mit Beilagen bestellt hatten, hatten wir um ein Vielfaches reichhaltiger bestellt. Was uns Seebären anging, hatten die Speisen, die aus den Bergen herstammten, Seltenheitswert. Wenn es etwas selten zu essen gibt, erhöht es natürlich die Schmackhaftigkeit. Die Zungenpapillen wissen das nur zu gut. Wir aßen, ohne uns bremsen zu lassen, ohne jede Skrupel. Sogar Dayuan bekam eine große Portion. Wir hatten keinen Schimmer, dass eine Riesenkatastrophe ihre Arme bereits ausgebreitet hielt, nur um uns zu verschlingen. „Dürrer Affe, hör auf mit dem Saufen! Du säufst dich platt, wenn du dich weiter volllaufen lässt", ermahnte ich dich. Natürlich hatte ich mich selbst auch damit gemeint.

In diesem nebulösen, aber herzerwärmenden Schummer wurde ich voller Erstaunen gewahr, wie sehr mir das Leben zur See in Fleisch und Blut übergegangen war, und wie sehr ich zur gleichen Zeit ein Leben zu Lande ersehnte. Früher, als ich noch an der Blauen Bucht wohnte, lebte ich zur Hälfte zu Lande und zur Hälfte zu Wasser. Nun war es so weit gekommen, dass ich mich, wenn ich das Schaukeln der Wellen in meinem Körper nicht spürte, beim Gehen zu Lande schwertat, als träte ich auf etwas unangenehm Hartes. Wie lang her das doch war, dass ich zuletzt Nachrichten von meiner Mutter erhalten hatte! Jedes Mal, wenn ein Bote nach Gelegenheiten, etwas zu überbringen, suchte, musste nicht nur der Zeitpunkt stimmen, auch eine große Portion Glück gehörte dazu. Zuerst dachte ich, wenn ich mich um Mutter nicht selbst und eigenhändig gekümmert hätte, wäre das nicht weiter schlimm. Wenn ich ihr nur die Goldbarren gab, dann wäre alles Wesentliche ja schon geschafft. Aber in Wirklichkeit war es so, dass es meiner Mutter am meisten darauf ankam, wie es ihrer Tochter, die das Fortleben der Erdenmutter garantierte, erging. Guoming, du willst immer, dass ich Langmut besitze, dass ich mich nicht immer nur nach ihr verzehre. Das hört sich zwar einfach an, es fällt mir aber schwer. Beim Leuchtturm an der Blauen Bucht habe ich mir im Geiste schon unzählige Male ein großes Anwesen erbaut. Jedes Mal, wenn ich an einen neuen Ort komme, und ich da neuen, nie gesehenen Wandschmuck entdecke oder edel und praktisch ausgebaute Häuser sehe, will ich sofort mein eigenes, großes Haus umbauen und verschönern. Mir in meiner Traumwelt ein großes Haus zu bauen, war schon immer, was ich, Pinggu, in meinem Leben am liebsten machte und was mir den größten Spaß brachte. Das mache ich zweifelsohne gut. So eine Arbeit neidet mir niemand und nimmt mir auch niemand weg.

Ich war bereits zweimal im Kreis Yao gewesen, aber diesen Wald hatte ich bisher nie kennengelernt. Die Bäume waren dicht belaubt, und dennoch hübsch und still. „Was kommt, wenn man durch den Wald hindurch ist?", fragtest du den Wirt der Herberge und Schänke, als wir uns auf den Weg machten, neugierig und wolltest weiter wissen: „Führt der Weg durch den Wald zum Guangberg? Wenn man über den Guangshan-Berg drüber ist, hat man doch Qilue erreicht, nicht wahr?" „Ja. Qilue ist ein kleines Fischerdorf, das so gut wie jedes Jahr von Seeräubern heimgesucht wird. Wenn sie das Dorf nicht ausrauben, pressen sie der Bevölkerung Zölle ab, die sie aber nie im Leben bezahlen kann, da keiner so viel Geld besitzt." - „Warum zeigen die Dörfler die Seeräuber nicht beim Mandarinat an?" - „Anzeige zu erstatten, die Polizei zu holen, macht keinen Sinn. Die Beamten machen gemeinsame Sache mit den Seeräubern. Die wissen alles voneinander. Alles, um dem gemeinen Mann, den kleinen Leuten wie unsereins noch den letzten Taler abzupressen. Wenn wir es nicht zur Anzeige bringen, schieben wir das Geld den Seeräubern in den Rachen. Wenn wir Anzeige erstatten, schnappen sich die vielgefräßigen Regierungsbeamten den Braten." - „Du meinst, das Volk bringt die Sachen gar nicht erst zur Anzeige? Oder was meinst du?"

Als wir zurück auf dem Schiff waren, machten wir die Runde, um alles zu inspizieren. Wir prüften, ob der erforderliche Nachschub vorhanden, die nötigen Reparaturen alle gemacht worden waren und ob unsere Jungs auch alles gut in den Griff bekommen hatten. Es waren Signalrufe zu hören. Deswegen wussten wir, dass auch die anderen jetzt in loser Folge wieder auf ihr jeweiliges Schiff zurückkehrten. Wir hatten uns vorgenommen, am nächsten Vormittag die Segel wieder neu zu setzen und aufzubrechen. „Poch! Poch! Poch!"

Was hatte das zu bedeuten, dass mitternachts an die Tür geklopft wurde? Dayuan, der neben unserem Bett schlief, hob wachsam den Kopf und spitzte die Ohren. Ohne ersichtlichen Grund schossen mir unheilvolle Vorahnungen in den Kopf. „Guo Ming, schau nach, was da los ist", sagte ich. Er sprach mit den Eintretenden ein paar Sätze, schloss dann die Tür und wandte sich mir mit angespannt verschlossenem Gesicht zu: „Pinggu, es ist hier was im Gange!" Das sagtest du mit kühler Stimme. Wir zogen uns schnellstens um und gingen gemeinsam an Deck. In weiter Ferne sahen wir im milchig weißen Mondschein, dass in einer langen Reihe Dschunken mit gehissten Regierungsflaggen den ganzen Hafen zu drei Vierteln eingekreist hatten. Niemand konnte mehr ausfahren und genauso auch keiner mehr in den Hafen einfahren. „Wir sind verraten worden", sagtest du mit Bestimmtheit. Wir waren alle zusammen eine Flotte mit dreiundzwanzig Dschunken und alle Schiffe waren voll beladen. Die Mandarine vom Zoll müssten doch meinen, dass wir eine Verbrecherbande mit Diebesgut wären. Der Hafen von Yaoxian war gut einsehbar, zum Himmel hin offen, nicht wie andere Häfen, wo es noch zusätzlich Fjorde und Buchten gab, in denen man sich im Falle militärischer Auseinandersetzungen hätte verschanzen können. Die Situation war äußerst kritisch. Es traf uns gänzlich unvorbereitet. „Bislang ist niemand, niemals zuvor in so eine Lage hineingeraten. Nie ist so etwas vorgekommen …"

Du führtest Selbstgespräche, aber es hatte den Anschein, als wolltest du, dass ich mithörte. Wir schauten einander einen Moment lang an … Schweigen in unser beider Augen. Es stand unser aller Leben auf dem Spiel. Es war nur noch auf Messers Schneide. Du machtest ein todernstes Gesicht. Ich hatte dich so zuvor nie gesehen. Die Zeit war wie eine Laus, die, ohne dass man sie sieht, die Menschen beißt. Je weniger schnell man reagiert, um sie noch totzuschlagen, umso schneller gerät man durch sie in Panik. Es verging eine ganze Zeit. Ich war die erste, die sich zu Wort meldete: „Guo Ming, gib die Nachricht weiter. Wir lassen hier alles stehen und liegen!" Sobald wir festgenommen wären, würden wir entweder gehäutet und exekutiert oder aber wir müssten deren Spielchen mitspielen und nach deren Pfeife tanzen. Das, was wir zu Fuß mitnehmen können, nehmen wir in die Hand und so viel wie möglich noch auf dem Rücken huckepack mit. Wir verteilen uns und fliehen. „Du hast recht Pinggu! Die Crew auf dem Schiff der Regierungsbehörden ist bestimmt noch am Schlafen. Da müssen wir nur ganz in der Früh von hier weg. Der einzige Fluchtweg zurück ins Leben ist der zu Lande."

Alles nahm in vollständiger Stille seinen Lauf. Manches wurde huckepack getragen, manches in die Hand genommen und manches auf der Schulter mitgenommen. So setzte sich die Guo-Bande im Stockdunkeln geschwind in Bewegung. Am Ufer angekommen gingen alle auseinander und flohen um ihr Leben. Dayuan ging mit uns den Hauptweg in Richtung Schänke, um den Berg Guangshan hinan zu steigen. Das Erdreich im Wald in den Bergen war fruchtbar. Hoch in den Himmel reichende Bäume standen dicht an dicht, und das Unterholz war ein undurchdringliches Dickicht, in dem ein Busch dem anderen den Platz streitig machte. Um den Berg schneller verlassen zu können und nicht von den Regierungsbeamten verfolgt zu werden, mussten wir uns über den Berg einen Weg querfeldein bahnen und konnten nicht erst einen Weg suchen. Wir trugen ja Kleider, die uns schützten, aber Dayuan wurde von den Dornen so sehr verletzt, dass er am ganzen Leib blutete. Er sah so erschöpft und so durstig aus, dass er mir schrecklich leidtat. Ich war es gewesen, die ihn mit eigener Hand aufgezogen hatte, ich hatte ihn ausgebildet. Er besaß den gleichen eisernen Willen wie ich. Am Nachmittag erreichten wir den Gipfel. Wir ließen den Blick in Richtung Osten über den Hafen schweifen. Wie erwartet hatten die Schlachtdschunken bereits Stellung bezogen. An der Art der Schiffe, die im Hafen Stellung bezogen hatten, denn in nicht abreißender Folge fuhr ein Schlachtschiff ums andere ohne Pause in den Hafen ein, konnten wir sehen, dass es die Marine war, die hier ihre Flotte in Stellung brachte. „Wir sind mit dem Leben davongekommen, dürrer Affe!"

Ein Glück nur, dass unser Taitao klug und achtsam aufgeblieben war. Er war keine Minute lang eingenickt. Ihm hatten wir alles zu verdanken. Wäre es anders gewesen, nicht auszudenken, was dann passiert wäre! Den Verräter ausfindig zu machen und wem der Verrat letztlich geschuldet war, war nicht einfach, aber auch nicht schwer,

es brauchte lediglich die Androhung der Todesstrafe und eine große Verlockung. Nervtötende, vielleicht ergebnislos bleibende Dinge
fasste man jetzt ohnehin nicht an. Wie wir, einmal in Qile angekommen, dann weiterkämen, dieser nächste Schritt war das, was jetzt von
höchster Wichtigkeit war.

AQIN

Es regnete Bindfäden. Der Regen wurde immer stärker. Der Herrgott
schüttete ihn kübelweise aus dem Himmel auf die Menschen herab.
Die kleinen Gassen vor den Häusern begannen vollzulaufen. Nur
gut, dass wir die Regenpause am Vormittag ausgenutzt hatten, und
ich A-Muâi schon bei Azhu vorbeigebracht hatte, um schnell noch
einmal zum Markt einkaufen zu gehen. Bei A-Muâi war das Fieber
noch nicht wieder ganz runter, obschon es ihr deutlich besser ging.
Sie aß bereits wieder dünnen Reisbrei. Das beruhigte mich sehr. Der
Markt war voller Menschen. Die Gänge zwischen den Marktständen
waren matschig vom Regen. Meine Unterschenkel waren an meinen
Waden gesprenkelt vor Schlammspritzern. Das Gemüse war sofort
teurer geworden, der Fisch war auch nicht mehr billig. Garnelen und
Krabben gab es heute gar nicht. Hei Yuan war nicht da, und deshalb
musste ich nicht viel kaufen. Als ich fast zuhause angekommen war,
setzte der Regen wieder ein und hatte bis jetzt nicht aufgehört.

Gerade hatte ich A-Muâi ihre Arznei gefüttert. Wir hatten uns sehr
damit abgequält. Zuerst hatte ich das zum Tütchen gefaltete Papier
geöffnet, das Arzneipulver in den Löffel geschüttet, Wasser dazuge-
fügt und mit dem Zeigefinger der den Löffel haltenden Hand beides verrührt, damit sich das Pulver im Wasser löste. Als ich A-Muâi
dann auf den Schoß nahm, mir ihre zwei Beinchen zwischen meine
Schenkel klemmte und sie in meine linke Armbeuge legte, hatte sie
gleich erfasst, dass es jetzt ans Arznei schlucken ging, und begann
sofort, sich zu wehren. Die Finger meiner linken Hand pressten von
beiden Seiten ihre Wangen zusammen, um ihre Lippen, die sie mit
aller Macht zusammenpresste, zu öffnen. Sowie die Arznei in ihrem
Mund gelandet war, schob ihre kleine Zunge sie wieder zum Mund
hinaus, so dass sie bei den Mundwinkeln hinaus und das Kinn hinunter floss. Ich schob die herabfließende Arznei geschwind wieder in
ihren Mund zurück. Ich musste alles immer drei-, viermal wiederholen, denn sie verschluckte sich immer ein paar Mal und weinte ein

bisschen, bis sie das Tütchen Arznei dann endlich im Bauch hatte. Jetzt war sie wieder eingeschlafen. Das war gut.

Im Zimmer war es dunkel. Auch etwas kühl war es. Ich saß auf den Tatamis und legte geistesabwesend die Wäsche zusammen. Als würde ich gerade über etwas nachdenken, aber ich schweifte mit meinen Gedanken ab. Plötzlich merkte ich, dass der Umstand, dass mein Kind krank war, meine Gedanken nicht mehr völlig besetzte. Diese Veränderung bewirkte bei mir ein schlechtes Gewissen. War es wegen dir so gekommen, Hei De? Gestern Nacht hatte ich so schrecklich an dich gedacht, dass ich vor Sehnsucht nicht in den Schlaf gefunden hatte. Mein Körper war müde, doch mein Geist hellwach. Ich begriff nicht, was der Herrgott jetzt mit mir vorhatte. Wenn wir doch getrennt sein mussten, warum ließ er uns nach all den Jahren unverhofft zusammentreffen? Was würde in Zukunft sein? Sähen wir uns in Zukunft nun niemals mehr wieder, wäre das nicht noch viel grausamer? Darüber dachte ich nach und wurde ganz melancholisch davon. Die Regentropfen schlugen mit stetem Ton dumpf aufs Dach und erwiderten meine unwohle Gestimmtheit. Ein paar Stubenfliegen zogen im Zimmer ihre Kreise und störten beständig.

Plötzlich hörte ich es draußen an der Tür klopfen. Hei Yuan konnte es nicht sein, um diese Uhrzeit kam er nicht nach Hause. Und käme er zurück, würde er nicht an der Tür klopfen. Noch weniger konnte es Azhu sein. Wenn sie vorbeikam, rief sie immer laut meinen Namen. Ich horchte nach einmal genau. Es stimmte wirklich. Da war jemand vor der Tür. Ich stand auf. Ich kletterte hinab in den Vorraum auf den Estrichboden, wo wir unsere Schuhe abstellten, und schlüpfte in meine Schlappen. Dann schaute ich draußen nach. Oh, es war Hei De. Du hieltest einen Schirm aufgespannt, der halbe Kopf lugte über das Holztor hinaus. Mein Herz krampfte. Ich bekam Panik. „Wer bist du?" - „Wer ich bin?" - „Hei Yuan ist nicht zuhause. Kannst du hereinkommen? Warum bist du vorbeigekommen? Was willst du mir sagen?" Diese Fragen wollten alle eine Antwort. Noch bevor eine Antwort möglich gewesen wäre, hatte ich schon einen großen Schritt gemacht, um die Tür zu öffnen. „Warum funktioniert die Türklingel nicht?" - „Wie unhöflich von mir! Diese Klingel funktioniert, sowie es regnet, nicht mehr." - „Du bist aber sehr nass geworden!" Ich hielt den Kopf gesenkt, fast flüsterte ich. „Ich habe den Rikschakuli an der Ecke zur Gasse anhalten lassen und bin das letzte Stück zu Fuß gegangen.

Damit andere nicht auf mich aufmerksam werden und Argwohn entsteht." - „Ich hole ein Handtuch, damit du dich abtrocknen kannst." - „Nicht nötig. Es trocknet doch schnell wieder." - „Ich hole dir ein Glas Wasser!" - „Bitte keine Umstände. Ich möchte nichts trinken." - „Möchtest du vielleicht zuerst mal etwas ..." - „Nein, ich möchte gar nichts." - „Djim-a , setz dich. Lass uns reden."

Wir saßen still auf den alten, ausgesessenen Sesseln. Schweigen. Zwischen uns türmte sich ein Riesenfelsen – vom Meeresgrund hinauf bis ganz weit in die Höh –, nicht dieser kleine Tisch auf seinen vier klapprigen Beinen. Jetzt, wo doch Zeit war, wusste ich plötzlich nicht mehr, was ich mich diese paar Tage lang immer gefragt hatte, worum meine Gedanken dauernd gekreist waren. Ich konnte nicht den simpelsten Gedanken mehr fassen. Oder war ich in Angst darüber geraten, wie man sich jetzt, wo es doch aus war, gegenüberträte?

„Wie geht es dir?" Es war eine lange Zeit vergangen, als deine Stimme vom Meeresgrund auftauchte, wo ein Riesenfelsgestein sie wohl tausend Jahre lang an den Meeresgrund gedrückt gehalten hatte. Ich weinte. Ich saß mit gesenktem Kopf. Meine Tränen tropften auf meine Bluse und auf meinen, sich bereits etwas wölbenden kleinen Bauch. Wieder war etwas Zeit vergangen. „Ganz bald wirst du zwei Kinder haben." - „Mir sind bereits vier Kinder an Krankheit gestorben. A-Muâi ist das Kind, das mir mein Herr Großer Bruder überlassen hat, damit ich es großziehe." Ich weiß nicht, ob ich A-Muâi und das Kleine, dass ich in meinem Leib trage, großziehen kann", stieß ich in einem Atemzug hervor. Seine Frage hatte mich völlig aufgebracht. „Verzeih, Djim-a, das war taktlos von mir." Du hattest gespürt, dass mein Tonfall einen Hauch von Wut enthielt und dich sofort bei mir entschuldigt. Hei De, das hatte mit dir natürlich nicht das Geringste zu tun. Du sorgtest dich nur um mich, weil du sahst, dass ich wegen der Kinder traurig war. „Hab keine Angst, Djim-a. In Zukunft legst du die Gesundheit deiner Kinder in meine Hände, ich mache das schon." Dieser Satz, den du da ausgesprochen hattest, war, als hätte er einen ganzen Schrank voller Gedanken, die dir auf dem Herzen lagen, aufgeschlossen. Sprudelnd wie ein Wasserfall berichtetest du mir, wie es dir in den vorangegangenen Jahren ergangen war.

An dem Abend, als dich mein zweitältester Bruder aus unserem Haus hinausgeworfen hatte, warst du allein von der Meeresblickgasse Wanghaixiang zum Strand gegangen. Du wolltest, indem du wiederholtest, was ich in der Vergangenheit gemacht hatte, mich fest in dein Herz schließen, die Erinnerung bewahren und an mich denken. Du warst so wütend, so aufgebracht, so leidend und traurig, als du im Angesicht der nächtlichen See deinen Tränen freien Lauf ließest. Wie wünschtest du dir, dass ich plötzlich hinter dem großen Felsstein hervor- und einfach auf dich zu gerannt käme, so wie du damals auf mich zugerannt warst. Wir würden auf der Hohen Welle reiten, zusammen an einem Ort leben, wo niemand uns stören würde. Dein Herz war trunken. Der Seewind blies wie immer, die Wellen rollten wie immer heran. Dir war nicht mehr möglich, noch weiter in Huazhai zu leben, und dann so zu tun, als wäre gar nichts passiert. Noch den gleichen Abend fasstest du den Entschluss, Wangan zu verlassen. Du zogst um nach Gaoxiong, Hamasen, um dort bei deinem vierten Onkel unterzukommen.

Nach der Überfahrt in Hamasen angekommen arbeitetest du zuerst in einer Arztpraxis zur Aushilfe. Der Herr Doktor schätzte dich sehr und nach ein paar Monaten entschied er, dich als seinen Schüler aufzunehmen und dich die Kunst der Medizin zu lehren. Du stürztest dich mit Feuereifer in das Studium der Medizin, du zwangst dich, mich zu vergessen. Du warst nie wieder nach Huazhai zurückgekehrt, hattest nie mehr nach mir und nach allem, was mit mir passiert war, gefragt. Du verschwandst auch aus dem Blickfeld und aus der Erinnerung aller, die dich gekannt hatten. Letztes Jahr erhieltest du deine Approbation zum Arzt. Dieses Jahr gab dir dein Meister und Lehrherr seine Tochter zur Frau. Vor gerade zwei Monaten hattest du deine eigene Arztpraxis aufgemacht. Du hattest alles ganz geradeheraus erzählt. Um nichts herumgeredet. Nichts mystifiziert und nichts verbrämt. Die eigenen Augen konnten nicht sehen, die Ohren konnten nicht hören. Nicht, dass man nicht existierte, sondern es passierte lebendig in Fleisch und Blut, aber in einer anderen Zeit und an einem anderen Ort. Für dich war es so, und bei mir war es auch nicht anders. Und dann …, und dann war ich gestern plötzlich zum Vorschein gekommen. Als wäre ich gestern plötzlich hinter dem großen Felsstein hervorgekommen und auf dich zugerannt. Du hattest nachts so schrecklich an mich gedacht, dass du vor Sehnsucht fast gar nicht geschlafen hattest. Dein Körper war müde, doch dein Geist war hellwach. Du begriffst nicht, was der Herrgott jetzt vorhatte. Wenn wir doch voneinander getrennt sein mussten, warum ließ er uns nach all den Jahren so unverhofft zusammentreffen? Was würde in Zukunft sein? Sähen wir uns in Zukunft nun niemals wieder, würde das nicht noch viel, viel grausamer werden? Du wusstest, dass Hei Yuan jetzt nicht nachhause kam. Deswegen fasstest du den Entschluss, im Regen dein Haus zu verlassen und mich zu besuchen.

„Woher hattest du meine Adresse?" - „Auf der Patientenkartei von A-Muâi, auf der ihre Krankengeschichte verzeichnet ist, steht sie geschrieben." Hei De, gestern getraute ich mich nicht, dich anzuschauen. Heute will ich das heimlich machen, so lange, bis ich mich satt gesehen habe. Du bist erwachsen geworden, erfahren und geübt. Du trittst mit äußerster Ruhe und ohne Hast auf. Aus einem heißblütigen Jugendlichen hast du dich entwickelt. Geschlüpft aus diesem Kokon ist ein Mann, der Verantwortung trägt. Du hast eine Familie gegründet und besitzt eine hoch angesehene Arbeit. Dir fehlt es an nichts. „Du kannst von deiner eigenen Hände Arbeit dein Leben bestreiten, und du bist ausgesprochen erfolgreich!" - „So ist das nicht, Djim-a. Mein Leben ist das ganze Gegenteil von dem, was du dir vorstellst. Ich habe mich aufgegeben, fortgeworfen. Ich akzeptiere, dass es früher der Bauherr war und heute der Schwiegervater ist, die alles beschließen und in die Wege leiten. Ich wehre mich nicht dagegen und brauche über nichts nachdenken. Ohne dich kann ich alles und nichts sein." Hei De, du hast dich nicht nur an mir sattgesehen. In deinen Worten sprichst du so über mich, dass ich Herzklopfen davon bekomme. Ich kann nur völlig befangen den Kopf senken. Ich weiß nicht, wie ich darauf reagieren soll. Jetzt erstmal weiß ich, dass die geschminkte Frau mit den großen Augen von gestern deine Ehefrau ist. Sie ist deine Assistentin in deiner Arztpraxis, nur dass du sie eben nicht liebst und nichts für sie empfindest. Sie ist in deinem Leben nur ein oberflächlich aufgeklebtes Klebebildchen, nicht mehr als die roten Papiercouplets an den Haustüren zur Neujahrszeit. Ihr goldrotes Äußeres und ihre üppigen Worte waren nichts weiter als Hohn und Spott über das tatsächliche Leben.

„Djim-a, mein allergrößtes Bedauern, meine schrecklichste Gram ist, dass ich zu spät davon erfuhr, dass die Ehe zwischen Hei Yuan und dir tatsächlich vollzogen werden würde. Ansonsten hätte ich mit dir – auch unter Einsatz meines Lebens – Huazhai verlassen. Ich hasse mich so. Ich bereue es mein ganzes Leben lang. Djim-a, mein ganzes Leben!" „Das ist nicht deine Schuld, Hei De. Es ist der Wille des Herrn

Vaters. Weil der Herr Vater krank geworden war und es wollte, dass ich vorher schnell noch unter die Haube käme. Es ist deshalb so, weil im Himmel für uns ein solches Schicksal eingeschrieben ist."

YUYING

Die Gedichtverse in den alten Zeitungen hatten mich ziemlich aufgebracht! Da brachten Männer ihre Gefühle zum Ausdruck. Und sie schrieben auch auf, was sie glaubten, dass eine Beziehung zu unsereins Frauen ausmacht. Aber was sie wirklich über uns schrieben, betraf hauptsächlich unser Aussehen. Und ob wir südchinesische und nordchinesische alte Musik, das Beiguan und Nanguan, singen konnten. Es war selten der Fall, dass jemand etwas zu unsereins Wesensart aufschrieb. In dieser Art von Gedichten las man nichts über unsere Empfindungen oder über unsere Ansichten. Die Männer hatten Geld, und sie frönten dem Müßiggang. Sie sahen in uns ihr Spielzeug. Wir waren für sie wie Puppen mit Körpertemperatur. Wenn sie sich ihre Zeit mit uns vertrieben, vergaßen sie aber bestimmt nicht, uns zu zeigen, wie begabt sie waren, welch guten Stil sie schrieben. Unsere Innenwelten, unsere Gedanken und unsere Urteile spürten sie nicht, noch weniger interessierte sie dergleichen. Männer sahen nur unseren Körper. Sie wollten sich dem Umstand, dass wir auch Menschen waren, nicht aussetzen. Sie wollten nicht sehen, dass wir ein Herz in der Brust und ein Hirn in unserem Kopf hatten. Sie hatten bestimmt Angst, dass sie, sowie sie akzeptierten, dass sie uns wie Menschen behandeln müssten, wir ihnen zur Last fielen. Aber wenn man es recht bedenkt, gab es unter uns Geishas auch solche, die sich als Schmarotzer am Mann sahen, als wäre der Mann die Wirtspflanze, ihre Existenz ohne den Mann nicht denkbar. Woher würden sie zu essen bekommen, gäbe es den Mann nicht? Sagte die Muhme Wei das nicht jederzeit?

Sie sagte nichts zu den von uns geschriebenen Gedichten, zur Stimmung und Befindlichkeit von uns. Allerdings waren die Frisuren der Frauen auf den Zeitungsphotographien für uns Anlass genug, dass wir uns dazu entschlossen, unser Haar kurz schneiden und eine Dauerwelle machen zu lassen. Wieviel Zeit sowas kostete! Eine Dauerwelle machen zu lassen! Ein halber Vormittag und dazu ein ganzer Nachmittag waren dabei draufgegangen. Wieder zu Hause angekommen, hob ich meinen Rocksaum und stieg die Treppe hoch.

Dabei spürte ich, wie mein lockiges Haar hinten im Nacken auf und ab hüpfte. Es war ein seltsames Gefühl, das durch meinen gesamten Körper floss, mich sofort neugierig machte und meine Stimmung hob. Je höher ich kam, umso stärker roch ich den Duft von geschmortem Fleisch.

„Was kochst du?", fragte ich neugierig mit lauter Stimme. Yayun kam aus der Küche, den Kochlöffel hatte sie noch in der Hand: „Oh, Fräulein Jadeblüte, Yuying! Sie sehen wunderhübsch aus! Wenn Herr Liu Cai Sie gleich so sieht, wieder er sich bestimmt noch mehr freuen!" - „Alang? Oh, will Alang mich besuchen kommen?" - „Heute Nachmittag hat er angerufen und gefragt, ob Sie heute Abend Kundschaft hätten oder ob sie frei wären. Außerdem sagte er, dass Shaoji und Ajie auch kämen, dass ich was Gutes kochen solle, dass er den Schnaps dazu mitbringen täte. Ich hatte ja nichts zu tun und kochte, um mir die Zeit zu vertreiben. Immer nur Essen aus dem Restaurant bringen zu lassen, schmeckt mit der Zeit fade." Dann war das ja genau richtig, dass ich heute zum Friseur gegangen bin, dachte ich mir lachenden Herzens. Sofort ging ich mich baden und fühlte mich danach am ganzen Körper wunderbar wohl. Dann öffnete ich meinen Kleiderschrank und wählte etwas Passendes zum Anziehen aus. Ich zog den eisvogelblau-farbenen, langen Cheongsam an, den, den du so gern leiden magst. Das Nachmittagssonnenlicht fiel schräg ins Zimmer und auf den Spiegel, so dass er leuchtete. Vor meiner Frisierkommode sitzend schminkte ich mir sorgfältig die Augenbrauen und zog den Lidstrich nach. Das Paar eierschalenweiße Stöckelschuhe, die mit den Pfennigabsätzen, stand auf dem geschnitzten Rundhocker und leistete mir dabei Gesellschaft. Gleich würde ich es anziehen.

Nun…? Lebe *ich* um der Männer willen? Nein. Ich lebe um deinetwillen. Weil du mich nicht wie eine Puppe mit Körpertemperatur behandelst. … Alang, dann kamst du. Du schautest mein Gesicht an, verfolgtest jede Regung mit inniger Liebe, noch viel aufmerksamer als damals, als du mich im Zuixianlou, im *Haus der trunkenen Genien*, zum ersten Mal sahst, nur dass du diesmal hinter einem Schleier des Kummers verborgen warst. Ich begriff nicht, woher dieser Kummer kommen mochte, und ich wusste auch nicht, mit wem er in Beziehung stand. Du behandeltest mich ja immer wie ein Kleinkind, wiegtest mich, bis ich mich sicher fühlte. Wenn du zu mir sprachst, „ach was, kein Grund zur Sorge", wusste ich jedes Mal, dass du eine

201

gutgemeinte Lüge erfunden hattest. Obwohl du doch wusstest, dass deine Schwindeleien vor mir keinen Bestand hatten, da du mir nichts vormachen konntest. Wenn du mir sagtest, jetzt wäre aber etwas Schlimmes passiert, war es immer so, dass du mich absichtlich aufzogst. Dass du absichtlich meine Besorgnis herauskitzeltest. Dann konntest du ohne Umschweif lustvoll genießen, dass ich mir um dich Sorgen machte. Alang – das war unser Spiel! Vielleicht entschädigte es uns dafür, dass ich niemals mitkommen konnte. Und sorgte dafür, dass wir uns von den dauernden Bagatellen, die das Leben für uns bereit hielt, nicht stören ließen und uns gegenseitig weiter genießen konnten.

Es war eine Seltenheit, dass mein großer runter Tisch fast voll besetzt war! Alle lobten die Kochkünste Yayuns. Ich war auch erstaunt, dass Yayun, die die Dinge gern schnell und simpel erledigte und nie Aufwand betrieb, jetzt „acht Kostbarkeiten Tofu", „Hühnersuppe mit Blattgemüsen und Reisnudeln", „Frühlingszwiebel-Taschenkrebse", „Schmorfleisch mit Bauchspeck" und weitere solch aufwendig zu kochende Gerichte auftischte. Obschon wir den ganzen Abend lang scherzten und lachten, empfand ich die ganze Zeit über, dass eine Atmosphäre herrschte, die, schwierig zu bestimmen, etwas Gezwungenes hatte. Komisch auch, dass ihr nicht wie früher berichtetet, wo die Mitschrift der letzten Geheimen Versammlung doch inzwischen fertig gedruckt vorlag und nur darauf wartete, verteilt zu werden, oder welche Drohbriefe ihr geschrieben hattet und an welche Gesellschaften sie geschickt worden waren. Ihr redetet nur über gewöhnliche Dinge, trankt Schnaps und aßt von dem Essen. Wir hatten fast zu Ende gegessen, da batest du Yayun, die *Sachen* zu holen. Ich verstand nicht, welche Art von Sachen Yayun wohl für dich in Gewahrsam genommen haben könnte und sah dabei zu, wie Yayun in meinem Schlafzimmer verschwand. Das wunderte mich noch mehr. Ich ging ihr hinterher. Ich sah nur, wie Yayun sich hinkniete, unter mein Bett kroch und einen Bambuskorb, den ich bisher niemals zu Gesicht bekommen hatte, hervorzog. Der Korb sah aus, als besäße er einiges an Gewicht. Yayun hatte Mühe und Not, ihn aus dem Zimmer heraus zu tragen. Ajie öffnete den Deckel und nahm eine schwarze Pistole heraus, die er neben die auf dem Tisch ausgespuckten Hühnerknochen legte. Mir fehlten die Worte, so erstaunt war ich. Ich konnte nur mit weit aufgerissenen Augen und leerem Blick diese todbringende Waffe fixieren.

„Fräulein Jadeblüte, Yuying, entschuldigen Sie! Ihr Bett ist am höchsten, der Tragkorb ließ sich nur bei Ihnen unters Bett schieben. Bevor ich das machte, habe ich Sie nicht gefragt, denn ich fürchtete, dass Sie sich Sorgen machen würden", erklärte Yayun mit aller Vorsicht. „Du befürchtetest, dass ich mir Sorgen mache? Sag mir mal, wie lange dieses Zeug schon unter meinem Bett liegt? Ich will wissen, wie viele Tage lang ich schon mit dem Zeugs unter meinem Bett geschlafen habe?" Alang, als du aus meinem Tonfall heraushörtest, welchen Zorn du bei mir erregt hattest, unterbrachst du uns sofort: „Yuying, es ist alles meine Schuld! Ich habe es Yayun so aufgetragen! Ursprünglich hatten wir diesen Kram in einer Getreidemühle versteckt. Ich fand das aber ungeeignet. In der Mühle gab es Mehlsäcke. Jeder weiß, dass sich in den Säcken leicht etwas verstecken lässt. Wenn man danach gesucht hätte, hätte man die Sachen schnell gefunden." - „Yuying, es stimmt, was er sagt. Ich habe einige Touren mit dem Einkaufskorb, den wir immer auf dem Markt benutzen, gemacht, um die Sachen hierher zu transportieren." - „Diese hier?" Ajie entnahm dem Tragkorb zwei Pistolen und eine ganze Reihe Schachteln mit Munition. „Da habt ihr dieses Dreckszeug bei der Geisha versteckt, weil es bei ihr am sichersten aufgehoben ist, nicht wahr?", stieß ich, mitten ins Herz getroffen, in äußerster Wut hervor, nur um auf der Stelle auf dem Absatz kehrt zu machen und in mein Schlafzimmer zu verschwinden. Du kamst hinterhergelaufen und schlossest die Tür. Dabei sahst du, dass ich die Tränen nicht zurückhalten konnte. Ich sah genau, dass du unfähig warst, zu reagieren. Deine Hände und Füße blieben in ständiger Bewegung. Ich war fertig mit den Nerven. Ich konnte mich damit nicht abfinden. Musste sich unsereins bis zu diesem Grad ausnutzen und missbrauchen lassen?

Dann erzähltest du mir langsam Satz für Satz, wie sich die gesamte Geschichte zugetragen hatte. Menschen wie Direktor Shen oder Referatsleiter Wang wären alles Feinde, die vernichtet werden müssten. Das wurde dir klar, als du die Brunnenfeld Handels-Aktiengesellschaft Kabushiki-gaisha besuchtest. Sie wären die Speichellecker und Handlanger der Japaner. Wenn sie für die Japaner dolmetschten, hülfen sie, den Taiwanern ihren Grund und Boden abzunehmen und von den Japanern besetzen zu lassen, durch sie würden die Menschen so arm, dass sie nicht mehr überleben konnten. Sie wären dafür verantwortlich, wenn die Leute sich umbrächten, ins Wasser gingen, sich erhängten. Sie machten sich ihre Beziehungen zu den Japanern, die das taiwanische Volk mit Willkür und Härte unterjochten, zunutze. Sie wären unhöflich zu den Rikschakulis, kommandierten die kleinen Händler herum. Manchmal könnten selbst die Japaner es nicht mehr ertragen.

„Yuying, verstehst du, was ich meine? Die Pistolen haben wir auf dem Seeweg erworben. Es war ungeheuer schwierig, an die dran zu kommen. Sie sind absolut wichtig für uns. Wir haben zusammen mit ein paar anderen Kameraden an geheimen Orten auf dem Land eine Zeitlang das Schießen geübt. Jetzt müssen wir den Verwendungszweck festlegen." - „Warum musst du es sein, der so etwas macht?", fragte ich eilig. „Wenn nicht ich, wer dann?", antwortetest du sofort im Gegenzug. Alang, ich sah die keine Widerrede duldende Härte in deinen Augen. Plötzlich spürte ich, dass du von mir weit, so weit entfernt warst. Wie ein Papierdrache, den ich steigen gelassen und dessen Schnur mir dann abgerissen wäre, und den ich nie und nimmer wiedergewinnen könnte. Lange Zeit später erst, wusste ich, dass dieses Abendessen ein Abschiedsessen gewesen war.

PINGGU

„Ich werde uns was zu essen besorgen. Pass auf, dass Dayuan sich nicht muckst." Das trugst du mir auf, bevor du dich davonschlichst. Dürrer Affe, wir lebten nun am Bodensatz und waren plötzlich bettelarm. Da war eine einzige Nacht vergangen, und für uns war nun nichts mehr wie vorher. Was die Marinesoldaten wohl noch täten, nachdem sie unsere Schiffe durchsucht hätten? Nur die von uns zurückgelassenen Dschunken konfiszieren? Oder würden sie die Verfolgung aufnehmen? Wenn sie mit uns kurzen Prozess machen, uns ausmerzen wollten, könnten sie den Wirt der Herberge, der uns kannte, nach uns ausfragen. Dann kämen sie uns wohlmöglich auf die Schliche und würden uns ausfindig machen. Wenn sie nur die Dschunken durchsuchten und nicht an Land gingen, würde es besser um uns stehen. Wie weit wir im Griff hatten, was nun Sache war, wie und ob es nun weiterging, waren die Dinge, die am meisten an unseren Kräften zehrten. Wir strengten uns an, nicht daran zu denken. Doch unsere Bedenken erschlugen uns wie Flutwellen, die ein Schiff zum Kentern bringen. Sowie sich Panik bei uns breitmachte, reagierten wir anders, als es im Allgemeinen der Fall war. Dann hatten wir keine Ideen mehr.

Wie wir uns des nachts im Gebirge weiter vorantasteten, war eigentlich nur blöde. So viele Stunden hatten wir schon in der Dunkelheit gewartet, als wir – völlig müde – uns dann wegen der uns überall piesackenden Stechmücken aufregten. Wenn der Morgen graute, konnten wir uns endlich einen schemenhaften Eindruck von den Umständen um uns herum verschaffen. Das einzige, dem wir folgen konnten, waren die kleinen Pfade, die aussahen, als wären Menschen sie schon mal gegangen. In panischer Eile folgten wir diesen Wegen. Außer den knackenden Ästen waren unser und Dayuans Keuchen die einzigen Geräusche weit und breit. Ansonsten herrschte Grabesstille. Je stiller es wurde, umso deutlicher schienen wir die Tritte der uns verfolgenden Soldaten zu hören. Als wir aus dem dichten Wald herausgekrochen kamen, gelangten wir in eine plane, weite Ebene. Ich schaute in alle vier Himmelsrichtungen, denn ich wusste nicht, in welche Richtung es als nächstes ging. „Pinggu, schau doch!", riefst du plötzlich mit lauter Stimme. Entlang der Linie, die dein Zeigefinger vorgab, schauten wir in die Ferne. Zwischen zwei in den Himmel hineinragenden Riesenbäumen sah man in aller Ferne eine etwas unregelmäßige, weiße Linie. „Sind das Wellen?" - „Das ist das Meer!" Aufgeregt rannten wir zu den zwei Bäumen. Ich hatte Dayuan am Halsband, als ich plötzlich ins Leere trat und von dem kleinen Berg hinabkullerte ...

Wir hatten geschafft, den Berg Guangshan zu überwinden. Das hier musste das Dorf Qile, von dem der Herbergswirt im Kreis Yao gesprochen hatte, sein. Der Meeresduft, der in der Luft wogte, war mir ja so vertraut. Das Meer befand sich bestimmt nicht weit entfernt von diesem Ort. Undeutlich konnte man das Rauschen der Wellen hören. Du warst weggegangen, um nach etwas Essbarem zu suchen. In dem Reet gedeckten Haus, in dem ich mich mit Dayuan vor anderen Menschen versteckt hatte, gab es ein kleines Sampan. Es war sehr marode, noch schlimmer als es meines in der Blauen Bucht gewesen war. Das Drei-Planken-Boot stand auf zwei dicken Hölzern aufgebockt und sah aus, als hätte man vor, es zu reparieren. Nur, wo waren die Werkzeuge dafür? In dem Haus gab es nichts dergleichen. Es schien vor geraumer Zeit bereits verlassen und dem Verfall anheim gegeben worden zu sein. Nicht nur, dass in der Ecke der einen Wand ein Backsteinhaufen und darauf ein großes kaputtes Fischernetz lag. Es lag auch sonst viel anderer Kram überall verstreut herum. Dürrer Affe, du bist ja ewig lange fort ... Kraut, Zweige, Wurzelballen und Erdbatzen, die mir und Dayuan am ganzen Körper geklebt hatten, hatten wir beide uns bereits komplett abgesammelt. Mir war so elend und auch Dayuan hielt es nicht mehr aus. Ich nahm also all meinen Mut zusammen, und wir beide inspizierten, was neben unserem Strohdachhaus war. Nebenan gab es ein kleines Holzhaus. Es war winzig, gerade mal zwei Zimmer groß und menschenleer. Das Fenster stand offen. Hätte man hier die Tür abschließen wollen, hätte es auch kein Schloss gegeben. Gebückt schlich ich mit Dayuan verstohlen hinter das Haus. Oh Schreck! Eine Frau hockte am Boden und sortierte ein Fischernetz, während ein acht, neun Jahre altes Mädchen auf einem Steinabsatz kleine Fischchen in der Sonne auslegte, um Dörrfisch zu machen. Überrascht blieb ich voll Furcht stehen. Die beiden starrten mich und Dayuan genauso mit weit aufgerissenen Augen und starr vor Schreck an. Ich stand still, wich nicht von der Stelle. Dann lächelte ich erstmal.

Man konnte mit der Frau reden, spürte ich. „Wir waren eigentlich unterwegs, hatten die Kreisstadt bereits hinter uns gelassen, waren schon auf dem Heimweg und wollten unseren Kameraden eine Freude bereiten. Aber der Hafen, wieso und warum wissen wir nicht, wurde von den Regierungsbeamten abgesperrt und dicht gemacht. Man konnte nicht mehr raus aufs Meer fahren und nur noch auf Umwegen gehen. Deswegen gingen wir, wie man uns den Weg wies, nämlich den Berg rauf …"

Ich log, dass wir uns auf dem Guangberg verlaufen hatten, und dass wir fälschlich in den Hafen von Qile eingelaufen waren. Die Frau glaubte es mir nicht nur, sie hatte sogar Mitleid mit mir. Sie ließ mich in ihr Haus, gab mir und gab Dayuan zu trinken. Dürrer Affe, du hattest mit Mühe und Not einen kleinen Dorfmarkt gefunden, hattest Dampfnudeln gekauft und einen großen Krug mit Tee unter dem Arm, mit dem du zurückkamst. Als du gerade vorhattest, dich, wo das Gebüsch Deckung gab, zu bücken und zu dem Strohdachhaus, wo Dayuan und ich uns versteckt hatten, zurückzugehen, sahst du Dayuan mit einem kleinen Mädchen fröhlich im Sand spielen. Sowie du entdecktest, dass die Situation jetzt eine andere war, nur konntest du nicht begreifen, was eigentlich los war, befürchtetest du, dass mir etwas zugestoßen sein könnte. Doch Dayuans fröhliches Herumspringen passte so gar nicht dazu, dass ich in Gefahr sein sollte, und das machte die Sache für dich noch viel fragwürdiger. Während du überlegtest, wie du zu reagieren hättest, bemerkte Dayuan dich. Er rannte wie der Wind laut bellend auf dich zu. Als ich und die Frau es draußen rumoren hörten, kamen wir zur Tür heraus. Du sahst mich und die Frau dastehen und lächeln. Deshalb blieb auch dir nichts andres übrig, als es mir nachzumachen und zu lächeln. Die Frau brachte die kleinen gedörrten Fischchen herbei, das Mädchen holte Schüsseln und Stäbchen und zusammen mit den Dampfnudeln, die du gekauft hattest, saßen wir doch tatsächlich lachend und uns unterhaltend beisammen. Es war wie ein kleines Neujahrsessen. Wir redeten vorsichtig auf Umwegen, denn wir wollten herausfinden, welche Möglichkeiten es gab, Qile zu verlassen. Die Frau hatte ein Riesenbedürfnis, sich zu unterhalten, redete und redete, und begann von sich selbst zu erzählen. Den Vater, den die kleine Familie ursprünglich besessen hatte, hatte nämlich zwei Jahre zuvor eine Riesenwelle geschluckt. Seine Leiche war erst viele Tage später an Land gespült worden.

„Dabei war an jenem Tag ganz offensichtlich gutes Wetter gewesen. Der Wind stand gut, es war ein schöner Tag. Wir blieben am Strand, während unsere Männer zum Fischen rausfuhren, und sammelten Muscheln. Sie ließen sich gut verkaufen, denn die Leute machen Ketten daraus. Wir waren noch in einem fort am Sammeln, als der Himmel sich plötzlich verdunkelte. Der Sand am Strand wirbelte in Form einer Schraube in die Höhe. Es tat weh, wenn er unser Gesicht traf. Wir hielten uns die Hände vors Gesicht und schauten durch die Ritzen zwischen den Fingern hindurch aufs Meer hinaus. Im nächsten Augenblick ließ der wilde Wind zehntausende haushoher Wellen heranrollen. Die Bootsleute mit ihren Sampans auf weiter See wurden emporgehoben und fielen in die Tiefe. Später wurden sie nicht nur gen Himmel geschraubt, sondern sie schlugen, wenn sie in die Tiefe fielen, an die Steilwände der Felsklippen. Die kleinen Boote zerschellten, die Fischer fielen ins Meer. Das gesamte Unglück dauerte von Anfang bis Ende nicht einmal eine halbe Stunde. Viele aus unserem Fischerdorf schauten starr mit großen Augen zu, aber niemand konnte gerettet werden. Es war Schicksal. Man hätte es nicht aufhalten können. Man hätte ihm auch nicht ausweichen können." Die Frau hatte mit in Falten gelegter Stirn, mit gerunzelten Brauen gesprochen. Sie nahm einen Schluck Tee und sprach weiter: „Später spülten die Wellen das Sampan wieder am Land. Als der Vater meiner Tochter ans Ufer gespült wurde, war er bereits völlig entstellt. Wir erkannten ihn nur am Hemd und an der Hose wieder. Jetzt leben wir beide vom

Sammeln von Seetang und Meeresalgen, die wir auf dem Markt verkaufen. Wir leben von der Hand in den Mund, jeder überlebte Tag ist ein Erfolg …"

Die Frau erzählte ihre Geschichte zielstrebig. Es machte ihr nichts aus, dass sie uns nicht weiter kannte. Während sie aufräumte, unterhielten wir uns flüsternd darüber, dass wir ihr doch ihr Sampan abkaufen, das Boot reparieren und damit nach Yaoxian zurückrudern könnten. Ich erregte mit Dayuan immer leicht Aufsehen. Deswegen wollte ich, dass du und die Frau euch aufteilten, um das Material für die Reparatur des Drei-Plankenboots einzukaufen. Sowie wir alles besprochen hatten, begannen wir. Wir schabten, hobelten, hämmerten, bohrten. Nach vier Tagen Reparatur wollten wir im Schutz der Dunkelheit aufbrechen. Guo Ming, du bezahltest ihr einen guten Preis für das Sampan. Die Frau bedankte sich in einem fort. Außerdem wusste sie ja, dass sie sich gut merken musste, dass sie und ihre Tochter uns in diesem jetzigen Leben noch kein einziges Mal gesehen hatten.

Sowie wir in See gestochen waren und die freie See erreicht hatten, leuchteten die Sterne viel heller. Es war unser Glück, denn so ließ sich unsere Position leichter bestimmen. Wir fuhren in Richtung Süden, aber mussten uns rechterhand immer in Blickweite des Festlands halten. Nach dem Morgengrauen wurde der Himmel nach kürzester Zeit wieder dunkel. Über uns hingen pechschwarze Wolken. Es schüttete wie aus Kübeln. Wir wechselten uns damit ab, das Wasser aus dem Boot zu schöpfen. Dayuan guckte neugierig unter dem Verdeck hervor. Er hatte sich versteckt, als hätte man ihn ungerecht behandelt… Es verging eine halbe Ewigkeit. Wir waren so müde, dass wir uns im Boot nur noch treiben ließen und dem Regen gestatteten, uns zu durchnässen. Dann kam die Sonne heraus. Sie kam mit furchterregender Hitze. Die Sonnenstrahlen stachen wie spitze Nadeln. Sie stachen in jede Pore unserer Haut, unseres ganzen Leibes. Ein Glück, dass wir genug Wasser mitgenommen hatten. Wir begannen uns am Staken abzuwechseln. Mal stand der eine, mal der andere, während sich einer immer unter dem niedrigen Verdeck aus Bambusgeflecht versteckte. Zwei volle Tage brieten wir so in der Sonne, bis wir, fast zu Dörrfleisch geworden, Yaoxian erreichten. Wir blieben anfangs gebückt unter dem Verdeck unseres Sampans versteckt und schauten nur vorsichtig hinaus. Welch Wunder! Keine Ahnung, wann damit begonnen worden war, aber die Sperrung des Hafens war aufgehoben worden. Die Arbeit am Kai ging von statten, wie zuvor. Man konnte nirgends heraussehen, was zwischenzeitlich in diesem Hafen passiert war. Wir tasteten uns vorsichtig voran. Wir waren geduldig. Erst als es stockdunkel geworden war, kamen wir an Land und hofften, dass wir von irgendwem erführen, wie jetzt die Lage war. Der brave Dayuan! Er hatte bestimmt Ungewöhnliches gewittert, aber er folgte mir dicht auf den Fersen und gab keinen Ton von sich. Zuerst hockten wir gelehnt an ein Brettergerüst auf dem Markt und machten ein Nickerchen. Aber wir wurden von den Fleischverkäufern, die Frühaufsteher waren, verscheucht. Als sich auf den Straßen Geschäftigkeit einstellte, inspizierten wir heimlich den gesamten Hafen. Überrascht entdeckten wir, dass unsere Schiffe alle noch da waren. Wie konnte das sein? Die kommen- und gehenden Menschen am Kai waren uns alle unbekannt. Als Mittag lange vorbei war, und wir einen ganzen Tag lang herumhantiert hatten, waren wir so erschöpft, dass wir uns am Rande des Hafens auf die Stufen einer Steintreppe setzten. Als die Dämmerung hereinbrach, schwiegen wir. Wir blickten selbstvergessen in die Abendsonne. Plötzlich hautest du dir auf die Oberschenkel: „Los, wir gehen in den Puff! Im Puff treffen wir unsere Kameraden bestimmt! Zumindest können wir dort herausbekommen, was los ist." - „Guo Ming! Ich erinnere gut, dass ich, Pinggu, als du mir die Verantwortung für alles auf den Schiffen übertrugst, der gesamten Crew deutlich Bescheid sagte, dass sie keine einzige der von uns zu Gefangenen gemachten Frauen, egal, wie alt sie wären, anrühren dürften. Dass die Guo Bande ihre Lust zu vögeln bei den eigenen Weibern ausleben könnten. Wenn die Weiber es wollten, dann sollte jeder meiner Jungs meinetwegen zehn Weiber haben. Das wäre für mich, so wahr ich Pinggu heiße, in Ordnung. Aber sowie herauskäme, dass da einer die Frau oder die Tochter eines anderen anrührte, kriegte der seinen Viehschwanz, der ihm da aus dem Hosenschnall hervorgekommen wäre, sofort abgehackt. Und den wollte ich vorgelegt bekommen! Damit ich mich dran ergötzen könnte. Denn ich, Pinggu, habe meine Füße so behalten, wie sie mir der Himmel gab. Ich laufe, wie ich will. Ich habe es nicht nötig, mich den Launen anderer Leute zu beugen. Ich hasse nichts mehr, als den Frauen ihre Füße zu Geschwülsten zu verstümmeln, dass sie zuletzt nicht mal mehr ordentlich zu Fuß gehen können. Es ist ja nichts andres als wie bei einem Huhn, das am Strick aufgehängt wartet, geschlachtet zu werden. So ein Schlachthuhn dann noch zu vögeln! Da ist es doch nix dagegen, wenn man dem Täter nur den Kopf abhackt! So ein Vieh, das sowas macht, ist keinen Arsch wert. Wenn wir jetzt in den Puff unsere Crew suchen gehen, hat das ja andere Gründe! Männer verstehen ihresgleichen immer noch am besten. Ich, Pinggu, begreife zwar, aber es dauert, was so Männergeschäfte angeht, immer etwas! Da reagiere ich langsamer. Alles in allem hast du den richtigen Ort gefunden. Die Informationen, die wir wollten, haben wir auch gekriegt."

Die Marinesoldaten hatten jedes der Schiffe gründlich durchsucht. In den Dschunken unserer Flotte hatten sie nur den gewöhnlichen Nachschub, den alle Handelsschiffe mit sich führten, gefunden. Schmuggelwaren hatten sie nicht gefunden. Da waren auf jeder unserer Dschunken die Waren also so, wie wir es verfügt hatten, versteckt worden. Das war die Besonderheit der Guo-Bande. Die Verstecke waren so geheim, dass außer den Personen, die die Waren eigenhändig versteckt hatten, keiner Bescheid wusste. Die, die vorgaben, die Stellung an Bord zu halten, waren zumeist Familien mit Kindern. Es sah dann also ganz so aus, als wären unsere Dschunken herkömmliche Handelsdschunken. Den Regierungsbeamten vom Zoll fehlten die Beweise. Deswegen konnten sie nichts ausrichten. Sie kamen dann nicht mal mehr an Land und zogen gleich wieder ab. Tatsächlich war die ganze Aufregung umsonst gewesen, wir atmeten erleichtert auf. Die Crew hatte viele Tage auf uns gewartet. Keiner hatte gewusst, wo wir geblieben sein könnten. Man beriet sich gerade, ob nun jeder allein, als seines Schicksals eigner Schmied, seiner Wege ziehen sollte. Als wir wiederkamen, war alles sofort klar. Guo Ming, da hatten wir eine große Runde gedreht, die wir uns hätten sparen können. Als wir uns auf dem Guangshan-Berg wie gejagte Verbrecher versteckten, immer in Panik und immer auf der Flucht, als wir meinten, wir hörten die Tritte der uns verfolgenden Soldaten schon hinter uns trappen, war es nur unsere Einbildung, mit der wir uns selbst in Angst und Schrecken versetzt hatten, gewesen. In dem Fischerdorf Qile banden wir der harmlosen Mutter und ihrer Tochter einen Bären auf mit dieser abwegigen Vagabundengeschichte. Zu guter Letzt kämpften wir in dem Sampan sogar noch ums nackte Leben! Wir kosteten das Meer in all seinen Geschmäckern. Wenn wir jetzt zurückschauen, gibt es genügend Stoff, um sich selbst gründlich auszulachen.

„Wer hat uns denn beim Mandariat angezeigt?" - „Das war natürlich Tao Tai! Er war in dem Dorf am Hafen mit den Kameraden am Schnapstrinken gewesen. Als sie alle betrunken waren und sich beschwipst untereinander verständigten, meinte er im Rausch, sie steckten ja alle nur unter Guo Mings Fuchtel, und er wollte nicht mehr gepiesackt werden. Er führe ja mindestens schon vier, fünf Jahre lang zur See. Wie käme es, dass er, egal auf welchem Schiff er unterwegs wäre, nur immer Arbeiten wie Tau ziehen und Wache schieben machen dürfte? Er war unzufrieden. Als er so richtig in Rage war, machte er eine Anzeige beim Mandarinat. Erst als er sah, dass da eine ganze Flotte von Regierungsdschunken zusammen in Stellung für eine Seeschlacht ging, meldete sich sein Gewissen. Da merkte er, was er angestoßen hatte. Ob er selbst wohl darauf gekommen war, dass es eine Bagatelle im Vergleich dazu, dass auf den Schiffen so viele Menschen lebten, war? Dass all die Menschen nur wegen ihm allein vernichtet und getötet würden? Er wollte das nicht auf seine Kappe nehmen und riss deshalb in letzter Minute das Ruder noch herum. Er verhinderte das Ganze. Und nur deshalb kam es zu dieser Komödie." - „Wo ist er hin?" - „Längst über alle Berge! Du glaubst doch nicht, dass er sich noch wagte, unter den Augen aller hierzubleiben?" - „Lass uns diesmal auf direktem Weg zu unserem Standort, der in der Nähe Taiwans gelegen ist, hinfahren. Die Ziegen dort auf den Hügeln haben sich sicherlich vermehrt. Dayuan kann ihnen dann hinterhertollen und spielen. Die Zukunft hält Furchterregendes, aber auch zauberhaft Schönes für uns bereit. Sie wartet nur, dass wir ihr entspannt entgegenfahren."

AQIN

„Wo du nun schon so weit bist, musst du auch ein wenig mutiger werden. Du wirst jetzt jederzeit dein Kind bekommen. Sich um das Kind zu kümmern, hat nun Vorrang. Da ist es einerlei, dass du dir Sorgen machst." - „Genau. Das weiß ich. Ich habe aber gehört, dass die was verhandeln gegangen waren. Ich hoffe, ich erhalte bald Nachricht." „Erstmal gebierst du dein Kind, alles andere planst du danach. Wir rücken alle ein wenig zusammen. Zusammen zu essen, dem steht doch nichts im Wege!" ... Nachdem das Unglück passiert war, kamen bei uns zuhause nach und nach nicht wenige Leute vorbei. Da waren welche, die sich als Freund Hei Yuans vorstellten, die ich aber nicht nur nicht kannte, deren Namen ich sogar noch nie gehört hatte. Zuhause in unserer Gasse war, weil so viele Menschen vorbeikamen, plötzlich viel los. Im Gesichtsausdruck der Besucher, in dem was sie sprachen, schwang etwas mit, das mir ein ungutes Gefühl vermittelte, sodass ich mich fragte, ob Hei Yuan wohl etwa gestorben wäre.

Hei Yuan war bereits über einen ganzen Monat lang auf See und hatte nichts von sich hören lassen. Mein großer und mein zweitältester Bruder gingen beide zur Schifffahrtsgesellschaft nachfragen, was los sei, aber sie bekamen keine Antwort. Wie sehr die Familienangehörigen sich auch sorgten, man konnte nichts erfahren. Als ich selbst mit meinem zweitältesten Bruder und meiner zweiten Schwägerin dorthin kam, war vor und auf dem Gelände der Reederei bereits ein Riesenmenschenauflauf. Alle debattierten wild durcheinander. Jemand sagte, vielleicht hätte es einen Monsterwellensturm gegeben, der das Schiff zum Rollen gebracht und einfach davongerollt hätte. Ein anderer meinte, wenn so ein voll beladenes Handelsschiff unterwegs wäre, würde es schnell Aufmerksamkeit bei den Seeräubern erregen. Das Handelsschiff wäre doch bestimmt ausgeraubt und von den Seeräubern weggeschafft worden. Wieder andere sagten, der Kapitän und der Steuermann wären doch unfähig gewesen. Sie hätten das Schiff vom Kurs abkommen lassen. Nun würde es durch den Pazifik irren und fände nicht wieder zurück. „Djim-a, die Schifffahrtsgesellschaft des Schiffsreeders sagt, dass wir uns alle gedulden müssen, und dass sie uns sofort benachrichtigen, sobald sie Nachricht bekommen. Mehr haben die nicht gesagt", sagte mein zweitältester Bruder mir. Meine zweite Schwägerin hatte A-Muâi an die Hand genommen und war mit ihr nach draußen, ein Weilchen herumspazieren, gegangen, damit sie die Erwachsenen nicht beim Reden störte.

Mein großer Bruder machte sich ganz schreckliche Selbstvorwürfe. Er hatte in Hamasen für Hei Yuan diese Arbeit auf dem Schiff gefunden, bei der er zur See gefahren wurde, um Waren ins Ausland zu verschiffen. Denn die Transporte von Steinen, Backsteinen und Ziegeln wurden nun mehr und mehr von Lastkraftwagen gemacht. A-Santzu, mein drittältester Bruder, wusste auch, dass mit dem Binnentransport auf Lastkähnen bald kein Geld mehr zu verdienen war. „Wenn ich nicht für dich arbeiten würde, wüsste ich nicht, für wen sonst?" - „Ist egal, wir verscherbeln das Segelboot jetzt billig." Hei Yuan hatte Acai zu uns nach Haus bestellt, damit sie über den Verkauf reden konnten. Sie einigten sich, das Segelboot zu verkaufen, und sich dann, jeder für sich, andere Arbeit zu suchen. „Ist nicht weiter schlimm. Ich bin alleinstehend und ohne Ballast. Ich besitze keine Familie mit Frau und Kind, die ich mitschleifen muss. Ich werde mich in Tang-káng in Pindong umsehen. Da gibt es bestimmt Arbeit für mich." So entschied Asantzu, mein drittältester Bruder, zuletzt. Hei Yuan war zufrieden damit, auf einem Handelsschiff zur See zu fahren. Waren einzuholen, zu verbringen, zu verpacken, einzulagern und andere Schwerstarbeit waren ihm nicht fremd. Der Hauptgrund, warum er es machen wollte, war der feste Lohn. Als sie das erste Mal in See stachen, war alles reibungslos verlaufen und alle gesund und munter wieder heimgekehrt. Wie kam es, dass diesmal nun alle, und auch das Schiff, spurlos verschwunden waren? Zuerst sind mir vier Kinder gestorben, und nun ist auch Hei Yuan plötzlich verschollen. Was habe ich für ein Schicksal? Muss ich jetzt mein Leben lang die Füße unter den Tisch meiner Verwandtschaft stellen? Was kann ich als Frau anderes tun, außer zu warten?

Die Leute sagen, ich mit so einem Bauch würde nur Mädchen zur Welt bringen. Sogar das an Kindes statt angenommene Kleine wäre eine Tochter. Jetzt kann ich mich ja sehen lassen. Die Umstände sind nun andere, denn ich habe einen Jungen zur Welt gebracht. A-Siong, mein Glückspfand, so habe ich ihn genannt. Wäre A-Sun noch am Leben, hätte A-Siong jetzt einen großen Bruder. Kann doch eigentlich nicht sein, dass die Leute einfach so übersehen haben, dass mein erstgeborenes Kind ein Junge war! Damals waren wir gerade nach Hamasen, Gaoxiong umgezogen und kannten nur wenige Menschen in der Stadt. Allein mein großer Bruder und meine große Schwägerin wussten genau, wie es um uns stand. Als ich dann wusste, dass Hei De gleich um die Ecke eine Arztpraxis besaß, ängstigte ich mich nicht mehr so furchtbar um meine Kinder. Ich finde immer, kleine Kinder sind nicht anders als Spukgeister, die sich vorgenommen haben, meinem Geist und meinem Leib zuzusetzen. Jedes Mal, wenn ich ein Kind auf dem Arm hielt, – vielleicht war das der Grund, dass A-Sun durch einen Atemstillstand in meinen Armen gestorben war – , spürte ich eine nicht zu ortende, entsetzliche Angst, die mir stets auf den Fersen blieb. Egal ob der Arm meinem eigenen Körper gehörte oder er der eines anderen war, war ich stets zwanghaft bemüht, alle Zeit nachzuschauen, ob das Kind dort auch atmete. Wenn ich zum Markt einkaufen ging, wenn Frauen an mir vorbei gingen, die einen Säugling auf dem Rücken trugen, achtete ich stets darauf, ob es in ihrem Tragetuch wohl noch am Leben war. Wenn ich Gemüse schnitt,

Kleidung wusch, hielt ich häufig inne, unterbrach meine Arbeit, um nachzuschauen, ob mein Säugling im Tragetuch noch atmete. So wie damals bei Acai, als ich auch gefürchtet hatte, dass sie, wenn sie so niedlich schankend auf den Tatamis herumhüpfte und auf die Fliegen Jagd machte, plötzlich stehenbliebe und zu atmen aufhörte! Ich war meinen Kindern einerseits nah, andererseits spürte ich einen Riesenabstand zu ihnen. Manchmal waren sie ein Stein, der mir auf der Brust lag, der mir die Luft zum Atmen nahm. Manchmal waren sie Wolken, die mit dem Wind vorbeischwebten, und die ich, egal wie ich mich abmühte, nicht erhaschen konnte.

Ich hatte damit begonnen, in einer Herberge Bettlaken waschen zu gehen. Ursprünglich war ich immer mit A-Siong im Tragetuch auf dem Rücken hingegangen. Je mehr er heranwuchs und umso größer er wurde, umso schwerer wurde er auch. Erst als ich ihn wirklich nicht mehr tragen konnte, ließ ich ihn zusammen mit A-Muâi bei meinem großen Bruder zuhause. Anderer Leute Laken zu waschen, ist etwas, gegen das man eine große Abneigung verspürt, etwas, das man hasst, was einen wütend macht. Wenn das Laken Frauen benutzt hatten, die ihre Tage hatten, und die keinen ordentlichen Monatslappen vorgelegt hatten, war es voller Blut. Manch Herbergsgast war auch betrunken gewesen und hatte sich übergeben. Dann war das gesamte Laken verschmutzt und stank, dass man nicht wusste, wo man mit dem Waschen beginnen sollte. Wenn man bei dieser Herberge den Hinterausgang benutzte, kam man in einen kleinen Gemüsegarten, der mit einem Bambuszaun eingefasst war. Der Garten war verwildert. Besonders bei den Luffa-Gurken herrschte Wildwuchs. Der Chinakohl war den Schnecken und Maden zum Opfer gefallen.

Etwas weiter hinten im Garten gab es einen Wäscheplatz. Ein Gerüst stand dort fest aufgestellt. Fünf lange Bambusstangen gab es dort, worauf man die Wäsche aufziehen konnte, und die man dann auf das Gerüst legte. Über den Wäscheplatz war ein großes Segeltuch gespannt, das Sonne und Regen abhielt. Rechterhand des Platzes gab es eine handbetriebene Wasserpumpe. Daneben stand der große Holzzuber zum Waschen. Jeden Vormittag, wenn ich A-Muâi und A-Siong meiner großen Schwägerin gebracht hatte, ging ich den kurzen Weg zur Herberge und begann mit der Arbeit. Hinter dem Tresen bei der Rezeption standen täglich zwei große, prall gefüllte Bambuskörbe mit der zu waschenden Bettwäsche an der Seite im Flur. Meine Arbeit bestand darin, die Handtücher, Waschlappen, Bettlaken und Bezüge zu waschen und aufzuhängen. Wenn sie trocken waren, hängten die Zimmermädchen sie wieder ab. Sie holten die Wäsche herein. Mit der Zeit gewöhnte ich mich an den Schmutz der Wäsche, und es machte mir tatsächlich nichts mehr aus. Scheinbar mochte ich diese Arbeit allmählich sogar. Obwohl das Wetter im Sommer so heiß war, dass man fast ohnmächtig davon wurde, und obschon das Wasser aus der Pumpe im Winter eiskalt war, war es doch so, dass ich selbst Geld verdiente. Ich musste mich nicht nach Hei Yuans Launen richten und mich nicht um meine Kinder sorgen. Während ich auf dem Waschbrett die Wäsche rauf und runter rubbelte, fand ich allmählich heraus, dass Zeit und die dahin rinnenden Jahre keine wesentliche Qualität für mich besaßen. Dass nämlich, frei zu leben, das war, was wirklich zu mir passte.

An der einen Hand hielt ich A-Muâi. Auf der anderen Seite hatte ich A-Siong auf dem Arm, als ich in die kleine Gasse zuhause einbog. Ich sah, wie die Kinder sich umringten, sich an den Händen fassten und auf der Gasse spielten. Am Himmel flog ein Schwarm schwarzer Vögel flatternd vorüber. Das Licht der tiefstehenden Abendsonne mit seinen langen Lichtstrahlen leuchtete so durchscheinend hell, dass es in den Augen stach. Die Abendsonnenstrahlen warfen bei den spielenden Kindern riesig lange Schatten. Die Hühner waren aus ihren Käfigen herausgeflattert und spazierten, Essbares vom Boden aufpickend, umher. Es schien, als wären sie sehr geschäftig dabei, aber auch, als flanierten sie nur und hätten nichts weiter zu tun. Ein Fahrrad kam vorbeigefahren. Das Klingeln der Fahrradklingel ließ die Kinder auseinanderlaufen. Die Hühner fühlten sich auch gestört, breiteten ihre Flügel aus und flogen flatternd ein paar Meter weiter. A-Muâi gefiel das sehr und sie wollte sich von meiner Hand losmachen, um die Hühner zu jagen. Ich fasste sie noch fester bei der Hand, damit sie nicht etwa noch unter das Fahrrad kam. An den flammend heißen Tagen im Hochsommer bis zu den kalten Tagen im Herbst, alle Tage im Jahr, ging ich mit meinen Kindern diesen Weg zu Fuß, stieg dann in eine Rikscha ein, stieg wieder aus und ging noch mal ein Stück zu Fuß bis zum Haus meines großen Bruders. Wenn ich auf dem Rückweg war, machten wir den gleichen Weg, immer in drei Etappen, um etwas Geld zu sparen. Zu Mittag wurde bei meinem großen Bruder gegessen.

„Ein paar Stäbchen und eine Schale mehr für dich macht doch keinen Unterschied", sagte meine große Schwägerin dann immer. „Du muss dich nicht jeden Tag bedanken. Du kannst es unausgesprochen lassen, ja?"Eines Tages brachte mein großer Bruder plötzlich Neuigkeiten von Hei Yuan mit und berichtete sie uns. In der Familie und unter den Freunden brach sofort Tumult los. „Jetzt wissen wir Bescheid! Sein Handelsschiff ist in Korea beschlagnahmt worden und die ganze Mannschaft ist ins Gefängnis gekommen." - „Was ist denn der Grund gewesen?" - „Das ist unklar. Vielleicht hat es etwas mit Schmuggelei zu tun." - „Wann kommt er denn zurück?" - „Das weiß keiner. Aber da er noch lebt, wird er ja eines Tages wohl wiederkommen. Mehr konnte ich nicht erfahren."

Da war er gesund und ohne Makel aufgebrochen, und dann kamen Nachrichten zurück, und man wusste nichts mehr von ihm. Es war eine Verkettung von Unklarheiten. Niemand wusste was, keiner begriff was. Solche Nachrichten waren wertloser als ein Windzug, den man nicht sieht. Ein kleiner Wind konnte einen eiskalten Schauer bewirken, ein großer Wind brachte ein Schiff ins Rollen. Ob gut oder schlecht, ob Freude entstand oder Kummer kam, beim Wind konnte man zumindest spüren, dass es ihn gab. Aber ein Hei Yuan, wie lebendig er auch sein mochte, erschien mir ja höchstens noch in der Erinnerung. Diese Verkettung von Ungewissheit und Unklarheit bewahrte ich weit hinten in meinem Gedächtnis. Selten bemerkte ich etwas davon. Mit meinem Leben hatte es nichts mehr zu tun.

A-Siong wurde krank. Wie Samen, die bereits im Boden vergraben nur schlummern, war die Angst, die in meinem Körper nun wieder fleißig keimte und immer größer wuchs. Sie zog mich mit festem Griff in ihren Bann. Nur dass sie diesmal etwas schwächer herbeirollte, dass sie mich nicht am ganzen Leib lähmte, dass sie mich nichts völlig lahmlegte. Hei De, der Grund warst natürlich du. Ich kam zu dir in die Praxis. Dieses Mal waren viele Kranke in der Praxis, die warteten, dass sie an die Reihe kamen. An der Rezeption bei der ovalen Durchreiche, wo man sich anmeldete und seine Medizin ausgehändigt bekam, saß nicht mehr deine Frau. Sie hatte gerade ihr Kind bekommen und verbrachte den ersten vollen Monat im Wochenbett. Das erzähltest du mir später. Als ich das Untersuchungszimmer betrat, war dort bereits eine Frau mit ihrem Sohn, die wartete. Als du mich bemerktest, warst du überrascht, aber gefasst. Deine Augen bedeuteten mir, mich zu setzen. Es dauerte nicht lang und ich kam an die Reihe. So wie ein Arzt, der immer mit Krankheiten umgeht, wolltest du, dass ich dir von den Krankheitsanzeichen berichtete. Dann machtest du eine Untersuchung bei A-Siong. Du tröstetest mich, A-Siong würde nicht ernstlich krank werden. Er hätte nur eine sehr durchschnittliche Erkältung. Während der Untersuchung von A-Siong sollte der kleine Junge im gleichen Untersuchungszimmer auf der anderen Seite des Raums eine Spritze bekommen. Er hatte Angst. Er krümmte sich, wimmerte, bettelte, als die Erwachsenen ihn festhielten, damit er auf der Untersuchungsliege auf dem Bauch liegen blieb. Seine Mutter drückte seine Beine fest auf die Liege und half mit, seine Hände festzuhalten, während ihm die zweite Arzthelferin die Spritze in seine Pobacken gab. Der Junge brüllte laut weinend los, als sie mit der Spritze zustach. Während dieser chaotischen Unruhe ergriffst du die Chance, mich flüsternd ganz schnell zu fragen, wie es mir in der letzten Zeit ergangen wäre. Ich antwortete genauso schnell und erzählte, was bei mir alles vorgefallen war. Deine Arbeit kam mir so dermaßen gelegen, sie war ja für mich so praktisch. Denn immer mal wird der Mensch krank. Man musste nur krank sein, dann konnte ich zu dir gehen. Aber sie war auch unpraktisch für mich. Denn wie sollten meine Kinder und ich so häufig, wie ich mir wünschte, dich zu sehen, krank werden?

Wie gewohnt kam ich zur Arbeit, ging beim Tresen hin und her und holte dort die hinter dem Tresen bei der Rezeption an der Seite die im Flur abgestellten zwei großen, prall mit Bettwäsche gefüllten Bambuskörbe hervor, um sie auf die andere Seite des Gemüsegartens zu schleppen. Es war ein kalter Tag. Das Wasser, das aus der Handpumpe spritzte, war noch kälter, so kalt, dass meine Hände tiefrot vor Kälte davon waren. Wieder und wieder rieb ich Seife auf das Waschbrett und rubbelte die riesengroßen Laken darauf hin und wieder zurück. Wenn ich die Reste der Seife herausspülte, musste ich mich immer bücken, die Wäsche anheben und mich hinstellen, damit sie sich im Wasser drehte, solange bis das Waschwasser im Zuber schmutzig war. Dann musste ich den Zuber auskippen und klares Wasser einlassen, wieder die Wäsche rühren, nochmal runterbeugen und wieder hochkommen. Ich weiß nicht, wie oft ich das jedes Mal wiederholte. Heute war strahlender Sonnenschein, dazu wehte ein leichter Wind. Da würden die Laken bestimmt schnell trocknen. Das dachte ich, während ich sie aufhängte. Nachdem ich mit meiner Arbeit fertig war, ging ich zurück in den schummrigen Flur. Die Augen gewöhnten sich nur langsam an die Dunkelheit, deshalb musste ich langsamer gehen. Als ich fast bei der Rezeption angelangt war, hielt mich jemand plötzlich mit aller Kraft fest. Ich blickte auf: „Hei De, du bist es!"

Du gabst mir ein Zeichen, ich solle keinen Ton von mir geben und hießest mich ganz schnell mit dir die Treppe hinaufkommen. Es ging einen kurzen Flur entlang bis zu einem Zimmer am Ende des Flurs. Bevor ich noch etwas fragen konnte, hattest du mich schon in das Zimmer gezogen, die Tür abgeschlossen und damit begonnen, mich wie von Sinnen wild zu küssen. Du wolltest die Knöpfe meines Hemds öffnen, aber ich gebot dir Einhalt. „Djim-a, ich will dich, ich will dich heute! Wir hätten doch sowieso zusammen sein müssen. Es sind so viele Jahre vergangen, bis wir uns wiedergetroffen haben. Jetzt darf ich die Gelegenheit nicht noch einmal versäumen. Ich glaubte, ich wäre längst tot, aber dann bist du wieder aufgetaucht. Du hast meine Seele wieder zum Leben erweckt. Djim-a, wir haben uns bei niemandem etwas zu schulden kommen lassen. Die anderen sind es, die uns etwas schulden". Als ich dich das aus der Tiefe deiner Seele herausschreien hörte, bekam ich eiskalte Hände. Heiß rannen mir die Tränen über mein Gesicht. Ich kollabierte in deinen Armen. In Huazhai brach unser Zusammensein ab. Das war bitter. Als wir uns wiedertrafen, waren wir zurückhaltend und reserviert. Und jetzt, in diesem dunklen, etwas schimmlig riechenden Zimmer, als die Zeit für uns plötzlich stillstand, warfen wir alle Regeln und Gebote über Bord: Wir sündigten. Wir waren überzeugt davon: Keiner konnte die Freiheit, die wir uns jetzt nahmen, unterbinden. Wir suchten uns gegenseitig, das so vertraute und doch so unbekannte Gegenüber des anderen.

„Sag mal, wir sollten jetzt Rache nehmen! Dass wir jetzt zusammen sind, ist unsere Rache dafür, dass es uns immer verwehrt wurde. Wir rächen uns damit an unserem Schicksal, das nämlich eigentlich gar nicht so sein dürfte, dass es uns so schrecklich zusetzt." - „Wie kommt es, dass du heute so spät kommst?", fragte meine große Schwägerin. „Eigentlich wollte ich ja schon nachhause gehen, aber dann waren noch einige Laken dazugekommen. Die habe ich heute gleich noch mitgewaschen", antwortete ich, während das Blut nur so durch meine Adern pulste. Mit gesenktem Kopf stieg ich langsam die Treppe hoch, um nach A-Siong zu schauen. Er schlief tief und fest. Dann ging ich nach unten und füllte A-Muâi Reis auf, um sie zu füttern. Vielleicht hatte sie zu viele Bonbons gegessen. Vielleicht war ich aber auch der Grund, weil ich sie lustlos fütterte, denn Niedergeschlagenheit machte sich bei mir breit. Nachdem ich abgeräumt hatte, stand ich am Spülstein beim Abwaschen. Das Wasser rann mir durch meine Hände zwischen den Fingern hindurch. Ich bewegte die fettig gewordenen Finger. Speisereste und Reiskörner klebten an den Schüsseln und Tellern. Ich blickte auf ein wüstes Durcheinander. Es spiegelte meinen Gemütszustand wider. Im nächsten Augenblick sah ich mein alltägliches Leben lebendig vor meinem geistigen Auge. Ich war eine Mutter, der in der Vergangenheit vier Kinder, die sie geboren hatte, gestorben waren, und ich war eine Ehefrau, deren Ehemann im Ausland im Gefängnis saß. Wenn ich auf heute Nachmittag zurückblickte, waren da ein untreu gewordener Mann und eine untreu gewordene Frau, die hartnäckig beisammen sein wollten, und die nur in einem dunklen Zimmer diese Freiheit ihrer Zweisamkeit bekamen.

Diese zwei verschiedenen Dinge zusammengenommen waren so makaber wie ein sauer gewordener Witz, der an das Licht der Öffentlichkeit gelangt. Eine kandierte Lüge, die jedem einen Schwall von Beschimpfungen entlockt. Aber welch grässlicher Anblick sich da auch bieten mochte, es war nichts weiter als der Lauf des Lebens und würde letztlich spurlos entschwinden. In diesem winzigen Augenblick wurde ich neu geboren, ich häutete mich. Ich war darüber weg und plötzlich leichten Herzens. Mir war alles egal. Nichts machte mir noch was aus.

Dann hatten wir viele, viele Rendezvous. Du benutztest immer die Ausrede, dass du noch einmal in die Praxis gehen würdest. Und jedes Mal gingst du ein Zimmer in der Herberge buchen, von wegen, es wären Geschäftsreisen mit Kundenbesuchen der Grund. Manchmal kamst du zweimal die Woche bei mir vorbei, manchmal sah ich dich zwei oder drei Wochen gar nicht. Wenn du nicht kamst, geriet ich so sehr in Unruhe, dass ich keinen klaren Gedanken mehr fasste. Wenn du dann kamst, hatte ich Angst, dass jemand davon erfahren würde. Ich traute mich nicht, mir auszumalen, was es dann für ein Nachspiel hätte. Eigentlich war, dass es mir einerlei war und mir alles nichts ausmachte, nur eine Ausrede gewesen, mit der ich mich selbst belog. Ich war mir immer treu geblieben. Ich war nicht ausgewechselt worden oder hatte mich gehäutet. Manchmal tadelte ich mich selbst, fand, dass ich minderwertig und ein Abschaum wäre. Manchmal fand ich richtig, was ich tat, dass ich unschuldig wäre. Da alles unentschieden blieb, da Sicherheit und Frieden fehlten, wurde ich zu anderen unhöflich. Es raubte mir meinen Kindern gegenüber die Geduld.

Hei De, wir wissen wohl, dass alles einmal zu Ende geht. Es ist das Gleiche, wie dass es auf der Welt keinen Menschen gibt, der nicht sterben muss. Wir wissen auch, dass unsere Beziehung eines Tages nicht mehr so weitergehen wird. Genau wie jeder weiß, dass man mit Papier kein Feuer einwickeln kann. Aber uns beiden, die darin so tief verfangen sind, kann gar nicht mehr so viel gar etwas ausmachen. Nichts in den Griff zu kriegen, ist eben auch eine Methode, ein Problem anzugehen. Vielleicht warten wir ja auch darauf, dass unser Problem eine Lösung von außen erhält. Vielleicht warten wir auch auf einen unschuldigen Menschen, der in Vieles mit hineingezogen wird, und der mit uns zusammen dann den Untergang erlebt …

YUYING

Herr Direktor Hiroshi Shen von der Brunnenfeld Handels-Aktiengesellschaft Kabushiki-gaisha hatte gestern die Leiche von Herrn Chen entdeckt, sie lag, nicht mal fünfzig Meter von seiner Behausung entfernt, am Straßenrand. Viele Indizien deuteten darauf hin, dass dies ein vorsätzlich geplantes Attentat gewesen sein musste. Bösartig, geradezu giftig, war dieses Verbrechen gewesen. Der Mörder hatte von hinten auf den Rücken gezielt, dann geschossen, wobei die Kugel Chen im Genick, da, wo die Verbindung zur Wirbelsäule ist, traf. Der Getroffene starb auf der Stelle. Vor fünf Wochen war bereits Referatsleiter Wang Tianzhang von der Brunnenfeld Gesellschaft Opfer eines genauso gearteten Attentats geworden. Bis heute war nicht herausgefunden worden, wer die Bluttat begangen hatte. Direktor Shen und Referatsleiter Wang hatten beide eine rundum glückliche Familie besessen, waren nie mit irgendwem in Feindschaft geraten, hatten sich alle Tage loyal und gesetzestreu verhalten und gewissenhaft und fleißig gearbeitet. Alles hatte ihnen viel Lob bei ihren Vorgesetzten eingebracht. Darüber, dass es jetzt mit dem Morden weiter gegangen war und nun auch noch die Leiche Chens an der Straße aufgefunden worden waren, empörten sich alle. Beide, Direktor Shen und Referatsleiter Wang, waren durch einen Pistolenschuss getötet worden. Solch Methoden waren in der Verbrechenshistorie auf Taiwan von äußerster Seltenheit, und sie blieben für die Kriminalpolizei nicht nachvollziehbar.

220

Der Aufmacher im Morgenblatt bestürzte mich. Der Mord musste geplant gewesen sein. Vor fünf Wochen war es bereits zu der Tat gekommen, die Nachrichten heute waren also voraussehbar gewesen. Ich verstand, was da los sein musste. Aber ich wusste nicht, wer die Tat schlussendlich begangen haben mochte. Alang, ihr habt drei Pistolen. Die habe ich mit eigenen Augen gesehen. Wer geschossen hat, ist jedoch wirklich schwer zu erraten. Ob du es warst, ob Shaoji oder Ajie, oder es zwei oder einer von euch es gewesen sind. Oder hatten andere, die ich nicht kannte, geschossen? Alang, ob du es wohl gewesen bis, der geschossen hat? Ob du wohl jemanden ermordet hast? Als ich diesen Gedanken zuende gedacht hatte, bekam ich Herzklopfen. Mir fiel plötzlich das Atmen schwer, ich bekam keine Luft mehr. „Yayun, komm schnell mit! Wir gehen zum Tempel, Gebete sprechen!", rief ich mit lauter Stimme.

Es war kein Feiertag und beim Tempel war vormittags alles wie ausgestorben. Yayun sah, wie ernst und bedrückt ich aussah. Sie wagte nicht, mit mir zu plaudern oder zu scherzen. Um von zuhause zum Jadekaisertempel zu gelangen, gingen wir bei uns im Viertel um zwei, drei Ecken ein paar Straßen entlang und durchquerten noch zwei, drei kleine Gässchen. Mir war nicht nach Reden zumute und Yayun getraute sich nicht, als erste zu sprechen. Also schwiegen wir. Wir stiegen über die hohe Holzschwelle und gelangten ins Innere des Tempels. Kühle und Schummer umfing uns. Rechter Hand gab es einen Stand, an dem Räucherkerzen verkauft wurden. Der alte Standbesitzer sah besonders aus. Er war ganz in Schwarz gekleidet. Sein langes, schmales Gesicht war mager. Die Wangenknochen standen so stark hervor, dass sein Kopf dreieckig wirkte. Er rauchte still seine langstielige Pfeife. Er stand gerade so, dass seine Glatze und seine Augen vom hereinfallenden Sonnenlicht beleuchtet wurden. Das Gestell des Verkaufsstands war aus Baumbusrohr, obenauf lag ein Holzbrett, auf dem paketeweise Räucherstäbchen und das Silberpapier, das als Totengabe verbrannt wird, lagen. Das Brett berührte mit der Hinterkante die Gestellwand, die hinter ihm emporragte. An ihr waren oben bündelweise große Bögen Goldpapiers aufgehängt. Goldpapier, genauso wie Silberpapier bestand immer aus ungebleichtem, ungeleimtem Fließpapier, worauf eine dünne Haut Gold- oder Silberfolie geklebt wurde. Ich hatte gehört, dass dieses Totensilbergeld und Totengoldgeld für die Spukgespenster abgebrannt wurde. Als ich zu den hoch oben hängenden Goldpapierbögen aufsah, war ich plötzlich starr vor Schreck. Ich bekam Panik, denn ein schrecklicher Gedanke drängte vom Grund meines Herzens nach oben. Alang, ich begann darüber nachzudenken, wie es wäre, wenn du stürbest, ob ich dann für dich Totengeld abbrennen würde … Wie viel müsste ich verbrennen, damit du ausreichend Geld zur Verfügung hättest? Würdest du es überhaupt erhalten? Meine Tränen tropften wie große Tautropfen herab. Im Nu waren sie von meinen Wangen abgeperlt und auf den Boden getropft. Ein, zwei, endlos viele Tränentropfen. Ich war traurig und ängstlich zugleich. Ich drückte verkrampft mein Taschentuch zwischen den Fingern, hatte ich doch tatsächlich vergessen, mir die Tränen abzuwischen. Alang, wie kannst du mir so was nur antun? Yayun bemerkte, dass ich nicht mitkam, sondern zu weinen begonnen hatte. Sie wusste nichts zu sagen. Es verstörte sie, sie, die so klug und flink war. Sie konnte mich nur am Ärmel zupfen, um dann mit hängendem Kopf neben mir stehen zu bleiben.

„Der Herr Chef Jiang hat mir gesagt, wenn sie heute Abend mit dem Schnaps durch wären, wollten sie, gemeinsam mit ein paar Freunden, noch bei uns vorbeigehen, um von dir noch ein paar Liedchen gesungen zu bekommen. Er würde sehr hoffen, dass du das vorbereiten könntest." - „Welcher Chef Jiang?" - „Der, der extra aus Taizhong hergefahren kam." Als sie auf Taizhong zu sprechen kam, musste ich gleich an Ajiu und Yinxia denken, wie sie mich damals gedrängt hatten mitzukommen. Alle paar Monate ließen sie ein bisschen was von sich hören, und immer wollten sie, dass ich doch einmal zu ihn fahren sollte. „Das Klima in Taizhong ist prima, und es gibt viele Gutsherren. Da können wir uns perfekt vergnügen und gleichzeitig ist es dort zum Geld verdienen ideal.   Wirklich, wir verstehen überhaupt nicht, warum du so hartnäckig dagegen bist." ... So drückten sie sich im Allgemeinen aus, wenn sie mit mir sprachen. Meine Schwestern schilderten Taizhong, als müsste es der erquicklichste Ort sein. Alang, aber wie könnte ich leben, ohne dich jemals zu sehen? Vor allem geht es schon deshalb nicht, weil du mich jetzt ja gerade so brauchst. Obwohl es auch oft nur ein indirektes Brauchen deinerseits ist, und es oft nur fremde Leute sind, die mir deine Bedürfnisse übermitteln. „Je mehr Kundschaft du hast, umso sicherer ist es für uns", sagte Yayun zu mir, ich nickte ihr beipflichtend zu. Nach den Attentaten kamt ihr wie gewohnt weiter zu mir, um eure Sitzungen bei mir abzuhalten, Aktivitäten zu planen und die Arbeit untereinander zu verteilen. „Taiwan ist für unsereins am risikoreichsten, aber zugleich auch der sicherste Ort", sagtet ihr allezeit. Alang, manchmal verdächtige ich dich, misstraue ich dir. Du schreibst Kolumnen für die Zeitung, unternimmst Reisen aufs Land und begreifst deswegen das Leben der Bauern. Außerdem arbeitest du daran, die Gesellschaft zur Literatur mit der Bauernvereinigung für gemeinsame Projekte zusammenzubringen. Und plötzlich findest du, dass die Kader der Aktiengesellschaft Kabushiki-gaisha Feinde sind, die es zu ermorden gilt. Ich weiß ja nicht mal, wo du wohnst, woher du stammst, wo dein Zuhause ist. Du hast mich bisher niemals zu dir eingeladen, nicht mal auf einen Tee. Du sagst, du hättest Familie. Mich als Nebenfrau zu dir zu nehmen, würde nicht passen, da du das deiner rechtmäßigen Ehefrau nicht antun wollest, es mit deinem Gewissen nicht vereinbaren könntest. Du sagst, deine Zuneigung zu mir sei wahre Liebe. Aber deine Arbeit und deine Lebensumstände verböten es dir, mir irgendwelche Versprechungen zu machen. Das alles stürzt mich in Verwirrung. Inzwischen spüre ich Beklemmungen, die mich handlungsunfähig machen. Ständig bin ich in Alarmbereitschaft und bin tieftraurig. Warum glaube ich dir? Glaube dir alles, was du mir sagst? Yayun sagt mir, du seist nach Shanghai gereist, um einen Vortrag zu halten. Cuifeng beschreibt mir deine Arbeit, die du auf dem Lande tust. Shaoji erklärt mir, warum die Bergleute für den Erhalt ihrer Krankenstation kämpfen. Warum, egal ob es nun wahr oder erfunden ist, tangiert es mich? Warum werde ich davon traurig? Ich sehe dich durch einen Vorhang verschwommen, nie klar. Sowie du im Dunkel bist, sehe ich dich, den ursprünglich nur undeutlich zu Sehenden, gar nicht mehr. Dann schluckt dich die Dunkelheit zur Gänze. Alang, wer bist du eigentlich?

Ich frisierte mir mein schulterlanges, lockiges Haar zum Dutt und steckte eine Haarnadel mit einer goldgelben Quaste und weißen, echten Perlen, die gefährlich herabbaumelten, hinein. Ich trug meinen großen chinesischen Mantel mit seinen bunten Stickereien im Pattstich. Sie waren unverändert schön und der sich rund schlängelnde Rollsaum, mit dem er eingefasst war, umrandete alle Stoffkanten ohne Auslassung. Es war eine überbordende Stoffpracht, Stickereien wie perlende Regentropfen, wie Wörter, die in der Luft hängen bleiben und den Mund nicht verlassen. Chef Jiang traf ein. Seine Freunde hatte er auch mitgebracht. Die Herren waren enthusiastisch dabei, mir ihre Liedwünsche zu nennen und mit der flachen Hand auf dem Oberschenkel den Takt mitzuklatschen. Unbeteiligt und lachend, ohne dass mir danach zumute war, ließ ich mich feiern. „Fräulein Jadeblüte, Yuying, soviel Schönheit und künstlerische Begabung auf einer Person vereint, trifft man selten an. Uns ist doch längst zu Ohren gekommen, dass Geishas aus dem Hause der Muhme Wei niemals enttäuschen. Da bin ich so viele Male in Taipeh gewesen und erst heute ist mir endlich vergönnt, Sie persönlich zu sehen. Allerdings! Es ist allzu wahr, Sie werden uns ganz bestimmt nicht enttäuschen", sprach der Chef Jiang, während er in kleinen Schlucken Tee zu sich nahm: „Ich habe Ihnen einen jungen Herrn, nämlich Junker Dong und den Chef Zhu mitgebracht. Sie wollen sich beide an Ihrer Kunst begeistern, Fräulein Jadeblüte." - „Ich danke Ihnen Geschäftsführer Zhu, Junker Dong. Danke, dass Sie zu Dritt extra den Weg von Taizhong bis hierher nach Taipeh gemacht haben. Wir haben hier in Taipeh auf Schritt und Tritt interessante Orte. Ob es ein Opernbesuch, eine Gesangsdarbietung oder ein Lichtspieltheaterbesuch sein soll, was Ihnen gerade beliebt…, alles ist möglich! Hierher sind Sie auf keinen Fall umsonst gekommen." Junker Dong und der Chef Zhu waren am Rauchen, als sie mich reden hörten, und sie lachten über's ganze Gesicht. Alle sagen, dass hier bei uns in Taipeh alles so teuer ist. Dem ist aber nicht so. Der Preis orientiert sich immer an der Qualität. Ich bin mir sicher, dass Sie das alle Drei ganz genau verstehen. „Seien Sie beruhigt, Fräulein Yuying! Alles hat seinen Preis, so sagt der Kaufmann. Das ist uns, die wir Handelsgeschäfte betreiben, selbstverständlich ein Begriff. Es ist heute spät geworden, aber wir möchten Sie trotzdem bitten, für uns ein Stück zu singen. Wir werden Sie reich belohnen." - „Herr Geschäftsführer Jiang, das war gut gesprochen! Sie sind ein Mann von Welt und ein ganzer Kerl dazu! Sie wissen ja, dass unsereins arbeitet, um nicht frieren und hungern zu müssen. Wir erbitten eine Absicherung, darüber hinaus nichts. Wir verfügen nicht über das Glück, uns irgendwelchen Luxus wünschen zu dürfen." - „Yuying, Fräulein Jadeblüte, Sie tragen Ihr Herz auf der Zunge, Sie sprechen aufrichtig und ohne Umschweif. Wir werden Sie bestimmt nicht enttäuschen, und wir hoffen, dass Sie uns immer so freimütig empfangen werden…"

Die Japaner haben Pearl Harbor bombardiert und damit die Amerikaner in Rage gebracht. Wenn die Umstände es wollen, werden sie uns nur noch mehr ausplündern. Sie haben so viele von unseren Soldaten aufs Festland und in den Südpazifik geschickt, die dort lediglich zu Kanonenfutter werden", ließ Yayun mir fortgesetzt Nachrichten zukommen. Das Radio brachte natürlich auch solche Sendungen, und in den Zeitungen konnte man zwar unscharfe, aber sogar echte Fotografien darüber sehen. Seit einigen Tagen hatte sie damit begonnen, zusehends Waffen unter meinem Bett zu verstecken. Jetzt waren noch ein paar Pistolen und Munition mehr dazugekommen. Mein Geisha-Salon war zum Zeughaus geworden. Wäre es Muhme Wei zu Ohren gekommen, hätte sie mich bei lebendigem Leibe erschlagen, etwas anderes war da nicht denkbar. „Fräulein Yuying, diese Waffen haben alle Sie gekauft. Alle Taiwaner müssten Ihnen sehr dankbar sein." - „Ich habe euch mein Geld nicht gegeben, um Gewehre davon zu kaufen, dass das klar ist!" - „Man muss die Waffen, wenn man welche besitzt, ja nicht zwingend benutzen. Besitzt man aber keine, bleibt einem nichts andres übrig, als auf den eigenen Tod zu warten. Man ist dann handlungsunfähig. Das ist doch zu verstehen, oder etwa nicht?", sagte Yayun. Es klang, als tröstete sie mich. Als spräche sie mich von der Schuld frei.

Unmerklich wurde ich eine von ihnen, wenn es *wir* hieß, war ich nun auch gemeint. Diese Mitgliedschaft hatte ich mir nicht mit gebeugtem Haupt erbettelt. Weit entfernt! Der Jadekaiser im Himmel hatte sie mir aus freien Stücken mit Freude gegeben. Wie hätte ich das ausschlagen sollen? Ich war nicht damit befasst, Geld anzusparen. Hatte ich meine Zukunft denn völlig ausgeblendet? So kann man wohl sagen! Der Jadekaiser im Himmel ließ mich die Zukunft gelassen erwarten. Ich hatte es nicht eilig, weil er mir ja gar keine Zukunft gegeben hatte und mir nichts in Aussicht stellte.

Die Leiber in den Federkleidern der Unsterblichen fassten wir uns bei den Händen. Wir durchbrachen ungestüm die Wolkendecke, übermütig flogen wir hinein in den Himmelsdunst. Dieses Himmelslicht war mild und durchscheinend weiß. Wir hatten keine Zukunft, keine Aussichten, die wir hätten erleuchten können. Das weiße Licht begleitete uns nur, während wir, ich mit dir, du mit mir, durch die Lüfte schweiften. Die Flaumfedern wehten hoch und berührten Augen und Ohren. Wir mussten sie nicht aus dem Gesicht streichen, denn sie behinderten uns, die wir unser Bewusstsein längt verloren hatten, nicht. Wir waren federleicht, leichter als jeder Bogen Papier, zwei Genien, die schließlich und endlich, losgelöst von allem weltlichen Schmutz, ohne Ballast ihre eigene Richtung bestimmten.

PINGGU

Wie viele Doppelstunden mochten es wohl noch sein, bis wir endlich anlegen konnten? In der Crew rumorte es bereits ordentlich. War ja auch kein Wunder bei diesem breiten Anleger im Tiefwasser. Das Einzige, was zu befürchten war, war, dass es keinen freien Anlegeplatz gab. Ob die Dschunken groß oder klein waren, blieb unerheblich, denn es war ein Spitzennaturhafen. Da gab es Vieles, was einen nur wundern konnte. Handelsschiffe und Fischerboote reihten sich aneinander, selbst die Kriegsdschunken der Behörden fehlten nicht. Meine Crew stand am Schanzkleid und schaute den Kommenden und Gehenden an Land zu. Aufgeregt zeigten die Jungs hierhin und dorthin. Wie hassten sie, dass sie einen Riesenschritt machen konnten und schon an Land gewesen wären, um sich dann zu vergnügen. Die freudige Erwartung meiner Crew wirkte ansteckend. Ich fühlte mich wie auf wogenden Wellen auf und ab getragen. Diesmal wollte ich mir ein paar feine Kleider machen lassen und Dayuan sollte eine lange, glänzende Kette geschmiedet bekommen, und es sollte unten ein Reif aus Rossleder geben, damit ich sie angenehm in der Hand halten konnte. Alle drängelten, um einen Platz in dem kleinen Boot zu ergattern, womit sie zum Ufer fahren und dort am Kai schon mal den Platz besetzt halten konnten. Obwohl sie dann immer noch nicht an Land konnten und nur näher dran waren. Der Stimmung, an Land zu kommen, im Gedränge der Menschenmenge zu baden, erlägen sie damit früher. Auch würden sie etwas früher als die anderen betrunken sein. Dürrer Affe! Ich wusste, dass du bei den Gebeten, um Schutz und Frieden dabei sein wolltest. Jinchang besaß einen ziemlich großen Mazu-Tempel. Alle Kleidung und Nahrung erhielten die Seefahrer vom Meer. Mazu, die Schutzgöttin der Seefahrer, war Anker und Stütze für unser seelisches Gleichgewicht. Ihr wurde nicht nur an Bord gedacht, indem man dort ihre Statue aufstellte und ihr opferte. Man musste im Schiff auch noch täglich vor ihrem Altar mit ehrlichem Herzen zu ihr Gebete sprechen. Wenn man dann zu einem berühmten, schön und umfänglich erbauten Mazu-Tempel kam, fühlte man sich sofort sicherer und frei von allen Sorgen.

Obschon man an Land war, hielt man, wenn man vorwärts ging, sich die Hand wie einen Schirm vor die Stirn und über die Augen und musste blinzeln, denn das Licht blendete, weil doch die Sonnenstrahlen, die aufs Meer leuchteten, vom Meer zurückgeworfen wurden. Die Waren auf dem Kai türmten sich so zahlreich, dass so gut wie kein Durchkommen war, überall Körbe, Truhen, Säcke übereinander in hohen Stapeln, einer höher als der andere. Wir gingen im Zickzack und mussten zuweilen noch drüber steigen und hüpfen bei all den verstreut herum stehenden Dingen. Die anfeuernden Rufe, das Schimpfen und Lachen schwebten in der Luft, die durch den Sonnenschein so sehr verdampfte, dass sie ungewöhnlich durchsichtig war. Keine Ahnung, was Dayuan gesehen hatte, aber er bellte ununterbrochen, und wollte jeden Augenblick losspringen. Hätte ich ihn nicht festgehalten, wäre er womöglich weggerannt und verloren gegangen. Der Mazu-Tempel war gegenüber vom Hafen gelegen. Er wirkte riesig und eindruckheischend. Das Tempeldach und die fliehenden Traufen waren mit glücksbringenden Drachen mit nach oben schlagenden Schwänzen und ausgestreckten Krallen bestückt, und bei den einzelnen Traufenabschnitten türmten sich Glück verheißende Wolkenwellen, während bei den zinnoberroten Fenstersprossen im oberen Stock der geschickt gewählte Schmuck aus blaugrünen Holzkanten ins Auge fiel. Es war für uns, die wir die Monotonie und Einsamkeit auf See gewöhnt waren, unvergleichlich und ein seltener Genuss, das anzuschauen. Auf dem Tempelvorplatz brodelte das Leben, er war vollgestellt mit florierenden Verkaufsständen. Die Augen gingen einem über vor der farbenprächtigen Fülle. Es war wie Neujahr, bei den Menschen ein ständiges Kommen und Gehen. Dayuan kam äußerst selten an solch einen Ort. Er schnupperte, guckte, kroch in jede Ecke, keine Minute konnte er stillhalten. Da gab es eine Frau, die ihrer Kleinen ein buntes Windrad gekauft hatte. Ihr Töchterchen blies in das Windrad, und die Farben kreisten in einem fort im Sonnenlicht. Dayuan gefiel das. Er bellte zweimal und wollte hinspringen, doch das kleine Mädchen bekam Angst und weinte. Ich war sofort damit beschäftigt, mich bei der Mutter zu entschuldigen. Am Eingang zum Tempel gab es einen großen Räuchertopf. Über den Räucherkerzen stiegen die Rauchschwaden gen Himmel. Durch den dicken Qualm sahen die Augen alles nur noch verschwommen. Das Standbild der Mazu, der Gemahlin des Himmels in der großen Tempelhalle, strahlte Barmherzigkeit und Erhabenheit aus. Angetan mit ihrer Huidi-Königinnenrobe schien sie zu schweben. Ihr Aufstieg und Niedergang im Lauf der Welt hatte sie unter den Menschen posthume Würdigung erlangen lassen. Sie war von jeher voll liebender Nachsicht wie eine Mutter und voll wohlwollender Strenge wie ein Vater. Ich entzündete drei Räucherstäbchen, führte meine gefalteten Hände mit den Räucherstäbchen in die Mitte zwischen meine Augenbrauen und huldigte Mazu, indem ich mich tief mit Kopfschlag auf den Boden verneigte. Sowie ich den Mund öffnete, war mir entfallen, was ich von der Göttin erbitten wollte. Einen Stammhalter? Einen Filius? Brauchte ich nicht. Sollte ich für meine Familienangehörigen beten? Meine Mutter und meine Schwester hatte ich bereits versorgt. Für meinen Göttergatten? Guo Ming war alles andere, aber kein Gutes tuender Hausvater. Das Mandarinat war darüber genau im Bilde. Und ich Verbrecherfrau? Konnte ich mir etwas von der Himmelsgemahlin Mazu erbitten? Ja logisch! Das große bequeme Haus an der Blauen Bucht beim Leuchtturm. Gut, dann wollte ich also beten, dass sie mich das große, bequeme Haus bauen ließ! Die Himmelsgemahlin Mazu war sich besonders darüber im Klaren, dass, wenn jeder an Land genug verdiente, um seine Belange des täglichen Lebens erfüllen zu können, doch niemand mehr zur See führe, um sein Auskommen zu sichern. Deswegen hatte sie ihr Leben für die Seefahrer gegeben. Damit die Kinder der See wohlbehütet und ohne Zwischenfälle immer möglichst früh wieder an Land kämen.

Auf dem Weg hatte ich am Straßenrand Schmalzkringel und gedämpfte Maultaschen gegessen. Außerdem hatte ich mich bei einer Bude hingesetzt und eine Schale Fischkopfsuppe verspeist. Es waren dort zu allen vier Seiten lange Tische und Bänke aufgestellt worden, in der Mitte war der Standinhaber, von seinen Gästen umgeben, am Kochen. Der sich mit mir den langen Tisch teilende Großvater hatte ein kleines Kind zum Essen mitgebracht. Aufmerksam fütterte er seinem Enkel die Huntun-Teigtäschchen und Zhushen-Nudeln. Welch faltiges Gesicht er doch hatte. Das Kopfhaar des Kleinen war geschoren bis auf das Haar, das sich mit dem langen Zopf im Nacken verband. Das Kind schaute unverwandt Dayuan an, der aber keine Notiz von ihm nahm. Dayuan wandte sich wie immer allem, das neu und merkwürdig war und sich ständig bewegte, zu.

Da hatten wir uns ausgerechnet, dass wir heute einen Tag ausruhten und tun und lassen konnten, was wir wollten. Aber wie kam es, dass Changsheng keuchend angerannt kam, an Bord sprang und uns Meldung machte, des Nachts hätten die Mandarine vierunddreißig Kameraden aus unserer Crew abgeführt. Der Grund wäre gewesen, sie hätten Schnaps getrunken und randaliert und sich außerdem mit der Menge zu Straßenschlachten zusammengerottet. „Diese Schweine! Da wollen wir zu Mazu beten und bei der Beterei kommt dann so ein Malheur heraus! Alles Schweine! Vernünftiges bringen sie nicht zu Wege. Außer Fressen und Scheißen ist nichts los bei denen …", schimpftest du in einem fort, während Changsheng zurückwich und in etwas Entfernung neben dir wartete. Guo Ming, du schienst dich ja richtig aufzuregen. Grund dazu hattest du ja. Bloß nützte es jetzt nichts, seiner Wut in Kraftausdrücken Luft zu machen. Jetzt musste man nachdenken, wie man die Jungs aus dem Loch wieder rausholte und hier schnellstmöglich wieder wegkam. Alles andere war sinnlos. Nachdem du deine Fassung wiedergewonnen hattest, sagtest du: „Na klar gibt es Mittel und Wege. Es geht nur mit Waffengewalt. Wir müssen die alle umlegen und unsere Jungs da raushauen." Ich sagte Guo Ming noch extra, dass unsere Dschunken stets startklar zu sein hätten, jedwede Trödelei oder Verzögerung die Mandarins auf den Plan rufen und uns umbringen würde. Noch weniger müsste man ja wohl betonen, dass wir schaffen müssten, der Verfolgung durch die Militärs zu entgehen. Die See hat zwar unendliche Weiten, aber Ermittler und Spitzel, die für die Regierungsbeamten tätig sind, gibt es reichlich. Wären andere Banden von denen gekauft, wüssten wir das doch gar nicht. „Wenn unsereins Geschäfte macht, müssen wir stets auf der Hut sein, um jederzeit unterzutauchen. Unser Job ist kein Zuckerschlecken. Was wir im Kreis Yaoxian erlebten, ist ein gutes Beispiel." - „Alles klar!" - „Zuerst einmal nehmen wir den Ort in Augenschein, schauen uns die geographischen Gegebenheiten genau an, und dann entwerfen wir einen Plan." Nachdem wir alles erörtert hatten, trafst du eine Entscheidung.

Wer hätte gedacht, dass diese Unternehmung wundersamerweise wie am Schnürchen lief. Im nordwestlich gelegenen Randbezirk von Jinchang unterhielt die Regierung ein Arbeitslager. Dort hatte man fünf Arrestkäfige aufgestellt. In jeden der Käfige passten bis zu fünf Sträflinge hinein. Im Normalfall hielten nur drei Männer Wache, jetzt waren es sieben, die dafür bereitgestellt worden waren. In den fünf Käfigen waren bereits elf Leute eingesperrt. Nun waren auf einen Schlag unsere vierunddreißig dazugekommen, die in die Käfige aber nicht mehr mit hineinpassten. Deswegen musste der Pferdestall dafür herhalten, denn es gab keinen anderen Ort, an dem man sie hätte einsperren können. Dass die vierunddreißig alle zusammen an einem Fleck eingesperrt waren, sparte uns einen ziemlichen Haufen

Arbeit, da wir sie nicht von überall her zusammenklauben mussten. Vielleicht war es, weil diese neue Arrestsituation sich noch nicht eingespielt hatte, vielleicht, weil mit einem Mal so viele Sträflinge dazugekommen waren, die dazu noch alle zusammen an einem Ort eingesperrt worden waren, jedenfalls mussten die kaiserlichen Militärs, um weiter zu verfahren, Instruktionen von oben anfordern, die durch alle Ebenen hindurch autorisiert und mit Stempel versehen werden mussten. Das war zeitraubend und anstrengend. Wir dagegen hatten Oberwasser gewonnen, weil wir mit der Zeit und der Arbeitskraft im Vorteil waren. Als der Alte Marschall Zhang davon erfuhr, kam er und schlug vor, dass er persönlich helfen wolle, denn auf Menschenraub wäre er ja wohl spezialisiert. Guo Ming, dir fielen gleich die Sachen von früher aus deiner Kindheit wieder ein. Wie der Alte Marschall dich vor über dreißig Jahren im Dorf vor aller Augen so gemein vorgeführt hatte. Definitiv, dieser Mann kannte alle Gauner-Tricks, um diese Sache durchzuziehen. Außerdem zählte ja auch, dass er schon viele Jahre Erfahrung hatte. Sein Vorgehen besaß den richtigen Schliff. Beim ihm müsste es demnach wohl sicherer sein, dass alles glatt liefe. Erstmal ging sich der Alte Marschall die örtlichen Gegebenheiten und, was an personellen Gegebenheiten zu erwarten war, anschauen. Dann organisierte er eine Lastenrikscha, die zwei Männer zogen und zwei hinten anschoben. In den Holzkisten auf der Rikscha waren unsere Männer versteckt, je ein Mann hockend in jeder Kiste, und alle hatten Waffen drinnen versteckt. Die Männer mit der Lastenrikscha logen, sie würden Geschäfte mit Transporten von Waren machen, und rückten gemächlich in Richtung Nordwesten vor. Als sie endlich wohlbehalten aus der Stadt raus auf der großen Provinz-Überlandstraße unterwegs waren und sich vergewissert hatten, dass sie von niemandem gesehen wurden, bogen sie flink in den Wald ein. Sie warteten ab, bis die Sterne hoch am Himmel standen und näherten sich dann heimlich dem Arbeitslager. Dort warteten sie geduldig. Die halbe Nacht war vorbei, als die Arrestkäfige nur noch von zwei Regierungssoldaten bewacht wurden. Unsere Jungs auf der Lastenrikscha sahen ihre Chance kommen. Sie köpften die Gefängniswärter, durchtrennten die Seile, mit denen unsere Jungs im Pferdestall gefesselt waren. Im Arbeitslager schlief alles, aber die Wärter dort konnte man auch nicht aussparen. Die Pferde wieherten ängstlich, denn das Menschenblut floss in solchen Mengen, dass man es wie Gießwasser zum Gießen hätte verwenden können. Die Häftlinge, die in den Käfigen eingesperrt waren, waren vor Schreck zuerst wie zu Salzsäulen erstarrt. Aber dann bettelten sie, der Alte Marschall solle sie doch auch mit freilassen. „Ihr geht mich einen Dreck an! Ihr gehört nicht zu uns!", brüllte der Alte Marschall sie an, um dann zusammen mit unseren Kameraden blitzschnell Richtung Hafen zu rennen. Während die Guo-Bande in Windeseile aufs Schiff rauschte, hatten sich die Kameraden, die an Bord geblieben waren, in zwei Gruppen aufgeteilt, waren runter auf den Anleger gekommen, hatten dort Reisigbündel angezündet und sie auf die Kriegsdschunken geworfen, um gleich wieder schnell zurück an Bord in unsere Crew zurückzukommen. Als alle Männer versammelt waren, setzten wir die Segel und brachen sofort auf. Der Mond stand hell und rund am Himmel und die Fahrtrinne aus dem Hafen hinaus war frei, sodass unsere Dschunken alle auf einen Streich rasch den Hafen hinaussegelten.

„Nur wegen euch Abschaum kriege ich, Guo Ming, beim Kaiser in meiner Akte jetzt wieder einen Vermerk. Hört zu, sieben Tage Hungern kriegt ihr jetzt. Wer das nicht will, den schmeiße ich eigenhändig über Bord ins Meer!", herrschtest du deine Mannschaft an und gabst den Befehl zur Bestrafung.

Es blies ein scharfer, günstiger Wind, als wir zum Hafen ausfuhren und dabei zusahen, wie bei den Kriegsdschunken auf den Planken das Feuer lichterloh brannte.

AQIN

Seit ein paar Tagen war es ziemlich kalt geworden. Sowie man den Kopf aus dem Steppbett steckte, erschauderte man vor der Kälte, die einem eisig entgegen schlug. Vor dem Zubettgehen legte ich mir meinen Mantel neben mein Steppbett, und wenn ich aufwachte, konnte ich ihn, sobald ich meine Bettdecke aufschlug, sofort anziehen. Dann erst legte ich Steppbett und Kopfkissen zusammen und verstaute beides im Wandschrank. Jeden Morgen kam ein alter Mann in unserer kleinen Gasse vorbei, der einen Wagen mit Frühstück vor sich herschob und lauthals seine frische Sojamilch anpries. Zuerst echote seine Fahrradklingel durch die Gasse, dann ertönte sein lauthalses Rufen: „Frische Sojamilch! Frische Dampfnudeln! Frische Maultaschen!", worauf ich dann immer ein paar Münzen zusammenklaubte und mit der Alublechmilchkanne in der Hand runter auf die Gasse ging. Wenn ich Glück hatte, kam ich sofort an die Reihe. Wenn sich schon viele Leute eingefunden hatten, musste ich anstehen. Manchmal wurde der Wagen von den Kindern weitergeschoben. Wenn ich zu spät runterkam, musste ich dem Alten hinterherrennen. Der Sojamilchwagen war für mich unbeschreiblich wichtig. Sonst hätte ich, um uns Reisbrei zu kochen, erst Feuer im Herd machen müssen. Das war zeitraubend und umständlich. Ich goss die mitgebrachte Sojamilch aus der Milchkanne in die Essschalen. A-Muâi wusste bereits, dass sie die dampfend heiße, weiße Flüssigkeit erst kühler pusten musste, bevor sie sie trinken konnte. Sie war nun fast fünf und ein ganzes Stück gewachsen. Ursprünglich hatte sie die Ärmel ihres dicken Baumwollmantels umschlagen müssen, aber jetzt sah er aus, als wäre er ihr zu klein geworden. Sie musste ihn nun bald an A-Siong weitervererben. Den Mantel hatten wir von Azhu, meiner Nachbarin von nebenan, bekommen. Ihre Tochter war aus ihm herausgewachsen. Er war rotkariert und hatte einen kleinen Bubikragen. Er war nicht das Richtige für A-Siong. Aber A-Siong war ja noch klein. Er wusste noch nichts davon, dass er etwas nicht leiden und deshalb nicht anziehen mochte. Kinder wachsen schnell. Wenn er begreifen würde, dass es Jungs- und Mädchenkleider gibt, würde er aus dem Mantel längst herausgewachsen sein.

Wir fuhren immer noch jedes Mal in drei Etappen zu meinem großen Bruder nachhause, gingen zuerst ein Stück Fuß, fuhren dann ein Stück mit der Rikscha und gingen dann wieder ein Stück zu Fuß. Wenn wir unter den Arkaden entlanggingen, rannten und sprangen meine beiden Kinder Hand in Hand mir voraus den Fußweg entlang. Sie wussten längst Bescheid, welches Haus es war. Endlich erreichten wir den Eingang zur Apotheke meines großen Bruders. Ich sah, wie meine Schwägerin drinnen stand und uns schon lächelnd erwartete. Im Allgemeinen war sie entweder hinten im Haus oder aber im Obergeschoss. Dass sie heute extra auf uns wartete, war ungewöhnlich. Die Kinder waren schon hineingegangen, als ich durch die Haustür eintrat. Als ich meine Schwägerin sah, zögerte ich einen Moment. Sie zeigte mit dem Finger hinter die Arzneimittelvitrinen, dort, wo mein Bruder im Allgemeinen saß und von wo er seine Apotheke im Blick hatte. Ich schaute dorthin. Hei Yuan! Hei Yuan war dort und sprach gerade mit meinem Bruder! Hei Yuan sah mich und war nicht wenig erstaunt, obschon er doch bestimmt wusste, dass ich mit den Kindern herkommen würde. Ich schaute ihn an. Außer meiner Verwunderung darüber, ihn wiederzusehen, spürte augenblicklich ein wirres, nicht zu beschreibendes, kompliziertes Gefühl. Musste ich mich freuen, dass er wieder da war? Oder musste es mich darüber betrüben? Ich musste los, in die Pension Bettlaken waschen gehen. Hei De, was sollen wir tun, wenn du heute in die Herberge kommst? Ich war völlig verstört, meine Hände waren eiskalt!

„A-Siong, das ist dein Papa. Sag schnell Papa, begrüße ihn", drängte meine Schwägerin meinen Sohn. Als Hei Yuan das Unglück ereilte, war A-Siong, mein Glückspfand, noch nicht geboren. Wie zwei Fremde, ein großer und ein kleiner Fremder, schauten beide einander an. Hei Yuan streckte die Arme aus, hob A-Siong hoch und setzte sich ihn sich auf den Schoß, aber A-Siong ängstigte sich so sehr, dass er zu weinen anfing.

Ich war mit meinen Gedanken völlig woanders, als ich in der Herberge mit der groben Seife die Laken rubbelte, sie im klaren Wasser spülte und sie dann auf die Bambusrohre zum Trocknen zog. Heute wehte ein frischer Wind, so dass sie hoch aufgebauscht im Wind flatterten. Der Himmel war strahlend blau, kein einziges Wölkchen war zu sehen. Ich war so nervös, als ich mir ausrechnete, was ich wohl zu dir sagen würde, wenn du mich die schummrig dunkle Treppe mit hinaufnehmen würdest, wenn du mich mit in das stockfinstre Zimmer hineinzögest. Aber an diesem Tag kamst du nicht, Hei De. Ich wartete wie auf Kohlen und war so wütend darüber, dass du nicht kamst. Wo ich doch gerade jetzt mit dir sprechen musste, kamst du nicht. Nachdem wir zu Mittag gegessen hatten, stand ich wie immer am Spülstein und machte den Abwasch . .

„Wie?! Freust du dich nicht, dass Rui Yuan wieder da ist?", fragte mich meine große Schwägerin, als sie mich so in Melancholie verfallen sah, verständnislos. Ich war verstört. Ich stand plötzlich völlig neben mir und wusste nichts zu erwidern. Meine Hand rutschte am Teller aus, er ging zu Boden und zerbrach. Ich blickte auf die Scherben und konnte die Tränen nicht zurückhalten.

Als wir nachhause fuhren, war es wie vor vielen Jahren, als ich gerade mit Hei Yuan nach Hamasen umgezogen war, als ich mit ihm, auf zwei Rikschas verteilt, unterwegs war. Der einzige Unterschied war, dass damals das Gepäck, das wir aus Huazhai mitgebracht hatten, das vor unseren Füßen Platz finden musste, der Grund für die zwei Rikschas war, und jetzt, dass jeder von uns ein Kind auf dem Arm trug. Damals hatten wir keine feste Bleibe und keine Arbeit. Und jetzt waren wir als Vater und Mutter und mit unseren Kindern wieder vereint auf dem Weg zu unserem Zuhause. Damals war ich verzweifelt traurig, dass ich von Hei De getrennt worden war und mit einem Menschen, mit dem für mich kein Auskommen war, unter einem Dach leben musste. Jetzt hatte ich begriffen, dass es Dinge gibt, die nicht zu ändern sind, dass es nutzlos ist, sich dagegen zu sträuben.

Und dann, Hei De, warst du aufgetaucht. Für gewöhnlich saßt du auf dem einzigen Sofa bei der Rezeption und unterhieltst dich mit dem Chef, wenn der gerade zufällig an der Rezeption zugegen war. Wenn das so war, gab ich vor, mit der alten Dame etwas zu meiner Arbeit besprechen zu müssen, und verdrückte mich in das Eckzimmer, das du im Vorwege schon hergerichtet hattest, um dort zu warten. An diesem Tag sah ich, dass du dich mit dem Chef unterhieltst. Ich tat, als kennte ich dich nicht, und ging zielstrebig zur Tür hinaus. Die Sonnenstrahlen blendeten und wärmten mich, aber ich fühlte mich, als steckte ich unter einer Dunstglocke. Du hattest mich schnell eingeholt und fragtest gerade heraus, was denn passiert wäre. „Hei Yuan ist zurückgekommen", sprach ich im Gehen. Du erwidertest kein Wort. Ich schaute dich nicht an. Ich wollte deinen Gesichtsausdruck jetzt nicht sehen. „Hei De, so können wir nicht weitermachen. Wir können uns jetzt nicht mehr sehen."

Sowie diese Worte über meine Lippen waren, machte ich größere Schritte und ging schneller. Ich ließ dich hinter mir zurück. Du bliebst auf der Straße stehen, mit leerem Blick. Ich war damit durch. Es war vorbei. Ich hatte eigentlich gedacht, dass es mir zu kompliziert wäre, dass nur du dafür eine Lösung wüsstest. Hei De, ich hätte nie und nimmer erwartet, dass, wenn es wirklich soweit wäre, ich ohne jede Kraftanstrengung, ganz ohne Hemmungen einfach so Schluss machen würde. Vielleicht war uns das Schicksal hold gewesen. Dass wir diese Zeit geschenkt bekommen hatten, in der wir überraschenderweise vereint sein durften. War der Himmel da gut zu uns gewesen und hatte uns beide entschädigt? Aber letztlich mussten wir jeder für sich in sein eigenes Leben zurückkehren. Hei De, du gehörst jetzt zu den anderen Leuten, bist nicht mehr einer von mir. Ich lasse dir dein anderes Leben, das, das mir fremd ist in einer Welt, die mir

fremd ist. Lass du mich auch in meinem Leben, das du nicht verstehst, in Ruhe weiterleben.

YUYING

Der Frühjahrswind am Fluss weht kalt.
Wie bin ich so bitter einsam?
Ich blicke auf und bemerke,
der mich glücklich Machende, leistet mir Gesellschaft.
Ich erinnere, wie du zu mir warst.
Es gibt wirklich Lug und Trug zwischen uns.
Wie hatte das soweit kommen können?
Dass du nicht mehr wusstest, dass du mein Liebster bist?

Manche meiner Kunden mochten moderne Schlagermusik. Sie fragten, ob ich die ihnen in Pipa-Begleitung vortragen könnte. „Die Lieder im Radio und auf Schallplatte sind alle mit Orchesterbegleitung.
Wenn in einem Orchester verschiedene Musiker verschiedene Instrumente spielen, klingt es gleich nach einem Riesenrummel. Wie sollte ich mich als einzelne Person damit messen können?" - „Fräulein
Jadeblüte, Yuying, seien Sie doch nicht so höflich! Wir wissen doch
alle, wie genial Sie sind! Sie sind eine Künstlerin, deren Hände Werk
es vermögen, aus Stein Gold zu zaubern. Deswegen ist das hier für
Sie ein Kinderspiel!" - „Die Kunden muss man bei der Stange halten.
Man muss sich dabei auf seine eigenen Fähigkeiten verlassen", hatte
die Mutter doch immer gesagt. Gut, dann werd' ich es also versuchen.
Wenn ich gerade nicht arbeiten musste, dachte ich über diesen Kun-
denwunsch nach; wie über etwas, das wirklich anstünde, als hätte
ich es schon getan. Jetzt suchte ich auf der Qin-Zitter nach den Griffen
für das Melodiethema, um darüber nachzudenken, wie eine Begleit-
stimme dafür aussehen könnte. Die Sache hörte sich schwierig an. Sie
war es vielleicht aber nicht. Aber hatte man einmal damit begonnen,
entpuppte sie sich als kompliziert. Es war wahrlich kein Kinderspiel.
Oft gehörte Begleitmusik klassischer Musikstücke und Begleitmusik
moderner Schlagermusik kamen mir dabei zugleich in den Kopf. Worüber ich die längste Zeit nachdachte, war, wie es zu schaffen wäre,
dass sich das Stück nicht wie alte Musik, sondern modern anhörte,
wie man das Fehlen des vollen Klangs, den ein Orchester hergab,
wettmachen könnte, obwohl man ja nur ein einziges Instrument zur
Verfügung hatte. Ich versuchte es wieder und wieder. Legte mir ne-

ben mir Stift und Papier bereit. Wären da einige Details, die ich nicht gleich niederschriebe, wären sie doch im Handumdrehen vergessen!

Yayun war nicht da, als es an der Tür klingelte. Als ich gerade so konzentriert bei der Sache war, wollte ich ungern die Treppe hinuntersteigen, um an die Tür zu gehen. Es ging mir ziemlich gegen den Strich. Aber ich rannte dennoch nach unten und öffnete die Haustür. „Ich bitte recht schön, ist Baofeng zuhause?" Ein alter Herr, einer wie ein Großonkel, stand in der Tür und fragte so höflich. „Wir haben hier niemanden, der Baofeng heißt." - „Ist das hier nicht die Hausnummer 43?" - „Das ist richtig, es ist hier Nummer 43, aber wir haben hier niemanden, der Baofeng heißt", wiederholte ich. „Merkwürdig, es ist doch genau diese Straße. Kann es sein, dass die Muhme Wei sich den Namen falsch gemerkt hat?", sprach der alte Herr mit sich selbst. „Muhme Wei? Muhme Wei ist meine Mutter, aber hier gibt es wirklich ganz sicher niemanden, der mit Namen Baofeng heißt." Der alte Herr bedeutete mir klar und schlüssig, dass er zuerst meine Mutter aufgesucht hatte, und von ihr Straßennamen und Hausnummer erhalten hatte. Aber wen wollte er finden? „In welcher Angelegenheit wollen Sie Baofeng denn sehen? In welcher Verbindung stehen Sie zueinander?"

Der alte Herr stutzte. Er runzelte die Brauen, als wolle ihm etwas nur schwer über die Lippen kommen. Oder aber, dass diese Frage nicht mit zwei Worten beantwortet werden konnte, er nicht recht wusste, womit er beginnen sollte. Er stand da, rührte sich nicht vom Fleck und blickte zu Boden. Aber er schien nicht weggehen zu wollen. Ich wusste auch nicht recht, wie ich jetzt ein Gespräch weiterzuführen hätte. Also standen wir eine ganze Zeitlang, ohne uns zu rühren, stumm voreinander da. „Baofeng ist meine Tochter. Als sie noch ganz klein war, haben wir sie an die Muhme Wei verkauft."

Ich stutzte. Erstarrte zur Salzsäule. Ich war nicht mehr fähig, mich zu bewegen. Die Worte des alten Herrn stießen holterdiepolter in meinem Herzen, mit allem was war, zusammen. Mir war schwindlig geworden. Ich sah nur noch verschwommen. Meine Hände und Füße waren eiskalt geworden. Plötzlich war Totenstille. Die Erde hörte auf, sich zu drehen. Ich wollte sprechen, aber meine Stimme versagte mir. Vor mir der alte Herr … War der etwa mein Vater?

Wir hatten die Holzplatte zwischen uns, als wir uns an den runden Tisch gegenüber voneinander setzten. Seine von Schwielen und Warzen übersäten, groben Hände drehten unablässig die weiße Porzellanschale in seinen Händen. Das Geschehnis war für uns beide zu schwer. Es war zu plötzlich gekommen. Er hatte sich gedanklich darauf vorbereitet. Ich hatte das nicht. Ich hatte mir bisher niemals vorgestellt, wie es sein würde, den, den ich im Geheimen so hasste, dann, wenn ich einmal groß wäre, tatsächlich zu Gesicht zu bekommen. Mutter hat mir erzählt, dass ich mit vier Jahren zu ihr gekommen wäre, dass mein leiblicher Vater Xu mit Nachnamen hieße, dass meine leibliche Mutter mit Nachnamen Jiang hieße." Als der alte Herr dies hörte, fing er doch tatsächlich zu weinen an. Er hob die Hand und rieb sich das Gesicht. Seine Tränen wischte er sich an seiner Hose ab. „Es war bestimmt die Muhme Wei, die dir einen anderen Namen gegeben hat. Entschuldige bitte, dass ich dir zumute, dass du mich weinen siehst", sprach der alte Herr peinlich berührt.

„Ich heiße Xu Dengcai. Deine leibliche Mutter heißt wirklich Jiang. Als ich gerade in der Tür stand, kam mir dein Gesicht bekannt vor, aber ich getraute mich nicht, es zu erkennen zu geben, dass ich dich wiedererkenne. Es ist ja schon mehr als zehn Jahre her. Damals warst du erst vier." Jetzt war es bei mir soweit, dass ich zu weinen anfing. „Ich will zur Mutter hingehen, ich meine, ich will zur Muhme Wei hingehen". Ich will wissen, ob dieser alte Herr wirklich mein leiblicher Vater ist. „Baofengzu, ich bin hergekommen, weil ich deine Hilfe erbitten möchte. Deine Mutter, ich meine, deine leibliche Mutter, ist seit langem schon sehr krank und bettelt jeden Tag, dass sie dich sehen will. Sie sagt, wenn sie hier in dieser Welt dich nicht mehr zu Gesicht bekäme, würde sie ihre Augen, wenn sie stürbe, nicht schließen können, und würde ein Rachegeist werden … In letzter Zeit ist es mit ihr immer schlimmer geworden. Sie nimmt nichts mehr zu sich und schläft den ganzen Tag. Nur deshalb war ich nach Zhuangzitou gefahren und hatte Qiangzi besucht, der mich damals mit der Muhme Wei bekannt gemacht hatte. Qiangzi hatte mir dann die Adresse der Muhme Wei rausgesucht, wusste aber nicht, ob sie da noch wohnte. Ich hatte auch längst vergessen, wie ich da damals hergekommen war und fragte mich in Taipeh auf Schritt und Tritt durch, bis das Haus doch jemand kannte und ich es endlich finden konnte. Als ich vor der Haustür der Muhme Wei stand, erinnerte ich mich. So ist das gewesen. Bis ich dann schließlich auch dich gefunden hatte. Um ehrlich zu sein, ich hatte mir keine großen Hoffnungen gemacht, dass ich dich wiederfinden würde. Wo es doch schon so viele Jahre her ist. Bei uns auf dem Land hat sich viel verändert. Die Veränderungen in der Stadt sind sicher noch viel extremer." Der Oheim sprach mit einem Mal so viel. Es war, als hörte ich andere Leute ihre Geschichte erzählen. Ich konnte nur schwer akzeptieren, dass diese Dinge etwas mit mir zu tun haben sollten, noch schwieriger war aber, sie zurückzuweisen, von wegen, sie hätten alle nichts mit mir zu tun. Ich musste zur Ruhe kommen und nachdenken. Ich hatte immer so gelebt, als hätte ich weder Vater noch Mutter. Jetzt tauchte da plötzlich mein leiblicher Vater und meine leibliche Mutter auf ... Was bedeutete das für mich? Ich war gewohnt, weder Vater noch Mutter zu besitzen, aber beschwerte mich auch, nicht Vater noch Mutter zu haben. Wenn ich jetzt wirklich Eltern hätte, würde mich das denn freuen? Würde ich es denn wollen? Mit anderer Leute Leben auf Tuchfühlung zu gehen? Würde mir das gefallen, wenn andere Zugang zu meinem privaten Leben hätten?

„Lass mir deine Adresse da. Ich werde mir überlegen, was ich tun kann." Der Oheim war Analphabet. Er sagte mir die Adresse, ich schrieb sie auf. „Es stimmt, du bist Baofengzi. Die Form deines Gesichts hat sich nicht verändert. Wenn deine Mutter wüsste, dass ich dich wirklich gefunden habe ..., du ahnst nicht, wie sehr sie sich darüber freuen wird. Ich denke ..., ich denke gerade, kannst du bitte einmal nachhause kommen und deine leibliche Mutter besuchen? Sie sehnt sich wirklich sehr nach dir ..." Ich brachte den Oheim, diesen alten Herrn, die Treppe hinunter. Er nickte mir zu, er hoffte, dass ich seine Worte erhörte. Sowie er sich umdrehte, wischte er sich mit der Hand die Tränen ab. Ich sah ihm hinterher, wie er wegging. Er kam mir irgendwie bekannt vor. Ganz plötzlich war da dieses Gefühl, ein Gefühl der Vertrautheit, eine ganz starke Vertrautheit.

„Fräulein Jadeblüte, es ist genug. Wenn Sie noch mehr kaufen, können wir es nicht mehr tragen." Yayun trug am schwersten. Aber ich war auch voll beladen mit kleinen und großen Paketen. Zuletzt holten wir noch ein paar Briefchen mit Arznei, damit Mutter etwas zur Stärkung bekam. Ich ging extra bei Mutter vorbei. Nein, ist ja gar nicht meine Mutter, es ist die Muhme Wei. Damit ich mit Sicherheit wüsste, dass der Oheim Xu auch wirklich mein leiblicher Vater war. Als alles klar war, überkamen mich trotzdem Zweifel. Diese Zweifel machten mir so viel aus, dass ich noch nicht einmal mehr Lust dabei empfand, wenn ich über den Markt bummelte und die Auslagen anschaute. Alang, jetzt habe ich wirklich Gesprächsbedarf. Aber jetzt gerade, immer wenn ich dich brauche, kommst du natürlich nicht vorbei. Sollte ich die beiden kennenlernen? Wie kam es nur, dass so viele Jahre des Grolls plötzlich verflogen waren? Aber mir nun der Zweifel auf Schritt und Tritt folgte?

„Fräulein Yuying, da fällt vom Himmel das pure Glück auf Sie herab! Bei uns auf dem Festland geht es gar nicht darum, ob sich die Eltern und die Kinder wiedererkennen … Es ist Krieg! Es lähmt uns, wenn wir dauernd hören, dass nicht sicher ist, ob die Eltern oder Kinder noch leben, ob ihr Leichnam verstümmelt ist …" Yayun sagte, sie wolle mich bei meiner Fahrt raus aufs Land begleiten. Das wolle sie machen, damit ich noch eine Portion mehr Mut habe. Dann sagte sie, da gäbe es was Wichtiges, dass sie erst erledigen müsste. Ich verschob die ursprünglich mit meinem Kunden getroffene Verabredung. Dann war der Tag da, an dem wir aufbrechen sollten. Wir wollten früh losfahren, damit wir nicht so sehr in die Hitze kämen. Wir bestellten zwei Rikschas, die uns zum Bahnhof brachten. Dort stiegen wir in die Eisenbahn um. Dann nahmen wir uns einen Karren, und danach einen Handwagen. Und zusätzlich trugen wir Sachen auf dem Rücken und hatten die Hände voll mit Taschen. Auf dem Weg dahin unterhielten wir uns sehr wenig. Als wenn wir gerade mal schafften, einen Satz herauszubringen, aber dann wegen der Anstrengung schon wieder nach Luft schnappen mussten und deshalb unsere Kräfte für das Erreichen unseres Ziels schonten. Ich schmeckte zum ersten Mal, wie es sich anfühlt, wenn man raus aufs Land fährt. Endlich konnte ich nachempfinden und sah die Dörfer, von denen mir Cuifeng, Ajie und Shauji erzählt hatten. Endlich begriff ich, warum du mich nicht häufig besuchen konntest.

Alang, allein der Hinweg raubt einem den vollen halben Tag. Und dann erst die Orte, an denen du dich aufhältst, und die bestimmt noch viel unbequemer zu erreichen sind. Yayun und ich fragten uns bis ans Ziel durch, während wir die Zähne zusammenbissen und uns vorwärts kämpften. Wir wagten gar nicht, darüber nachzudenken, wieviel Zeit wir denn noch benötigten, bis wir denn endlich da wären. An einen solchen Ort konnte man sich mit dem Auto oder der Bahn oder anderen Gefährten, egal, wie viel Geld man dafür ausgab, nicht hinbringen lassen. Am Ende des kleinen Weges war ein Acker. Noch weiter weg war ein noch größeres, mit Wasser geflutetes Reisfeld. Der Bauer hatte eine Peitsche in der Hand, watete im Schlamm hinter dem Wasserbüffel her und trieb ihn an. Um ihn herum waren einige Männer dabei, über die Wasseroberfläche gebeugt, irgendetwas zu arbeiten. Am Ende der Blicklinie erschauten wir die geschlossene Baumreihe eines Waldes. Zu unserer Linken standen ein paar Bananenstauden mit ihrem riesigen, in die Höhe gewandten Blattlaub. Jetzt stand die Sonne genau am höchsten Punkt über uns. Wir waren schon viele, viele Stunden unterwegs und sehr durstig und hungrig. Gegenüber von uns kamen ein paar fröhlich lachende Jungs angelaufen. Ich ergriff die Chance und fragte sie nach dem Weg. „Wo ist wohl das Haus von Xu Dengcai?" Der eine sagte: „Was ist das: Xudengcai?" Der andere sagte: „Sie fragt doch, wo er wohnt. Das ist ein Mensch, keine Sache." Sie hielten einen Moment an und der Dritte fragte: „Handelt es sich um Oheim Acai?" Noch bevor ich etwas erwidern konnte, sagte der vierte, – er konnte es gar nicht erwarten, mir endlich zu antworten –, schon: „Ich weiß den Weg dorthin. Wenn der Feldrain eine Biegung macht, geht ihr noch ein Stück weiter und schon seid ihr da." Während er sprach, zeigte er mit dem Finger geradeaus in die Richtung. Dann stritten sich diese vier Jungs darum, wer uns und wie sie uns hinführen würden. Sie zeigten uns nicht nur den Weg, sie halfen uns auch, unsere Sachen zu tragen. Den Feldrain entlang und dann um die Ecke. Es stimmte. Als ich am Feldrain rechts abbog, hatte ich den Blick frei auf eine Aussicht, wie auf eine Postkarte einer Gegend, die ich längst vergessen hatte und die meine Erinnerung dann plötzlich wieder wachruft. Unvermittelt verlangsamte ich meinen Schritt. Und während ich weiterging, kehrte bei mir ganz verschwommen eine Vertrautheit zurück. „Hier bin ich schon mal gewesen", schien ich mit mir selbst zu sprechen, aber auch, um Yayun es wissen zu lassen. „Fräulein Yuying, hier waren Sie zuhause, als sie ein kleines Mädchen waren. Es ist nicht richtig, wenn Sie sagen, sie wären hier schon mal gewesen. Es ist Ihr Zuhause, sie kommen von hier …"

PINGGU

Wie kommt es, Dayuan, dass du nicht mehr mutig bist? Das sind die schwarzen Wasser, die Meerenge zwischen Fujian und Taiwan. Da

240

ist es doch klar, dass wir so miese Wetterverhältnisse bekommen! Ich sprach aus tiefstem Herzen zu Dayuan. Eigentlich wollte ich mir selbst damit Mut machen, aber hätte es nicht aussprechen dürfen. Sowie ich meine Lippen bewegte, floss mir sofort Meerwasser in den Mund. Meine Zunge schmeckte dauernd einen salzig bitteren Geschmack. Dayuan war am ganzen Körper klatschnass. Er fror so, dass er zitterte. Seine Ohren hingen nicht nur herab, sie waren auch eng eingezogen. Er senkte mal den Kopf, mal schaute er mich an, um mir zu bedeuten, dass er nichts machen konnte. Dayuan mochte es bestimmt gar nicht, weiter hier oben an Deck auf den Planken auszuhalten. Aber ich ging hier nicht weg. Er musste bei mir bleiben, weil ich in einer Hand seine Leine hatte, die andere hatte ich am Poller. Meine Beine hatte ich in der Grätsche stehen, die Knie einen Hauch angewinkelt, um standfester zu sein. Ich schaute ringsum in jede Richtung. Ursprünglich hatte ich den Horizont im Blick gehabt, aber jetzt verstellten schichtenweise dicke, riesenhafte Wasservorhänge den Horizont. Es war deutlich am helllichten Tage, aber der Himmel so schwarz, dass es hätte auch Mitternacht sein können. Sturmböen packten mich aus allen vier Richtungen, Wind brauste heulend in jede Richtung an mir vorbei. Ich und Dayuan hatten das Gefühl, als würden wir in die Höhe getragen, um dann plötzlich wieder fallengelassen zu werden. Mal wurden wir von links und von rechts durchgeschüttelt, mal wurden wir runtergedrückt, dass wir nicht aufzustehen vermochten. Außerhalb des Schiffs spritzten haushohe Wellen gen Himmel, im Schiff an Deck war alles, was nicht festgebunden, angebunden, angekettet, angeschlossen oder verschlossen war, längst weggefegt worden und im Nichts verschwunden. Waren Dayuan und ich nicht genauso? Ich hätte meine Hand nur wenig lockern müssen, nur einen Finger meiner Hand aufrichten, dann hätte, sowie die Kraft nachgelassen hätte, der Wind innerhalb eines Wimpernschlags reagiert, alles zerfetzt und wir wären erledigt gewesen.

Als ich wusste, dass das Wetter umschlagen würde, hatte ich zuerst Dayuan mit unter Deck genommen und damit angefangen, alles zu kontrollieren. „Ist die die Ladung auch gut verpackt und fest verschnallt?" - „Chefin, wir haben alles gemacht." - „Habt ihr auch nichts übersehen?" - „Wir haben alles mehrere Male durchgesehen. Wenn Ihr trotzdem in Sorge seid, werft selbst einen Blick darauf." - „Diesmal haben wir wahre Schätze an Bord! Außer indischem, schwarzen Pfeffer, Katsumadai-Ingwer und anderen erlesenen Gewürzen und traditioneller chinesischer Medizin, haben wir auch Elfenbein und das Horn vom Nashorn dabei. Dürrer Affe, das wissen natürlich nur wir beide, und sonst keiner." Ursprünglich hatten wir unserer Crew immer erzählt, was wir an Ladung dabei hatten, weil, wenn wir Glück hatten, ja alle was davon haben sollten. Wir hatten nicht damit gerechnet, dass wir Betrüger und Diebe unter unsern Jungs hatten, die uns beklauten. Sie hatten sich gedacht, dass Waren, die nach ihren Ursprung her zu den hochrangigen Waren gehörten, sie doch unter der Hand an die Regierungsbehörden verhökern könnten, und deshalb hätten sie dann mehr Geld bezahlt bekommen, als die Gewinnbeteiligung, die sie von uns bekamen. Aber, was sie nicht wussten, war, dass sie von den Mandarins einmal benutzt, beim nächsten Mal sofort fallen gelassen wurden, dass sie quasi nur einen Fußtritt ernteten und dann raus aus der Nummer waren. „Vergesst mal nicht, welchen Status ihr besitzt. Die Mandarins glauben euch nicht einfach so!" - „Chefin, unsere Einheit hier arbeitet fehlerfrei. Nur wenn das Schiff ein Leck hätte, oder wenn es auf Grund liefe, ansonsten lassen wir hier keinen Spritzer Wasser herein, darauf könnt Ihr Euch verlassen!" - „Pfui! Halt den Mund! Ist dir dein Mund gewachsen, um unser Schiff mit einem Fluch zu belegen und ein Unglück herauf zu beschwören? Wagst du es noch einmal, mit solchen Worten meine Ohren zu quälen, nähe ich dir dein Großmaul zu!" Gerade im selben Moment nahm die Windstärke enorm zu, sodass ich meine Mannschaft anwies, eines der Segel einzuholen. Es verging nicht viel Zeit, da mussten wir das zweite Segel einholen. Den Fäkalienkübel hatten wir ausgeleert. Die Küchenutensilien in der Kombüse, den Wok, Löff, Teller, Stäbchen, Pfannenwender, Reisschalen, Kellen, Schöpflöffel, alles hatten wir in die Schränke eingeschlossen. Die Schränke hatten wir mit Seilen festgebunden. Mit großen Nägeln machten wir sie an den Wänden fest. Es durften auf keinen Fall irgendwo Glut und Funken übriggeblieben sein. Der Sturmwind und die Wellen verschlimmerten sich immer mehr, der Schiffsrumpf schaukelte ohne Unterlass. Die Mannschaft holte das letzte Segel ein. Sowie sie an Deck mit dem Sturmwind kämpfend alles auf den Planken festgezurrt hatten, verschwanden sie wieder unter Deck in den Schiffskabinen. Die Seekarten und nautischen Messinstrumente zur Richtungsbestimmung der Dschunke waren nutzlos geworden. Ich kniete vor der Statue der Mazu. Ich betete, sie möge die Maste nicht brechen lassen, dass sie unser Schiff weit weg von den Felsenriffen und Klippen geleiten möge. Dürrer Affe, dann scherte ich mich keinen Deut darum, wie immer du mich auch bereden mochtest, sondern ging mit Dayuan zusammen an Deck, an den Ort, vor dem jeder das Weite suchte. Ich wollte mit eigenen Augen dabei zuschauen, wie die Himmelsmacht den Wind hochpeitschte und die Wellen aufrührte. Wie sie Klippen zerbersten ließ und mit Felsbrocken warf. Wie sie die zärtlichen Wellen mit den Schaumkronen erzürnte, dass sie wie eine Armee mit zehntausend Schlachtrössern angestürmt kamen.

Ich kann sehen, wie Dayuan und ich auf direktem Weg in dem Sampan in den Himmel gleiten, begleitet von paradisischen Klängen, Musik, die mal auf-, mal abwogt. Wir lassen dann unseren Blick schweifen über den unter uns brodelnden Ozean mit seinen weißen, an der Oberfläche treibenden Schaumkronen, und sehen den großen und kleinen Schiffen, die schaukelnd im Sog der Wellen treiben, zu. Der Horizont ist dann von betörendem Rot und trotzdem ist absolut Stille. Dayuan und ich hatten gute und schlechte Fänge, und alles schenkte uns die große Göttin Muttererde Houtu Niangniang.

Es währte nicht lange. Es waren vielleicht vier Stunden, vielleicht sechs Stunden vergangen, bis die Windstärke sank, die Windgeschwindigkeit fiel. Die schwarzen Monsterwellen schrumpften und hatten nun weiße, hübsche Schaumkronen. Der lichte Tag obsiegte über die schwarze Nacht. Obwohl die Wolkendecke noch nicht aufriss und es weiter nieselte, kam die Mannschaft aus den Kajüten an Deck und begrüßten einander lachend. Wir waren wieder haarscharf dem Untergang entgangen und hatten unser Leben soeben wiedergewonnen. Wir beglückwünschten einander wie zu Neujahr. So fühlten wir uns. Als der Wind gerade die richtige Stärke hatte, setzten wir die Segel, um blitzschnell davonzusegeln. Die schwarzen Wasser ließen wir hinter uns. Nur noch auslachen taten wir sie. Denn wir wollten doch Richtung Nordwest. Vielleicht kam dieser Wetterumschwung wegen des vorausgegangenen Unwetters. Das, was nun folgte, waren tage- und nächtelanger, ununterbrochener Starkregen. Die Windstärke hatte noch zugenommen, und wir segelten mit voll geblähten Segeln in steifer Brise Fahrt voraus. Ich warf vorn am Bug beim Steven ein Stück Holzbrett runter auf die Planken und ging zusammen mit Dayuan ganz schnell zum Heck. Dabei sah ich, dass das Brett im Wasser auf den Planken bereits bis auf geringe Entfernung zum Heck runter getrieben war. Wenn wir mit dieser Geschwindigkeit weitersegelten, könnten wir doch in spätestens drei Tagen an Land gehen. Mein Herz hüpfte vor Freude. Als ich in Richtung der Kanonenrohre wieder zurück an den Bug ging, hörte ich plötzlich die lauten Schreie von Zhangsheng. Ich schaute in die Richtung linksseitig des Hecks, die er mir mit seinem ausgestreckten Arm wies. Eine große Schlachtdschunke unter Regierungsflagge segelte direkt auf uns zu. „Was hat das zu bedeuten?" Wahrscheinlich hatten wir wegen des schlechten Wetters, das uns die Sicht genommen hatte, keine Möglichkeit gehabt, die Kriegsdschunken früher zu entdecken. Dieser plötzlich eintretende Umstand setzte uns außer Gefecht. Wir konnten uns nur das allerschlechteste Ergebnis ausrechnen. Ich ließ meine Mannschaft sofort in Gefechtsstellung gehen. Wie wir dann reagieren würden, würde allein den Absichten dieser Regierungskriegsdschunke geschuldet sein. Himmel und Erde waren verborgen hinter einem Vorhang aus pausenlos niedergehendem Starkregen, der alles in Verschwommenheit und Chaos tauchte. Außer dem Prasseln des Regens war ringsum kein andres Geräusch zu hören.

Obwohl unser Schiff mit großer Geschwindigkeit volle Fahrt voraus segelte, musste man doch bedenken, dass es bei voller Ladung unterwegs war, und sein Tempo natürlich bei Weitem nicht an das eines unbeladenen Schiffs heranreichte. Deswegen kam das Kriegsschiff schnell immer näher. Wir hielten die Luft an, verharrten in absoluter Stille, während wir hofften, dass die Kriegsdschunke an uns vorbeifahren würde. Plötzlich bummte ein mächtiger Knall. Eine Kanonenkugel hatte uns an Steuerbord getroffen und ein kleines Stück unserer Dschunke beschädigt. Jetzt war klar, dass es diese Marinesoldaten auf uns abgesehen hatten und in voller Fahrt auf uns zu segelten. Ich gab den Befehl zur Verteidigung und zurückzufeuern. Changsheng ließ seine Mannschaft Sack um Sack Eisenklötze, Blech, Nägel und Eisengerät in die Kanonenrohre einfüllen und feuerte damit auf die Planken des Gegners. An Deck von dessen Dschunke hatten unsere Kanonenschläge ein schwarzes Loch in die Planken gerissen. Mit dem Abschuss der Kanonen war Eisenschutt gen Himmel geflogen. Es war, als ließe der Himmel es Eisen regnen. Das Schmerzgeschrei der Marinesoldaten übertönte das Dröhnen des scharfen Windes und das Prasseln des Starkregens. Wir konnten es deutlich hören. Jetzt kamen sich deren und unsere Dschunke immer näher. Man konnte schon sehen, was der andere tat. Als wir die niedrigste Schussweite unserer Kanonen noch unterboten, konnten die Kanonen unseres Gegners auch nichts mehr gegen uns ausrichten. „Dürrer Affe, die fahren ganz klar mit Absicht auf uns zu." Zuerst folgten wir ihnen einige Tage. Als dann wieder eine frische Brise wehte und wir gutes Segelwetter hatten, legten wir richtig los. Als dieser Moment gekommen war, landete just ein Anker mit vier Flunken an Backbord unserer Dschunke und hakte sich fest. Die gegnerischen Marinesoldaten zogen mit vereinten Kräften das Seil des Stahlankers kurz. Dann schoben sie sogleich eine lange Leiter an Bord unseres Schiffs, über die sie flink zu uns herüber sprangen. Nun war ein Nahkampf mit dem Bajonett mit unseren Jungs unvermeidlich geworden. Dabei schüttete es immer noch wie aus Kübeln und ein steifer Wind wehte. Die grobe See brodelte und war voll von weißen Schaumstreifen, während ununterbrochen entsetzliche Schmerzschreie ertönten. Das gesamte Deck war zum Schlachtfeld geworden. Während dieses Chaos wütete, kam mir eine Idee. Ich schob mir eine große Axt unter den Gürtel, den ich um die Taille trug, und kletterte unter Aufgebot meiner ganzen Kraft die Strickleiter an den Masten hoch, denn ich hatte mir vorgenommen, die Leinen der Segel zu kappen. Eine Hand fasste fest die Strickleiter, während ich mit meiner anderen Hand auf die dicke Segelbefestigungsleine einhub. Ein erster Hieb. Ein zweiter Hieb. Noch ein Hieb!, und noch ein Hieb… Brutal schlug der Regen auf mich ein, dass ich die Augen nicht aufhalten konnte. Mir blieb die Luft weg, mir wurde schwindlig, während ich spürte, dass mir nun mehr und mehr die Kräfte schwanden. Dayuan stand auf den Planken und schaute zu mir auf. Er bellte wie von Sinnen und sprang herum, aber es fühlte sich an, als würde sich sein Bellen weiter und weiter entfernen…

Plötzlich riss die Leine und das große Segel flog frei durch den Wind. Es gab dem ganzen Schiff einen Riesenruck. Ich wurde zusammen mit der Strickleiter weggeschleudert und sofort wieder hergeschnippst. Ein Glück nur, dass die Strickleiter das Zusammenstoßen von mir mit dem Mast abfederte. Wäre es nicht der Fall gewesen, nicht auszudenken, was mir passiert wäre. Unsere Dschunke wurde langsamer, die Marinestreitschunke mit ihren voll geblähten Segeln entfernte sich mit rasantem Tempo von uns. Die zwischen unseren beiden Schiffen gespannte Holzleiter brach in der Mitte durch. Die Marinesoldaten auf der Leiter stürzten scharenweise hinab in die offene See, in der sie sofort untergingen. Die, die es bereits auf unser Schiff geschafft hatten, metzelten unsere Jungs alle bis auf den letzten nieder, denn letztlich ist immer die Anzahl der Kämpfer ausschlaggebend.

Wir nahmen die Waffen der Marinesoldaten an uns und schmissen ihre Leichen über Bord ins Meer. Die Planken an Deck waren bis in die letzte Ritze voller Blut. Geschafft! Wir überließen es dem wie aus Kübeln schüttenden Regen, den Hass und den Dreck sauber zu schrubben und fort zu spülen.

AQIN

„Wie habt ihr geschafft, dort zu leben?"- „Es teilten sich immer einige Mann, eng zusammengepfercht, eine Kajüte, die gesamte Schiffsmannschaft lebte in einem Deckshaus. Zu essen gab es nichts Gutes, schlafen ging auch nicht gut. Wir waren alle Tage in Angst und alle Tage ohne Beschäftigung. Und wir waren nie frei." - „Wie kommt es, dass wir von keinem hörten, dass ihr schon auf der Rückfahrt wart?" - „Ich selbst wusste auch nichts davon. Da war jemand, der uns beiläufig mitteilte, dass wir den nächsten Tag mit dem gleichen Frachtschiff, mit dem wir gekommen waren, wieder losfahren würden. Unser großer Bruder hatte es zuerst noch niemandem weitergesagt, weil er befürchtete, dass sich noch was ändern könnte. Nachdem er mich, am Hafen angekommen, angetroffen und abgeholt hatte, brachte er mich erstmal direkt zu sich nachhause. Als wir die Hälfte des Wegs schon genommen hatten, berichtete er mir von ein paar Einzelheitern, die zuhause vorgefallen waren …" Zweieinhalb Jahre waren vergangen. Hei Yuan sah immer noch genauso aus. Er hatte sich fast überhaupt nicht verändert. Er war wie immer spindeldürr, drahtig und tiefbraun gebrannt. Mit Ausnahme davon, dass er sein Haar etwas länger trug, hatte er sich so gut wie gar nicht verändert. „Später kam mir erst einmal zu Ohren, dass jemand die Besatzung des Frachters verleumdet hatte, sie hätte Schmuggel betrieben. Deswegen wurde beides, unsere Mannschaft und die geladene Fracht, einbehalten. Erst jetzt nach mehr als zwei Jahren des ständigen Hin und Her gibt es bei den Ermittlungen erste Ergebnisse. Aber ich habe bis heute nicht erfahren, ob es auf unserem Frachter Schmuggel gab oder es nicht gestimmt hatte. Noch weniger werde ich erfahren, was geschmuggelt wurde. Meine Arbeit war nur das Schleppen und Beaufsichtigen von Waren. Was meine Chefs machten, was sie entschieden, wurde uns Untergebenen gar nicht mitgeteilt. Warum auch? Auf den Gedanken wären sie niemals gekommen. Wir wurden fälschlicherweise angeklagt. Uns wurde Unrecht getan. Das führte dazu, dass wir zwei ganze Jahre lang kein Geld verdienen konnten." So hatte Hei Yuan es mir dann hurtig erzählt. Mehr hatte er von den Vorfällen gar nicht mitbekommen.

Ich hatte komplett vergessen, dass die Jaucheschöpfer heute kamen, um die Grube leer zu schöpfen. Ein Glück nur, dass Azhu mich noch daran erinnert hatte. Nachmittags, als bei uns die Sonne etwas gnädiger stand, brach unter uns Nachbarn in kleinen Gassen deshalb ein kleiner Tumult aus. Als die Zhangs, meine direkten Nachbarn zur Rechten, an der Reihe waren, musste ich auch schon Vorkehrungen treffen. Ich ging zur Hintertür ins Freie hinaus. An der rückwärtigen Hauswand gab es knapp über dem Boden eine Öffnung im Mauerwerk. Im Allgemeinen schoben wir ein Brett davor. Wenn die Grube leer geschöpft werden musste, nahm ich das Brett fort und stellte mich daneben. Ich schaute zu, damit nicht etwa Ratten oder anderes Getier durch die Öffnung ins Haus schlüpften. Hinter der Öffnung in dem Loch gab es einen großen Bottich, in dem die großen und kleinen Geschäfte von uns aufgefangen wurden. Wenn man beim Abort im Haus runter in die Grube schaute, konnte man den Riesenbottich dort sehen, dessen Inhalt bestialisch gen Himmel stank. Mussten die Kinder aufs Klo, hockten sie immer ewig lang auf dem Rand des Aborts, denn sie schauten von dort aus den unzähligen weißen Maden, die sich in dem großen Eimer in der Grube schlängelten, zu. Von Zeit zu Zeit kam dann der Jaucheschöpfer zu uns ins Viertel, um die Bottiche auszuleeren. Er trug eine lange Schöpfkelle in der Hand, mit der er in die Maueröffnung hineinfuhr und den Urin und Kot aus dem Bottich in seine zwei kleinen Holzfässer schöpfte, die er an einem Tragjoch über der Schulter trug. Immer wenn sie voll waren, schulterte er sie und brachte sie zum Ausleeren zum Jauchekarren am Ende der Gasse, um mit den leeren Fässern wieder zurückzukommen und die nächste Ladung Jauche zu schöpfen. So machte er weiter, bis er bei uns allen Familien die Bottiche leergemacht hatte. Erst dann verließ er unser Viertel.

„Früher wurden die Packen alle huckepack getragen. Ein großer, zu einem Packen zusammengeschnürter Sack wurde auf die Schultern und den Kopf von uns Trägern gehievt. Damit mussten wir eine steile Eisenleiter hochsteigen. Dann wechselte der Packen die Schultern, will sagen, der nächste Lastenträger kam an die Reihe. Er schleppte ihn bis zur Öffnung zum Schiffsinnenraum zu den Kabinen. Dann wurde der Träger wieder getauscht. Der Dritte trug ihn dann in den

Laderaum. Es war eine Mannschaft Kommender und Gehender, die immer wieder wechselten. Wie bei den Ameisen, wenn sie Kekskrümel transportieren, so muss man sich das vorstellen. Von weitem betrachtet sieht es spannend und interessant aus. Aber nur wenn man selber schleppt, weiß man, welch Knochenarbeit das ist." Hei Yuan war gerade dabei, Aming zu erklären, was er gearbeitet hatte. „Wir sind gerade eingezogen, alles ist noch ganz unordentlich. Unsere beiden Großen sind in der Schule. Ajuan ist erst fünf Jahre alt. Deswegen schätze ich mich schon über alle Maßen glücklich, wenn sie nicht nörgelt und mich in Ruhe arbeiten lässt. Ans Mithelfen muss ich noch keine Gedanken verschwenden."

Hei Yuan war allein damit befasst, mit den Leuten zu reden. Ich selbst konnte das Holzbett nicht bewegen, ausgeschlossen. Außerdem musste ich auch auf Ajuan aufpassen, damit sie sich nicht etwa den Kopf stieß oder über ihre Füße fiel. Das machte ganz schön nervös und strapazierte meine Nerven. Seit Hei Yuan, nachdem er über zwei Jahre verschollen gewesen war, wieder zuhause war, arbeitete er am Kai als Lastenträger und Lagerist. Er hatte nun eine feste Arbeit mit geregeltem Einkommen. Deswegen kamen wir zuhause besser mit dem Geld aus. Die Kinder wuchsen heran und unser Tatami-Haus wurde für uns zu klein. Deswegen schlug uns unser zweitgrößter Bruder ein altes Haus am Rand von Iâm-tiân-po, also Yanchengpu, vor. Hei Yuan hatte es sich angeschaut und schon beschlossen, das Haus zu kaufen. In diesen Jahren hatten wir immer an allen Ecken und Enden gespart und uns eine kleine Summe zurücklegen können. Zusammen mit dem Entgelt für das Tatami-Haus und mit der Hilfe von unseren zwei großen Brüdern klappte es, dass wir das alte Haus kaufen konnten. Es war in einem kleinen Gängeviertel gelegen, die Gasse war noch enger als die, an der das Tatami-Haus gelegen war. Das Haus aber war um einiges größer. Alles, was Hei Yuan plante und wie er die Dinge auf die Beine stellte, entzog sich meiner Kenntnis. Ich erfuhr von dem Hauskauf erst ein paar Tage, bevor wir dahin umziehen sollten. Ich musste unseren gesamten Hausrat in Ordnung bringen und unsere drei Kinder versorgen und dazu kochen. Ich hatte keine Idee, womit ich nun zuerst beginnen sollte. Azhu kam vorbei und half mir beim Zusammenpacken. Währenddessen sagte sie immer, dass sie es ohne mich gar nicht aushielte. Wie mir denn nur sowas einfallen könnte, fortzuziehen und sie allein zurückzulassen? Besonders dich, Hei De, dich musste ich auch zurücklassen. Wenn ich erst weggezogen wäre, wäre der Weg zu dir um einiges weiter. Dann würden wir uns wirklich nicht mehr sehen. Wie weit weg dein Haus lag, war ja eigentlich ohne Bedeutung. Denn ich wollte nicht mehr. Ich verbat mir das Zusammensein mit dir absolut. Wenn wir nah beieinander wohnten, blieb doch immer etwas, dass uns verband, auch wenn wir uns nicht mehr sahen. Ein Glück nur, dass wir, sofern wir krank würden, dich in deiner Praxis besuchen konnten.

Hei De, ich hatte es mir so schwierig vorgestellt. Aber ich hätte doch nicht erwartet, dass es mir so leichtfallen würde. Es blieben so gut wie keine Narben davon. Unsere Trennungen und, dass wir wieder vereint wurden, hatten immer zum richtigen Zeitpunkt in der richtigen Art und Weise stattgefunden. Außerdem gab es nichts zu bedauern, als Schluss war. Das war noch das Allerschönste dabei. Dass man traurig darüber war, ließ sich ja nicht vermeiden, aber ich verwahrte alles in meinem Herzen. Und so konnten wir unbeschadet weiterleben. Ich war wie jede Frau in unseren damaligen Zeiten. Ich lebte aufopferungsvoll für meine Familie und meine Kinder. Das war mein ganzer Lebensinhalt. Vielleicht ist so ein Ergebnis das, was für Frauen das Beste ist. Vielleicht aber auch nicht.

„Jetzt geht ja alles mehr und mehr automatisch", fuhr Hei Yuan fort zu erzählen. „Die großen zusammengeschnürten Packen werden in riesengroße Körbe gelegt und mit einem Kran bewegt. Eine Kette wird in den Korb eingehängt. Dann wird er mit einem Kran hoch in die Luft gezogen. Der Kranarm schwenkt herum zur Laderaumöffnung an Bord des Schiffs. Er streckt sich aus in den Laderaum hinunter und befindet sich direkt im Laderaum." Aming hörte gebannt zu. Er kannte unseren Bruder vom Bau, als er als Bauarbeiter gearbeitet hatte, und jetzt hatte ihn mein Bruder gebeten, unseren Herd umzubauen und zu verbessern. Aming schien sich verbessern und die Arbeit wechseln zu wollen. Deswegen wollte er von Hei Yuan wissen, wie es im Hafen am Hafenkai mit Arbeit aussah. „Helft mir mal, ansonsten ist heute an Schlafen nicht zu denken!", rief ich absichtlich laut und unterbrach der beiden Gespräch. „Was nervst du schon wieder?", fragte Hei Yuan aufgebracht. „Wenn wir das Bett nicht ordentlich aufgestellt haben, können wir den Kleiderschrank und die Kommode nicht aufstellen. Ohne Kleiderschrank und Kommode kann ich unsere Sachen nicht einräumen." Die beiden Männer antworteten und kamen und halfen. Zusammen hoben wir das Bett hoch und wieder herunter, bis wir es an Ort und Stelle hatten. Im Zimmer rechterhand stellten wir das Bett mit dem hölzernen Rahmen auf und den Schrank auch. Im Tatami-Zimmer linkerhand gab es Wandschränke. „Allerdings macht der Kran manchmal Probleme. Man muss sehr vorsichtig damit umgehen", hatten die beiden Männer in der Küche wieder angefangen, sich weiter darüber zu unterhalten. Ich wusste schon, dass Hei Yuan ihm jetzt erzählen würde, dass er sich dort einmal verletzt hatte. Damals war die Kette am Tragkorb gerissen. Zum Glück hatte der herunterfallende Tragkorb nur seinen rechten Arm erwischt, das Armgelenk war bei dem Stoß ausgekugelt. Der zweite Zwischenfall hatte mich dann wirklich zu Tode erschreckt. Hei Yuan hatte am Pier eine Schlägerei gehabt.

Bevor es passierte, hatte ich nicht gewusst, dass auf Hei Yuans Arbeit auch Cliquen gebildet wurden. Der Lagerhausverwalter war vom Händler angezeigt worden, weil dreizehn Sack Zucker fehlten. Seiner Wut machte er bei den Lageristen der Packer Luft. Die Tainan-Bande und die Penghu-Bande unter den Packern gerieten dabei aneinander, indem sie sich gegenseitig die Schuld gaben und sich des Diebstahls bezichtigten, solange bis unter beiden Cliquen eine Schlägerei begann. Ich hörte, es wäre ein häufiges Vorkommnis, dass es am Pier zu privaten Wortgefechten unter den Arbeitern kam. Dass aber Massenschlägereien eher die Seltenheit waren. Bei dieser Schlägerei hatten die Männer beider Parteien das Werkzeug, das sie gerade in der Hand hielten oder dessen sie habhaft werden konnten, auch benutzt. Sie prügelten sich so, dass sie von allein nicht wieder auseinander gingen. Die Polizei musste gerufen werden, damit sie die Sache in den Griff kriegte. Hei Yuan war dabei ziemlich schwer verletzt worden. Als ich mit meinen drei Kindern zum Krankenhaus gerannt kam, war er noch nicht ganz wieder bei Bewusstsein. Der Verband verdeckte den größten Teil seines Gesichts. Es fehlte nicht viel, und wir hätten ihn gar nicht erkannt. Er lag dort mit freiem Oberkörper, Sein Brustkorb war bis über seine Lenden mit Verbandsmull umwickelt. Ich rief ihn ganz leise. Doch er antwortete mir nur mit einem Stöhnen. Seine Augen blieben fest verschlossen. Als die Kinder sahen, dass ihr Papa dort lag und sich keinen Deut mehr bewegte, fingen alle drei vor Angst zu weinen an. Wie viele Kranke in dem großen Krankensaal lagen, bemerkten wir nicht einmal. Auf den ersten Blick sah man schon, dass die Anzahl der Familienangehörigen die der Kranken weit überstieg. Hektisch und laut wie frühmorgens auf dem Markt ging es zu. Der Krach in unseren Ohren hüllte uns wie ein um uns herabgefallener Vorhang ein. Diese für uns bedeutungslosen Geräusche waren nicht mehr und nicht weniger, als wären gar keine da gewesen. Keine Ahnung, wie das nun gekommen war, aber zum ersten Mal in meinem Leben spürte ich, dass Hei Yuan mir wichtig war. Zum ersten Mal konnte ich nachempfinden, wie sehr er sich für die Familie einsetzte und was er für uns leistete. Ich sagte keinen Ton. Das Einzige, was die Kinder zu tun wagten, war leise zu schluchzen. Nach so vielen Jahren dachte ich zum ersten Mal gründlich über diesen Mann, den ich von klein auf immer gehasst hatte, nach. Plötzlich sah ich ihn einmal nicht nur durch meine Augen, aus meinem persönlichen Blickwinkel heraus, sondern betrachtete ihn, der sich auf der Arbeit Verletzungen zugezogen hatte, durch die Augen eines Fremden. Hei Yuan war ein aufbrausender Typ, ungeduldig, immer schnell in Wut. Obwohl dies einige Unbequemlichkeiten mit sich brachte, war er doch immer zur Stelle, wenn Freunde und Bekannte seine Hilfe brauchten. Er war verantwortungsvoll, achtete treu seine Familie, liebte seine Kinder, war immer sparsam und niemals faul. Ich erinnerte mich, dass Chunmei uns einmal vier Eierplätzchen vorbeibrachte, die in einer staubigen, grauen Schachtel aus grobem Papier verpackt waren. Ich aß eines davon. In der Schachtel blieb ein Fettfleck davon zurück. Später nahm sich Hei Yuan auch ein Plätzchen, dass er zwischen das Kalenderblatt, das er vom Tagesabrisskalender abgerissen hatte, legte. Das Plätzchen war knusprig und kross, und es bröckelte beim Essen einiges davon herab. Nachdem er es gegessen hatte, nahm er das Kalenderblatt zu beiden Seiten hoch, sodass es zu einer Tülle wurde, legte den Kopf in den Nacken und schüttete sich die Krumen in den Mund. Dann nahm er den Deckel der Teekanne auf, und zwar so, dass er mit dem Zeigefinger auf den Knauf drückte, die übrigen vier Finger abspreizte und damit den Deckelrand umfasste. Er goss sich vorsichtig das abgekochte Wasser aus der Kanne in den umgedrehten Deckel mit der hochstehenden Wandung. Dann trank er, rundherum, immer vom Rand. Die zwei übrigen Eierplätzchen legte er in den Vorratsschrank. Und er vergaß nie, die vier Unterteller in denen die vier Schrankfüße standen, mit Wasser zu befüllen, damit die Ameisen nicht an den Schrankfüßen hochkrabbeln konnten.

Ich vermag nicht zu erklären, welche Kräfte das waren, die mich da antrieben, dass ich plötzlich meine Haltung gegenüber ihm und meine Gefühle für ihn geändert hatte. Das Weinen der Kinder und der laute Krach im Krankensaal tangierten mich überhaupt nicht. Als kreiste ich in den höheren Gefilden über dem Krankensaal im Schwebeflug und schaute dabei herab, was sich da alles unter meinen Augen abspielte. Das alles, diese Seufzer, der Zank und Streit, das Stöhnen und Schimpfen, die vielen stechenden Schmerzen und Verletzungen, hatten mit mir jedoch nicht das Geringste zu tun. Komisch war nur, dass dieses Verlassen von Raum und Zeit nur einen winzigen Moment anhielt. Als ich mit dem Fuß wieder auf den Fußboden des Krankensaals trat, war ich sofort in meine eigene Realität zurückgekehrt. Als hätten meine Gedanken und Gefühle, als meine Seele zusammen mit ihnen oben im freien Raum driftete, meinen Leib niemals verlassen, als sie mit meiner Seele wieder in meinen Leib hineinfuhren. Weil ich den Arzt und die Krankenschwestern nicht finden konnte, blieb mir nichts andres übrig, als mit meinen Kindern wieder nach Haus zu gehen. Ich überließ es meinen zwei großen Brüdern, alles zu regeln. Es dauerte zwei Tage, bis Hei Yuan wieder ganz bei Bewusstsein war. Ein Glück nur, dass es nur Schnitt- und Stichwunden der Messer, die sich ins Fleisch gebohrt hatten, waren, dass nichts abgeschnitten, keine Sehnen zertrennt, kein Knochen gebrochen waren. Er lag sechs Wochen zuhause im Bett, bis er wieder begann, zur Arbeit zu gehen. Dieses Unglück lag nun bereits zwei, drei Jahre zurück. Jetzt waren die beiden Männer am Rauchen und unterhielten sich dabei, … wann es denn sein müsste, dass Hei Yuan Aming dabei hülfe, Zement zu mischen, und dass man den Herd dann doch ziemlich schnell neu mauern könnte.

Das neue Haus lag von Hamasen noch weiter entfernt als das alte. Mit den Freunden konnten wir keinen Kontakt mehr halten. Zog man um in ein anderes Haus, war es, als würde man einmal entwurzelt. Als wir von Huazhai nach Hamasen umzogen, verlor ich Gui-gi und die Kokardenblumen. Als ich vom Trommelberg Gushan nach Iâm-tiân-po, Yanchengpu, umzog, verlor ich Chunmei und Azhu. Natürlich kam ich, wenn die Kinder krank waren, auch nicht mehr zu dir in die Praxis, Hei De. Was wäre passiert, wenn Hei Yuan davon erfahren hätte? Ich brauchte nichts weiter zu tun, als dich nicht mehr zu besuchen. Dann würdest du mich auch nicht ausfindig machen können. Dieses plötzliche Wiedersehen war in unserem Leben so zu werten, dass uns der Jadekaiser im Himmel eben großzügig entschädigt hatte. Eigentlich war uns unser Schicksal sehr gnädig gesonnen, Hei De.

Es gab uns gegenseitige Wertschätzung. Hätten wir uns wirklich, so wie wir uns gewünscht hatten, zusammen verbinden dürfen, hätte es aber auch passieren können, dass wir uns lieblos gegenseitig gepiesackt hätten, während unseres Alltags, den wir gemeinsam hätten stemmen müssen. Wer weiß, ob die gegenseitige Wertschätzung dann in gegenseitigen Hass umgeschlagen wäre?

YUYING

„Oheim Acai! Oheim Acai! Du hast Gäste, es ist Besuch für dich da!", riefen die Kinder ihn herzlich. Die Sachen, die wir mitgebracht hatten, hatten die vier Jungs untereinander aufgeteilt und trugen sie für uns. Als hätten sie mit uns zusammen den Weg von Taipeh bis hierher gemacht. Aus dem Haus kam niemand heraus, so wie wir es eigentlich erwartet hatten.

„Lass uns ums Haus herum gehen und hinten bei der Tenne nachschauen", sagte ich plötzlich. Yayun schaute mich an: „Fräulein Jadeblüte, Yuying, Sie erinnern sich ja, dass es hinten ums Haus herum eine Tenne gibt!" Das hatte ich mir gemerkt. Als ich vor diesem maroden Backsteinhaus stand, kamen bei mir schemenhaft die Erinnerungen hoch. Ich sah meine Mutter vor mir, wie sie ein Kleidungsstück nach dem anderen auf die langen Bambusstangen zog und zum Trocknen einhängte. Ich sah mich selbst, wie ich, während ich die Küken jagte, auf eine Hacke trat, die an die Wand gelehnt stand. Ich fiel hin und der Stiel der Hacke schlug in mein Gesicht. Ich lag auf dem Boden und weinte. Diese Bilder huschten vor meinem inneren Auge an mir vorüber, Traumgebilde, die man beim Aufwachen noch sieht und die zu Träumen werden, an die man sich erinnert. Weil die Tenne so marode war, war das Loch in der Grube, aus dem das Zement-Lehm-Gemisch strömte, immer noch da. In einer Ecke der Tenne stand der Ochsenkarren. Die großen Räder waren komplett verrostet. Die rötelfarbene Rostschicht besaß die Farbe der alten Ziegel auf dem Dach. Neben der Tenne wuchs ein dunkelgrüner, dichter Bambushain. Einiges vom Bambusrohr war abgebrochen, stand schief, alles zu einer Seite gebogen … „Baofengzi! Baofengzi! Du bist es! Du bist wieder zurück!" Es war der Vater, der, umringt von den Jungs, hinter dem Haus zum Vorschein kam und, während er seinen Kegelhut abnahm, aufgeregt mit mir sprach. Er war barfuß und seine Füße voll Erde. Über seiner schwarzen Hose, die er hochgekrempelt hatte, trug er ein durchlöchertes Hemd. Etwas verlegen war er, als er uns in sein Backsteinhaus eintreten ließ. Die Decke war niedrig, Licht gab es auch nicht. Unter dem Dach in den Ecken hing alles voller Spinnweben. Er schlug den Vorhang zu seiner Linken zurück und unser Blick fiel auf ein hohes Holzbett. Etwas weiter entfernt von dem Vorhang, nah bei dem einzigen Fenster im Haus, lag eine magere, ausgemergelte Frau auf dem Bett. In der Hand hielt sie einen runden Papierfächer, mit dem sie sich langsam Luft zufächelte. Vater klopfte sich die Fußsohlen sauber, kletterte auf das Bett und kroch zu der Frau, während er flüsterte: „Jouji , Baofengzi ist zurück. Deine heiß ersehnte Baofengzu ist da. Sie will dich besuchen." Vater gab mir Zeichen, auch hinauf zu kommen. Ich zog die Schuhe aus und kletterte auf das Holzbett, aber geräuschlos klappte es nicht. Ich kniete vor der Frau, schaute sie an, sie schaute mich auch an. Sie begann zu weinen. Ihre Tränen wurden zum Rinnsal, zwei Rinnsale, die aus ihren Augenwinkeln in ihr wirres Haar flossen. Es gab keinen Zweifel. Es war meine Mutter. Ich erinnerte mich an sie. Ich erkannte sie. Mutter schaute mich unentwegt an. Lange, sehr lange ging es so. Ihr fehlten die Worte. Das Weinen, das ein lautloses Fließen der Tränen gewesen war, war nun laut geworden. Sie krümmte sich vor Weinen.

„Du musst dich da von den Männern gemein behandeln lassen, nicht wahr?" - „Nein, Mutter. Mach dir darüber keine Sorgen." - „Wenn nicht, dann ist es gut. Baofengzu, bitte, du musst deinem Vater und mir vergeben. Wir schafften es damals mit dem Überleben nicht. Wir wussten nicht ein, noch aus." Mit einiger Anstrengung schaffte sie es, sich aufzusetzen. Auf diesem alten Holzbett, auf dem damals unsere ganze Familie zusammen geschlafen hatte, setzte ich, als mir meine leiblichen Eltern am Tag unseres Wiedersehens nach sechzehn langen Jahren das Vorgefallene erzählten, die wenigen Dinge, die mir von meiner Kindheit bekannt waren, zu einem vollständigen Bild zusammen. Eigentlich besaß ich drei Schwestern und einen Bruder. Meine zwei großen Schwestern wuchsen in Armut auf. Meine jüngere Schwester und und mein kleiner Bruder starben beide, als sie noch klein waren, weil sie erkrankten. Nachdem ich auf die Welt gekommen war, requiierten die Japaner noch mehr von unserem Ackerland, das mein Vater bestellte, damit wir überleben konnten. „Das uns dafür ausgezahlte Geld reichte nicht einmal, um unsere Familie drei Tage lang durchzubringen." Als mir mein Vater davon erzählte, packte ihn nach so langer Zeit noch immer der Zorn. Weil sie fürchteten, dass ich, weil unsere Familie in bitterster Armut lebte, erkranken und dann vielleicht sterben würde, machten sie von dem Ratschlag Aqiangs Gebrauch. Er war es, der den Kontakt knüpfte. Dann wurde ich an die Muhme Wei verkauft. Sie legten damals im Vertrag fest, dass ich in Muhme Weis Hände gegeben würde, dass ich dort in erster Hand bleiben würde, und dass sie mich nicht weiterverkaufen durfte. Die Muhme Wei sagte selbst zu, dass sie nicht mit Menschenhandel ihr Geld verdiente, dass sie keine kleinen Mädchen verkaufte, um über die Runden zu kommen. In dem Kaufvertrag stand es klar und deutlich geschrieben. Meine Mutter war Analphabetin, mein Vater konnte nur seinen Namen schreiben, mehr nicht. Der Schreiber musste ihm den Inhalt des Vertrags erklären. Erst als mein Vater fand, dass dort nichts mehr stand, woran er etwas auszusetzen gehabt hätte, setzte er seine Unterschrift Xu Dengcai darunter und hinterließ seinen Fingerabdruck, nachdem er seinen Finger zuvor in roten Siegellack getaucht hatte. Das war die Geschichte vom Entzweischneiden des Peddigrohrs, einmal zerschnitten, für immer entzwei, die Geschichte vom Schicksal meiner Entwurzelung. Es war Mutters nicht endendem Drängen und ihrer Anhänglichkeit zu verdanken, und dass Vater so viel Verständnis für Mutters tief in ihrem Herzen verschlossene Sehnsucht nach mir aufbrachte, dass sich das einmal durchtrennte Peddigrohr wieder verbinden durfte.

Ich hatte ihnen zwei Garnituren Kleidung mitgebracht, eine für eine Frau, eine für einen Mann, eine schwere Goldkette, große Pakete getrocknete Shitake-Pilze, getrocknete Feuerlilienblüten, Schwalbennester, zehn Pakete Stärkungsmittel, ein paar Import-Äpfel und Bargeld, das ich alles zusammen meinen leiblichen Eltern übergab. Das war, was ich, mit Yayun zusammen, hatte tragen können, und was mir als Mitbringsel eingefallen war. Als ich die beiden jetzt sah, und sah, wie sie lebten, war mir schon klar, was ich das nächste Mal mitzubringen hatte, oder wie ich ihnen später noch helfen könnte. „Baofengzu, da habe ich dich über zehn Jahre nicht gesehen, und finde, du bist noch hübscher als damals, als du noch klein warst. Außerdem, was hast du für zarte, weiche Hände! Man muss sie nicht mal berühren, und weiß sofort, dass es keine Bauernhände sind. Ich mag sie ja so gern leiden! Wie wunderschön sie sind! Wenn dich keiner quält, dich niemand misshandelt, so will ich wohl beruhigt sein." In Mutters Gesicht konnte ich ein Runzeln entdecken. Sie lächelte. „Ist mir ja peinlich, ich wusste ja nicht, dass ihr kommt. Sonst hätte ich euch ge-

wiss etwas vorgesetzt. Tut mir leid, so unhöflich zu sein." - „Das lässt
du mal schön bleiben, von wegen uns was vorsetzen! Ich habe doch
gerade schon frisches Wasser getrunken. Mir geht es sehr gut." Mutter hielt mich die ganze Zeit über bei der Hand. Ich spürte nur das
Raue ihrer Hände. Aber trotzdem spürte ich einen Schwall Fremd-
heit. Alang, von klein auf war ich nie, mit keinem Menschen, vertraut
gewesen. Außer, dass ich mal meine Schwestern an den Händen gefasst hatte, ihnen an den Zöpfen gezogen … Außer, dass ich dir Ver-
trautheiten gestattete, gab es so etwas in meinem Leben nicht. Dass
ich jetzt zuließ, dass meine leibliche Mutter meine Hand hielt, war ein
wundersames Gefühl. Ich spürte es am Grund meines Herzens. Ich
versuchte, so gut es ging, hinzubekommen, meine Hand, nicht weg-
zuziehen. Das, was gesagt werden musste, wiederholten wir wieder
und wieder. Vater und Mutter beteuerten in einem fort, dass sie mir
großes Unrecht angetan hätten. Dass es nicht wieder gutzumachen
wäre. Dass sie hofften, dass ich sie nicht verabscheute. Dass sie mich
verkauft hätten, wäre zum damaligen Zeitpunkt die beste Entscheidung gewesen. Ich wiederholte wieder und wieder, dass man in der
Vergangenheit nicht herumrühren sollte. Dass man jetzt nach vorn
schauen, Mutter einem Arzt vorstellen sollte. Dass das jetzt das Wichtigste wäre.

Um wieder nach Taipeh zurückzukommen, mussten wir uns beei-
len. Mutter bestand darauf, aufzustehen und uns zum Abschied zu
begleiten. Schwächelnd stand sie in der Tür. Sie bettelte, ich möge
doch wiederkommen. Vater begleitete uns noch ein Stück des Wegs.
Ich hatte gar nicht gemerkt, wann die vier Jungs, die uns auf dem
Hinweg den Weg gezeigt hatten, weggegangen waren. „Welch rück-
sichtslos herrisches Verhalten! Uns unser Land einfach so wegzuneh-
men! Wie sollen wir denn überleben?", sprach mein Vater, während
er uns begleitete. „Wir gingen damals gemeinsam zur Brunnenfeld
Gesellschaft und verlangten Gerechtigkeit. Aber es nützte nichts. Sie
hatten das Haupttor verrammelt. Draußen standen vom Polizeirevier
herbeorderte Polizisten. Wie hätten wir gegen die ankommen sollen?
Selbst wenn zehn von uns ihr Leben geopfert hätten, es wäre nicht
genug gewesen! Ach! Obwohl diese Sachen schon so lange zurück-
liegen, bin ich, sowie es mir in den Sinn kommt, immer noch jedes
Mal vor Wut entbrannt. Ein Glück nur, dass die Vereinigung half. So
konnten wir vier Prozent unseres Landes wiederbekommen. Vier
Prozent sind besser als nichts", erzählte mein Vater, während er wild

mit den Händen gestikulierte. Die Knochen von vier Fingern seiner Hand standen hervor und die Finger waren ziemlich verbogen. „Welche Vereinigung? Meinst du die Bauernvereinigung?", fragte ich neugierig. „Genau!", nickte mein Vater deutlich bejahend mit dem Kopf, „die Vereinigung lässt für uns die Felder bestellenden Bauern mal Dampf ab. Sie ist unser Sprachrohr und fordert Gerechtigkeit für uns ein. Wenn es die Bauernvereinigung nicht gäbe, wäre unser Leben um einiges schwieriger …"

Yayun und ich kamen völlig übermüdet wieder in Taipeh am Bahnhof an. Die Straßen sahen abends besonders trostlos aus. An der Straßenecke beim Tempel aßen wir noch eine Schale Nudeln, bevor wir heimkehrten. Obwohl ich körperlich völlig ermattet war, war mein Kopf absolut wach. Alang, ich hatte immer gedacht, dass das, was du tatest, nichts mit mir zu tun hätte. Ich sah nicht, was deine Arbeit war. Ich hatte mich nie gefragt, wo das Geld, das ich dir gab, eigentlich blieb. Weil ich dir vertraute, hatte ich auch Vertrauen in mich selbst. Ich glaubte mir meine Menschenkenntnis, die mir sagte, dass ich mich nicht in dir täuschte. Während wir auf dem Nachhauseweg von unserer Landpartie waren, begleitete mich dieses Gefühl den ganzen Weg über. Ich half mit dem Geld, das ich dir gab, nicht nur irgendwelchen unbekannten armen Bauersleuten. Ich half meinen leiblichen Eltern. Ich half mir selbst. Nicht unmittelbar, aber mittelbar. Denn ich war ihre Tochter. Half ich ihnen, kam es mir zugute, denn ich erntete Wohltaten. So war der Kreislauf, über den man sich allezeit wundern konnte, und der so geheimnisvoll war, dass man ihn nicht in Worte zu fassen vermochte. Was mich sehr erstaunte, war, dass Vorfälle, die nicht zusammenzupassen schienen, scheinbar nichts miteinander zu tun hatten, sich ineinander fügten. Welche Kraft war da am Werk, die Dinge, die nicht zueinander passten, wie Perlen auf eine Schnur reihte und zusammenbrachte? Sowie die Verbindung geknüpft war, spürte ich, dass es grenzenlos mystisch war, spürte die Zeitabläufe sich plötzlich vor meinen Augen öffnen, konnte plötzlich alles überblicken.

In der Zeitung las man von nervenzerreißenden Kampfhandlungen. Das Radio sendete, jetzt müssten alle zusammenhalten und eifrig die Produktion in Gang halten. Ich lebte weiter wie immer. Wie immer leistete ich meinen Kunden beim Trinken Gesellschaft, aß mit ihnen, sang ihnen Musikstücke vor. Wie immer studierte ich die Klassiker, schrieb Gedichte und hing meinen Gedanken nach. Ich fuhr mit Yayun noch zweimal aufs Land raus. Jedes Mal brachte ich Vater und Mutter Bargeld mit. Meine Mutter sah etwas wohler aus. Mein Vater sagte, dass das nur mein Verdienst wäre. Bei mir zuhause inspizierte Yayun die Waffen, die unter meinem Bett versteckt waren. Alles lag bestens bereit. Momentan hatten wir nichts zu befürchten. Ich kniete auf dem Sofasessel, mit dem Bauch an die Rückenlehne gelehnt, mit den Unterarmen auf die Lehne gestützt und schaute durch die Kassettenfenster auf die Straße hinab. Auf den schwarzen Stromkabeln hockten viele Vögel. Es herrschte ein ständiges Kommen und Gehen, wenn sie herbei- und davonflogen. Weiße Wölkchen zogen schwebendleicht am Himmel vorbei, ein laues Lüftchen wehte. Der Wachskürbistee-Verkäufer schob seinen Teewagen vorbei. Es war Nachmittag. Sein Teebottich war bereits leer. Zwei Radfahrer radelten, sich unterhaltend, aber keine Anstalten machend, dass sie absteigen wollten, vorbei.

Es war ringsum Stille. Ich mochte solch müßige Behaglichkeit. Aber mein Müßiggang ließ eine ungewisse Unruhe durchblicken. In letzter Zeit plagten mich Gewissensbisse. Ganz deutlich spürte ich das. Ursprünglich war es so, dass ich nicht durchblickte, warum mich ein schlechtes Gewissen plagte. Bis ich mich zwang, mich hinzusetzen, ganz gezielt darüber nachdachte, und es mir dann widerstrebend eingestehen musste. Früher war ich voller Gram über das Schicksal meiner Entwurzelung: einmal zerschnitten, für immer entzwei. Jetzt hatte sich alles wieder zusammengefügt! Da müsste ich mich doch freuen und leichten Herzens sein! Aber ich war nicht nur nicht leichten Herzens, ich freute mich auch nicht. Ich spürte Widerwillen, empfand die leiblichen Eltern als lästig und ich hätte mich gern ihrer entledigt.

Wie konnte ich solche Empfindungen haben! Das Auftauchen der eigenen Eltern lästig finden! Dieses tugendlose Gefühl verursachte bei mir Beklemmungen. Es versetzte mich in Unruhe. „Yayun, ich wüsste doch zu gern, wie sich dieses unverhoffte Wiedersehen bei ihnen so auswirkt!" - „Natürlich sind Ihre Eltern unbeschreiblich glücklich, Fräulein Jadeblüte, Yuying! Das muss man doch gar nicht erst fragen!", sagte Yayun vom Fleck weg ohne Umschweif. Und was war mit mir? Musste ich mich freuen?

PINGGU

Mit welch imponierenden Auftritt der Familiensitz Chen seinen Besuchern aufwartete, gefiel mir sehr. Die hohen, langen Backsteinmauern schotteten nicht nur prima gegen verstohlene Blicke von außen ab, auch gegen Missgunst und Neider boten sie eine gute Barriere. Was diese Dinge betraf, war Chen Zude sehr gescheit. Großgrundbesitzer besaßen normalerweise ein zinnoberrotes Hoftor, das bei jedermann ins Auge sticht. Das Anwesen der Chens aber hatte ein ultramarinblau-türkisgrünes Haupttor. Es war weniger eingebildet, weniger hochtrabend. Der Hausherr musste seinem Türwächter wohl schon einen Wink gegeben haben, so dass der gar nicht nachfragte, aber sich auch keinen Reim darauf machen konnte, als er uns ruckzuck hereinließ. Sowie wir die Türschwelle überschritten hatten und aufblickten, hatten wir die acht großen, farbenprächtigen Laternen, die vorn im Eingangsbereich vor der Diele hingen, im Blick. Im nächtlichen Mondschein konnte man nicht sehen, wie tief der Innenhof war. Man sah nur die paar großen, alten Bäume mit ihren dunklen Stämmen und dem dichten Laub, das im Wind wirbelte. Chen Zude wartete bereits in der großen Diele auf uns. Nach ein paar Höflichkeitsfloskeln ließ er uns in sein Esszimmer eintreten. Am Esstisch hatte bereits ein junger Mann Platz genommen, der sich, sowie er die Gäste kommen sah, sofort erhob. Der Oheim Chen stellte ihn uns als seinen zweiten Neffen vor, der extra aus der Provinzhauptstadt hierher zu ihm gezogen wäre, um von ihm das Kaufmanshandwerk zu lernen. Der junge Mann schien sich, als er Dayuan erblickte, unwohl zu fühlen. Es war ja kein Wunder! Denn wer brachte schon, wen er zu fremden Leuten zu Besuch kam, einen großen Schäferhund mit? Und, alles was recht ist, wer nahm ihn dann noch mit ins Haus des Gastgebers hinein?

„Pingu, wir halten es wie immer, ja? Wir geben Dayuan draußen im Hof erstmal was zu fressen!"- „Danke, Oheim Chen. Dayuan frisst immer tagsüber seine zwei Mahlzeiten. Jetzt ist ja schon abends, da können wir ihm ja etwas frisches Wasser anbieten." Ich merkte, dass Chen Zude sich dieses unwichtige Vorkommnis unseres ersten Treffens gemerkt hatte. Damals hatte ich darauf bestanden, dass Dayuan mit uns zusammen aß, und Chen Zude reagierte mit einem sichtlich gequälten Gesichtsausdruck. „Wo gibts denn sowas, dass das Vieh zusammen mit den Menschen an einem Tisch speist?", entfuhr es ihm.

„Dayuan ist kein Stück Vieh! Er ist wie ich, ich bin wie Dayuan!" Als ich so barsch reagierte, war es Chen Zude nicht mehr wohl in seiner Haut. Es war doch, als hätte er mich indirekt ein Stück Vieh genannt. Weil ich das gesagt hatte, merkte ich schon, kippte die Stimmung, und ich versuchte sofort, sie zu retten und den Streit zu schlichten. „Wir machen das so: Ich gehe zuerst mit ihm in den Hof und warte, bis er mit fressen fertig ist. Und erst dann komme ich herein und bleibe bei euch, geht es so?" Von klein auf ließ ich Dayuan, sowie er fraß, nicht aus den Augen. Ich fürchtete, dass er etwas Falsches fressen könnte, sich den Magen verderben könnte, und noch mehr befürchtete ich, dass man ihn vergiften könnte. Chen Zude erinnerte sich an unser letztes Zusammentreffen. Deswegen hate er mich gefragt. Dayuan schleckte mit großer Geschwindigkeit. Ein kurzer Moment und die Schale Wasser war sauber ausgeschleckt. Dann brachte ich ihn wieder mit in das Esszimmer. Er lag ruhig neben mir auf dem Boden und war überhaupt nicht zu bemerken.

Chen Zude war ein wohlhabender Kaufmann. Sein Erfolg musste wohl darauf beruhen, dass er wusste, wann er zusagen und wann er ablehnen musste, und dass hatte ganz unmittelbar etwas damit zu tun, dass seine Versprechen verlässlich waren. Er legte Wert darauf, dass sein Versprechen galt. Mit uns pflegte er folgendermaßen geschäftlichen Umgang: Er bestellte Waren, mehr nicht. Er fragte nie nach, woher die Ware kam oder wie wir an die Ware drangekommen waren. Allerdings sah er ja ganz genau, wie ich mit Dayuan umging, da musste er doch eigentlich wissen, welchen Hintergrund wir hatten. Guo Ming, so hattest du dich mal ausgedrückt. „Es stimmt und stimmt auch wieder nicht", sagte ich ohne Umschweif. „Wenn wir zu Chens Anwesen aufbrechen, putzen wir uns doch jedes Mal ganz besonders sorgfältig heraus. Oder etwa nicht? Außerdem erwähnen wir mit keinem Ton unsere blutigen Auseinandersetzungen, die wir zur See auszufechten haben, nicht wahr?" - „Daran kann man sehen, wie klug der Oheim Chen ist", fuhrst du, Einspruch erhebend, fort. „Weil er nämlich ganz genau weiß, was für Leute wir sind, nur deswegen vermeidet er Themen anzusprechen, die leicht verhängnisvoll werden. Bei uns wissen doch beide Seiten ganz genau, mit wem wir es zu tun haben. Wir begegnen uns höflich und mit Respekt. Nur deshalb können wir langfristig gute Geschäfte zusammen machen."

Erstaunlich war, dass Dayuan jedes Mal, wenn wir uns gegenseitig zuprosteten, gähnte. Als erschien es ihm besonders bedeutungslos, wenn wir uns zuprosteten. Dem Neffen gefiel das. Er lachte: „Ich möchte wohl gern wissen, ob ihr beiden, wo ihr doch tagtäglich auf See unterwegs seid, auch gemerkt habt, dass hier in unserer Gegend die Seeräuber in den letzten Jahren überhandgenommen haben?", fragte Chen Zude, es sah so aus, mit aufrichtig ehrlichem Interesse. „Wir machen nur kleine Handelsgeschäfte in Küstennähe. Das ist uns bis jetzt noch gar nicht aufgefallen", antwortetest du, fix ausweichend. Dann fragtest du, dich vorsichtig vorwagend, was der Oheim Chen wohl bemerkt haben mochte. „Was sollte ich an Land denn schon bemerken können? Mir ist nur zu Ohren gekommen, was die Leute sich so erzählen. Weil das Mandarinat nur schwer an Nachrichten aus offener See herankommt, gibt es jetzt eine neue Strategie, die sich *mit Verbrechertum Verbrechern den Garaus machen* nennt." - „Das ist interessant", reagiertest du prompt, Guo Ming, als wolltest du damit bekunden, dass dich diese Methode interessierte. „Man hört ja, dass Seeräuber ihre eigenen Machtbereiche haben, aber dass sie auch kreuz und quer, wie sie gerade wollen, ihre Raubzüge tätigen. Sie konkurrieren miteinander, aber sie arbeiteten auch zusammen. Die, die immer zusammenhalten, können schon im nächsten Augenblick verfeindet sein. Und die, die sich immer in Konkurrenz zueinander befinden, können, sowie es ihnen nötig erscheint, eng zusammengehen. So eine Situation macht das Mandarinat ratlos. Nur deswegen hat es damit begonnen, diese Schiene, dass sich die Seeräuber eben untereinander kennen und voneinander wissen, was der andere tut, zu verfolgen, um dann losschlagen zu können."

„Oheim Chen, ich begreife nicht. Bedeutet diese Strategie mit Verbrechertum Verbrechern den Garaus machen, dass die Seeräuber sich gegenseitig fangen sollen?" - „Genau", nickte der Oheim Chen. „Wieso sollten sie dazu bereit sein, sich gegenseitig zu fangen, wenn sie sich gegenseitig kennen? Seeräuber zu fangen, ist doch der Job der Marinesoldaten", hatte ich mich jetzt mal zu Wort gemeldet. „Natürlich ist damit nicht gemeint, dass die Seeräuber selbst tätig werden und ihresgleichen eigenhändig den Behörden ausliefern. Aber Seeräuber A liefert dem Mandarinat Informationen über Vorhaben und Wegeplanung von Seeräuber B." - „Welchen Vorteil hat der Seeräuber A davon? Das macht ihn doch auf direktem Weg einen Kopf kürzer, wenn er dem Regierungsbeamten begegnet." - „Natürlich muss er einen Vorteil darin sehen, damit er mit den Behörden kooperiert. Der

Kaiserhof beschenkt ihn nicht nur mit einem Goldbarren, der ihn von der Todesstrafe freispricht, er bekommt dazu noch den Beamtenstatus des fünften Grades verliehen."

Jetzt war mir alles sonnenklar! Als dieser wilde Sturm mit dem wochenlangen Starkregen gewütet hatte, und die Schlachtdschunken plötzlich wie Gespenster aus dem Nichts erschienen waren und auf einmal unsere Kriegsschiffe bombardiert hatten, musste es das Ergebnis davon gewesen sein, dass wir denunziert worden waren. Dürrer Affe, nach dieser Attacke hatten wir uns eine lange Zeit immer wieder den Kopf darüber zerbrochen, wie es denn hatte möglich sein können, dass uns ein einzelnes Schiff, nachdem wir unsere Waren gegen Bares eingetauscht und uns dann allein auf dem Rückweg befunden hatten, hatte folgen können. Es hatte danach ausgesehen, als hätten die Regierungsbeamten längst genau gewusst, von wo und wohin auf welchem Seeweg wir uns bewegen würden. Sie hatten sich zuerst im Hinterhalt versteckt, um dann zum passenden Zeitpunkt loszuschlagen Damals hatte uns die Himmelsgemahlin Göttin Mazu beschützt, dass wir, als wir schon des Todes waren, ihm doch noch hatten entrinnen können und fliehen konnten. Ich hatte nichts davon vergessen. Gerade als die Seeschlacht mit unseren zwei Schlachtschiffen in vollem Gange war, als die Marinesoldaten schon auf der Laufplanke und auf unserem Schanzkleid standen und in unser Schiff springen wollten, hatte ich den Eindruck, dass uns die Luft ausging, dass wir alle am Meeresgrund begraben würden. Als der Starkregen wie aus Kübeln auf uns niederging, quälte ich mich mit aller Kraft, die Strickleiter entlang der Maste hochzuklettern und hackte Hieb um Hieb mit der Axt auf das Tau ein, das das geblähte Segel hielt. Der extreme Regen peitschte so auf mich ein, dass ich kaum die Augen aufhalten konnte. Ein paar mal war mir, als würde ich von dem mächtigen Regensturm die Leiter hinabgespült. Aber ich biss die Zähne zusammen und hackte wie wild weiter auf das Tau ein. Als das Tau am Segel riss und das Segel frei durch die Luft flog, als ich merkte, dass wir gerettet waren, hätte ich sterben können, und ich wäre es zufrieden gewesen. Wirklich! Ich wollte wirklich gern mit dem vom Sturmwind davonfliegenden Segel weg in die Grenzenlosigkeit hineinsegeln. Ich schaute hinab auf die Planken. Dort tobte das Chaos. Ein entsetzliches Gemetzel war in Gang. Dürrer Affe, ich erblickte Dayuan und dich. Dayuan war in eine tödlich enden müssende Beißerei verwickelt. Er hatte sich in das Bein eines Marinesoldaten verbissen, obschon der schon ausholte, um seinen Kopf zu spalten. Dürrer Affe, du hattest Dayuan gerettet! Im gleichen Augenblick, in dem der Marinesoldat seine Waffe auf Dayuan heruntersausen ließ, kam aus der Entfernung, nicht in das tödliche Gerangel verstrickt, dein Schwert wie ein Blitzschlag so schnell. Mit einem Hieb fuhr es dazwischen. Der Soldat schlug auf dein Schwert und traf Dayuans Kopf nicht. Dayuan war zu diesem Zeitpunkt schon verletzt gewesen. Seine Schmerzen hatten ihn wie einen Irrsinnigen kämpfen lassen. Er hatte nur noch angreifen wollen und war längst nicht mehr in Deckung gegangen …

„Abgemacht, Oheim Chen! So soll es sein! Morgen früh lasse meine Leute das Elfenbein zu euch bringen. So viele Stoßzähne wie abgemacht, keinen mehr und keinen weniger." - „Abgemacht, so soll es sein. Ich werde das Bargeld vorbereiten." - „Wir machen das Schlag auf Schlag! So wie wir es immer geregelt haben. Ihr bezahlt die Summe bar auf die Hand und wir geben Euch die Ware heraus." Der junge Mann brachte uns, derweil Chen Zude noch zufrieden lachte, zum Tor des Anwesens der Chens. In den Zweigen der Bäume schaukelte der schimmernde, wagenradgroße Vollmond. Ringsum war Stille. „Guo Ming, lass uns unseren Fußmarsch genießen, ja? Wo doch der Mond in dieser glasklaren Nacht so schön scheint."

AQIN

Dass wir umzogen, hatte sein Gutes. Obschon mir dadurch keine Minute Zeit mehr blieb, konnte ich ein paar Sachen, die ich gar nicht mehr zu Gesicht bekommen hatte und die wir auch mehr gebrauchen konnten, wegwerfen. Wenn man woanders hinzog und sich örtlich veränderte, musste das, was man noch brauchte, aufräumen und an Ort und Stelle einsortieren. Das war nicht schwer, dabei konnte mir Ajuan schon ein wenig zur Hand gehen. Alles, was ich in das obere Fach unseres Schranks einsortieren wollte, türmte ich auf einen Haufen. Dann stellte ich mich auf unseren runden Hocker, und Ajuan reichte mir eins nach dem anderen zu, damit ich nicht andauernd den Hocker rauf und runter klettern musste, denn das wäre doch zu umständlich gewesen. Das, was so gut geklappt hatte, ging plötzlich schief. Denn mit einem Mal rutschte mir eine Metallbüchse aus der Hand, in der unser Auszug aus dem Familienregister mit unseren Meldebestätigungen und andere wichtige Unterlagen drinnen waren, und fiel zu Boden. Alle Papiere aus der Büchse flatterten durcheinander. Ajuan hob ein Foto auf und schaute es sich an. Sie fragte mich, wer das auf der Fotografie wohl wäre.

„Oh, dieses Foto!" Ich unterbrach erstmal meine Arbeit, saß zusammen mit Ajuan auf der Bettkante und wir schauten uns die Fotos an. Das hier war bei einer Einladung meiner zweiten Schwägerin gewesen. Damals war Ajuan erst vier Monate alt, und wir waren zum Mitteherbstfest zuhause bei meinem zweiten Bruder eingeladen gewesen. Bevor wir uns auf den Weg zu ihm begaben, kauften wir erstmal zwei rechteckige Dosen Mondkuchen ein. Als wir bei ihm ankamen, bemerkten wir, dass die Mondkuchen-Dosen bei ihm nicht nur den ganzen Tisch bedeckten, sondern sogar noch übereinander gestapelt standen. In der Zimmerecke standen außerdem noch zwei Körbe voll mit Pomelos. Kurz nachdem wir angekommen waren, kamen immer noch ständig Leute vorbei, die Mondfest-Präsente vorbeibrachten. Deswegen gingen die Frauen und Kinder im Haus rauf in den ersten Stock, um dabei nicht im Weg zu sein. Es war ja bereits Mondfest. Mit dem Präsente vorbeibringen hatte es schon vor einer ganzen Woche begonnen. Ich hätte nicht gedacht, dass am Festtag selbst immer noch Leute vorbeikamen.

Die zweite Schwägerin goss uns Limonade ein und sagte dabei lachend: „Wenn man den Geschmack von Limonade erst einmal probiert hat, vergisst man ihn für den Rest seines Lebens nicht mehr!" Mein erstes Mal Limonade trinken war an jenem Tag bei meiner zweiten Schwägerin gewesen. Wir selber konnten uns solche süßen Getränke, bei den der Sprudel vom Mund aus direkt runter in den Bauch hinabgluckerte, nicht leisten. Ich sagte meinen Kindern, sie sollten ihr Glas mit beiden Händen in die Hand nehmen, nicht dass es noch verschüttet würde, denn das wäre doch zu schade gewesen. Die Kinder waren allein von dem perlenden, durchsichtigen Sprudelwasser im Glas so gefangen genommen, dass sie das Trinken vergaßen. Meine zweite Schwägerin war nur zwei Jahre älter als ich, wirkte aber viel reifer. Sie stand mit beiden Beinen sicher im Leben und war tüchtig und erfahren. Es hatte bestimmt etwas damit zu tun, dass sie in einem Geschäftshaushalt zuhause war. Sie war das Kommen und Gehen von allen möglichen Leuten gewohnt, und ihrer Wahrnehmung entging nicht die leiseste Regung. Sie sprach schnell und laut. Sowie sie den Mund aufmachte, schreckte ein jeder hoch.

Ihre lachenden Augen vermehrten noch die Ausstrahlungskraft ihrer Worte. Ich hatte sie niemals die Stirn runzeln sehen. Wenn sie sich Gedanken machte, sich sorgte, wenn ihr vor Besorgnis so bange war, dass sie Stress litt, senkte ihr Blick sich nicht und ihre Stirn legte sich nicht in Falten. Dann war das Gegenteil der Fall. Sie riss ihre Augen auf, noch weiter als für gewöhnlich. Dann war es, als erstaunte sie es, dass sie Befürchtungen und Besorgnissen begegnete. Dass so etwas doch nicht sein konnte, denn es schier unmöglich sein musste, vor Zweifeln in Not zu geraten, dass das doch etwas war, womit nicht zu rechnen war. Meine zweite Schwägerin reagierte anders als das Leute für gewöhnlich tun. Es war ihrem besonderen Temperament geschuldet. Besorgnisse, Furcht und Stress kamen in ihrem Leben nicht vor. Und wenn es doch passierte, erstaunte sie dieses seltene, bizarre Phänomen.

„A-Muâi, hier ist was zum Spielen für dich. Es glitzert und leuchtet so schön, das magst du bestimmt gern", sagte die zweite Schwägerin lachend. Es waren die Schleifen von den Mondkuchendosen. Es waren in schmale Streifen geschnittene Satinbänder und Kordeln in vielen bunten Farben, sogar goldenes und silbernes Band war dabei. Die bunten Bänder waren federleicht und wunderhübsch. Die Kinder liebten es, damit zu spielen. Sie verkleideten sich damit als Braut oder rollten daraus kleine Pakete, die sie wie Schätze in ihren Taschen horteten. A-Muâi schaute fragend zu mir herüber. Ich nickte bejahend. Erst dann streckte sie schüchtern ihre Hände aus, um das bunte Band in Empfang zu nehmen. An jenem Tag hatte meine zweite Schwägerin eine Idee gehabt. Sie fand, wir zwei Frauen könnten mit den Kindern doch mal zum Fotografen ins Fotostudio gehen und ein Erinnerungsfoto aufnehmen lassen.

Ich befand mich mit meinen drei Kinden rechts auf dem Foto, Meine zweite Schwägerin stand mit ihren drei Kindern links auf dem Foto. Wir beide Erwachsenen waren genau gleich angezogen. Wir hatten beide unser Haar zum Dutt aufgebunden, trugen beiden einen knöchellangen Cheongsam mit langen Ärmeln und wir hatten uns beide mit überkreuzten Füßen hingestellt. Der Unterschied zwischen uns beiden war nur, dass ihr Cheongsam gestreift und meiner schwarz mit kleinen weißen Blümchen drauf war. Meine zweite Schwägerin hatte ihre Perlenohrringe und ihren Goldring angesteckt. Ich besaß sowas nicht. Ihr dreijähriger und ihr vierjähriger Sohn sahen beide wie die kleinen Gentlemen mit ihren Hüten mit der breiten Krempe aus. Ihr dreijähriger Sohn trug eine Jacke mit doppelter Knopfreihe und Präsidentenkniestrümpfe. Ihr Vierjähriger trug eine Dreiviertel-Hose, eine Fliege und ein westliches Jackett, darunter trug er noch eine Weste. Ihre kleine Tochter, die eben erst laufen gelernt hatte, trug ein Blumenkleid und stand an die Mutter gelehnt dabei. Die mit mir zusammen das Foto betrachtende Ajuan fragte neugierig, wer denn das Baby wäre, das ich da auf meinem Schoß hatte. Da konnte man mal sehen, Ajuan hatte das Foto noch nie gesehen. Ich musste es ja ziemlich gut weggepackt haben. Zweifelsohne! Das Foto hatte ich zu unseren wichtigsten Dokumenten in die Blechschachtel getan. Daran konnte man genau sehen, wie wichtig ich es fand. Aber wie konnte etwas mir so Wichtiges in der Versenkung verschwinden? Verdeckt von den alltäglichen Bagatellen, wo es doch wie eine echte Perle einen Platz in meiner Erinnerung behauptete. Wenn man sich nicht von Zeit zu Zeit einen Überblick über das, was man besaß, verschaffte, Licht machte in der eigenen Erinnerung, verschwanden die einem wichtigen, gleich Perlen, wertvollen Schätze wie von einem Luftzug verweht, verpufften wie Seifenblasen. Dann blieb nichts zurück und alles existierte nur einen Augenblick lang.

„Ich weiß jetzt, wer das ist", lachte Ajuan, „das bin ich! Neben Mutter steht A-Muâi und neben mir sitzt A-Siong." Der Hintergrund des Fotos mit uns acht Personen war ein zugezogener Vorhang mit Leopardenfellmuster. Ein rautenförmiges weißes Blumengitter mit Blüten im nebligen Dunst schaute halb hinter dem Vorhang hervor. Der Hintergrund war natürlich nicht echt. Beides, der unechte Hintergrund und die echten Menschen, waren zusammen im Foto. Echtes und Unechtes waren darin gleich viel wert.

A-Siong hatte Schule aus. A-Muâi würde auch gleich nachhause kommen. Jungen spielen von Natur aus wild. Auf A-Siongs Nacken und in seinen Achselhöhlen waren dunkle klebrige Streifen aus einer Schicht Dreck mit Schweiß vermischt. Ich sagte A-Muâi, dass sie ihren kleinen Bruder waschen sollte. Das Haus, das Hei Yuan für uns gekauft hatte, war wirklich ungewöhnlich. Das Wohnhaus mit dem Wohnraum und den Schlafräumen war auf der einen Seite, und das Waschhaus mit der Küche, dem Badezimmer und der Toilette war sozusagen gegenüber gelegen. Dazwischen gab es einen Gang, so wie ein Gang im Gängeviertel, einen, den jeder als Fußweg nutzen konnte. Vorm Schlafengehen mussten wir immer die Haustüren auf beiden Seiten des Gangs abschließen. Das Badezimmer gegenüber war ein schmaler Raum ohne Fenster, in dem man sogar tagsüber die nur schummriges Licht gebende Glühbirne einschalten musste. Im Bad gab es eine große Wasserwanne mit einer Schöpfkelle, die auf der Wasseroberfläche schwamm. Neben der Wasserwanne gab es einen Holzzuber zum Füßewaschen und ein Waschbecken. An der Wand war ein langes Holz mit Nägeln, die wir als Haken nutzten, angebracht. An ihnen hängten wir unsere Kleider und unsere Waschlappen, wenn wir uns wuschen, auf. Auf der einen Seite des Raumes gab es an der Wand eine Rinne, die nach draußen führte, in der das Wasser abfließen konnte. Der Waschzuber war eigentlich kein Zypressenholzwaschzuber zum Füßewaschen, sondern eine Riesenwaschschüssel zum Baden. Die Kinder badeten darin. Die Erwachsenen mussten sich mit der Kelle abduschen, anders ging es mit dem Waschen nicht. A-Siong ließ sich gar nicht gern von seiner großen Schwester waschen. Man hörte ein ziemliches Gekreisch aus dem Bad herüberschallen. Manchmal musste ich mit dem Rohrstock kommen und so tun, als wollte ich ihn verhauen, damit er endlich Ruhe gab und es sich gefallen ließ.

Als ob man einer Schale Nudeln erst die nötige Würze verpassen muss, damit sie auch schmeckt? Auf den Nachtmärkten oder in den Garküchen vorm Tempel war das ja so. Dahin gingen wir, wenn alles zu fade war, wenn man mal was Würziges schmecken musste, wenn das I-Tüpfelchen Aufregung fehlte. In den Tempeln, so unterschiedlich sie auch sind, herrscht immer der gleiche Trubel. Wir konnten uns das bunte Treiben nur anschauen. Wir betrachteten, was wir sonst nicht zu sehen bekamen, denn für irgendwelchen Firlefanz Geld ausgeben, ging bei uns nicht. Deswegen war der Stand, an dem die Klebreisteigfiguren geknetet wurden, der, bei dem wir am längsten verweilten. Teigmännchen gab es da immer in allen möglichen Größen und Farben. Sie waren aus einem Teig aus Weizen- und Klebreismehl, der verschieden eingefärbt wurde, hergestellt. Der Teigmännchenkunsthandwerker riss ein schwarzes kleines Stückchen Teig ab und rollte es auf dem Backbrett zu einer langen, dünnen Rolle. Dann riss er ein Stückchen vom gelben Teig ab und drückte es mit einem Metallspachtel platt. Mit einem Messer schnitzte er die Spitze einer Stangenwaffe zurecht und verband sie mit dem gerade gerollten Teigstab. Fertig war die Dolch-Hellebarde des Generals. Dann knetete er ein Stück roten Teigs zu einem weichen Teigstück, knipste mit einer kleinen, aus Bambus geschnitzten Pinzette ein Stückchen davon ab und passte es obenauf in die Dolch-Hellebarde als Verzierung ein. Am Stand des Teigmännchenkünstlers gab es den rotgesichtigen Kriegsgott Guanggong , die Unsterbliche He Xiangu, den Dritten Prinz Nezha und die Hauptdarsteller anderer Geschichten anzuschauen. Die Hochzeitskleider mit den Phönixkrönchen und rosa Wolkenschleppen waren von prächtiger Farbigkeit. Viele übereinander gelegte Farbschichten, dazu Formen und Kurven, Wölbungen und Dellen, dünne und dicke Schichten, feine und grobe Strähnen, und auch Figuren und Tiere, die aus Umrissen gearbeitet worden waren …, alles Dinge, die, sobald man sie sah, bewirkten, dass man den Kopf nicht mehr abwandte, die Augen nicht schloss und nur immer und immer hinschauen musste. Dann am Abend, bei eingeschaltetem Licht sahen die Leifeng-Pagode und die Kaiserin Wu Zetian noch farbenprächtiger und glänzender als tagsüber aus. Gegenüber vom Teigmännchen-Stand wehte der Duft von frittierten Jujuben herüber. Er wehte zum Stand mit den handgezogenen Fadennudeln und verblieb über dem Duft der Häubchen aus gehackten Schalotten auf den Nudelsuppenportionen und mischte sich dann mit dem Essiggeruch des schwarzen Zhenjiang-Essigs. Auf der Opernbühne beim Tempel gab es die Chinesische Mauer mit der schönen, weinenden Lady Mengjiang zu sehen, die Mauer, die durch die Trommelschläge erzitterte und einstürzte. Wir spazierten die Buden entlang und fanden alles spannend und aufregend; wir waren alle zusammen so fröhlich. Wenn die Kinder es mochten, war doch klar, dass wir es dann auch leiden mochten.

Natürlich hatten die Großen die Kleinen bei der Hand genommen.

Abends vorm Schlafengehen war immer so eine Zeit, in der die Kinder Radau machten. Der Grund war wohl, dass das mit Tatamis ausgelegte Stück Zimmer recht groß war, denn die Kinder konnten dort besser als früher in dem alten Haus im Kreis rennen, Purzelbäume schlagen und Kissenschlachten ausfechten. Sie spielten, und dabei kreischten sie laut. Sowie sie zu frech herumkreischten, schwenkte ich den Rohrstock und dann hagelte es Stockschläge auf Hände, Arme, Beine und Füße. Wenn dann endlich Ruhe eingekehrt war, hielten ihre Leiber unter den Bettdecken noch lange nicht still. Die Münder mussten unbedingt noch ein paar Sätze loswerden. Die Geschwister stichelten sich gegenseitig auf und gossen immer wieder Öl aufs Feuer. Es ging so lange, bis sie darüber einschliefen. Seit Hei Yuan uns das Radio gekauft hatte, wurde alles bei uns noch viel besser. Das Radio stellten wir neben unserem Hausaltar genau gegenüber von unserer Haustür auf. Jeden Tag war das erste, was Hei Yuan tat, wenn er von der Arbeit nachhause kam, den Einschaltknopf des Radios auf AN zu drehen. Dann rauchte er, trank Tee und hörte manchmal Nachrichten und manchmal Musik. Es war ja einerlei, wir beide hatten untereinander sowieso nichts zu reden. Das allabendlich im Radio übertragene Hörspiel änderte auch die schlechten Gewohnheiten der Kinder, die sich immer vor dem Zubettgehen zeigten. Im Hörspiel gab es nur zwei Sprecher, eine weibliche und eine männliche Stimme. Sie übernahmen, getrennt nach dem Geschlecht der Figuren, sämtliche Rollen. Diese Geschichte, die sich ununterbrochen fortsetzte, und in der täglich an die Folge vom Vortag angeknüpft wurde, hörten nicht nur wir Erwachsenen gerne. Unsere Kinder hatte beim Zuhören auch die Sucht danach gepackt. Sogar Ajuan schien die Handlung zu verstehen. Sie fesselte sie so dermaßen, dass sie ganz still dalag und zuhörte, welch Betrübnisse und welch Freuden da aus dem schwarzen Kasten ertönten.

Allmorgentlich opferte ich dem Buddha frisches Wasser und brannte drei Räucherkerzen für den Buddha ab. Um die Räucherkerzen in den Räuchertopf zu stecken, musste ich mich auf die Zehenspitzen stellen, weil unser Hausaltar weit oben an der Wand angebracht war. Es sparte nicht nur Platz, man konnte auch auf dem Boden unterhalb des Hausaltars noch Sachen abstellen. Unser Haus war hufeisenförmig. Wenn man zur Tür hereintrat, war rechterhand ein Fenster, und in der Mitte genau davor waren nebeneinander zwei Zimmer. Das linke Zimmer war das kleinere, in dem man Sachen, die man vorübergehend nicht benötigte, abstellen konnte. Wenn ich sauber machte, begann ich in der Regel mit dem Aufräumen des linken Zimmers. In einer Abstellkammer gibt es häufig Käfer und Würmer, die sich dort verstecken. Am meisten fürchte ich die Kakerlaken. Besonders wenn sie ihre dünnen, braunen Flügel ausbreiteten und direkt auf mich zuflogen, als wollten sie mir zu Leibe rücken und dann immer hinter mir herflogen. Ich machte die Hausarbeit und kochte täglich drei Mahlzeiten. Jeder Tag verging so, und ein Tag auf den anderen folgte. Auch wenn das Leben zuweilen seine Wellen schlug, auch wenn es hin und wieder stürmisch zuging, kamen wir insgesamt ganz gut zurecht. Die Nachrichten, die ich im Radio hörte, handelten immer von schwer vorstellbaren Sachen, auch dass überhaupt aus dem darüber Radio berichtet wurde. Der Nachrichtensprecher berichtete immer, wann es wo Krieg gab, wann wo wie viele Flugzeuge erbeutet worden waren, wo wie viele Menschen gestorben waren. Was das Ausland war, wie es dort aussah und was dort für Menschen wohnten, konnte ich mir nicht annähernd vorstellen. Aber als ich erfuhr, dass es in Taipeh Luftangriffe gab, wurde mir angst und bange. Ich war zwar niemals in Taipeh gewesen. Ich hatte aber gehört, dass man, um dort hin zu kommen, einen ganzen Tag lang benötigte, dass man auf der Fahrt mehrere Mal umsteigen musste. Gerade als ich mich richtig in Hamasen eingelebt hatte und mich dort sicher fühlte, wollte Hei Yuan, dass wir, um beschützt vor den Luftangriffen zu sein, die Stadt verlassen und zurück nach Penghu in unsere alte Heimat gehen sollten. Männer, die raus unter die Menschen kamen und draußen arbeiten gingen, brachten viel einfacher in Erfahrung, was los war und wie man reagieren musste. Hei Yuan hatte bestimmt nicht nur das Gras wachsen gehört, dass er so darauf drang zurückzugehen. Man sollte jetzt, wo der Schiffsverkehr zwischen Hamasen und Penghu noch voll im Gang war, die Chance ergreifen, sagte er mir. Denn der Krieg würde sich rasant verändern, die Gefechtshandlungen explodieren und täglich bestünde die Gefahr, dass man aus Hamasen nicht mehr hinauskäme. Meine große Schwägerin und meine zweite Schwägerin waren fein heraus. Sie wohnten auf dem Land, vor den Toren Hamasens. Wenn es kritisch wurde, konnten sie in kurzer Zeit weiter raus aufs Land in eine sicherere Gegend ausweichen und sich dort verbergen … Bomber schossen auf die Städte, bombardierten die Häfen. Sie warfen ihre Bomben nicht über den Reisfeldern oder Holzbrücken ab.

Frau Mutter konnte sich jetzt ja freuen … Ursprünglich wollten der Herr große Bruder und die Frau große Schwester auch weiter hinein in die Stadt Hamasen ziehen. Aber weil man sich evakuieren musste, um der Katastrophe zu entgehen, kehrten dann doch alle vorübergehend nach Huazhai zurück. Das große Haus von Frau Mutter wurde jetzt von noch mehr Menschen genutzt. Obwohl der Herr Vater schon seit ein paar Jahren verstorben und seine Seele in den Himmel zurückgekehrt war, lebte Frau Mutter nicht gänzlich allein. Abgesehen von den alten Verwandten und Nachbarn, die sich gegenseitig bei allem unterstützten und aufeinander aufpassten, waren auch die großen Schwestern und Brüder laufend zwischen Hamasen und Huazhai unterwegs. Nur in letzter Zeit kam eben viel häufiger Besuch vorbei, und deshalb war zuhause auch ziemlich viel los. Weil meine Mutter und mein Vater schon sehr früh gestorben waren, stand unser altes Haus schon lange leer. Unsere Nachbarn halfen uns beim Saubermachen. Deswegen konnten wir schon ganz schnell wieder drinnen wohnen. Hier wurde ich an so vieles erinnert. Sowie ich den Fuß über die Schwelle setzte, kamen alle Kümmernisse und Freuden wieder hoch, die in den Tiefen meines Herzens begraben gewesen waren. Hei Yuan, mein zweitältester Bruder und Hei Ding reparierten mit Kuhfladen-Ditten die ausgewaschenen Stellen und Löcher in der Natursteinwand. Auf dem Feld am Hang, das Mutter und ich immer zusammen bestellt hatten, wuchs dichtes Unkraut. Die Bucht mit unserem kleinen Naturhafen hatte sich nicht verändert, nur dass sie nun verlassen lag und der Hafenbetrieb stagnierte. Die alte Gangway aus Holzlatten war an manchen Stellen eingedrückt und die rausgefallenen Latten hatte niemand ersetzt. Vielleicht, weil Herrn Vaters große Dschunke niemand gekauft und übernommen hatte, hatte sich dann niemand mehr darum gekümmert; weil die Blütezeit der Fischerei und des Fischverkaufs längst vorüber war. Nur die Blüte der Kokardenblumen hatte sich gehalten. Sie blühten und wogten auf den Wiesen wie eh und je. Sie hatten nichts von ihrem unerschütterlichen Lebensmut eingebüßt. Die kleinen Sonnen kreiselten am Huazhaier Himmel.

Aber ohne dich, Hei De! Hei De, ohne dich ist Huazhai nicht vollständig! Bei diesem enormen Wandel, der in den letzten zwanzig Jahren stattgefunden hatte, brachte keiner mehr den Mut auf, sich genau zu erinnern. Aber wer hielte es ohne die Erinnerung aus? Wer kann mit der Leere leben, die das Vermeiden der Erinnerung verursacht? Ich ging immer noch jeden Tag im Sonnenuntergang die Meeresblickgasse Wanghaixiang hinab zum großen Strand. Ich spazierte immer, wenn Ebbe war und das Wasser zurückwich, im seichten Wasser durch den feinen Sand, damit die Wellen dieses dümmlich, dämliche Geknabbere an meinen Fußsohlen machten. Als böiger Wind aufkam, musste ich meinen Mantel ganz schön festhalten. Ich drehte mich vorsichtig um. Hei De, ich schaute zu dem großen Felsen rüber, schaute, ob du nicht doch noch mal hinter dem Felsen hervorkämest. Auf dem Wasser trieb kein schwarzer Tungölschirm von mir. Da war

271

nur der Wind, der die Wellen über das Wasser jagte. Der glatzköpfige Onkel sagte, dass er nicht glaubte, was die Japaner sagten, von wegen, die Dörfler wären unter Einsatz ihres Lebens damit beschäftigt, Luftschutzbunker zu bauen. „Wozu braucht man zum Bau von Luftschutzbunkern bitteschön eine Eisenbahntrasse?" Deswegen bezweifelte der glatzköpfige Onkel, was die Japaner uns glauben machen wollten. Dazu kam, dass die Luftschutzbunker alle bei der Mandarinentengrotte errichtet werden sollten. Wozu sollte das gut sein? „Das glaubt ihnen nicht mal ein Dreijähriger", kritisierte der glatzköpfige Onkel weiter, „mit Ausnahme von den Alten und Kleinkindern ist das ganze Dorf angetreten, um das Loch in dem Berg auszuheben."
Als er das sagte, musste ich an meine Mutter denken, wie wir beide, als in noch klein war, das Feld am Hang in den Bergen mit Süßkartoffeln bestellten. Obwohl es damals ein klitzekleines Feld war, waren wir damit über alle Maßen mit Arbeit eingedeckt gewesen. Und jetzt mussten wir Höhlen im Berg ausheben, und dazu noch mit einem Mal ganz viele. Wir mussten nicht nur in den Bergen graben. Wir wurden sogar angetrieben, dass wir schneller graben sollten! Wie sollte man die Axt in der Hand schwingen und dabei an Tempo zulegen? Die ausgehobene Erde mussten unsere Dörfler auch noch Korbschütte um Korbschütte an der Tragstange zu einer weit entfernten Wiese bringen und dort ausschütten. Sie bildeten lange Ketten, in denen sie Korbladung um Korbladung weiterreichten. Die Arbeit war unfassbar hart, oft gab es Verletzte, aber keiner wagte, sich dagegen zu wehren. Weil die Arbeitskräfte nicht ausreichten, rekrutierten die Japaner zusätzliche Arbeiter von den benachbarten kleinen Inseln. Allen blieb nichts anderes übrig, als die eigene Arbeit niederzulegen und erst einmal die Höhlen in den Berg zu graben und dort einen Bretterzaun zu ziehen. Das war, was alle, sowie sie beim ersten Morgengrauen die Augen aufschlugen, machen mussten. Zuerst wurde ich dazu eingeteilt, Essen zu kochen. In der glühenden Mittagshitze in der prallen Sonne zwanzig Leuten ihr Essen zu kochen, war eine schreckliche Qual. Allein schon Feuer machen war, als trüge man einen Kanonenofen huckepack. Zusammen mit der senkrecht vom Himmel herabscheinenden Sonne, die eine sengende Hitze verbreitete, war es noch schlimmer. Der Schweiß war schnell zuende geschwitzt, aber keiner getraute sich, vom Wasser, das zum Essenkochen bereitstand, heimlich einen Schluck zu nehmen. Als ich an die Reihe kam, die Hacke zu schultern, um an der Erdhöhle zu graben, sah ich, dass die Japaner in der Höhle Stromkabel verlegten. In einigen Höhlen gab es sogar

Lehmtreppen, die ein Stockwerk nach oben führten. Dann gab es noch eine große Höhle, in der gerade jemand dabei war, eine Riesenmaschine zu installieren. Ich verstand von alldem, von diesen Arbeiten und Maschinen, gar nichts, und ich wusste nicht, wozu sie gut sein sollten. Die Japaner johlten, von wegen, uns wäre nicht erlaubt da hin zu schauen. Viel später erst, hörte ich jemanden erzählen, dass die Schienen, die aus den Höhlen herauskamen und direkt bis zum Wasser führten, dafür dagewesen waren, Schnellboote zu transportieren. Wenn das Schnellboot seinen Auftrag erledigt hätte, wäre es ja, wenn es sich nicht hätte verstecken können, sofort und ganz einfach von den Jagdfliegern abgeschossen worden. Über die Schienen abtransportiert und in den Höhlen im Berg versteckt, wären vom Himmel aus betrachtet nur ein paar gewöhnliche Hügel zu sehen gewesen. Niemand hätte dann auf die Idee kommen können, darinnen Schnellboote zu vermuten. Da hatten die Japaner doch tatsächlich auf den Pescadoren, auf unserer kleinen Inselgruppe Wangan eine Basis ihrer Stoßtruppe errichtet. Die Höhle, an der ich mitgegraben hatte, war als Schlafraum, Kommandozentrale und Bereitschaftskommando vorgesehen gewesen. Später erst erfuhren wir, dass unsere Arbeit völlig umsonst gewesen war. Denn bevor diese Schnellbootbasis in Betrieb genommen werden konnte, war der Krieg schon zu Ende gewesen. Kurz nachdem wir nach Hamasen zurückgekehrt waren, erfuhren wir, dass Taiwan nun heim ins Reich zurückgewonnen wäre, und dass die Japaner Taiwan verlassen mussten.

YUYING

Indem man die Fensterscheibe nach oben schob, konnte man das Fenster öffnen. Wenn Wind aufkam und zu arg wehte, zerzauste mein Haar. Wenn man das Hochschiebefenster schloss, kam so gut wie gar keine Luft mehr ins Abteil herein. Es wurde dann so stickig, dass man ganz wirr im Kopf davon wurde. Wenn man es nur bis zur Mitte aufschob oder nur einen Spaltbreit, war das jedoch nicht einfach. Die zwei Führungen zur Rechten und zur Linken der Scheiben waren ziemlich schlecht gezimmert, so dass die Scheibe immer wieder hakte, und man sie nur stockend, sehr schwer hochschieben konnte. Ich war allein im Zug unterwegs. Und ich war ziemlich panisch. Abgesehen von dem, was äußerlich von mir zu sehen war, meine Arme, meine Beine, mein Körper, woran ich erkannte, dass ich es sein musste, war niemand da. Yuying, Jadeblüte war nicht anwesend!

Ich spürte mich nicht mehr. Es war alles zu plötzlich gewesen. Nichts stimmte mehr, meine Fassung hatte ich gänzlich verloren. Mein Leben war aus den Fugen. Es war gerade mal anderthalb Tage her, dass ich, als ich, derweil ich auf das Automobil wartete, das das Qirui-Handelhaus schickte und das mich abholen sollte, vorm Spiegel meiner Frisierkommode saß und mir die Haare kämmte, ich etwas völlig Unerwartetes hörte. Yayun kam die Treppe heraufgerannt und rief: „Jadeblüte, Fräulein Yuying! Sie müssen Taipeh verlassen! Je früher und je schneller Sie es tun, umso besser!" Yayun hatte noch niemals so ernst und so streng mit mir gesprochen. Mit einer Bestimmtheit, die keinen Zweifel zuließ. Im Klartext hieß es, dass sie es mir befahl! Ihr Gesichtsausdruck und der Ton, in dem sie mit mir sprach, gaben mir einen deutlichen Wink, dass ich keine Wahl hatte, ihrem Befehl nicht Folge zu leisten. Ich war wie vom Schlag gerührt, und noch bevor ich mich sammeln konnte, sagte sie weiter zu mir: „Herr Liu Cai befürchtet, dass Ihnen etwas zustoßen könnte. Deswegen will er, dass sie schnellstens Taipeh verlassen!" - „Alang? Ich soll Taipeh verlassen? Warum soll ich hier fort? Wo soll ich denn hin?" - „Herr Liu Cai hat mir nicht aufgetragen, wohin Sie sollen. Ich denke aber, dass es am Passendsten ist, wenn Sie nach Tainan fahren, um dort Ihre Schwestern zu besuchen. Und noch eins, ich werde schnellstens die Sachen unter Ihrem Bett wegräumen. Heute Abend komme ich nicht hierher zurück. Ich schlafe woanders. Morgen werde ich die Zugfahrkarte kaufen. Dann werde ich bei Herrn Liu Cai vorbeigehen, ihm ausrichten, dass Sie etwas Dringendes vorhaben, und dass Sie ihm nicht persönlich Auf Wiedersehen sagen können. Packen Sie simpel ganz wenige Sachen ein. Übermorgen nehmen Sie den Frühzug!" Sowie sie sich umwandte, war die gerade gekommene Yayun auch schon wieder fort. Sie ließ mich aufgeschreckt zurück.

Ich konnte mir darauf keinen Reim machen und sah keinen Grund dafür. Ich begab mich auf die Reise nach Tainan.

Alang, es waren gerade mal zehn Tage her, dass du mich besuchen gekommen warst. Vor nur kurzen zehn Tagen, als du so abgespannt ausgesehen hattest. Die breite Krempe deines anthrazitfarbenen Hutes war an einer Stelle eingedrückt. Dein Hemd nicht mehr frischgebügelt und deine Schuhe waren verstaubt und voller Erde. „Alang, geht es dir gut?", fragte ich besorgt. „Mir geht es sehr gut, Ich bin nur etwas müde. Und dir? Bist du nochmal bei deinen leiblichen Eltern gewesen?" Ich zögerte einen Moment, bevor ich den Mut aufbrachte, dir zu sagen, wie ich mich fühlte, wenn ich an meine Eltern dachte. Ich erzählte dir, dass ich sie lästig fand, eine Last, die ich nur allzu gern los gewesen wäre. Ich erzählte dir auch, dass ich eigentlich gar nicht gern aufs Land fuhr, um sie zu besuchen. Ich fand nicht nur die Reise beschwerlich. Ich hatte jedes Mal das Bedürfnis, einmal angekommen, gleich wieder zurückzufahren. Weil das, was unter uns gesagt werden musste, wir nur immer und immer wiederholten. Denn wir hatten einander nichts zu sagen. Es war gegenseitige Zeitverschwendung, mehr nicht. „Alang, bin ich lieblos und ungerecht? Alang, bin ich ein herzloser Mensch?" Du dachtest einen Augenblick nach, bevor du erwidertest, dass du fändest, dass Lieblosigkeit und Ungerechtigkeit nur daher kämen, dass diese zwei neuen Menschen für mich ungewohnt wären. „Es ist ungewohnt für dich, Menschen, die in deinem Leben nie präsent waren, plötzlich so zu behandeln, als hätten sie einen wichtigen Stellenwert für dich. Dir geht es nicht alleine so. Sowas ist nicht zu schaffen. Aber genau, weil du eben liebevoll bist, weil du ein Gerechtigkeitsempfinden besitzt, hast du ihre Armut geschultert. Jetzt hast du nur Pflichten, aber die Vertrautheit und Zuneigung fehlt. Solch einen Weg zu gehen, ist beschwerlich. Wie soll man auch das Fehlen von zwanzig Jahren Beziehung zu den Eltern nachträglich auffüllen? Nun bist du gerade dabei, sie finanziell zu unterstützen. Immerhin hast du schon mal geschafft, das du in dieser Situation angekommen bist und damit auch nicht aufhörst." Alang, das war das letzte Mal, dass ich dich sah. Ich erwähnte auch gar nicht, dass ich Taipeh verlassen musste. Schemenhaft spürte ich, dass etwas seltsam war. Ich spürte an deinem Nervenkostüm, an deinem Aufzug, dass mit dir etwas nicht stimmte. Aber ich getraute mich nicht, dich direkt zu fragen. Ich dachte mir nämlich, dass ich so der Übellaunigkeit und negativen Überraschungen ausweichen könnte. Die negativen Überraschungen hatten mich übermannt, sie hatten mich zu ihrem Sklaven gemacht. Nun war ich unterwegs, auf dem Weg in die Zukunft, aber ich hatte nicht die geringste Vorstellung, wie sie aussah.

Als ich Ajiu und die andern wiedersah, war ich bis zum Umfallen müde und hatte solchen Hunger, dass er mir fast das Bewusstsein raubte. Sie dagegen waren so aufgeregt und fröhlich, wie sie es sonst nur zu Neujahr waren. „Wie toll das ist! Jetzt können wie wieder zusammen auftreten", sagte Ajiu. „In Tainan gibt es viele Gebildete. Mir scheint, dass du Gedichte bis zum Umfallen schreiben wirst!", meinte Yinxia, „denn es lebt sich hier unkompliziert, wenn man macht, wovon man etwas versteht." - „Ich habe Taipeh überstürzt verlassen. Außer meinem Bargeld und meinem Schmuck und dem Haustürschlüssel habe ich eigentlich gar nichts mitgenommen." - „Das ist doch gerade gut!" sagten die Schwestern wie aus einem Munde, „so erst haben wir richtig Chancen, zusammen einkaufen zu gehen!" Es vergingen keine zwei Wochen, und ich hatte wieder alles beisammen. Angefangen von meiner Unterwäsche, den Unterkleidern, meinen Kleidern und Mänteln, vom Augenbrauenstift bis zum Rouge, meiner Hautcreme und dem Make-up Puder hatte ich wieder alles parat. Hier herrschte wirklich ein tolles Klima. Es war viel los, aber trotzdem blieb alles beschaulich. Ich hatte meine Sorgen und meine Einsamkeit aus Taipeh fast vergessen. Alang, du lagst mir immer noch wie ein dicker Fels auf der Seele, der mich hinabdrückte und der ein gigantisches Gewicht besaß. Die Bauern-Vereinigung und der gesamtchinesische Künstler-im-Widerstand-Verband, auch die unter meinem Bett versteckten Pistolen und die dort gelagerte Munition, schienen wohl nur im Film vorgekommen zu sein. Sie waren einerseits wahrhaftig und wirklich, andererseits fehlte ihnen jegliche Spur von Wahrheit. Mutter telefonierte mit mir und sagte, dass ich ja wohl an Lepra erkrankt sein müsste. Wie käme es sonst, dass sie mich nach Taizhong hätte schicken wollen, aber alles Drängen nicht geholfen hätte, und ich nun in einer Nacht und Nebel Aktion ganz allein nach Tainan abgedampft wäre. Ich antwortete ziemlich zerfahren irgendetwas, das sie sowieso nicht glaubte. Außerdem ließ ich sie diesem Qiangzi ausrichten, er möge meinen leiblichen Eltern sagen, dass ich eine Zeitlang in Tainan bleiben würde.

Ein Sonnenbad in der Wintersonne Tainans zu nehmen, war ein angenehm wohliges Gefühl. Ich lief im Sonnenschein spazieren und schaute mir alles an. Ich trug lediglich ein Wollhemd, aber mir war überhaupt nicht kalt. In diesem Viertel gab es fast nur zeitgenössische Bauten. Schade war, dass bei vielen Häusern die Türgitter und Haustüren rostig waren. Dicke, große Äste ragten über die Mauern der Gehöfte hinaus in die Gänge hinein. Keiner sägte sie ab. Yinxia und die anderen standen immer spät auf. Sie waren gerade dabei, sich zurechtzumachen. Das schöne Wetter brachte jeden Teil unseres Körpers, alle Muskeln und Knochen, in Bewegung. „Ich werde jetzt ausgehen! Zu Mittag esse ich im Hayashi Department Store. Ihr könnt ja dazukommen." Mehr sagte ich nicht und ging sofort los. Das fünf-stöckige Warenhaus befand sich an einer Sann-kak-thang Ecke, so einer dreieckigen Ecke, an der zwei Straßen aufeinandertreffen und man besonders viele Schaufenster haben kann. Zu beiden Seiten des Haupteingangs vom Hayashi Warenhaus standen riesige Bäume. Die Strommasten waren noch höher als die Bäume. Wir wohnten nicht weit entfernt davon. Man brauchte bloß zwei Straßen runterlaufen, dann noch eine Kurve entlanggehen und schon war man da. Wenn man das Geschäft betrat, empfand man den Ort, weil die Decken so hoch waren, als ungemein weitläufig. Es war so angenehm, darin umherzugehen. Die vielen verschiedenfarbigen Waren hielten die Augen der Leute auf Trab. Man ging an Vitrinen vorbei, die wunder-hübsch geschmückt waren, und in denen die ansprechendsten Dinge ausgelegt waren. Dabei konnte man mit dem Aufzug direkt überall hinfahren. Ich hatte vor, vom obersten Stockwerk runter zu fahren, und mir dann Stockwerk für Stockwerk alles genau anzuschauen. Als es Mittagszeit war, konnte ich dann noch einmal Fahrstuhl fah-ren, bis in das Dachgeschoss. Ich liebte dieses Gefühl, wenn der Auf-zug anzog und vom Boden abhob. Am besten wäre gewesen, hätte ich in dem Aufzugkorb drinnen bleiben und immer nur rauf und runter fahren können, den ganzen Tag lang. Spielsachen, Kleidung, Schreib-waren, Spirituosen und Tabakwaren, Uhren, Geschirr, Betten und Kleiderschränke … Der fünfstöckige Hayashi Department Store war nicht weit entfernt von der Vielfalt und dem Reichtum des Angebots des Siebten Himmels in Taipeh. Der einzige Unterschied war, dass die Importware im Siebten Himmel von Taipeh etwas reichhaltiger zu sein schien. Sorglos und entspannt schaute ich links und rechts. Dabei war ich von einer gelben Teekanne, die neben zwei Vitrinen anzuschauen war, gefangen genommen. Ich ging hin und nahm die Kanne in die Hand. Ich betrachtete sie ganz genau. Der Bauch der Kanne war rund und groß, ihre geschwungene Tülle ragte weit nach oben. Auf dem gänsekükenflaumfarbenen Untergrund waren wei-ße Blüten, grüne Blätter, braune Zweige und dazu zwei darüber flat-ternde Schmetterlinge, einer in Blau, einer in Rot, gemalt. Ich hielt die Teekanne mit beiden Händen vor mich, drehte sie, betrachtete sie wieder und wieder. Ich war so verliebt in sie, dass ich sie gar nicht absetzen mochte. Wenn du das nächste Mal bei mir vorbeikommst, können wir darin unseren Tee aufbrühen, Alang.

Als mir dieser Gedanke kam, wurde mir im gleichen Moment voll Erstaunen bewusst, dass ich ja gar nicht mehr in Taipeh war, und dass ich dich, Alang, bereits ein halbes Jahr lang nicht mehr zu Gesicht bekommen hatte. Bevor ich so überstürzt abgereist war, hatte Yayun mir nur gesagt, dass sie dir meine Adresse in Tainan übermitteln würde. Und dass du, sobald Gelegenheit bestünde, mich in Tainan besuchen würdest. Es waren einige Monate vergangen. Nichts war passiert. Im nächsten Moment war ich gefangen in meiner ständigen Traurigkeit, meinen Sorgen und Ängsten, die sich nun wieder meines Herzens bemächtigten. Ich bezahlte. Ich bestieg mit der fertig verpackten Teekanne, die ich in einer Warenhauspapiertasche trug, den Fahrstuhl und fuhr damit in den obersten Stock. Ich suchte mir einen Sitzplatz und setzte mich. Oh, wie furchtbar traurig ich war! Mir ging es miserabel, als ich mir einen Teller mit Sushis, dazu Miso Shiru, diese Misosuppe mit Tofu, Nori und Blattgemüse, bestellte. Nebenan am Tisch saß eine junge Dame, die ihre zwei Sprösslinge, einen Jungen und ein Mädchen, mitgebracht hatte. Das Töchterchen war noch sehr klein, so dass die Mutter es füttern musste. Der Junge war putzmunter und verspielt. Er rannte überall hin und her. Die junge Mutter konnte ihre Tochter jedoch nicht allein lassen. Doch ihren Jungen zur Räson rufen, er solle sich ordentlich still hinsetzen, das konnte sie. Aber es musste mit gedämpfter Stimme geschehen, denn die anderen Gäste durften ja nicht gestört werden. Plötzlich gab es einen Rumms. Der Junge war gegen meinen Tisch gerannt und die neu gekaufte Teekanne war zu Boden gefallen. Sie war zerbrochen. Ich stand auf. Die junge Dame stand ebenfalls auf. Die anderen Gäste, die hier ihr Essen einnahmen, erhoben sich ebenfalls alle. Alle schauten zu mir. Die Dame rügte ihren Jungen, der so erschrocken war, dass er sich keinen Deut mehr zu rühren getraute. Sie verbeugte sich immer wieder in meine Richtung , um sich zu entschuldigen. Und sie betonte, dass sie mir die Teekanne in jedem Fall ersetzen werde. Der Ober räumte die Scherben fort. Ich konnte mich um mein Essen, das ich noch nicht hatte aufessen können, nicht mehr kümmern und half der Dame, ihre Kinder fertig zu machen. Zusammen fuhren wir stockabwärts und brachten gemeinsam in Erfahrung, wie der Preis für die Teekanne war. Sie hatte nicht so viel Bargeld bei sich und bestand darauf, dass ich mit zu ihr nachhause kam. So kam es, dass ich A-tin kennenlernte.

Das Haus, in dem sie wohnte, war riesengroß. Draußen an der Mauer, die das Anwesen umgab, prangten in langer Reihe viele Porzellanmalereien mit Motiven der Landschaftsmalerei. Das Haupttor ragte weit in die Höh. Die Couplets zu beiden Seiten des Tors waren rot mit goldenen Schriftzeichen. Ein wirklich imponierendes Anwesen einer bedeutenden Familie, die hier standesgemäß ihren Anspruch herzeigte. Sowie ich die hohe Türschwelle überschritten hatte, fand ich mich in einem Garten mit Bäumen, die bis in den Himmel hineinragten, wieder. Die schmalen Wege in dem Garten waren vollgestellt mit großen und kleinen Topfpflanzen. Chrysanthemen, Azaleen, Rhododendren und Kamelien standen in voller Blüte. Und es gab auch eine winzige Mangrove, ein knorriger kleiner Bonsai, in einem Porzellantopf. Zu beiden Seiten des Gartens waren Wege angelegt, von denen aus man in die Zimmer gelangte, gut versteckt im Schatten unter den breiten Traufen. A-tin hatte das Töchterchen auf dem Arm und ihren Sohn an der Hand. Sie führte mich über eine kleine Bogenbrücke, von wo aus wir an die Innenseite des Hausflügels mit den Zimmern kamen. Bitte setze dich zuerst. Ich gehe ins Haus und hole das Geld. Eine Magd im mittleren Alter nahm ihr die beiden Kinder ab, worauf A-tin in ein anderes Zimmer verschwand. Der Empfangssalon war eine schlichte Wohndiele. Das schräg in die Diele einfallende Sonnenlicht warf Schattenreflexe von den geschnitzten Holzgittern vor den Fenstern auf den Boden. Das Sofa trug ein Karomuster. Die totenstille, pieksaubere große Diele veränderte sich fortwährend durch die sich hüpfend bewegenden Schatten der Bäume. Sie wirkte dadurch frischer und lebendiger. An der linken Seite der Diele stand ein glänzendes, schwarzes Klavier. Am Fuß des Klaviers lehnte ein Violinkasten. Im Kasten müsste eine Violine sein, dachte ich. An der Wand auf der anderen Seite der Diele hingen zwei breite, lange Rollbilder. Auf den ihnen waren in wilder Grasschrift mit dem Pinsel eigenwillige Schriftzeichen in fliegendem Tanz aufgemalt. Das war ein gigantischer Unterschied zu den westlichen Musikinstrumenten auf der anderen Seite der Diele. Die Diele stellte die Klassik im neuen Stil und die Hemmungslosigkeit der eigenen Tradition nebeneinander zur Schau. Was mochten das wohl für Menschen sein, die solche Vorstellungen hatten? Ich war absolut neugierig auf den Hausherrn dieses Anwesens.

A-tin trat aus dem Haus heraus, gab mir das Geld zurück und entschuldigte sich noch einmal bei mir. Vielleicht besteht ja unser Leben aus merkwürdigen Schicksalsfügungen. Die Ursache hatte die Teekanne gesetzt, so dass ich ohne jede Absicht A-tin kennenlernte.

Diese Ursache besaß eine solch entscheidende Wirkung, dass ich A-tin schon beim ersten Anblick als meine schicksalhafte Begegnung erkannte. Sie war von zerbrechlicher Schönheit. A-tin hatte äußerst feine Augenbrauen, eine genauso zierliche Nase und haarfeine, zarte Finger. Sogar ihre Stimme besaß einen hohen, piepsigen Klang. Nachdem wir uns so kennengelernt hatten, lud sie mich häufig zu sich nachhause zum Plaudern ein. Sie sagte immer, ich könnte ihr doch Gesellschaft leisten. Es war nämlich so, dass A-tins Eltern und die Eltern ihres Gatten zu den einflussreichen Familien Tainans gehörten. Die Großväter und Väter beider waren gute Geschäftsfreunde. Von klein auf, noch bevor sie geboren war, war sie verlobt und dem Sohn der befreundeten Familie als Frau versprochen worden und hatte vor fünf Jahren geheiratet, worauf sie in das Familienanwesen ihres Mannes eingezogen war. Aber mit ihrem Gatten verband sie wenig. Sie waren selten zusammen und verstanden sich untereinander nicht sonderlich gut. Mit der Zeit wusste ich, dass in den anderen Zimmern der Seitenhäuser noch ihre Schwiegereltern wohnten und die Großmutter, die einen schwarzen Dutt frisiert trug und Lotusfüße, diese eingebundenen Füße, hatte. Außerdem wohnte noch ein großer und ein kleiner Schwager und dessen Ehefrau in den Zimmern. „Alle in unserer Familie sind gut zu mir. Es ist eben nur, dass mein Gatte immer so selten zuhause ist", erzählte mir A-tin einmal mit traurigem Gesicht.

PINGGU

Das hier war ein befremdliches Gewässer. Mitten aus dem Meer ragte steil eine Felswand in die Höhe. Kein Halm wuchs darauf und sie erstreckte sich über eine Länge von ein paar Kilometern. Sie war wie ein gigantischer Steinparavent. Am meisten furchteinflößend für die Seefahrer waren jedoch die unzähligen, mit den Spitzen aus dem Wasser herausragenden Steine längs der Felswand. Wenn es sich nur um die aus dem Wasser herausragenden Spitzen gehandelt hätte, hätte man geschafft, ihnen auszuweichen, sofern es gutes Wetter gewesen wäre und kein Taifun gewütet hätte. Wenn die Sicht nicht gut und dichter Nebel gewesen wäre, der alles verdeckt hätte, wäre es dem Schiff, sowie es mit einer der Felsspitzen zusammengestoßen wäre, ergangen wie einem von einer Harpune getroffen Fisch. Dem Schicksal machtlos ausgeliefert hätte alles Kämpfen nichts mehr genützt. Man wäre dem Tode nicht entkommen. Wenn die über die Wasseroberfläche herausragenden Felsspitzen aber nur die Spitzen von gigantischen Felsen unter der Wasseroberfläche waren, wäre das Schiff, noch bevor es die Felsspitze erreicht hätte, längst auf Grund gelaufen. So eine Art von auf Grund laufen machte jeden absolut wütend, weil man Grund und Ursache ja gar nicht sehen konnte. Wie sollten wir denn wissen, wie hoch und wie groß so ein Felsen da unter Wasser war, der nur darauf wartete, dass wir ihm ins Netz gingen? Bis wir begriffen, denn wir nahmen an, die See wäre ruhig, weil wir an der Wasseroberfläche nichts sehen konnten, dass in Wirklichkeit die grimmig grausigen Felsen uns Unterwasser auflauerten und bewirkten, dass wir auf Grund liefen, war es längst viel, viel zu spät. Allerdings muss gesagt werden, dass wir uns auf dieser Wasserstraße gut auskannten. Noch von Weitem konnten wir vor uns einen schwarzen Berg sehen. Der Wipfel des Berges war in dunkle Wolken gehüllt, die, wie von Teufelshand bewegt, dort hin- und herschwankten, aber über das ganze Jahr niemals abzogen. Wenn die Schiffsflotte nur schnurgerade auf den schwarzen Berg zuhielt und dann, sobald sie den schwarzen Berg erreicht hatte, schön parallel des Berges aufgefächert vorbeifuhr, war es in jedem Fall so, dass wir den unter Wasser lauernden Felsen ausweichen konnten. Es war hier zwar gefährlich, aber immerhin ein Seegebiet, in dem ein Schiff auch mal sicher eine Pause einlegen konnte. Die sieben kleinen Bergwände, die aus dem Meer aufragten, waren obenauf von üppigem Grün bewachsen. Auf den Bergen war es ebenerdig und überall saftig grün. Bei den höheren dieser sieben Berge, gab es einen Wasserfall, der sich in einen, man erahnte ihn kaum, so versteckt war er, von Menschen unberührten, gigantisch großen See ergoss. Das Wasser des Wasserfalls fiel ohne Pause. Soviel Süßwasser man haben wollte, so viel konnte man sich hier nehmen. Natürlich war das für die Seeleute eine Nachricht von ungeheurem Wert. Gemäß der Richtung, aus der der Wind blies, und der Stärke des Windes konnte ein Schiff die Bergwand als Schutzschirm benutzen, dorthin fahren, wo es in geschützter Lage war und da dann den Anker werfen, eine Pause einlegen und Süßwasser holen. Wir hatten vor, es dieses Mal wieder so zu machen. Es war uns dabei noch niemals etwas zugestoßen.

Vielleicht hatten die schwarzen Wolken um den Gipfel des schwarzen Berges den Wind erzürnt und so aufheulen lassen, dass sie rittlings dem Wind aufsaßen und geradewegs auf uns zugestürmt kamen. Du sagtest, du wärst vom dauernden Gegenwind so müde geworden, dass du ihm nicht mehr die Stirn bieten wolltest. „Lass uns unser Glück versuchen und an der Bergwand in Deckung gehen", war mein Ratschlag. Du ließest die Flagge zum Halten hissen und gabst deiner kleinen Mannschaft Anweisung zum Anlegen. Vier Stunden später war der Wind noch stärker als vorher.

Auch die Gezeitenströmung suchte ihresgleichen. Sie war unvergleichlich mächtig geworden. Seit altersher gilt bei den Seefahrern, dass sie mit dem ständigen Wechselspiel zwischen Himmel und Erde klarkommen müssen, sich niemals an einem Ort niederlassen können und wie die Nomaden immer nur weiterziehen müssen. „Wenn dieses unverrückbare, himmlische Prinzip sich in deinem Leben bewahrheitet, musst du gewappnet sein und das Steuer umlegen." - „Guo Ming, ich begreife nicht, was du mir damit sagen willst! Wie kommt es, dass ich, kaum dass ich vom Deck hinunter in deine Kajüte hereinkomme, ich die Tür noch nicht halb geöffnet habe und schon deine Beschwerden höre?" - „Du kommst ja nicht mal zur Tür herein, stehst da und verstopfst den Eingang. Auf deinem Gesicht zeigen sich deutlich deine Beklemmungen und die Panik, die du verspürst." Sowie du zuende gesprochen hattest, hörten wir unsere Mannschaft oben über uns an Deck wild losrennen. Sie jolten und schrien. Es machte mir unsäglich, schwer zu benennende Angst. Dayuan, der auf dem Boden gelegen hatte, sprang hoch und spitzte die Ohren.

Als wir in Windeseile an Deck kamen, waren unsere Jungs längst in Gefechtsstellung gegangen. Hatte ich unter Deck und im Maschinenraum wirklich so lange Zeit verbracht? Wie hatte ich nicht die Spur bemerken können, dass uns ein ausländischer Dreimaster mit bösen Absichten immer näher gekommen war? Dieser Ausnahmeumstand machte mich handlungsunfähig. Ich war in der Tat hilflos. „Abgesehen von der Regierungsdschunke, hast du einen ausländischen Dreimaster gesehen, sonst nichts, Pinggu, richtig?" Backbord konnte man in großer Entfernung verstreut ein paar Schiffe mit fremder Beflaggung schaukelnd auf den Wellen herbeisegeln sehen. Plötzlich begriff ich. Bestimmt waren wir gerade eine zu strikte Kurve gesegelt, und der dadurch entstandene tote Winkel hatte es unmöglich gemacht, die Flotte früher zu entdecken.

„Da haben sich die Gerüchte also bewahrheitet. Dieser Nichtsnutz hat es tatsächlich geschafft, diese behaarten Affen aus Übersee herbeizuzitieren", sagtest du verächtlich. Das war ja so ein Gerücht, von dem du erst kürzlich erfahren hattest. Weil die Kanonen der Ausländer genauer schossen, weil die Ausländer dazu besser an den Gefechten geschult waren, waren die kaiserlichen Behörden neue Absprachen mit ihnen eingegangen. Sie heuerten die Ausländer und ihre Hochseesegler nicht nur zu Spitzenpreisen an, sondern sie gaben ihnen auch Garantien, dass sie auf Macau ihren Geschäften ohne jede Behinderung nachgehen konnten.

„Pfui, diese Beamtenbrut! Sie fressen sich nicht nur drall und werden fett und träge. Sie machen sogar mit den behaarten Affen gemeinsame Sache und betrügen die eigenen Leute. Man fragt sich, wie lange es solch ein Kaiserhof wohl noch macht!" - „Jetzt bleibt nur eins: wir müssen aufs Ganze gehen! Wir haben keine Wahl!" Unsere Flotte war blitzschnell. Noch vor dem ersten Kanonenschlag waren unsere Dschunken schon eine nach der anderen auf die andere Seite der Bergwand gesegelt. Ich war noch unter Deck in den Speise- und Abstellkammern geblieben, während du bereits mit unserer Mannschaft am beratschlagen warst, wie man der Verfolgung am besten begegnete, als mit einem Mal Kanonen gen Himmel feuerten. Das Heulen des Windes und das Donnern ließen Himmel und See erbeben. Von den Kanonenkugeln, die in die See fielen, spritzten an die zehn Meter hohe Fontänen in die Luft. Der Schiffskörper unserer Dschunke wurde durch die Wellen mächtig zum Rollen gebracht, und unsere Nasen und Rachen brannten vom scharfen Schwarzpulvergeruch. Der Feind fuhr skrupellos fort, uns weiter heftig unter Beschuss zu nehmen. Wir dagegen mussten sparsam mit unseren Kanonen sein. Ein Glück nur, dass wir die nahe Bergwand wie einen Schutzschild benutzen konnten. Wir konnten es uns leisten, weniger zu feuern. Schade, dass dieser Notbehelf nur eine kurze Zeitlang funktionierte. Wir waren ahnungslos, wie viel Zeit verstrichen war. Vier unserer Dschunken waren so getroffen worden, dass sie sanken. Die fünfte war kurz vorm Kentern. So, wie es aussah, mussten wir aufgeben. Unser Gegner hatte lediglich ein einziges Schiff verloren. Den anderen sechs ausländischen Dreimastern hatten wir kein Haar krümmen können. Bis jetzt war es die ganze Zeit so geblieben, dass die Regierungsbehörden Oberwasser behalten hatten. Nur eben war es so: In Gefechten aufeinander treffende Militärstrategen wissen um den Grundsatz jeglicher militärischer Auseinandersetzung, dass nämlich, solange es nicht zuende ist, nicht entschieden ist, wer die Schlacht gewinnt und wer sie verliert. Seefahrer fürchten besonders eins, dass sie zu Sklaven werden oder den schleichenden Tod am Pfahl durch langsames Zerstückeln sterben müssen. Wenn sie tatsächlich bei einem Kanonenschlag umkommen, so wollen sie es schon zufrieden sein. Ich hatte Dayuan längst in die Kajüte eingesperrt. Das Kanonengefecht da draußen war nichts für ihn.

Plötzlich stoppte alles. Es ward Stille. Mit Ausnahme des Stöhnens unserer verletzten Kameraden hörte man ringsum keinen Ton. In der Luft schwamm etwas Mysteriöses, Aufregung verbreitendes. Wir waren von Anfang an passiv geblieben. Wenn der Gegner nicht schoss, feuerten wir auch nicht. Nur … Warum taten sie es jetzt nicht mehr? Welches Ziel mochten die ausländischen Affen verfolgen? Tappten wir gerade in eine Falle? Der Kanonenqualm trieb zusammen mit dem Wind davon, der Kanonendonner schallte nun anstelle des Heulens im Wind mit. Wir rührten uns nicht vom Fleck und starrten unverwandt auf unseren Gegner, ob der sich etwa bewegen würde. Erst nach einer ganzen Weile sagtest du dann: „Pinggu, hast du das gesehen? Sie haben kleine Beiboote ins Wasser gelassen, Keine Ahnung, was die jetzt gerade vorhaben." Allmählich konnten wir ein paar Anzeichen entdecken. Die Boote, die sie entsandt hatten, konnte man eigentlich gar nicht Boot nennen, so klein waren sie. Sie waren voll bepackt mit Reisstroh und Zündelholz. Die Männer schwammen neben den Booten im Wasser. Sowie sie das Reisstroh in Brand gesetzt hatten, gaben sie den Booten einen kräftigen Schubs und ließen sie mit dem Wind treiben. Auf dem Wasser schwammen unzählige dieser Feuerboote und trieben alle auf uns zu.

„Ich hab begriffen. Es ist sonnenklar, was die vorhaben!" - „Kanoniers stellt den Beschuss ein! Alle anderen fertig machen an die Langspieße!", brüllte ich los. Die Feuerboote kamen herbeigeschwommen und unsere Jungs stießen sie mit voller Kraft mit ihren Langspießen vom Schiff weg, damit sie nicht in Berührung mit unserem Schiffsrumpf kamen. Jedoch …, woher sollten wir auf die Schnelle so viele Langspieße herbekommen? Und wie lange konnte das Wegstoßen denn funktionieren? Was konnte ich sonst noch tun? „Los, Pinggu, dir fällt doch sonst immer was ein! Wie kannst du, wo doch jetzt alles auf Messers Schneide steht, plötzlich mit deiner Weisheit am Ende sein?" Ich war in ärgster Sorge und gleichzeitig aufgebracht. Tausend Gründe waren präsent, um mich selbst zu verhöhnen. „Er dreht! Der

Wind hat gedreht!" hörte ich Changsheng neben dem Kanonenrohr plötzlich aufgeregt brüllen. „Der Wind dreht gegen Richtung Nord!" Der durchdringende Ruf Changshengs traf mich wie ein Knüppel auf meinen Kopf und weckte mein benebeltes Hirn zur äußersten Wachheit. Klar doch, das war die Lösung! Wahrscheinlich hatte ich mit zu großer Verbissenheit nachgedacht, welches der nächste Schritt sein könnte und dabei übersehen, welch Riesenchance uns der Himmel gerade schenkte. Ursprünglich hatte ich mich am Poller bei der Reling festgehalten, damit ich überhaupt stehenbleiben konnte. Jetzt drückte mich der Wind gegen die Reling und ich musste gar nichts mehr machen. Die kleinen Feuerboote trieben eins nach dem anderen wieder zurück.

„Guo Ming, jetzt sind die Ausländerschiffe und die Regierungsdschunken mal an der Reihe, unter Druck zu geraten." Wir waren ganz aufgeregt, schauten uns gegenseitig in die Augen und lachten. Obwohl unsere Gegner auch Langspieße zum Wegstoßen benutzten, hörte man nun Kanonendonner aus den kleinen Bötchen. Denn es stellte sich heraus, dass unsere Gegner Schwarzpulver in Kästchen, die in Chaoshaner Wassertuch eingewickelt waren, in den kleinen Booten liegen hatten. Als das Feuer in den Bötchen schließlich die eingewickelten Sprengstoffkästchen in Brand setzte und das Schwarzpulver explodierte, waren die Feuerboote bereits auf ihrem Weg zurück dahin, woher sie gekommen waren. Mit der Explosion der Bootsschale und dem Eindringen des Wassers waren die Bötchen gerade mal so gut wie ein Schwerbeschädigter mit zwei lahmen Beinen. Schon die Fortbewegung klappte nicht mehr, von Bewegungen für Gefechtshandlungen gar nicht zu reden. Beim Feind brach Panik aus. Er bekam nun die Strafe für seine Hinterlist. Während er damit beschäftigt war, sich selbst zu retten, fuhren unsere Dschunken siegreich zu beiden Seiten, links wie rechts von unseren Feinden, von dannen.

„Pinggu, ich finde, die Zeiten haben sich geändert. Das bequeme Leben scheint für uns vorbei zu sein", sagtest du ausgestreckt auf deiner Opiumliege liegend missmutig gestimmt zu mir. „Das Mandarinat hat jetzt alles stramm unter Kontrolle. Es sind die merkwürdigsten Tricks von denen zu befürchten. Damit zurechtzukommen, versetzt einen in höchste Unruhe. Da vergeht einem doch die Laune, noch Geschäfte mit denen zu machen!" Dein trostloses Gerede erregte meinen Unmut. Es war ganz schrecklich. Wir beide schwiegen uns an. Missmut und Besorgnis zersetzt unsere Stimmung. Wir büßten unsere Zielstrebigkeit ein. Wie bei aufkommendem Wind, der die Wellen hochschlagen lässt, kamen nun Welle um Welle herangerollt, Wellen, die alles aufdeckten und sich ausbreiteten. Als würde unseren Geschäftstätigkeiten ein schwarzer Poncho angezogen, der mit jeder Welle enger geschnürt wurde, bis wir dann endlich ersticken müssten. Dayuan saß auf den Bodendielen und sah uns dabei zu, wie wir in der Kajüte auf und abgingen. Er wusste bestimmt, dass jetzt keine Zeit war, um ihn zu streicheln und sich um ihn zu kümmern. „Ich will was mit Hua Jiongming sprechen!", hörtest du mich plötzlich nach einer langen Redepause sagen. Überrascht setztest du dich auf, die Asche deiner Opium-Pfeife fiel verstreut zu Boden: „Pinggu, spielst du jetzt völlig verrückt? Wir haben seine Dschunke in Brand gesetzt. Der hätte nichts lieber getan, als unsere Leichen in tausend Stücke zerfleddert. Du wirst dich doch nicht dem Tiger zum Fraß vorwerfen wollen!"

„Dürrer Affe, hör zu! Genau deshalb, weil wir mit Hua Jiongming Stirn an Stirn aufeinanderprallten, braucht es hier nur das Einwerfen einer wirklich starken Pille, um die Sache gründlich zu beenden." Weil du dich so darüber erstauntest, blieb mir nichts andres übrig, als schrill und laut zu werden: „Du hast doch nicht etwa vergessen, was Chen Zude, der uns das Elfenbein abkaufte, sagte? Das Mandarinat handelt mit einer neuen Strategie: Mit Verbrechertum Verbrechern den Garaus machen. Das ist wirklich intelligent. Wenn das so weitergeht und wir früher oder später sowieso verhaftet und enthäutet werden, können wir doch genauso gut mit Hua Jiongming sprechen. Es hat für ihn wie für uns Vorteile." - „Du glaubst doch nicht, dass, sich zu ergeben, bedeuten könnte, dass wir ihn inkludieren, und du dann den Beamtenstatus des fünften Grades erhältst?", erwidertest du bitterböse. „Dürrer Affe, überlege doch mal! Beim letzten Mal, als die Dschunken in Flammen aufgingen, hatte er Pech. Er erlitt selber Verletzungen. Das bedeutet aber nicht, dass seine Strategie falsch gewesen wäre. Bedenke, wie viel Geld der Hof ausgegeben hat! Welche Anstrengungen er investierte! Wie viele Vorteile der Hof den Fremden aus Übersee einräumte, in welchem Ausmaß er auf ihre Forderungen einging. Mit dem Ergebnis, dass wir trotzdem mit heiler Haut davonkamen. Damit, dass diese Angelegenheit so ausging, wird der Aufwand, der deswegen betrieben wurde, nur schwer zu begründen sein. Jetzt ist man darüber sicherlich sehr verärgert, am Schmollen und traut sich nicht, den Mund zu voll zu nehmen und nochmal aus den Vollen loszulegen. Man wird zuerst abwarten, wie die Hauptstadt den Fall behandelt. Wir müssen Hua Jiongming zeigen, dass er dadurch Vorteile hat, ihm dabei helfen, dass er sich nicht etwa kompromittiert fühlt, und dass er sein Gesicht wahren kann, wenn er mit einsteigt. Es gibt keinen Grund für ihn, uns unbedingt tot und unter der Erde sehen zu wollen." Sodann besprachen wir die Einzelheiten. Zuerst runzeltest du ja noch die Brauen. Dann weiteten sich deine Gesichtszüge. Zuletzt machtest du große Augen. „Guo Ming, ich weiß ja, dass du die Sachen vorsichtig und etwas zögerlich anpackst. Aber ich denke wirklich, dass wir es auf einen Versuch ankommen lassen sollten. Und dann sollten wir planmäßig vorgehen."

Drei Monate später. Hua Jiongming war mit einer einzigen Dschunke unterwegs. Wir hatten auch keine Flotte mehr, die uns folgte. Die Schiffe von uns beiden Parteien fuhren außerhalb der Schussweite der jeweils gegnerischen Schiffskanonen. Dass wir die Angreifer abwehren und zurückweisen konnten, war Changsheng, der seine Mannschaft an die Hand nahm und alles aushandelte, zu verdanken. Er fuhr mit seinen Jungs viele Mal hin und wieder zurück, bis die Dinge ausgehandelt und beschlossen waren. Ich bestieg mit Dayuan und mit einigen unserer Jungs zusammen ein kleines Boot, und wir machten uns auf den Weg. Hua Jiongming hatte sich für die Verabredung mit uns mit seinen bewaffneten, ihm unterstellten Soldaten genauso in ein kleines Boot begeben. Wir alle machten kurz vor dem Erreichen der gedachten Seitenhalbierenden, so muss man sagen, wenn man von der Kursbestimmung mittels einer Seekarte ausgeht, zwischen unseren beiden Dschunken halt. Die Seitenhalbierende war eigentlich die Transmeridionale von Ost nach West an der rechten Seite des Qingluo-Felsens vorbei, hauptsächlich da, wo ein Stück herausgebrochen war. Der Qingluo-Felsen lag südöstlich von der Nord-Süd-Straße, nah des chinesischen Festlands. Die Nord-Süd-Straße führte längs des Festlands entlang durch die Straße von Taiwan. Es war die maritime Seidenstraße. Der Qingluo-Felsen lag in der Tiefsee, zu allen vier Seiten vom Ozean umspült. Am Meeresgrund gab es hier keine Felsenriffe und er war auch weit genug vom Festland entfernt. Es war ein speziell von uns ausgesuchter Ort, der günstig für uns sein musste, und der die Gegenseite nicht gleich argwöhnisch werden ließ. Wir hatten einen guten Tag dafür ausgewählt, mit strahlend blauem Himmel und ruhiger See. „Dürrer Affe, nun ist es soweit, dass wir uns dem Schicksal ergeben müssen. Schauen wir mal, was es mit uns vorhat!" Das einzige zwischen Himmel und Erde, was sich niemals verändert, ist tatsächlich der ständige Wandel von allem. Ist die Gezeitenströmung nicht die beste Erklärung dafür? Von Urzeiten an steht das Wechselspiel von Ebbe und Flut, der Kreislauf des auflaufenden und ablaufenden Wassers keinen Augenblick lang still, so wie eine Schaumkrone keine drei Zentimeter Erde aufwirbelt. Sind unsere Kaufgeschäfte nicht genau wie das auflaufende Wasser bei Flut, angestoßen und dann entschwunden? Von Urzeiten an bis heute, und auch in Zukunft gilt, ohne Kaufgeschäfte gibt es kein Überleben. Das Leben hält für unsereins immer bereit, dass es Auf und Ab, Vor und Zurück geht.

„Ich habe mir eingebildet, ich könnte Guo Ming heute ein bisschen näher kennenlernen. Und dann kommt ein Frauenzimmer angewatschelt." Weil wir mit großem Abstand voneinander sprachen, waren unsere Stimmen leiser. Dennoch war jedes Wort genau zu verstehen. „Frauenzimmer hin oder her, was soll das, jetzt damit anzufangen?" Ich hatte doch gewusst, dass Regierungsbeamte kein Herz haben und tugendlos sind. Deswegen betete ich mir ständig wieder und wieder vor, Pinggu du musst jetzt die Füße stillhalten. Jetzt kommt es auf jedes Wort an, denn jetzt wird Tacheles geredet. Dayuan machte sich groß und spitzte die Ohren. Er witterte meine zum Zerreißen gespannten Nerven. „Ich habe dir was zu sagen, hör mir zu, Hua Jiongming! Ich weiß, dass, weil die Dschunken in Flammen aufgingen, du meinst, vor den Offizieren und Generälen dein Gesicht verloren zu haben. Ich gebe dir jetzt Gelegenheit, deinen Stolz und deine Begeisterung wiederzuerlangen. Was denkst du, hast du Lust dazu?" Obwohl die kleinen Bötchen so schaukelten, wobei sie ihren Abstand voneinander weiter einhielten, hatte ich gleich auf den ersten Blick gesehen, dass Hua Jiongmings buschige Augenbrauen sich krausten. Offensichtlich hatte ich damit seinen wunden Punkt berührt. „Lass hören, was du zu sagen hast!", sagte Hua Jiongming mit donnernder Stimme, während er mit über der Brust verschränkten Armen dastehend mich mit gespanntem Blick ansah. Wie erwartet hatte er das Bedürfnis, mit mir zu verhandeln. Offensichtlich ging es ihm, seit die Dschunken in Flammen gestanden hatten, miserabel.

„In Ordnung. Hör mir zu! Die halbe Flotte von Guo Ming gehört dann dir! Und du kannst dir davon nehmen, was du dir immer schon zu nehmen wünschst, oder auch das, was du bisher niemals erwartet hast. Dazu geben wir dir eine Liste mit Namen. Diese Namen werden dir sehr nützlich sein. Der Preis dafür ist, dass du und alle Regierungsbeamten, zivile wie Militärbeamten, uns in Zukunft in Ruhe lassen. Wir werden uns im Gegenzug aus den von euch kontrollierten Gebieten raushalten und euch dort auch keine Steine in den Weg werfen. Was hältst du davon?" Hua Jiongming stutzte. Er antwortete: „Es hört sich interessant an. Gib mir etwas Bedenkzeit." - „Daraus wird nichts. Du musst jetzt eine Entscheidung treffen!" Ich bestand auf einen sofortigen Entschluss. Denn wenn einem die Dinge erst aus der Hand gleiten, kann man sich nicht mehr sicher sein, wie sie sich weiterentwickeln. „Hör zu! Ich schätze, dass wir, wenn alles glatt läuft, unseren Vertrag in spätestens einem halben Jahr erfüllen werden. Wenn ein halbes Jahr vergangen ist, werden wir dich nie wieder zu Gesicht bekommen, du wirst uns auch nie wiedersehen. Wir werden sein, als hätten wir uns niemals gekannt …"

„Guo Ming, wenn ich mal, entsprechend der Geschäfte, die wir bisher so abwickelten, unsere Lage beurteile, entgehen wir beide, selbst wenn wir uns jetzt bedingungslos ergeben, der Todesstrafe nicht. Und geben wir unsere Geschäfte auf, bleibt uns nur die Flucht. Aber wie lange schaffen wir es zu fliehen? Da ist es besser, mit den Seeräubergeschäften weiterzumachen, als dass einem ständig, wohin man sich auch wendet, der Tod winkt. Wenn die uns nach dem Grundsatz: Mit Verbrechertum Verbrechern den Garaus machen behandeln, können wir das schon lange genauso! Alles auf der Welt funktioniert nach dem Prinzip eines Kaufgeschäfts. Bei diesem Geben und Nehmen gibt es nur eine einzige Alternative! Die ist, mit dem Leben zu bezahlen. Wenn es ums Erwerben und Behalten geht, sind wir vor Himmel und Erde doch alle gleich und die Dinge verlaufen gerecht. Dürrer Affe, wenn wir nicht verhindern können, dass sich das Rad dreht, bleibt uns nur, das Neue zu begrüßen und das Vergangene gehen zu lassen. Ist doch so, dürrer Affe, oder etwa nicht?"

AQIN

A-Muâi, dein Herr Vater will sich am Sonntag nächster Woche mit diesem bei der Kreisregierung arbeitenden Mann mal treffen. Hast du dein neues Kleid schon geändert?"- „Nein, noch nicht. Ich muss nur ein wenig vom Rocksaum auslassen. Das ist ganz einfach. Ich werde bestimmt rechtzeitig damit fertig." A-Muâi hockte am Boden und wusch das Geschirr, während sie aufschaute und mit mir sprach. „Jetzt hast du gerade ein wenig Zeit. Da kannst du das doch machen. Wenn gleich die Schule aus ist, kommen die vielen Kinder, die alle bei uns zu essen kaufen wollen." Seit einigen Jahren verkaufte ich an der Straße Reisnudeln. Als ich mit der Garküche begann, hatte ich niemanden, der mir half. Ich konnte die viele Arbeit fast nicht bewältigen. Manchmal konnten die Schulkinder nicht mehr warten, wenn sie mir Geld geben wollten, und ich keine Hand frei hatte, es zu nehmen. Dann rannten sie einfach, ohne zu bezahlen, weiter. Später half mir A-Muâi mit unserem Stand. Dann wurde es besser.

A-Muâi war herangewachsen. Der Herr Große Bruder mit dem Holzbein war in Magong auf einen jungen Mann aufmerksam geworden und wollte, dass sich A-Muâi mit ihm traf, um eine Ehe anzubahnen. Nachdem man Fotografien beider ausgetauscht hatte, wollten die jungen Leute den nächsten Schritt tun und sich kennenlernen. Dem Herrn Großer Bruder war nur selten gegeben, sich um seine leibliche Tochter zu kümmern. Sie zu verheiraten, hatte er nicht ignoriert. Im Gegenteil hatte er sich sogar sehr umsichtig darum gekümmert.

„A-Muâi, geh den Tisch abwischen. Decke mit Reisschalen und Stäbchen ein. Ich koche das Essen. Nicht, dass dir noch das Schweineschmalz auf dein neues Kleid spritzt und wir die Fettflecken nicht mehr herausbekommen." A-Siong war mit einem Haufen Freunde mal auf den Putz hauen unterwegs. Á-Kuan war noch beim Schneider, ihre Ausbildung machen. Wir würden zu fünft essen und man musste nunmehr nicht so aufwendig kochen. Wir gingen einander beim Essenmachen zur Hand. Ich war ziemlich nervös. A-Muâi konnte das hier bestimmt nicht entspannt durchziehen. Es dauerte nicht lang, da waren der Herr großer Bruder mit dem jungen Mann bei uns eingetroffen. Da wussten wir erst einmal, was für ein Riesenkerl das war. So groß, dass er fast mit dem Kopf an den Überstand des Dachblechs bei der Traufe stieß! Der Herr Großer Bruder stellte uns Wang Ông-chú vor, er würde im öffentlichen Dienst arbeiten und hätte dort eine feste, sichere Arbeit. Seine Eltern kämen aus Penghu und wären Melonenbauern. Er hätte noch zwei jüngere Schwestern und seine Familienverhältnisse wären unkompliziert. Als wir zusammen aßen, konnte ich bemerken, dass A-Muâi und der Wang sich heimlich musterten und dann wieder den Blick senkten, um sich schnell einen Bissen Reis in den Mund zu stopfen. Der Wang war schweigsam. Er hatte nur ungefähr erzählt, was er auf der Arbeit machte und wie es mit der Familie so war. Dann war auch schon Schweigen im Walde. Dafür hatten sich Hei Yuan und der Herr Große Bruder zusammen nicht wenig zu erzählen. Sie sprachen darüber, dass in der Verwaltung viele Stellen mit Festlandchinesen besetzt würden, dass die Einheimischen, die aus Taiwan stammten, schlecht dabei wegkämen. Später schrieben sich A-Muâi und Wang Ông-chú ein paar Briefe und beschlossen auch schon, dass sie heiraten wollten. Ich hätte bestimmt nicht dazwischengefunkt und mich bei der Partnerwahl eingemischt, solange der Auserwählte eine gute Arbeit und einen guten Charakter besaß. Meine eigene, tagtäglich gelebte Ehe mit Hei Yuan war mir die beste Lehre. Zwei Menschen, die nicht miteinander auskommen, wo der eine dem anderen die Luft zum Atmen nimmt, können doch nie und nimmer unter einem Dach zusammenleben! Ich stritt mich nämlich dauernd mit Hei Yuan. Alle zwei Tage ein kleiner, alle drei Tage ein großer Streit, bei denen es kein Einrenken gab, niemand dem anderen was schuldig bleiben und keinen Millimeter weichen wollte. Warum es Streit gegeben hatte, konnte man sich im Nachhinein nie erklären. Als könnte alles als Alibi zum Streiten herhalten. Denn hätte alles gepasst, so hätte man trotzdem gestritten. Sowie der Streit alltäglich geworden war, war die Suche nach einem Anlass, der als Auslöser für eine Streiterei herhalten konnte, Schwerstarbeit geworden. Dass ich Hei De nicht vergessen konnte, hatte seine Ursache bestimmt in den dauernden Streitereien zwischen Hei Yuan und mir. Denn immer, wenn Hei Yuan fand, dass ich etwas falsch gemacht hätte, war der erste Gedanke, der mir in den Kopf kam, gleich, Hei De hätte das so nicht gesagt und so nicht getan. Denn Hei De würde mich niemals so behandeln! Aber wenn ich mich doch wieder alle zwei Tage nach Hei De sehnte, wie sollte ich ihn dann jemals vergessen? Die, die sich ihren Ehepartner selbst aussuchen dürfen, sind wahrhaft glückliche Menschen. Wurde im Radio denn nicht auch immer gesagt, dass die Liebesheirat inzwischen die Form der Partnerwahl wäre, die der Mensch in der modernen Gesellschaft gutheißen täte? Wenn die Eltern sich in diese Dinge zu sehr einmischen, legt das oft die Ursache von Zwietracht in der Familie. Über das sich Verlieben und Heiraten wissen die jungen Leute gut Bescheid. Sie sind nur zu schüchtern, es anzusprechen. In meiner Zeit entschieden darüber grundsätzlich die Eltern. Sowie man den, den man liebte, sich selber zum Mann aussuchen konnte, es dann aber trotzdem der Falsche zum Heiraten gewesen war, hatte man sich das selbst eingebrockt und musste die Suppe auch selbst ausessen. Nur sich selbst blieb man es schuldig. Bleibt nur die Frage, womit man leichter klarkommt, wenn man sich schuldbewusst zähneknirschend Selbstvorwürfe macht, oder wenn man anderen die Schuld in die Schuhe schieben kann? Wie soll man es bei dieser Angelegenheit denn nun richtig machen?

A-Muâi heiratete. Sie heiratete nach Penghu. Ông-chú war sehr gut zu ihr. Sie gebar ein Kind nach dem andern und alle blieben am Leben. Es überraschte mich. Ich beneidete sie, gleichzeitig freute ich mich für sie. A-Muâi brauchte sich nicht zu ängstigen und auch Selbstvorwürfe, so wie ich sie mir einst gemacht hatte, hatte sie nicht nötig. Meine vier, mir weggestorbenen Kinder waren alle – dicht an dicht – nebeneinander beerdigt worden. Die klitzekleinen Kindergräber waren eins nach dem anderen ausgehoben worden. Selbst der Totengräber mochte nicht glauben, dass in ein und derselben Familie nacheinander vier Kinder starben. Nachdem wir umgezogen waren, hatte ich meine Kinder nie mehr auf dem Friedhof besucht. Die Grabstätten hatten wir die Stadtregierung requirieren lassen, damit die Flächen erschlossen werden konnten. Wären wir ernsthaft die Gräber wieder suchen gegangen, ich fürchte, wir hätten sie nicht gefunden. Das Leben ist schon ganz schön schlau. Vielleicht wurden meine vier Kinder ja in A-Muâis Familie wiedergeboren. Das Schicksal streikte bei mir. Sie kehrten nicht mehr zu mir zurück. Das Schicksal hatte es so gewollt, dass sie meine Enkelkinder wurden. Wenn ich es mir so überlegte, wurde mir wunderbar leicht ums Herz. Der Gram von früher war vorbei. Das schlechte Gewissen, dass ich immer gehabt hatte, weil ich ihre Gräber nicht versorgt hatte, konnte ich endlich loswerden.

Ursprünglich schliefen alle drei Kinder zusammen im gleichen Zimmer. Aber weil sie mit der Zeit heranwuchsen, machten wir die Abstellkammer frei und gaben das kleine Zimmerchen A-Siong, damit die beiden Mädchen weniger beengt wohnen konnten. Als A-Muâi geheiratet hatte und in die Familie ihres Mannes übergewechselt war, bekam Kuan-á das große Zimmer für sich ganz allein. Sie besaß viele Sachen, denn sie kaufte immer hier was und da was. Hätte sie noch ein Zimmer mehr gehabt, hätte sie ihre Sachen auch nicht besser untergebracht und es wären zwei Zimmer überfüllt gewesen. Á-Kuan war in dem Alter, wo man nichts lieber tut, als sich unentwegt hübsch zu machen. Als sich dieses kleine Mädchen zur jungen Dame mauserte, war das, was da mit ihr passierte, anders als bei anderen Mädchen. Sie wurde ganz besonders hübsch, wie ein Schwan unter gewöhnlichen Enten. Verwunderlich war, dass meine große Schwägerin und auch meine mittlere Schwägerin es unabhängig voneinander zu verschiedenen Zeiten beide mit genau den gleiche Worten kommentierten. Sie fanden alle, das Á-Kuan die besonderen Schönheitsmerkmale von Hei Yuan und mir abbekommen hatte und nun weitertrug. Sie hatte meine Gesichtsform und meine Augen, den Nasenrücken und den Mund hatte sie von Hei Yuan. Á-Kuan brauchte nur die Straßenseite zu wechseln, dann zog sie immer die Aufmerksamkeit vieler Augenpaare auf sich, Männer wie Frauen blickten ihr lange hinterher. Als sie mir half, Tapiokabällchen zu verkaufen, war es immer so, dass die jungen Leute, die bei uns aßen, gleich zwei oder drei Schalen hintereinander aßen. Á-Kuan war natürlich klar, warum die Jungs, sobald sie saßen, nicht mehr aufstehen und weggehen wollten. Sie sagte mir dann auch, wir wollen ja Geld verdienen, wäre ja klar! Wenn die Leute sie so lange anguckten, nähme sie keinen Schaden dadurch.

A-Siong, mein Glückspfand, besuchte die höhere Berufsfachschule. Er war gut im Rechnen mit dem Abakus. Besonders, wenn er mit dem Abakus Kopfrechnen übte, fand ich immer, dass es so unwahrscheinlich toll aussah, dass es so was in Wirklichkeit doch niemals geben könnte! Ungefähr alle zwei Wochen rechnete er für mich die Differenz zwischen dem Warenwert der eingekauften Ware und dem einverdienten Geld aus. Ich konnte nur Zahlen, sonst nichts lesen. Während ich ihm die Zahlen vorlas, schaute ich ihm dabei zu, wie drei Finger seiner rechten Hand über dem Abakus pfeilgeschwind in der Luft hin und wieder zurücktanzten. Sowie ich fertiggelesen hatte, hatte er mir auch schon das Ergebnis gesagt. Es stimmte immer haargenau. Vielleicht hatte es damit zu tun, dass er ein Junge war, denn er war weniger vertraut mit mir, als es meine beiden Mädchen mit mir waren. Jedes Mal, wenn Hei Yuan mit mir stritt oder wenn er mich schlug, ergriff A-Siong lautstark Partei für mich und debattierte stellvertretend für mich. Manchmal geriet Hei Yuan darüber so in Wut, dass er seinem Sohn Ohrfeigen verpasste. Er fand, dass dieser Halbstarke sich entschieden zu viel erlaubte und A-Siong sich solche Widerworte dem Vater gegenüber nicht herausnehmen dürfte.

293

A-Siong getraute sich nicht zurückzuschlagen, sondern beschimpfte mich noch, dass ich nutzlos wäre, dass ich mich lebenslang mit Hei Yuan immer nur streiten würde. Er wiederholte wieder und wieder dasselbe, wiederholte den Grund des Streites, wiederholte, dass es am Ende ja doch nichts ändern würde, musste wieder und wieder wiederholen, dass er es nicht schaffte, für mich Frieden zu stiften, sagte wieder und wieder, wie unhöflich es wäre, mir solche Vorwürfe zu machen, mich so anzubrüllen. Er konnte nicht nachempfinden, dass der Unfriede zwischen Hei Yuan und mir so war wie die Luft, die ich zum Atmen brauchte, dass der Unfriede zwischen uns normal und naturgegeben, von Anbeginn immer schon da dagewesen war. Unsere Streitigkeiten waren wie Früchte, die frei in der Luft gediehen, denen Ort und Zeit völlig egal waren. Sie pendelten in der Luft und ließen sich jederzeit pflücken. Man hatte jederzeit immer alle Hände voll. Sie ließen sich sogar aus eigenem Antrieb fallen, landeten in unserem Hirn oder unserer Seele und vergifteten dort alles. Sowie das dauernde Streiten zur Gewohnheit geworden war, wirkte, wenn man sich dann freute, nicht mehr authentisch und verkam zu etwas Unnatürlichem. Was mich traurig machte, war, dass diese in der Luft gedeihenden Früchte jetzt auch noch Nachwuchs gebaren. A-Siong fand, dass er, weil ich zu willensschwach wäre, keinen Frieden für mich stiften könnte. Weil er das, was er von mir erwartete, nicht bekam, erzürnte er sich über mich und brüllte mich an. Es wurde ihm zur Gewohnheit. Die großen Früchte wuchsen, weil zwei keinen Frieden haben konnten, und ihnen das zur Gewohnheit geworden war. Die kleinen wuchsen, weil der Versuch, alles wieder gut zu machen, scheiterte, und das Scheitern dann auch zur Gewohnheit geworden war. Als A-Siong noch klein war, wickelte ich ihn, so wie wir das Haus verließen, immer so dick ein, dass kein einziger Lufthauch an ihn herankam. Ich befürchtete, dass er hinfallen könnte, dass er sich verletzen könnte. Deswegen behielt ich ihn immer auf dem Arm. Das machte ich solange, bis ich ihn nicht mehr tragen konnte. Alle sagten, dass ich ihn viel zu sehr verwöhnte. Ich gab mein ganzes Herzblut dafür, ihn großzuziehen. Immer in Angst vor diesem und jenem schaffte ich es. Doch da merkte ich erst einmal, welch bittere Frucht mein emsiges Begießen dieses Pflänzchens zur Reife gebracht hatte.

A-Siong mochte immer schon aufregende, neue Sachen. Alles, was er in Läden oder auf der Straße sah, was er zuvor nie gesehen hatte, lud ihn sofort zum Verweilen, zum Nachfragen, zum Plaudern ein.

Wenn er auf etwas ein Auge geworfen hatte und Geld bei sich hatte, kaufte er es sofort. Reichte sein Geld nicht aus, sparte er solange, bis er es zusammen hatte. Als er seinen Abschluss an der höheren Berufsfachschule fertig hatte, fand er Arbeit in einer Grundschule als Vertretungslehrer. Er wurde noch großzügiger mit sich selbst, seit er in der Lage war, ein kleines Einkommen zu erwirtschaften. Er sparte nun für eine Armbanduhr und ein moderneres Radio. Er war so wenig wie möglich zuhause. Jede Gelegenheit, die sich ihm bot, sich mit seinen Freunden zu treffen, nutzte er. Was zuhause passierte, interessierte ihn nicht. Er kümmerte sich nicht darum. Er sah Hei Yuan und mich selten, und es kam nur selten zu Wortgefechten. Wir Drei lebten in aller Stille zurückgezogen voneinander, und wir mussten uns anderer Launen gar nicht erst aussetzen.

Nachdem A-Muâi schon ein paar Jahre lang verheiratet war, brachte A-Siong dann auch eine Freundin mit nachhause. Vielleicht hatte er vorher schon welche gehabt, nur hatten Hei Yuan und ich nichts davon erfahren. Das Mädchen, das A-Siong mit nachhause brachte, hieß Siok-lin. Es hatte große Augen und dauergewelltes schwarzes Haar. Beim ersten Besuch schien Siok-lin sich ziemlich unwohl zu fühlen. „Wie alt bist du?" - „Neunzehn." - „Was arbeitet dein Vater?" - „Wir haben eine Obsthandlung." - „Woher kommt ihr bei euch zuhause?" - „Wir sind aus Hamasen, direkt aus Gaoxiong." - „Wie viele seid ihr bei euch zuhause?" - „Ich habe zwei große Schwestern, einen großen Bruder und einen kleinen Bruder." - „Was arbeiten sie? Helfen sie dabei, etwas für die Familie zuhause dazuzuverdienen?" - „Meine beiden großen Schwestern sind schon verheiratet, mein Bruder ist Lehrer und mein kleiner Bruder geht noch zur Schule." - „Wo wohnt ihr?" - „In Tâi-káng-poo …" Während Hei Yuan sie ausfragte, antwortete Siok-lin mit gesenktem Kopf. Von Zeit zu Zeit blickte sie dabei verstohlen zu A-Siong hinüber. Mit neunzehn war sie doch noch ein Kind. Wie kam es, dass sie jetzt schon einen Freund hatte? Das dachte ich zuerst. Dann fiel mir wie Schuppen von den Augen, dass ich ja selbst mit neunzehn bereits mit Hei Yuan verheiratet war und wir beide mit einem Haufen Gepäck viele Stunden lang auf dem Schiff übers Meer geschaukelt waren, um zu unserem großen Bruder nach Hamasen zu gelangen. War die kleine Siok-lin nicht genauso alt, wie ich es zum damaligen Zeitpunkt gewesen war? Damals fand ich mich nicht zu jung. Siok-lin fand bestimmt auch nicht, dass sie noch ein Kind war. Ich stellte mir immer vor, dass das Lebensalter wie ein

295

Stück Schnur ist, und dass diese Schnur stets länger und länger wird. Auf einem bestimmten Abschnitt der Schnur des eigenen Alters liefen dann die Lebensalterschnüre der Kinder parallel mit. Wenn man starb, riss die eigene Schnur ab und war von da an nicht mehr zu sehen. Dann hatten die Lebensalterschnüre der Kinder bereits bei der eigenen angeknüpft. Wenn die Schnur des Kindes verschwand, überschnitt sie sich jedoch schon viel früher mit einer anderen und verlängerte sich immer so weiter. Viele Schnüre verschwanden in der Welt und viele kamen immer dazu, niemals riss die große Lebensschnur wirklich ab.

„Warum hast du das Licht im Badezimmer nicht gelöscht?" - „Ich habe es nicht angemacht." - „Wie kommt es, dass die Glühbirne, die nicht eingeschaltet wurde, ganz von selbst leuchtet?" - „Vielleicht hat jemand anderes sie eingeschaltet. Ich weiß das nicht." - „Von uns allen bist du es, die am häufigsten zwischen Küche und Bad unterwegs ist. Ist doch sonnenklar, dass du es warst, der das Licht eingeschaltet hat und jetzt erfindest du auch noch Ausreden! Du mit deinem schlimmen Mundwerk! Stets hast du Widerworte und gibst nie Ruhe! Von Huazhai nach Hamasen …, und immer nur Widerworte!" - „Du grollst lebenslang wegen allem und jedem! Was, außer stets alles zu hassen, kriegst du eigentlich hin in deinem Leben? Vielleicht hast du das Licht ja selber eingeschaltet. Du solltest dir sparen, dich so peinlich aufzuregen!" - „Was soll ich nicht hinkriegen in meinem Leben?" - „Na, was hast du denn hingekriegt? Unsere zwei Brüder wohnen beide in einem mehrgeschossigen, feinen Haus. Und du? Du kriegst ja nichts hin. Unser ganzes Leben schon wohnen wir in einem ärmlichen, kaputten Haus, und du gehst am Hafenkai arbeiten. Das kann man ja wohl nicht was hinkriegen nennen!" - „Fick dich, du dummes Weib, von nichts hast du eine Ahnung!" - „Gebt endlich Ruh! Hört auf zu streiten! Da sind Gäste im Haus und ihr streitet immer noch!" A-Siong und Siok-lin hatten den Tisch abgeräumt und trugen das Geschirr gerade herbei, um im Badezimmer den Abwasch zu machen, als sie sahen, dass Hei Yuan und ich wieder angefangen hatten, uns zu streiten. Siok-lin stand mit weit aufgerissenen Augen dabei. Sie wusste nicht, wie sie sich verhalten sollte. A-Siong war sehr in Wut geraten. Er fand, dass wir ihn vor seiner Freundin völlig blamierten. Ich mochte, so zu streiten, natürlich auch nicht. Besonders deshalb nicht, weil Siok-lin das erste Mal bei uns zu Gast war. Hei Yuan hatte damit angefangen. Er hatte seinen Mund nicht halten können.

296

Wäre ich mit Hei De verheiratet gewesen, wäre so etwas niemals passiert. Dann wäre ich die Ehefrau eines Herrn. Ich müsste nicht jeden Tag Tapiokabällchen verkaufen. Dann wäre ich mit meinen beiden Schwägerinnen gleichgestellt. Dann wüsste ich gar nicht, was so ein Streit ist und wie es dazu kommt.

Siok-lin heiratete dann doch bei uns ein. Vielleicht hatten sie meine und Hei Yuans Streitereien nicht in die Flucht schlagen können. Vielleicht hatte A-Siong sie ja auch überredet, bei ihm zu bleiben. Am Hochzeitstag trug A-Siong zum ersten Mal einen westlichen Anzug. Links am Revers prankte eine große rote Blume, und er trug sogar weiße Handschuhe. Mein A-Siong war ein gutaussehender junger Mann. Er sah mindestens genauso gut aus wie sein Freund, der sein Brautjunker war. Von klein auf hatte ich ihn immer warm eingepackt, gefürchtet, dass er krank werden könnte, dass er Fieber bekäme und hatte ihn mit größter Sorgfalt aufgezogen. Jetzt würde mein einziger Sohn seine eigene Familie gründen und in Zukunft nie mehr ganz mein sein. Alle unsere Verwandten und Freunde waren gekommen. Es herrschte viel mehr Trubel, als wir zu A-Muâis Hochzeit gehabt hatten. Unser Wohnzimmer war klein, deswegen standen fast alle draußen vorm Haus. Ein Glück, dass wir ein Sonnensegel aufgespannt hatten, damit man im Schatten stehen konnte. Hei Yuan runzelte in einem fort die Brauen. Er schien verzagt, schien den Menschen ausweichen zu wollen. Er hatte ein weißes Hemd angezogen, dazu eine schwarze Krawatte. Darüber aber trug er einen Kurzmantel mit großen Taschen. Mein zweitältester Bruder sah jünger als Hei Yuan aus. Er trug einen gut sitzenden, auf Figur geschnittenen Anzug und dazu schwarze Lederhalbschuhe. Er sah ziemlich flott darin aus. Er hatte eigentlich nur vorgehabt, in Huazhai wohnen zu bleiben. Nachdem unsere Mutter gestorben war, musste er niemanden mehr pflegen und machte es dann wie viele der Einheimischen aus Huazhai. Er zog nach Hamasen um, um mehr Geld zu verdienen. Er hatte nicht nur Glück dabei, er hatte – komme, was wollte – rangeklotzt und es schon ganz früh so weit gebracht, dass er ein sehr bequemes Leben führen konnte. Er musste sich nicht so wie Hei Yuan lebenslang quälen und, egal ob es stürmte, die Sonne vom Himmel brannte oder es in Strömen regnete, draußen seinen Job machen. Für A-Siongs Hochzeit hatte er uns das Auto bestellt, das Hochzeitsessen und viele andere Sachen auch noch gleich mitbezahlt. Er hatte gesagt, diese Dinge könnte er doch gut und gerne bezahlen. Es gäbe doch keinen Grund, uns nicht zu helfen. Á-Kuan hatte mit ihrem Bruder das Zimmer getauscht. Es konnte ja nicht angehen, dass einer immer den Platz von Zweien belegte. A-Muâi hatte nach Penghu geheiratet. A-Siong, mein Glückspfand, heiratete und brachte nun seine Frau mit in unsere Familie. So waren wir zuhause wieder zu Fünft. Früher hatten wir fünf allabendlich zusammen das im Radio übertragene Hörspiel gehört. Jetzt waren nicht immer zu fünft. Manchmal fehlte Kuan-á. Manchmal fehlte A-Siong. Manchmal fehlten A-Siong und Siok-lin. Manchmal fehlten auch alle Drei gleichzeitig. Das Hörspiel wurde weiter übertragen, zwölf ganze Jahre lang, täglich …

YUYING

Yinxia und Ajiu beschwerten sich dauernd. „Da wollen wir, dass du von Taipeh zu uns in den Süden kommst, bitten dich dreimal, vier-mal, bis wir dich endlich überredet haben, unserer Einladung zu fol-gen, und dann bist du jeden Tag weg und gehst aus. Eigentlich nicht anders, als wärest du gar nicht erst gekommen. Natürlich wusste ich genau, dass sie es sagten, um mir zu zeigen, dass sie sich nach mir sehnten. Nur deswegen stellten sie alles auf den Kopf. Jeder Satz, den man sagt, um Sehnsucht hervorzurufen, ist doch den Ohren eine Wohltat. Dass sie sich so beschwerten, war mehr ein Posieren, als dass es ernst gemeint war. Wer hätte nicht genau gewusst, wie sehr wir ei-nander zugetan waren? Wenn jemand von uns, als wir noch Kinder waren, eine Reisschale zerbrochen hatte, halfen wir alle sofort, die Scherben aufzusammeln und alles piekfein sauberzumachen. Wir ließen uns nie etwas anmerken. Nur so konnten wir der Schimpfe der Muhme Wei entgehen. Wenn sich jemand von uns irgendwelche Schriftzeichen nicht merken konnte, schrieben wir sie ganz oft auf Papier, schnitten sie aus und klebten sie bei uns im Zimmer überall an, so dass wir sie unweigerlich immer sahen. Wenn man sie dann stumpf immer wieder paukte und sich hineinbimste, gab es schließ-lich keine mehr, die sich nicht auswendig lernen ließen. Obschon wir alle sehr verschieden waren, waren wir nach den vielen Jahren alle groß geworden. Wir hatten die schwer auszuhaltenden Lehrjahre durchgestanden, in denen uns die Muhme Wei zu wirklich einmali-gen, künstlerisch vielseitigen Geishas ausgebildet hatte. Somit waren wir im Besitz des Werkzeugs, Geld zu verdienen, und damit der Lauf unseres Lebens vorherbestimmt.

Ich entgegnete Ajiu lachend: „Ich habe jetzt eine neue Geliebte. Da muss ich meine alten Geliebten natürlich erstmal beiseite schieben." A-tins Schwiegermutter ließ sie nicht allein ausgehen. Sie war der Ansicht, wenn einen nicht der eigene Mann begleitete, und man zeigte sich dann überall öffentlich, unverschleiert und überhaupt, wäre das sehr unschicklich. A-tin sagte, dass ich immer meine Kinder mitschleppen muss, dass ich manchmal sogar noch Bedienstete mitnehmen muss, ist sehr unpraktisch. Erst wenn ich allein ausgehe, fühle ich mich frei wie ein Fisch im Wasser. Werde ich gezwungen, immer meine Kinder mitzunehmen, gehe ich eben nirgendwo mehr hin. Deswegen besuchte ich sie immer und leistete ihr Gesellschaft. Es ergab sich ganz automatisch. Während ich mich bei ihr zuhause aufhielt, lernte ich auch einige ältere Familienmitglieder kennen, mit denen ich mich sehr gut verstand. Wir hatten nichts Besonderes zu bereden, ich leistete ihnen Gesellschaft und plauderte mit ihnen. Bevor die Großmutter dieser Großfamilie ihren Geburtstag begehen sollte, schrieb ich für sie ein paar selbst gedichtete, kleine Verse mit dem Pinsel auf. Ich ließ die Kalligraphien aufziehen und bat den Kunsthandwerker darum, wenn die Rollbilder fertig wären, sie mir vorbeizubringen, damit ich sie A-tins Großmutter zum Geburtstag schenken könnte. Die ganze Familie würde sich so freuen, dass sie mich am Geburtstag zu einem Festessen dabehalten würden.

Der große Tag kam. Draußen vor dem Gehöft der Großfamilie der A-tin parkten unzählige große schwarze Limousinen. Die Automobile waren alle auf Hochglanz poliert. Die Gäste, die die Großmutter feiern wollten, fuhren einer nach dem anderen vor. Die Jubilarin trug ein in Gold besticktes schwarzes Festkleid, saß in der großen Diele, begrüßte die eingetroffenen Gäste und plauderte lächelnd mit ihnen. Meine kalligraphierten und selbst gedichteten Verse waren als Couplet zu beiden Seiten der Türe, die in den Salon führte, aufgehängt worden. Die Großmutter entdeckte mich in der Menschenmenge und winkte mich sofort zu sich herüber. „Deine Gedichtverse sind mir eine große Freude, Fräulein Jadeblüte! Ich kann nicht viele Schriftzeichen lesen, aber deine Goldenen Worte konnte ich alle verstehen Wirklich vielen Dank dafür! Ach! Schade, dass mein großer Enkel jetzt nicht hier ist. Er hätte bestimmt eine ganz besondere Überraschung für mich. Bedauerlich, dass er schon lang nicht mehr nachhause gekommen ist. Ich vermisse ihn so." Die Großmutter hatte mit einem düsteren Klang in der Stimme gesprochen. Aber schnell hatte sie ihre Stimmung wieder im Griff. Vielleicht wollte sie nicht, dass allen anderen durch sie dann auch das Herz schwer würde, und deswegen wechselte sie schnell das Thema. „Unsere A-tin hat Glück gehabt, dass sie dich als Freundin gewinnen konnte. Die bist so wunderhübsch und so gescheit. Wir freuen uns sehr und sind ganz beruhigt, wenn sie in deiner Gesellschaft ist."

Der Tisch der gastgebenden Jubilarin mit ihren wichtigsten Gästen war in der großen Diele aufgestellt worden. Die Großmutter nahm mich bei der Hand und wollte, dass ich neben ihr Platz nehmen sollte. Außer diesem Tisch gab es noch vier weitere große runde Tische, die draußen vor der Diele auf dem Laubengang aufgestellt worden waren. Die Feiergäste kamen einer nach dem anderen herein, um zu gratulieren. Die Großmutter war putzlebendig und bei bester Laune, während sie allen ununterbrochen die von mir gedichteten Verse und meine Kalligraphien vorstellte. Ein Festessen wurde aufgetafelt. Bei jedem neuen Gang, der aufgetischt wurde, gab die Großmutter mir davon einen Happen auf meine Schale. Mein Bauch war zum Platzen voll. Ich konnte wirklich nichts mehr essen, durfte mir aber auch nicht gestatten, das Essen abzulehnen.

„Was arbeitet dein Herr und Gebieter? Sicherlich sind es sehr wichtige Geschäfte! A-tin hat mir davon nichts erzählt." - „Er arbeitet in Taipeh. Aber er liebt Tainan und sagt, Tainan sei die alte Hauptstadt, und dass die Menschen hier sehr kulturvoll, dazu herzlich und liebenswert seien. Er wollte, dass ich schon mal vorher hierher in den Süden umziehe. Erst später will er seine Arbeit dann langsam hierher nach Tainan verlegen." - „Also ist er jetzt noch in Taipeh? Und noch nicht nachgekommen?" - „Richtig, Er hat zu viel zu tun. Er kann sich noch nicht frei machen." - „Du solltest ihm berichten, dass es besser ist, hierher, zu uns nach Tainan zu kommen. Hier ist alles gut entwickelt, es fehlt hier an nichts. Ich hörte, dass es in Taipeh gefährlich ist, weil die amerikanischen Bomber Bomben abwerfen. Kümmert ihn das denn nicht?" - „Großmutter, wir schwimmen alle im Fahrtwasser Eures Glücks, zurzeit sind wir sicher und wohlbehalten! Aus eben diesem Grund, weil es jetzt zu Luftangriffen kommt, kann er erst recht nicht weg aus Taipeh, und deshalb auch sollte ich nach Tainan umziehen." - „Ich verstehe …" - „Wenn die Männer erstmal ihre Karriere im Blick haben, stürzen sie sich mit Leib und Leben in die Arbeit. Was uns Frauenzimmer angeht …, ach, ich finde, dass wir das

nicht können. Wir müssen uns ganz allein um den gesamten Hausstand und die ganze Familie kümmern. Das ist auch nicht einfach …
Dann begann die Großmutter, mir von ihren Eltern zu erzählen, und sie breitete ihr gesamtes Leben vor mir aus.

Ich war ihr eine gute Zuhörerin, indem mein Gesichtsausdruck immer passend wechselte, mal runzelte ich die Brauen, mal wurde mein Gesicht starr vor Ernst, mal riss ich plötzlich die Augen auf, dann wieder lachte ich mit weit geöffnetem Mund. Nach dem Essen fühlte sich mein Gesicht, als hätte es eine rundum Gesichtsmassage erhalten. Später erzählte mir A-tin, dass auch sie die Geschichten, die Großmutter mir erzählt hatte, an diesem Tag fast alle zum ersten Mal gehört hatte: „Daran kannst du sehen, wie sehr sie sich von dir angezogen fühlte." Dann hatte A-tin zu noch mir gesagt: „Yuying, Jadeblüte, wie kommt es, wenn du doch längst aus deinem Elternhaus ausgezogen und verheiratet bist, du es vor mir niemals erwähnt hast?" Bei welchem Anlass und wie hätte ich es ihr erzählen sollen? Sollte ich A-tin erzählen, dass ich so eine Frau war, die andere Frauen auf den Tod hassten und gleichzeitig beneideten, so eine Geisha, die sich jeder Mann zur Gespielin wünscht, die aber immer unerreichbar bleibt? Hätte ich ihr erzählen sollen, dass ich so eine war, die mit Vier bereits verkauft worden war, und dass ich erst zwanzig Jahre später meine leiblichen Eltern kennengelernt hatte? Und wie schwer es mir gefallen war, dass etwas wie Liebe und Vertrautheit zu ihnen in meinem Herzen Wurzeln schlug? Ich war unentschlossen, und ich machte mir Sorgen. Als die Großmutter mich fragte, hatte ich, weil der Zufall es wollte, einfach eine passende, hübsche Geschichte erfunden. Aber vor A-tin würde diese hübsche Geschichte nur eine Lüge sein. Sie würde einen Keil zwischen uns schlagen, die unsichtbare Schutzmauer aus gegenseitiger Offenheit und Ehrlichkeit um uns herum würde brechen. Mir war das schwere Los, das mich getroffen hatte, peinlich! Wie minderwertig und anders als das Leben anderer mein Leben doch war! Besonders im Vergleich zu einer solch illustren Großfamilie, wie es die von A-tin war! Doch A-tin dies zu verheimlichen, lies mir keine ruhige Minute mehr. Sie war so unendlich einsam. Ich war für sie der einzige Mensch, mit dem sie offen und ehrlich über alles sprechen konnte. Wenn ich nicht ehrlich zu ihr wäre, würde ich sie verraten. Deswegen blieb mir nichts andres übrig, als zu riskieren, dass sie mich verabscheute und aufgab, und ich musste ihr die Wahrheit erzählen. Ich erzählte ihr, dass, wenn ich an meine Kindheit zurückdachte, da vor allem die Erinnerung an das tagtägliche Ausleeren des schweren Nachttopfs war, wie ich immer zu meinem Lehrer in dessen Bücherstube musste, um dort lesen und schreiben zu lernen, wie ich Qin spielen lernte, wie ich die vielen Musikstücke singen und auf der Pipa spielen lernte, und dabei von der Muhme Wei geschlagen wurde, wie ich, wenn ich den Kunden Gesellschaft beim Trinken und Spaß machen leistete, mich vorsichtig aus der Affäre ziehen musste, wenn sie aufdringlich wurden. Aber dich, Alang …, dich erwähnte ich nicht. Du bist mir mein kostbarstes Geheimnis. Dich verstecke ich am Grund meines Herzens. Von dir kann ich schon deshalb nichts erzählen, weil ich doch die Gesellschaft zur Literatur, die Bauernvereinigung und die Sitzungen der kommunistischen Partei in Shanghai gar nicht verstehe, und die müsste ich dann wohl erwähnen. Die Waffen unter meinem Bett würden A-tin zu Tode erschrecken! Als sie dann über mein Leben Bescheid wusste, verabscheute sie mich keineswegs. Sie hörte mir, immer dem Weinen nahe, zu, bis ich zu Ende erzählt hatte. Sie fand, dass ich entwürdigt worden war. Sie fand, dass mein Schicksal ungerecht zu mir gewesen war. Ja, sehr ungerecht, aber dagegen kann man nichts tun. Geschehenes lässt sich nicht rückgängig machen. Das Leben muss weitergehen. So ist es, nicht wahr?

Was ist denn passiert, Alang? Jetzt sind neun Monate vergangen und kein Lebenszeichen von dir! Ich las jeden Tag Zeitung und hörte die Radiodurchsagen. Die Lage dort machte mir große Sorgen. Ich durfte mir vor meinen Schwestern nichts anmerken lassen und musste mich zwingen, lächelnden Gesichts mit ihnen zusammen zu sein. Dabei wollte ich so gern nach Taipeh zurück und dich dort besuchen. Aber Yayun hatte mir eingeschärft, auf jeden Fall und unbedingt auf dich zu hören und Taipeh zu verlassen. Aber sie hatte nichts davon gesagt, ob ich denn je wieder nach Taipeh zurückkehren dürfte. War dies jetzt meine zweite Entwurzelung, Alang? Einmal zerschnittenes Peddigrohr, das für immer entzwei bleibt? Oder hattet ihr beide euch zusammengetan und gegen mich verschworen, um mich zu betrügen? Bloß was hättet ihr dadurch für einen Vorteil gewonnen? Was sollte ich tun, damit es mir wieder gut ging?

An jenem Tag waren wir nicht im Hayashi Department Store bummeln gewesen und hatten auch keinen Ausflug zum Tshiah-Khàm-Lâu, dem Fort Provintia, nach Siccam unternommen. Wir hatten nur in dem großen Wohnzimmer von A-tin gesessen, Melonenkerne geknabbert, Tee getrunken und uns unterhalten. Ich sagte zu ihr, die Einrichtung ihres Wohnzimmers wäre sehr gewagt und ein absoluter Hingucker, und dass man auf ganz Taiwan wohl kein zweites so eingerichtetes Wohnzimmer fände. A-tin antwortete, das Zimmer wäre nach dem Geschmack ihres Mannes eingerichtet worden.

„Er ist immer gut zu mir, nur eben etwas seltsam", sagte sie, „Keiner von uns, ob alt oder jung, versteht, was er tut und was er denkt. Er ist schon ewig in Taipeh. Selten kommt er nachhause. Dann will er immer nur Geld. Er sagt, um anderen Menschen zu helfen und irgendwelche Vereinigungen zu unterstützen. Mein Schwiegervater findet, er arbeitet nicht ordentlich, verdient auch nichts, sondern wolle nur immer unser Geld. Das ist die Wahrheit. Allerdings konnten wir nie entdecken, dass er auf die schiefe Bahn geraten oder verkommen wäre. Er ist immer gut zu uns allen und sehr freundlich und lieb, so dass sich mein Schwiegervater schwer damit tut, ihn richtig zusammenzustauchen. Diesmal ist er besonders lange fort. Es ist fast ein ganzes Jahr her, dass wir ihn zuletzt sahen. Wir haben keinerlei Lebenszeichen von ihm erhalten. Vater hat sich überall umgehört, aber es hat nichts genützt. Wie kann ein gesunder, im Leben stehender Mensch denn einfach so von der Bildfläche verschwinden? Wenn er tot wäre, müsste es doch zumindest einen Leichnam von ihm geben!" A-tin war sehr bekümmert, als sie es mir erzählte. Sie rieb sich andauernd die Hände, man sah deutlich, wie angespannt sie war. Ich hatte so großes Mitleid mit ihr. Aber ich konnte nichts für sie tun, nur betreten schweigen. Wäre Yayun jetzt bei uns, wie wunderbar müsste das sein! Sie konnte so gut trösten. Sie wusste immer, was zu sagen war und zu wem man was sagte. Am besten wusste sie, wann man was sagte.

„Wer spielt hier Klavier? Wer spielt hier Violine?", wechselte ich das Thema. „Mein Mann. Von klein auf hatte er immer Musikunterricht. Ich hörte unseren alten Knecht erzählen, dass Vater zwei Musiklehrer bestellte, die ins Haus kamen und ihn unterrichteten. Jede Woche kamen die beiden Lehrer jeweils einmal, auf jedem der beiden Instrumente erhielt er wöchentlich eine Unterrichtsstunde." - „Dann lernte er gleichzeitig beide Instrumente zu spielen?" - „Ja, genau! Ich hörte auch, dass er ungefähr zehn Jahre lang Geigenunterricht hatte, er sich dann aber mehr fürs Lesen interessierte und keine Zeit mehr mit dem Geige üben verbrachte." - „Was hat es denn mit den zwei Kalligraphien auf sich? Woher kommen die? Die Schriftzeichen sehen aus, als würden sie aus der Bildrolle fliegen!" - „Sie sind gekauft. Mein Mann hat sie gekauft. Angeblich waren sie sehr teuer. Du hast das gleiche Empfinden wie er. Er sagte auch, es sieht aus, als flögen sie aus der Bildrolle heraus." - „Kalligraphierst du auch gern?", fragte mich A-tin. „Die Zeichen, die du für meine Großmutter geschrieben hast, sind so wunderschön geschrieben!" - „Ja, natürlich liebe ich die Kalligraphier! Ich liebe es, mit dem Pinsel zu schreiben! Mein Lehrer, der mich das Kalligraphieren lehrte, schrieb ganz wunderbar. Es ist so traurig, dass er das Couplet nicht sehen kann und mich nicht mehr unterrichtet." A-tin hörte mir zu und ihre Stimmung hellte sich auf. Sie war nun nicht mehr so traurig: „Dann haben wir ein gemeinsames Steckenpferd! Ich schreibe auch gern mit dem Pinsel. Leider war ich, seit ich die Kinder habe, nicht mehr fleißig am üben. Ich habe eine kleine Schriftrolle, die ich im Schlafzimmer aufgehängt habe. Sie kann sich mit den beiden Schriftrollen im Wohnzimmer aber nicht messen." - „Darf ich sie mir anschauen?", fragte ich.

PINGGU

Es war eine ganz und gar ungewöhnliche Route, die wir mit unserer Dschunke nahmen. Wir segelten in uns unbekannten Gewässern. An Land hätte man gesagt, wir ziehen um und siedeln nun woanders. Wir segelten zuerst mal all unsere noch im Gebrauch befindlichen Standorte ab und transportierten alles, was wir weiter benutzen wollten, ab. Besonders aber von unseren Schätzen, die wir in Erdhöhlen versteckt hatten, durfte nichts abhanden kommen. Von all dem, das sich in fast zwanzig Jahren angesammelt hatte, sortierten wir das, was weggeworfen werden musste, aus und trennten uns davon. All das, woran wir unser Herz nie gehängt hatten. Das, an dem wir hingen, änderte unsere Entscheidung, es wegzuwerfen, auch nicht. Unsere Zelte woanders aufzuschlagen, war nicht leicht, aber dadurch ergaben sich viele neue Möglichkeiten und Chancen. Wir segelten Richtung Osten, hinein in die terra incognita. Unterwegs litten wir keine Not, keine Unwetter, keine Zwischenfälle, nichts passierte uns. Die Crew unseres Schiffs war bei uns geblieben, wahrscheinlich aus Treue zu uns. Den Mannschaften der anderen Dschunken stand frei zu bleiben. Wer in den Regierungsdienst wollte, ging, wer zurück in die Heimat wollte, ging. Jeder tat, was er wollte. Mit einem Mal waren unsere Schiffsmannschaften um ein Vielfaches kleiner. Allerdings wog auch die Last leichter. Denn schleppt man auf den Schultern weniger Gepäck mit zum Feld, hat man zwar weniger Werkzeug zur Verfügung, aber kommt ausgeruhter dorthin. Tagsüber ging ich mit Dayuan an Deck und wir ließen uns dort den Wind um die Nasen wehen, nachtsüber kam er immer mit auf mein Bett und schlief am Fußende meines Betts. Dayuan liebte es, wenn ich Hölzer ins Wasser warf. Ich tat es, um die Geschwindigkeit zu messen, für ihn war es ein Spiel. Ich musste nur mit aller Kraft werfen, und schon rannte er zum Heck, um dort auf mich zu warten. Dann schauten wir beide dem Holz, das sich immer weiter entfernte, so lange hinterher, bis es als kleiner schwarzer Punkt im strahlend blauen Wasser der See verschwunden war. Wir segelten einem neuen Ort entgegen, von dem wir nur gehört, den wir aber nie gesehen hatten. Ich fand es spannend. Dann und wann überkam mich darüber der Zweifel, denn das einzige, das ich sicher wusste, war, dass ich mich weiter und weiter von meiner Mutter entfernte.

Vor uns bekamen wir die Insel Taiwan in Blick, als wir gerade von Mitte West an ihrer Seite vorbeifuhren. „Pinggu, schau nur, auf der Seekarte sind viele Sandbänke um diesen Hafen herum eingezeichnet." - „Bei einem neuen Ort gibt es immer auch neue Ängste, die einen überfallen. Wir müssen ja kein Risiko eingehen! Lass uns besser ein kleines Boot vorausschicken und die Lage auskundschaften, dürrer Affe!" Zwei kleine Beiboote schwammen wie zwei Schildkröten unserer Dschunke voraus. Es dauerte eine Weile, bis sie tatsächlich mit einem fremden Lotsenboot wiederkamen. „Jetzt fahren wir weiter, um im Hafen anzulegen", sagte ich zu Dayuan, während ich seinen Kopf streichelte. Als hätte er mich verstanden, aber zweifelte noch, schaute er mich an.

Endlich kamen wir wieder an Land. Am Kai herrschte ziemlich Betrieb, und ich bemerkte, dass die Leute hier schwer zu verstehen waren. Dayuan mochte es, zwischen den Leuten und den großen Warenpacken hin und her zu laufen. Blitzschnell schnupperte er überall und wollte die Gegend erkunden. Ich schaffte es kaum, ihn an der Kette festzuhalten. Du sahst es und fandest es so zum Lachen, dass du mir den Ratschlag gabst: „Lass doch mal Dayuan die Führung übernehmen!" Keine Ahnung, ob Dayuans Nase nun so besonders patent war, aber wir kamen doch tatsächlich, nachdem wir mal links, mal rechts abbogen und wie im Zickzack gelaufen waren, in eine enge Gasse, in der wir eine Speisegaststätte fanden. Von außen sah sie durchschnittlich aus, aber so wie wir eingetreten waren, merkten wir erst einmal, wie gut die Geschäfte hier liefen. Nicht nur, dass lautes Stimmgewirr uns entgegenschlug, es war schwierig, noch einen leeren Tisch zu ergattern. Der Ober, der für uns auf der Suche nach einem freien Tisch war, überall herumlief und keinen fand, fragte, ob es wohl möglich wäre, wenn wir uns zu anderen Gästen mit an den Tisch setzten. So trug es sich zu, dass wir Yang Tiancheng und seine Kompagnons kennenlernten.

„Wir sind mit unserer Dschunke vor zwei Tagen in den Hafen hier eingefahren und stechen in vier, fünf Tagen wieder in See, um nach Japan zu segeln", berichtete uns Yang Tiancheng. „Wir haben heute mit unserer Dschunke hier festgemacht. Dann seid ihr also genauso Seefahrer wir! Das freut uns sehr!" Wie du dich freutest und lachtest, dürrer Affe, sah man ja äußerst selten. Kommt der Mensch an einen neuen Ort, fühlt er sich stets etwas unwohl. Und nun, ohne uns auch nur verabredet zu haben, teilten wir mit ein paar anderen Seefahrern den Tisch. Das musste ein gutes Omen sein! Yang Tiancheng ließ durchblicken, dass in Japan das Silber knapp war, und dass es dort zu ziemlichen Engpässen kam. Sowie er den Mund aufmachte und uns das berichtete, wussten wir sofort, dass er nicht die gleiche Route wie wir genommen hatte. Das hieß dann doch, dass unser Seladon-Porzellan jetzt nichts mehr zu befürchten hatte! Auch wenn du nichts darüber verlauten ließest, wusste ich dennoch, dürrer Affe, wie sehr du dich im Geheimen darüber freutest. Yang Tiancheng und seine zwei Kompagnons unterhielten sich prächtig mit uns. Es wurde viel gelacht. Gute Unterhaltung, dazu gutes Essen und guter Schnaps bewirkten, dass Yang Tiancheng uns die Schiffsroute, um nach Japan zu segeln, in nicht zu überbietender Ausführlichkeit erklärte. Ich war von der Idee gefangengenommen. Gib es zu, dürrer Affe, du auch! Vielleicht sollte uns unsere nächste Reise einmal nach Japan führen! Auch merkten wir, wie geschäftig es in diesem Städtchen zuging. Es gab hier fast alles, was man sich nur vorstellen kann, zu kaufen. Was Bootsleute immer so brauchten, hatten wir in nur einem Gang durch die Gassen des Städtchens schnell zusammengekauft. Hier wurde man wirklich fündig. Yang Tiancheng hatte Lust dazu gehabt, uns alles zu zeigen und vorzustellen: „Aber eines sage ich euch, wenn ihr wirklich mal einen Blick über den Tellerrand werfen wollt, müsst ihr südwärts in See stechen." Sowie er dies sagte, nickten seine beiden Kompagnons, es deutlich bekräftigend, mit dem Kopf. Diese Route durch die Melakka Straße haben unsere alten Vorfahren zu Ende der Ming schon genommen. „Große Geschäfte, kleine Klitschen, Lokalopernvorstellungen, Lieder und Geschichtenerzähler, riesige Amtsgebäude und Prachtstraßen, alles was man haben möchte, und alles, was man sich niemals vorzustellen vermag, und noch viel mehr, als was ein Mensch zum Leben gebrauchen kann, wartet da auf euch!" Yang Tiancheng hatte sich in Fahrt geredet und wir hörten staunend zu. Natürlich ließ sich nicht vermeiden, dass wir von uns erzählten. Du sagtest nur vorsichtig, dass wir Kaufleute wären, kleinere Geschäfte abwickelten. Den Teil mit den Regierungsbehörden sparten wir aus. Das mussten wir ja nicht erwähnen. Wir waren immer auf der Hut vor den kaiserlichen Militärs und vermieden stets, zu erzählen, dass wir in der Vergangenheit eine Flotte von über hundert Dschunken besessen hatten. Dürrer Affe, das war dir natürlich auch sonnenklar. Dass man, wenn es nötig war, zu schweigen, seinen Mund hielt, bedeutete ja nicht, dass man etwas nicht verstand oder nicht zu sprechen wusste. Selbst mit seinem besten Freund verkehrte man niemals so hautnah, dass man sich alles erzählte. Da war ja wohl klar, dass man mit Yang Tiancheng, den man gerade erst kennengelernt hatte, vorsichtig war.

AQIN

Kuan-á war seit über einem Jahr beim Schneider in der Lehre, aber dann merkte sie, dass es nicht das war, was sie lernen wollte. Der Futterstoff war immer so glatt, dass er sich mit der Maschine nur schwer nähen ließ. Sie hatte es mehrere Male versucht aber nie geschafft und hatte die Ausbildung deshalb abgebrochen. Ich war nicht einverstanden damit, konnte dagegen aber nichts ausrichten. Kuan-á war wie ein überall herumgaloppierendes Wildpferd. Sie tat, wonach ihr der Sinn stand, und war nicht zu bändigen. Eines Tages, als Hei Yuan gerade Feierabend gemacht hatte und aus der Hafenbehörde kam, sah er, als er durch die Gebrauchtwarenmarkthalle, wir sagen immer Diebesgutmarkthalle, ging, von draußen vor einem Eisenwarenladen, wie sich Kuan-á in dem Laden mit zwei jungen Männern unterhielt. Wutschnaubend kam er, zuhause angelangt, zur Tür herein und fing auf der Stelle an, mich zu beschimpfen, ich würde nicht ordentlich auf Kuan-á Acht geben und sie überall herumlaufen

307

lassen und zulassen, dass sie sich auf der Straße mit wildfremden Männern träfe. „Das ist doch kein Benehmen, wie unschicklich ist das!" - „Kuan-á ist doch kein Kettenhund. Ich kann sie doch nicht zuhause festbinden! Wenn sie rausgeht, kann ich doch nichts dagegen tun!" - „Wie kann es sein, dass du dich wie ein altes Weib benimmst? Wenn du nichts dagegen ausrichten kannst, musst du dir was überlegen!", brüllte Hei Yuan mich weiter an, „alle Nachbarn bei uns in der Gasse tratschen in einem fort, Kuan-á lasse sich von Männern auf dem Fahrrad bis zu uns an die Ecke bringen und gehe nur das letzte Stück in unserer Gasse allein zu Fuß. Willst du dir sowas noch weiter anhören? So kann ich doch keinem mehr in die Augen sehen!" Hei Yuan machte mir ständig Vorwürfe, dass ich die Kinder von klein auf immer schon verzogen hätte. Ich fand, dass ich mich nur an die Kinder so klammerte und sie immer so sehr umsorgte, weil ich, wenn sie tatsächlich doch stürben, immerhin wüsste, wie ich es mir dann beizubringen hätte.

Nachdem Kuan-á ihre Lehre geschmissen hatte, hatte sie sich Arbeit in einem Warenhaus gesucht und verkaufte seitdem Strümpfe. Einmal brachte sie ein paar aufregend neue Strümpfe mit nachhause, die durchscheinend waren. Sie erzählte, es seien Seidenstrümpfe. Der absolute Hingucker! Als sie sie angezogen hatte, konnte man sie kaum sehen. Ich berührte noch extra ihre Beine. Es war kaum zu glauben! Diese Strümpfe wurden bis hoch auf die Schenkel gezogen und man trug dazu ein mit einer Spitzenborte geschmücktes elastisches Strumpfband, ein Gummi, das man sich über die Zehen streifte und dann hoch bis auf die Schenkel schob. Kuan-á begann, solche Strümpfe auf der Arbeit zu tragen. Auch Siok-lin schenkte sie ein Paar solcher Seidenstrümpfe. Wenn die Seidenstrümpfe Laufmaschen hatten oder Maschen hochkamen, weil man irgendwo hängen geblieben war, brachten sie sie zum Markt, um sie dort repassieren zu lassen. Um Seidenstrümpfe zu stopfen, brauchte die Repassiererin eine Zungennadel. Es funktionierte nicht wie für gewöhnlich beim Strümpfestopfen, wo man mit Nadel und Faden das Loch stopfte. Ein paar solcher Strümpfe konnte viele Jahre lang getragen werden.

Kuan-á verkaufte besonders Herrensocken mit großem Erfolg. Wie zu der Zeit, als sie mir half, Tapiokabällchen zu verkaufen, und die Jungen nur deswegen zum Essen kamen, um ihr nahe zu sein und die Chance zu haben, mit ihr ein paar Sätze zu wechseln. Kuan-ás

Geschäfte liefen aber auch bei den Damenstrümpfen sehr gut, denn ihre eigenen Beine waren der allerbeste Verkaufsschlager. Wenn die Frauen ihre geraden, glatten und langen Beine sahen, dachten sie immer gleich, durch ein paar solcher Strümpfe hätten sie die gleichen schönen Beine. Kuan-á verkaufte mit so großem Erfolg, dass sie oft einen Bonus ausgezahlt bekam. Es schien so, dass sie damit, die Lehre abzubrechen, und Strumpfverkäuferin zu werden, die richtige Entscheidung getroffen hatte. Einmal kam sie mit einer Neuigkeit nachhause, die uns alle sprachlos machte. Sie wollte Filmschauspielerin werden! Ein Mann mittleren Alters hatte sie beim Socken kaufen kennengelernt und sie nach einigen Malen gefragt.

„Ein so hübsches Mädchen mit einer so guten Figur wird bestimmt schnell berühmt. Wenn du erst berühmt bist, verdienst du schnelles Geld. Dann brauchst du hier nicht mehr den ganzen Tag stehen, sondern du kannst dann sogar noch ins Ausland reisen. Als Filmschauspielerin zu arbeiten, ist kinderleicht und nicht mühsam. Du arbeitest tagtäglich mit gutaussehenden, jungen Männern zusammen. So etwas bietet sich einem doch nicht alle Tage!", hätte der Mann ihr erzählt, berichtete sie uns, und so hätte sie Lust dazu bekommen. Hei Yuan regte sich furchtbar auf: „Was denkst du, was dann aus dir wird? Wie enden denn diese Filmschauspielerinnen? An denen fummeln nur die Männer herum! Lass dich nicht für dumm verkaufen! So einfach ist das Geld in unserer Welt nicht verdient. So denken nämlich die Leute über die filmschauspielernden Frauenzimmer! Wenn du so etwas machen willst, brauchst du hier nicht mehr anzukommen. Dann bist du nicht mehr meine Tochter! Noch was, lass dich nicht immer von irgendwelchen Männern nachhause bringen. Das ist unanständig und gehört sich nicht! Die Leute reden schon hinter deinem Rücken darüber. Wenn du dich unmöglich benehmen willst und dich nicht schämst, sage ich dir eins, ich will es nicht! Ich will anständig leben und anderen Leuten in die Augen schauen können!" Hei Yuan schimpfte und schimpfte. Dass Kuan-á Filmstar werden wollte, ließ ihm keine ruhige Minute.

Kurze Zeit, nachdem A-Siong geheiratet hatte, kündigte sich Nachwuchs an, und er redete noch seltener mit mir. Wir hatten weniger Anlass, uns zu streiten, seit wir nur noch so selten miteinander sprachen. Siok-lin war mit mir nicht vertraut. Nur wenn es sein musste, sprach sie aus eigenem Antrieb mit mir. Manchmal waren nun nur wir beide allein zuhause, aber wir vermieden es, – schwer zu sagen, ob es aus Absicht geschah oder nicht – , mit dem anderen ein paar Worte zu wechseln. Genauso, wie wir vermieden, gleichzeitig im Haus an einem Ort zu verweilen. Auch machten wir alles immer besonders gründlich und gut, um dem anderen die Möglichkeit zu nehmen, herumzunörgeln. Ich wollte immer von ihr, dass sie ihr Kind fest wickelte, damit es sich nur ja nicht erkältete. Sie war der Meinung, ich wickelte so, dass das Kind zu schwitzen anfing. Wenn die Poren voll geöffnet wären, würde der kalte Wind doch direkten Zugang zum Körper bekommen. Dann würde ihr Kind doch doppelt so schnell krank werden. Ich mochte Basilikum mit Sesamöl zusammen gebraten, Siok-lin dagegen fand, dass Basilikum mit Eiern zusammen erst nahrhaft würde.

„Siok-lin, was ich dir außerdem noch zu sagen habe, dass du die Windeln bitte erst nachmittags wäschst. Denn wenn du es vormittags machst und sie draußen vor der Küche aufhängst, muss ich mich jedes Mal, wenn ich raus und wieder rein muss, bücken. Es ist für mich viel zu aufwendig. Nachmittags dagegen brennt die Sonne vom Himmel herab, das sind die Windeln sofort trocken." - „Das geht auf keinen Fall! Nachmittags kochen unsere Nachbarn mit Kohlen. Wenn Wind auffliegt, wirbeln die Kohlestückchen durch die Luft. Die Windeln sind dann oft schwarz gesprenkelt. Es ist furchtbar unhygienisch!" Es war immer so, dass Siok-lin, egal, was ich auch sagte, jedes Mal Einwände hatte. Sagte ich was, wollte sie es nie hören. Ich war darüber sehr aufgebracht und enttäuscht.

In dieser Zeit begann es, dass Kuan-á mit einem Jungen ging. Er hieß mit Nachnamen Chiang und war Festlandchinese. Angeblich war er bei der Marine und arbeitete auf einem Schlachtschiff. Sowie er Urlaub hatte, kam er zu uns nachhause. Manchmal kam er und blieb zum Essen da. Manchmal holte er sie ab, um mit ihr auszugehen. Hei Yuan fand, dass es ein ordentlicher junger Mann wäre und sagte deswegen nichts. Chiang Ming sprach nur schlecht Taiwanesisch. Deswegen verstand ich ihn oft nicht. Manchmal musste ich lachen, wenn er sich so komisch ausdrückte. Aber er gab sich alle Mühe, unsere Sprache zu lernen und versuchte fleißig immer wieder, sich mit Hei Yuan und mir zu unterhalten. Es war nicht nur bei Chiang Ming so. Im Allgemeinen waren die Festlandchinesen offener und lebhafter als wir. Die jungen Leute gingen ja auch zusammen zur Schule und konnten sich deshalb gut verständigen. Ich war Analphabetin und konnte kein Hochchinesisch sprechen. Wenn die beiden zusammen plauderten, ging ich ins Schlafzimmer, damit sie sich ungestört fühlten. Chiang Ming und Kuan-á waren sehr vertraut miteinander. Er kam sehr oft zu Besuch und brachte jedes Mal frischen Wind und gute Stimmung mit nachhause. Sowie er länger mal nicht mehr kam, wussten wir, dass er wieder auf See war.

Sie wollten, dass ich meinen Tapiokabällchen-Verkauf einstellte. Jetzt hatten die Imbissverkäufer, ob es nun Tapiokabällchen oder andere Zwischenmahlzeiten waren, zumeist einen kleinen Laden mit Tischen und Stühlen. Die Gäste setzten sich. Das war dann viel angenehmer als bei mir mit meinem runden Stand ohne Stühle, wo die Leute nur schnell das Essen runterkippten und gleich weitergingen. Da hätte ich schon Bambustische und -stühle mitbringen müssen. Aber dann wäre mein Stand doppelt so groß gewesen. Ich hätte ihn allein nicht mehr schieben können. In den letzten Jahren hatte ich das Geld, das ich verdiente, immer ganz für mich behalten. Es war mein Taschengeld. Das, was wir zuhause brauchten, verdienten A-Siong und Hei Yuan. Mir war, dass es mein Taschengeld war, nicht wichtig. Manchmal kaufte ich meinem Enkel Kumquats oder Sesamschnurgebäck, manchmal kaufte ich für uns zuhause Obst ein oder ich ging in den Tempel Räucherkerzen anzünden. A-Siong arbeitete längst bei der Bank, hatte eine feste Stellung und zwei Kinder. Die Wogen hatten sich geglättet. Wir verlebten, ohne das etwas Schlimmes passierte, zwei Jahre, in denen alles glatt lief. Vielleicht war ich nur zu sehr daran gewöhnt, dass ich bis zum Umfallen arbeiten musste. Dass mal alles glatt lief, vertrug ich nicht. Mir war ganz flau im Magen. Ich fühlte mich, als schnürte es mir die Kehle zu und war immer gestresst. Was das war, konnte ich nicht in Worte fassen.

Eines Nachmittags, als ich zuhause war und bei uns vorm Haus fegte, sah ich Chiang Ming, der schnellen Schrittes zu uns die Gasse heraufkam. Komisch, denn er kam doch sonst nie um diese Zeit zu uns. Er wusste doch, dass Kuan-á noch im Warenhaus auf der Arbeit war. Was machte er hier denn eigentlich? Chiang Ming sah furchtbar abgespannt und müde aus. Er hatte sich lange nicht mehr rasiert. Er sprach zu mir in sehr holprigem Taiwanesisch, mit Händen und Füßen, und ich verstand ungefähr, dass Kuan-á schwanger war!

„Oh! Wie kann denn das passiert sein? Wenn das Hei Yuan erfährt, dann schlägt er unsere Kuan-á bei lebendigem Leibe tot!" Ich wollte etwas genauer erfahren, was passiert war. Aber wir schafften es nicht, uns zu verständigen. Ich war völlig in Panik geraten. Nur gut, dass Siok-lin gerade mit ihren zwei Töchtern von ihren Eltern wieder zurück nachhause kam. Sie sprach mit Chiang Ming und sagte es mir dann weiter. Kuan-á war tatsächlich schwanger. Aber das Kind war nicht von Chiang Ming! Weil Chiang Ming drei Monate lang in See stechen sollte, hatte er einem Kollegen Namens Chang seine Freundin anvertraut. In diesen drei Monaten war es zu diesem Unglück gekommen. Ich war geschockt. Jetzt erst begriff ich, warum Chiang Ming so furchtbar abgespannt und verletzt ausgesehen hatte. Ich glaube, er hatte sich bestimmt bereits eine Zeitlang damit herumgequält und, weil er keine Lösung gesehen hatte, wie er hätte damit umgehen sollen, war er zu uns gekommen. Ich hätte nie im Leben gedacht, das Kuan-á sich so dumm anstellen würde, so ohne Sinn und Verstand. Mit einem Mal schlug mir das Herz bis zum Hals. Ich bekam Herzrasen und konnte keinen Gedanken mehr fassen. Was passiert war, war wirklich viel zu schlimm. Das konnten wir Hei Yuan nicht verheimlichen. Was jetzt geschehen sollte, musste er entscheiden.

Kuan-á wusste, dass sie ins Messer gelaufen war. Sie hatte sich eine Zeitlang bei ihrer Freundin versteckt und nicht mehr gewagt, nachhause zu kommen. Hei Yuan wartete jeden Abend nach Feierabend zuhause auf sie. Als er sie endlich zur Tür hereinkommen sah, griff er sich den Besen und wollte damit auf sie einschlagen. A-Siong und ich hielten ihn davon ab.

„Du beschämst mich vor aller Leute Augen! Früher hast du dich von irgendwelchen Männern hier herbringen und abholen lassen. Da haben die Nachbarn bereits hässlich über dich gesprochen. Und jetzt erst! Du treibst es mit einem miesen Lump! Und heraus kommt dann so eine schamlose Geschichte. Was bin ich dir in meinem vergangenen Leben eigentlich schuldig geblieben, dass dir so danach ist, mich zu Tode wütend zu machen!"

In der Zeit, die dann folgte, gingen Vater und Tochter sich einander aus dem Weg. Kuan-á, weil sie Angst hatte, Hei Yuan, weil er zu wütend war. Als sie im vierten Monat schwanger war, gab es eine rasch vollzogene Heirat. A-Muâis viertes Töchterchen und A-Siongs gro-ße Tochter waren die Blumenkinder. Kuan-á war mit Chiang Ming eng vertraut gewesen und hatte ihn heiraten wollen. Dann kam es so, dass sie diesen Chang, irgendeinen Chinesen vom Festland, heiraten musste. Hei Yuans Wut darüber kühlte nicht ab. Er ignorierte seine Tochter von diesem Tage an. Ganz selten, wenn er wegen irgendet-was seinen Schwiegersohn zu Gesicht bekam, behandelte er ihn wie einen Fremden. Er weigerte sich, mit Chang Ching Tien zu sprechen.

Nach diesem Vorfall fehlte von Chiang Ming jede Spur. Wir hörten nie wieder etwas von ihm und keiner wusste, wo er verblieben war. Sein zermürbter, trauriger Gesichtsausdruck erschien mir von Zeit zu Zeit vor meinem inneren Auge. Ich hatte Kuan-á nie beschrieben, wie er ausgesehen hatte, als er zum letzten Mal zu uns gekommen war. Ich wusste auch nicht, wie sie und er ihrer beider Beziehung beendet hatten. Wie Chiang Ming von Kuan-ás Schwangerschaft er-fahren hatte, wusste ich auch nicht. Womöglich durch sie selbst oder durch Chang Ching Tien, der erschien und es ihm sagte, als er Licht in die Zwistigkeiten zwischen ihnen beiden bringen wollte. Ich hat-te Kuan-á niemals zu dieser Angelegenheit befragt. Ich weiß noch, wie traurig ich war. Zu ungern ließ ich Chiang Ming fortgehen, und wie schämte ich mich, welch schlechtes Gewissen hatte ich, als er ge-krümmt mit zusammengezogenen Schultern fortging und ich ihm hinterher schaute. Vielleicht war es ihm peinlich, dass ich hätte sehen können, dass er weinte. Denn er gestattete sich erst, als er sich von mir weggedreht hatte und ich ihn nur noch von hinten sah, seinen Tränen freien Lauf zu lassen. Ich sah, wie er sie sich mit dem Ärmel wegwischte, als er langsam die Gasse runter ging, dann abbog und sich aus unserem Leben entfernte. Ich kenne nichts besser als dieses Gefühl eines gebrochenen Herzens. Obschon es einige zig Jahre her ist, ist, wie es sich anfühlt, ein gebrochenes Herz zu haben, niemals verblasst. Im Gegenteil, je mehr ich verstehe, was der Mensch ist, was Gefühl und was Zuneigung ist, ist die Farbgebung der Erinnerung noch viel intensiver geworden. Ich frage mich, ob das meiner Tochter, wenn ich damals Hei Des Frau geworden wäre, wohl passiert wäre. An so was überhaupt einen Gedanken zu verschwenden, ist natürlich Unsinn. Nur, was soll ich denn denken, wenn nicht das? Die Gedan-ken eines Menschen kommen lautlos und unbemerkt, wie ungebe-tene Gäste, von ganz allein. Sie lassen sich nicht verscheuchen. Man wird sie nicht mehr los.

Nach ihrer Heirat wohnte Kuan-á in einer Mietswohnung in einem Randbezirk von Hamasen. Wenn ich sie besuchte, musste ich mit dem Autobus fahren und immer dreimal umsteigen. Das war ziemlich umständlich, aber natürlich viel einfacher im Vergleich zu einem Besuch bei A-Muâi, wo ich erst die Fähre nach Makung nehmen musste. Á-Kuan gebar drei Kinder. Jedes Mal während ihres vierwöchigen Wochenbettes wohnte ich einen Monat lang bei ihr, kümmerte mich um das Neugeborene und kochte das Essen. Die Familie ihres Mannes Chang Ching Tien sah ich so gut wie nie. Wenn man sich sah, verhinderte die Sprachbarriere, dass wir uns verständigten. Chang Ching Tien war nicht begabt darin, Taiwanesisch zu sprechen. Wenn wir uns sahen, nickten wir einander zu und grüßten uns, mehr war da nicht. Er hatte ursprünglich auch auf dem Schlachtschiff gearbeitet, aber er stieg um, fuhr fortan auf Handelsschiffen zur See und war dann noch seltener zuhause. Hei Yuan hörte nicht auf damit, mir vorzuwerfen, dass ich die Kinder zu sehr verwöhnt hätte. Er war der Ansicht, dass Kuan-á nur deshalb, bevor sie geheiratet hätte, schwanger geworden war, weil ich sie verzogen hätte. Nur ich hätte es verschuldet. Wir kannten Chiang Ming damals bereits mehr als zwei Jahre lang. Er kam sehr oft zu uns und wir hatten uns natürlich auch angefreundet. Besonders deshalb, weil er so eifrig Taiwanesisch gelernt hatte und wir deutlich merken konnten, dass er ein ehrliches Interesse daran hatte, sich mit uns unterhalten zu können. Er war nur einmal am Stück drei Monate lang zur See gefahren, und danach war plötzlich alles anders gewesen. Kuan-á hatte Hals über Kopf jemanden, den wir überhaupt nicht kannten, heiraten müssen. Kein Wunder also, dass das Hei Yuan großen Kummer bereitete. Er fand, dass wir alle, unsere ganze Familie, Chiang Ming großes Unrecht angetan hätten. Das schlechte Gewissen und die Scham darüber blieb über viele Jahre unverändert bestehen.

YUYING

A-tins Schlafzimmer war klein aber sehr elegant. Im Zentrum ihres Zimmers stand ein großer runder Tisch aus Palisanderholz mit Stühlen rundherum. Ihr Schrank war schlicht, auf der Kommode stand eine große Vase mit ein paar frischen Gladiolen. An der Wand gegenüber des runden Tischs war ihre Kalligraphie aufgehängt. Ich schaute sie mir an. „Deine Kalligraphie hervorragend, A-tin. Ist das nicht eines der brokatenen Zither-Gedichte von Li Shangyin?" A-tin nickte lächelnd. „Welchen Vers magst du am liebsten?", versuchte ich aus ihr herauszubekommen. „Oh, ich bin wie versessen auf die zwei Verse – *Wie Zhuangzi im Tagtraum zum Schmetterling werden* und *Dampfende Jade in den Tianbergen* – antwortete mir A-tin ohne zu überlegen in einem Atemzug. „Ist dir das nicht zu transzendent? Ich mag besonders, wie du die Zeichen geschrieben hast und den Rhythmus deiner Kalligraphie. Außerdem mag ich, wie diese Vergleiche einen in eine andere Welt entführen und die Phantasie beflügeln. Findest du nicht?" Ich hatte A-tin wohl genau aus der Seele gesprochen. Sie lächelte mich mit Wärme an. Das Bett stand im dunkleren Teil des Zimmers. An der Wand beim Fußende des Bettes war eine stark vergrößerte Photographie aufgehängt. Ich ging hin, um sie mir aus der Nähe anzuschauen.

„Oh!" entfuhr es mir. Ich hatte losgeschrien. Mein Kopf brummte, als verlöre ich das Bewusstsein. Ich bekam weiche Knie und knickte wie gelähmt zusammen. A-tin stützte mich, sodass ich auf der Bettkante Platz nehmen konnte. „Yuying, Jadeblüte, was ist mit dir? Ist dir schwindelig? Willst du dich besser ein bisschen aufs Bett legen?" - „Oh, dieses Foto …", fragte ich ängstlich besorgt. „Das ist mein Hochzeitsfoto. Ich trage einen Schleier. Erkennst du mich nicht darauf?" - „Wie heißt dein Mann?" - „Liu Cailang." - „Jadeblüte, Yuying! Setze dich schnell hin, nur ruhig, ich hole dir ein Glas Wasser!"

Ich war völlig verschreckt, zitterte am ganzen Leib. Ich war nicht mehr fähig, nur ein einziges Wort zu sprechen. Alang …, ich hatte natürlich sofort gewusst, dass du der Bräutigam auf dem Foto warst. Verbrannt zu Asche im Krematorium würde ich dich noch erkennen. Ich hätte mir nie und nimmer träumen lassen, dass du A-tins Gatte sein könntest! Du bist *ihr* Ehemann! Da warten wir beide, A-tin und ich, jämmerlich sehnsüchtig doch tatsächlich auf ein und denselben! Der Herrgott im Himmel erlaubt sich mit uns eine ziemliche Lachnummer! Was ist das noch für ein Leben?

Ich muss Tainan verlassen! Einerlei, ich bringe es nicht mehr fertig, A-tin weiterhin zu sehen. Ich bin nicht wütend auf sie, aber meine seelische Verfassung lässt es nicht zu. Ich will sie nie mehr wieder sehen. Ich will nur noch weg aus Tainan, wieder zurück nach Taipeh, dich dort sehen, Alang. Da, wo wir uns getrennt haben, werden wir uns wiedersehen. Ich werde wieder mit meinem gesamten Schmuck,

315

meinem Bargeld und mit dem Haustürschlüssel aufbrechen. Ich werde mich auf den Weg nach Taipeh begeben, zurück in meine kleine Wohnung.

„Andere werden jetzt aus Taipeh evakuiert. Und du fährst aus dem sicheren Tainan zurück nach Taipeh und rennst in den eigenen Tod! Du bist ja völlig durchgedreht. Was hat dir so deine Zurechnungsfähigkeit geraubt?", Yinxia, Ajiu sprachen so wieder und wieder zu mir. Ich sagte A-tin kein Wort davon. Ich sagte niemandem Bescheid. Mein Herz wie auf glühenden Kohlen wollte ich zurück. Ich wollte dich suchen gehen. Ich würde jeden Zentimeter dieser Stadt nach dir absuchen. Dann würde ich dich unter meinem Bett verstecken. Du dürftest mich nie wieder verlassen. Niemand würde dich mir dort wegnehmen können. Selbst A-tin nicht!

PINGGU

Unsere Mannschaft war wieder vollzählig an Bord, jeder hatte genug getrunken und gegessen. Unsere Dschunke war fertig vorbereitet zum Aufbruch. Also stachen wir gen Süden in See, dieses irdische Paradies, von dem uns Yang Tiancheng erzählt hatte, zu erkunden. Wo wir nun doch so wundervolle Waren geladen hatten, mussten wir nur herausfinden, welche wir zum Verkauf benötigten, den günstigsten Ort für den Warenumschlag bestimmen, die Entfernung zum Lastkahn, auf den umgeladen werden musste, herausbekommen und die Hindernisse, die wir auf dem Weg dorthin zu überwinden hätten, ebenso in Erfahrung bringen. Dann würden wir den Transport schon meistern. Taiwan war in jeder Hinsicht eine kleine Insel. Da war es von einem Hafen zum nächsten nicht mehr als einen großen Schritt weit. Als hätte man soeben den Anker gelichtet, und schon tauchte binnen eines Wimpernschlags der nächste Hafen auf, in den man einfahren musste. Das war wirklich sehr ungewohnt für uns. An diesem Tag hatten wir einen schönen Sonnenuntergang, einen guten Wind und gutes Wetter. Damit segelten wir gemächlich auf der See dahin. Bloß, je näher wir unserem Ziel kamen, um so seltsamer wurde uns. Entsprechend der Schilderungen Yang Tianchengs müsste hier im Hafen im Süden der Insel alles zusammenströmen, Kaufleute wie Sand am Meer, die Schiffsmaste müssten so zahlreich wie ein Wald in den Himmel ragen. Das einzige, was zu befürchten sein sollte, wäre, dass das Manövrieren, um einen freien Anlegeplatz zu ergattern, schwer fallen könnte. Aber von Ferne sahen wir nichts als vereinzelt ein paar Bötchen in der blauen See. Es schien eine verlassene Einöde zu sein. Es war nicht nur nicht zu befürchten, dass es keinen Liegeplatz gab, ja, wir hätten unsere Dschunke getrost quer, über die gesamte Längsseite, am Kai festmachen können. Dann wäre für andere immer noch reichlich Platz gewesen.

„Dürrer Affe, lass doch erst mal unseren alten Generalfeldmarschall Zhang in zwei kleinen Booten die Lage sichten! Ich finde, die Luft scheint nicht ganz rein zu sein. Mit Yang Tiancheng war das doch nicht mehr als eine kurze, unverhoffte Begegnung. Nach dem Essen ging jeder seiner eigenen Wege. Er hatte doch gar nicht nötig, uns zu betrügen. Ich will damit sagen: es ist völlig absurd, dass die Behörden da einen Spitzel bestellten. Ist doch schwer vorstellbar, dass sie es rausgekriegt und gewusst hatten, wann, an welchem Tag, und zu welcher Uhrzeit wir kamen, und dann Dayuan zu dieser Gaststätte gelockt hatten.“

Es wurde rasend schnell dunkel. Der Mond schien bereits vom Himmel herab, aber von unseren kleinen Bötchen war keine Spur zu sehen. Doppelstunde um Doppelstunde verging. Aber soweit das Auge reichte, die See blieb still. Nichts bewegte sich. Wäre bei einem der Boote was nicht glatt verlaufen, wäre das andere doch bestimmt zurückgekommen und hätte uns benachrichtigt. Wir warteten und warteten. Mit Ausnahme der Nachtwache schiebenden Matrosen, waren alle an Bord schon eingeschlafen. Wir standen an Deck. In panischer Angst schauten wir zu dem pechschwarzen Hafen hinüber. Unsere Angst wuchs und wuchs. Ich schaffte nicht, mir das Schreckliche auszumalen. Grund war, dass ich nicht im Geringsten verstand, was an Schrecklichkeiten ich mir vorzustellen hatte.

„Dürrer Affe, garantiert ist etwas Furchtbares passiert!“, sprach ich mit blanken Nerven. Du nicktest, deutlich bejahend: „Aber was kann das sein?“ Im gleichen Moment flog eine blinkende Kanonenkugel herbei und traf unser Schiff in der Mitte unterhalb des Schanzkleids. Es rollte gewaltig. Wir gingen mit dem Echo zu Boden. Die gesamte Mannschaft riss der Kanoneneinschlag aus dem Schlaf. Auf dem Schiff herrschte Tumult. Dayuan kam pfeilschnell aus der Kajüte auf mich zugerannt. Die Dschunke schaukelte unverändert, entsetzlich weit ausschwingend. Ich konnte mich gerade noch wieder am

Schanzkleid hochziehen und kam auf beiden Füßen zu stehen. Die Kanonenkugel war vom Ufer herüber gefeuert worden. Soviel war sicher. Im Meer spiegelte sich der Mond, dessen Licht vom Land her auf das Meer fiel. Noch deutlicher hätte man unsere Dschunke nicht beleuchten können. Das Ufer jedoch blieb dunkel. Jedweder Hinterhalt blieb uns verborgen im Schwarz der Nacht. Der Feind blieb unsichtbar, doch wir wurden hell beleuchtet. Die Lage hätte für uns nicht schlechter aussehen können.

„Dürrer Affe, wir müssen hier unverzüglich weg! Schnell! Um die zwei Boote kümmern wir uns später!" Die Worte hatten meine Lippen kaum verlassen, als vom Himmel die zweite Kanonenkugel herabdonnerte und Dayuan direkt zerschmetterte! Ich schrie gellend! Ich sah dabei zu, wie sein Fleisch in Fetzen auseinanderflog und ein Schwall von Blut hochspritzte. Sein wunderschönes braunes Fell! Verklebt, in Blut getränkt hing es in Fetzen an Stücken seines Fleisches und wurde ins Schwarz der Nacht katapultiert, aufleuchtend im Feuerschein und dann verschwunden im Nichts. Ich spürte einen grauenhaft heftigen Schmerz in meiner Brust. Mit einem Ruck ging ich zu Boden. Mein Hinterkopf traf mit vehementem Aufprall auf den gusseisernen Deckspoller der Taue. Dein Gesicht bewegte sich undeutlich schlingernd vor meinen Augen. Du schienst sehr aufgeregt, sehr in Angst. Was sagst du denn zu mir? Warum höre ich dich nicht? Warum fehlt mir jegliche Vorstellung davon, was du sagst? Ich sah die gewaltigen Feuersbrünste hinter deinem Rücken hochschlagen. Guo Ming! Warum höre ich nichts?! Ich will etwas sagen, aber ich kann nicht! Ich will mich bewegen, aber ich spüre, dass ich keinen Körper mehr habe. Dann entschwindest du mir. Ganz allmählich. Die Welt verschwindet im Dunkel, ganz langsam, bis es ganz dunkel ist …

AQIN

Komisch ist ja, dass mir ein Wunsch, den ich als junges Mädchen verspürte, während meines gesamten Lebens erhalten blieb und niemals verschwand. Vielleicht blieb es beim Wunsch, weil mir die Sache nicht dringend war. Oder weil, wenn ich ihn mir erfüllt hätte, er mir erlassen hätte, mein Schicksal zu vollenden und alles in Erscheinung zu bringen, was mir beschieden war. In den frühen Jahren meines Lebens wünschte ich mir, als mir nacheinander so viele meiner Kinder starben, nichts sehnlicher als Nonne zu werden und ins Kloster zu gehen, um diesem grauenvollen Teufelskreis zu entgehen … Jetzt war ich Oma der Kinder meines Sohnes und Oma der Kinder meiner Töchter, und mein Wunsch, ins Kloster zu gehen, wuchs mit jedem Tag. Andere werden Oma und freuen sich daran, mit ihren Enkeln zu spielen. Ich dagegen wollte nur noch eins aus vollem Herzen: nämlich weg von Hei Yuan. Ich wollte mein eigenes Leben, zurückgezogen, in aller Stille. Als ich jung war, wollte ich Nonne werden, weil mir alle Hoffnungen und Wünsche zunichte gemacht worden waren. Weil ich kein Kind mehr wollte. Jetzt, da ich alt war, wollte ich Nonne werden, weil die Kinder ihrer eigenen Wege gingen und ich zusehends nicht mehr gebraucht wurde. Ich erzählte A-Siong von meinem Wunsch und, dass er davon Hei Yuan erzählen sollte. A-Siong willigte ein. Der Grund war, dass er nicht mehr mit anschauen wollte, wie ich mit Hei Yuan nicht enden wollende Streitereien ausfocht. Hei Yuan willigte auch ein. Ich kenne den Grund nicht. Sie gaben alle etwas Geld und zusammen mit dem vom Verkauf der Tapiokabällchen angesparten Geld wählte ich den Tempel aus, den mir Chunmei einst gezeigt und vorgestellt hatte. Es gab einige Verhandlungen, bis entschieden wurde, dass ich im Herbst in den Tempel einziehen durfte.

Als ich meine Familie verließ, nahm ich nur ganz wenige Dinge und Kleider mit. Alles aus meinem gewöhnlichen Leben sollte Siok-lin für mich fortschaffen. Was verschenkt und was weggeworfen wurde, legte ich in ihre Hände. An dem Tag, als ich auszog, begleitete mich A-Siong in den Tempel. Auf dem Weg dorthin hatten wir nichts, was wir uns hätten erzählen können. Ich hatte ein angenehmes Gefühl und spürte etwas wie Frieden mit mir selbst, denn ich konnte mir mein zukünftiges Leben bereits in groben Zügen vorstellen. Das tröstete mich. Nur blieb mir immer dieses Gefühl, dass es in meinem Herzen ein Loch gab, eines, das nicht groß, dafür aber eiskalt war. Ich konnte nicht in Worte fassen, was mir fehlte. Aber das Loch blieb. Es hatte Bestand. Wir kamen in der Nähe des Hauses, das Chunmei bewohnt hatte, vorbei. Ich wusste nicht, ob sie noch immer da wohnte. Das Baumwoll-Steppbettengeschäft … war verschwunden. Beim Zementwerk war die Hälfte des Berges Banpingshan immer kahler geworden. Es sah dort furchtbar aus. Der dreckige Abwassergraben vorm Tempel war längst aufgefüllt und eingeebnet worden. Viele Höker hatten sich zu beiden Seiten des Tempels mit ihren Geschäften angesiedelt. Nach Mittag atmeten die Hallen des Tempels Stille und Rückzug. Die Sonne brannte gnadenlos vom Himmel herab, während wir in der Hauptgebetshalle warteten. Es dauerte nicht lang, und es kam eine Nonne, die mir erklärte, wie sich im Tempel der Rhythmus von arbeiten und ausruhen gemeinhin gestaltete. Sie sagte auch, ich müsste nur den anderen Nonnen dabei zusehen, dann wüsste ich ganz schnell Bescheid und könnte mich eingewöhnen. A-Siong gab mir mein kleines Bündel, denn er musste jetzt Abschied nehmen. Ich begleitete die Nonne. Wir kamen in der Küche vorbei, in der zwei Nonnen Bohnen enthülsten. Sie sagten, sie bereiteten das Abendessen vor. Wir stiegen eine kleine Treppe hoch und sahen rechterhand eine lange Reihe Türen, hinter denen die Klosterzellen waren. Sie öffnete eine der Türen und erklärte mir, dass dies meine Kammer wäre. Vor mir lag eine Tatami-Matte mit einer Decke und einem Kopfkissen darauf. Dann gab es noch einen niedrigen kleinen Tisch und ein niedriges Schränkchen. Mit großen Augen betrachtete ich mein neues Heim. Eine Welle schemenhafter Leere schlug mir entgegen. Mir rannen die Tränen in einem fort herab. Seit fünfzig Jahren besaß ich nun zum ersten Mal die Möglichkeit, mein Leben selbstbestimmt zu leben. Ich konnte dem dauernden Streit mit Hei Yuan entfliehen und mein eigenes Leben führen. Meine steten Tränen mussten wohl Freudentränen sein.

Die graue Ordenskleidung mit Hemd, Hose und Obergewand half mir, alles Weltliche hinter mir zu lassen. Die Rasur meines Schädels, mit der ich mich von meinem schwarzen Haar trennte, spornte mich an, über den Ballast des Weltlichen zu triumphieren und ihn fortzuwerfen. Die Kinder meiner Kinder werden nicht so sinnlos wie meine vier Kinder sterben. Es ist so rührend, es macht mich so froh. Dass ich zur Nonne geworden war, war die richtige Entscheidung gewesen. Jetzt nichts Weltliches mehr festzuhalten, ließ mich eine unendliche Leichtigkeit verspüren. Die Tage vergingen, die Zeit floss dahin. Manchmal überschlugen sich meine Erinnerungen wie die wilden Wellen an einem Taifun-Tag in Huazhai am Strand. Manchmal waren sie milde und ruhig, wie die See in der Nacht, wenn sich im Mondenschein auf den kleinen Wellen nur ein wenig Gischt wie Schaumkronen kräuselt. Mein Leben war geregelt und monoton. Zuweilen hörte ich mir die vorgetragenen Sutren an, zuweilen betete ich die Sutren singend mit. Obschon ich eine Familie draußen in der Welt besaß, entfernte ich mich, unsichtbar für andere, immer mehr von ihr.

...wieder ist es Subhuti, der, sollte er Avinivartaniya Bodhisattva geworden sein, nie wieder in den Zustand des Anusaya kommen, dann nämlich würde aller Ärger und Verdruss dahinschwinden, in den Ärger verwickelt zu sein und sich daraus nicht befreien zu können, würde niemals wieder mehr vorkommen. Subhuti, sollte er Avinivartaniya Bodhisattva geworden sein, würde alle Lebensstationen gut bewältigen. Nochmals, Subhuti, sollte er Avinivartaniya Bodhisattva geworden sein, besäße er ein klares Herz und würde nie mehr dem Irrtum erliegen, in ihm würden für immer rechte Achtsamkeit und rechtes Streben wohnen, würdevolles Gebaren wären ihm eigen, ob stehend, ob gehend, ob sitzend, ob liegend, ob den Fuß hebend, ob den Fuß absetzend, immer bliebe es gleich, wohin er auch reiste, er täte es mit offenen Augen, immer schauend, wohin er seinen Fuß setzte, sorgsam bedacht und geradeaus schauend, wenn er voran ging, seine Bewegungen und seine Worte wären niemals unüberlegt und nie in Hast. Subhuti ...

Ich sprach jeden Satz Schriftzeichen für Schriftzeichen, dabei folgte ich den pochenden Schlägen vom Holzfisch, wieder ein Vier-Schriftzeichen-Satz, Schriftzeichen für Schriftzeichen zum rhythmischen Pochen des Holzfischs ... Ich, die ich Analphabetin war, begann Sutren lesen zu lernen. Indem ich Schriftzeichen für Schriftzeichen hörte, Schriftzeichen für Schriftzeichen wiedererkannte und mir einprägte, bis ich satzweise laut lesen konnte, bis ich summend laut rezitierte und dazu leise den Holzfisch schlug, bis ich schließlich mit den anderen in der Gruppe fließend und fehlerfrei summend und laut rezitierend folgen konnte. Ich machte in diesen Jahren die Erfahrung, gezwungen zu sein zu lernen, und so vergingen die Jahre. Ist man gezwungen, auswendig zu lernen, muss man alle anderen Gedanken beiseite schieben und sich konzentrieren, solange bis der Geist nur das eine im Blick hat. Ansonsten kann man es sich nicht merken. Mich an das geregelte Leben im Tempel anzupassen, fiel mir leicht. Ich war ein Mädchen aus Huazhai, wo man früh aufstand, sich wusch und kämmte, die Morgenandacht hielt und dann fleißig arbeiten ging. Das war an sich schon ein einfacher, überschaubarer Tagesablauf. Auch wenn im Winter frühmorgens die Sterne noch am Himmel standen, hatte ich nie das Bedürfnis, mich noch länger warm in die Decke einzumummeln. Meine Klosterzelle war schlicht. Nur Tisch und Schrank, Kopfkissen und Baumwollsteppbett. Im Winter stand auf dem Tischchen zusätzlich eine Thermoskanne mit heißem Wasser, im Sommer kam ein Fächer, der auf dem Kopfkissen abgelegt wurde, dazu. Die riesigen Bäume, die am Hang in den Bergen hinter dem Kloster ihre Kronen gen Himmel streckten, das Unterholz und das Buschwerk, die Wildblumen und Gräser wechselten mit den Jahreszeiten ihr Gesicht. Manches durfte man pflücken, manches durfte man nicht anrühren. Wenn meine Enkelkinder kamen, freute ich mich, sie in die Berge hinter den Tempel mitzunehmen und dort den wildlebenden Affen zuzuschauen. Manchmal machten sich diese kleinen verspielten Tiere einen Spaß daraus, sich oben im Gebüsch des Unterholzes vor uns Menschen zu verstecken, manchmal aber fürchteten sie uns Fremde nicht und kamen wie zahm ganz nah neben die Steine, auf denen wir saßen, und schauten uns mit großen Augen zu. Meine Enkelkinder waren dann immer ganz aufgeregt und ängstlich. Wenn meine Familie an gewöhnlichen Tagen kam, war es am schönsten. Aber sie hatten eben immer erst, wenn es auf die Festtage zuging, Ferien und Zeit mich zu besuchen. Das waren die Tage, an denen im Tempel am meisten zu tun war. Wenn im Tempel Speisungen mit veganem Tempelessen stattfanden, und wenn dann dreißig vierzig Rundtische aufgestellt wurden, musste ich die großen, schweren Platten tragen und damit über den ganzen Hof zu den einzelnen Tischen. Dann hatte ich so gut wie keine Zeit, um mit ihnen zu sprechen. Hei Yuan kam nur zu Neujahr, um zu beten. Ich sah ihn Jahr um Jahr wieder, bis er ein alter Mann war. Wie viele Jahre er dafür gebraucht hatte, sich daran zu gewöhnen, dass ich eine kahl geschorene Nonne in grauer Kesa war, weiß wahrscheinlich nur er allein. Zu Neujahr kamen die Menschen besonders zahlreich. Sie wollten sich den Segen für das neue Jahr abholen und brannten dafür Räucherkerzen ab und beteten. Dann mussten wir die abgebrannten Räucherkerzenstäbe sehr oft aus dem Räuchertopf holen, damit wieder Platz entstand, neue dazuzustecken. Das Feuer in dem goldenen Dreifuß brannte von der Früh bis zum Nachmittag mit hellen großen Flammen. Wir mussten stetig und fleißig fegen und saubermachen, bis die Menschenflut wieder abgezogen war.

Im Tempel zu leben, war nicht immer nur makellos schön und in friedlicher Eintracht. Niemals Schlechtigkeiten zu verbreiten, niemals zornig zu werden, sind Gebote, die nicht einfach einzuhalten sind. Wenn etwas nicht zu den eigenen Familienangehörigen gesprochen, sondern außerhalb der Familie gesagt worden war, hörte man die verletzenden Worte und Taten in Windeseile überall, als hätte sie der Wind verweht. Was ich wirklich lernen musste, war, die mich verletzenden Worte und Taten meiner eigenen Familie mit dem Wind forttragen und gehen zu lassen. Ich musste lernen, die Dinge gehen zu lassen, lernen, ihnen nicht mehr mit meinen Gedanken hinterher zu laufen, sie nicht mehr festzuhalten. Der Missmut und die üblen Launen sind der größte Feind, wenn es darum geht, die Dinge gehen zu lassen und nicht mehr festzuhalten. Ich war zu oft von den Dingen gefangen genommen und verweilte mit meinen Gedanken bei ihnen. Ich haftete zu sehr an. Meine Gefühle waren zu heftig, zu intensiv. Ich hatte noch einen langen Weg vor mir, mich in ehrlicher Glaubenspraxis zu üben …

YUYING

Ich machte mich wieder auf die Reise. Ich war allein unterwegs, genauso wie ich damals allein hergekommen war. Dieses Mal tat ich die Reise in kleinen Trippelschrittchen. Ich kam kaum voran, mühsam, in Aufruhr und größter Bedrängnis. Manchmal wartete ich vergebens auf die Eisenbahn, manchmal wurde die Zugfahrt auf der Hälfte der Strecke eingestellt. Manchmal musste ich in der Bahnhofshalle übernachten, manchmal wusste ich nicht, woher ich zu trinken bekommen sollte. Meine Kleidung war unordentlich, meine Gedanken ohne Hand und Fuß. Mein Haar wirr, mein Leib schmutzig. Ich war zum Umfallen müde. Aber der Wille, dich unbedingt zu sehen, ließ mich alle Nöte und Qualen längs meines Wegs ertragen.

Je näher ich Taipeh kam, umso furchtbarer war die Lage. Niemand wusste, wann die Sirenen wieder ertönten und den nächsten Bombenalarm bekannt gaben. Ich wusste auch nicht, wo sich ein Luftschutzbunker befunden hätte, in dem ich mich verstecken hätte können. Mit jedem Schritt, den ich machte, spürte ich meine Angst. Die Furcht war allgegenwärtig. Ich war meiner Hilflosigkeit so ausgeliefert, dass mir jeder Atemzug schwerfiel. Taipeh hatte sich sehr verändert. Man bekam nirgendwo eine Rikscha mehr. Man war gezwungen, zu Fuß zu gehen, und dazwischen immer wieder Pausen einzulegen. Ich sah bis zur Unkenntlichkeit zerbombte Backsteinmauern. Bei einigen Häusern standen nur noch die Außenmauern, wie leere Schalen. Ihr Innenleben war beim Bombardement weggeflogen. Steinbrocken, Eisenstangen, Holzlatten, Zement, Glasscheiben lagen verstreut auf der Straße und überall am Boden herum. Die großen Nasenschilder der Geschäfte waren zu Boden gestürzt. Die Strommasten fielen immer in ganzen Reihen. Sie verdeckten fast gänzlich den Asphalt und beherrschten das gesamte Straßenbild. Es sah aus, als hätte ein Taifun gewütet. Fußgänger eilten hin und her. Alle Geschäfte hatten längst geschlossen und auf dem Tempelvorplatz war kein einziges Vöglein mehr zu sehen. Ich war so lange gegangen, bis ich endlich doch angekommen war. Nur gut, dass meine Straße unversehrt geblieben war.

Ich schloss die Haustür auf und stieg hoch in den ersten Stock. Alle Tische und Stühle standen immer noch unverändert an ihrem Platz. Es schien, dass nicht einmal Yayun zwischenzeitlich die Wohnung betreten hatte. Die Cheongsams und Kostüme im Kleiderschrank, der große gestickte chinesische Mantel und das cremefarbene Paar Stöckelschuhe lagen alle noch auf ihrem angestammten Platz. Meine langstielige Zigarettenspitze lag quer auf dem Tisch, genauso wie zum Zeitpunkt, da ich mein Haus verlassen hatte. Meine Wohnung, die ich vor fast einem vollen Jahr zuletzt betreten hatte, machte auf mich einen fremden und trotzdem vertrauten Eindruck. Nur war ich jetzt ganz für mich allein. Im ganzen Haus regte sich nichts. Es herrschte Grabesstille. Sonnenlicht fiel auf meine Pipa und warf ihren Schatten auf den Boden. Mir war, als könnte ich ihren Schatten spielen hören. Ich weiß nicht, wie lange ich auf meinem Sofa gesessen hatte. Dann beschloss ich, dich suchen zu gehen. Wenn du mich nicht besuchen kamst, würde ich dich besuchen. Ich stieg die Treppe hinab. Ich schloss die Haustür ab und machte mich auf den Weg. Alang, ich bin mir nicht sicher, wo ich dich suchen soll? Ich ging langsam ohne Ziel vor Augen schweigend vorwärts. Ich ähnelte einem müden Wiedergänger. War dieser ohrenbetäubende Ton an meinem Ohr eine Sirene? Warum rannten alle in höchster Angst davon?

„Fräulein, kommen Sie! Schnell! Kommen Sie sofort mit uns mit!", rief mich eine Frau, die ihr Kind auf dem Arm trug, in höchster Aufregung. Alang, wie denkst du darüber? Ich gehe wohl am besten zum Zuixianlou, dem *Haus der trunkenen Genien*, dorthin, wo wir uns zum ersten Mal trafen … Ich erinnere noch ganz genau, wie du damals jede Regung meines Gesichts genau verfolgtest. Ohne den Blick von mir zu wenden. Als wären keine anderen Leute zugegen gewesen … Damals ahnte ich schon, das etwas mit mir passieren würde. Aber ich getraute mich nicht, den Gedanken zuende zu denken. Plötzlich, ein Riesenknall, der Himmelssaum ertrank im Feuerschein. Die Menschen schrien vor Angst und rannten durcheinander in jede Richtung davon, sich zu verstecken. Alang, du hast einmal gesagt, dass Menschen, die nur ihre Pflicht erfüllen, aber keine Gefühle zulassen, nur einen kurzen Lebensweg beschreiten. Alang, bist du zu dieser Einsicht in deiner Ehe, die du mit A-tin führst, gekommen? Also …, ich denke, wie soll man zusammen seinen Lebensweg beschreiten, wenn der Lebensweg zwar von Liebe füreinander erstrahlt, aber man keine Verantwortung füreinander übernehmen kann?

Ein Bombeneinschlag sprengte die Eisenwarenhandlung vor meinen Augen auseinander. Alle Eisengerätschaften und Werkzeuge flogen in einer Riesenexplosion durcheinander gen Himmel, um dann wie ein Gewitterregen vom Himmel herabzustürzen. Alang, du sahst auf deinem Hochzeitsfoto so jung und so gutaussehend aus! Vom bloßen Anschauen war ich darüber Hals über Kopf in dich verliebt. Ich halte es ohne dich nicht aus. Warum ist die Braut neben dir A-tin? Warum bin ich nicht deine Braut? Ist jetzt etwa etwas auf meinen linken Oberschenkel geflogen? Ich stürzte schwer getroffen zu Boden. Ich sah einen sich hoch türmenden Schotterhaufen, zerbrochene Ziegeln und Backsteine und sah meinen stark blutenden Leib. Ich spürte heftige Schmerzen. Ich vermeinte – genau konnte ich es nicht sagen – zu hören, wie ich vor Schwäche winselnd stöhnte. Alang, dann kamst du. Wirklich. Der, den ich nirgendwo hatte finden können, kam schließlich zu mir! Wie liebte ich dich! Wie schön das war. Du trugst immer noch deinen anthrazitfarbenen Hut mit der breiten Krempe. So standst du, kerzengerade, ein Gentleman im westlichen Anzug, vor mir. Du schautest mich mit innigem Lächeln an. So wie früher. Jetzt hatte ich dich endlich gefunden. Nun fühlte ich mich viel ruhiger.

Die Leiber in den Federkleidern fassten wir uns bei den Händen. Wir durchbrachen ungestüm die Wolkendecke, übermütig flogen wir hinein in den Himmelsdunst. Dieses Himmelslicht war durchscheinend weiß und mild. Wir hatten keine Zukunft, keine Aussichten, die wir hätten erleuchten können. Das weiße Licht begleitete uns nur, während wir, ich mit dir, du mit mir, durch die Lüfte schweiften. Die Flaumfedern wehten hoch und berührten Augen und Ohren. Wir mussten sie nicht aus dem Gesicht streichen, denn sie behinderten uns, die wir unser Bewusstsein längt verloren hatten, nicht. Wir waren federleicht, leichter als jeder Bogen Papier, zwei Genien, die schließlich und endlich, losgelöst von allem weltlichen Schmutz, ohne Ballast ihre eigene Richtung bestimmten.

PINGGU

Endlich! Endlich war ich an unsere Blaue Bucht zurückgekehrt. An die Südbucht, zurück in die kleine Hütte, in der ich einst geboren worden war. Mein kleiner Nachen – besser könnte man ihn Waschschüssel nennen –, der schon so oft kurz vorm Untergehen gewesen und dann doch immer wieder weitergefahren war, lag dort immer noch in der Ecke. Meine Mutter hatte mich an die Hand genommen. Sie sagte, sie wäre so fröhlich, dass sie mich jetzt noch mal wiedersähe. Mutter und ich verließen unsere kleine Hütte und gingen zusammen zu dem großen, bequemen Haus an der Blauen Bucht beim Leuchtturm. Mutter sagte, das Haus, das ich gebaut hätte, würde sie von Herzen gern mögen. Wir schauten aus dem Pavillon, der von einem kunstvoll geschnitzten Zaun umgeben war, hinab in das Lichtermeer der Fischereilampen auf den kleinen Sampans und Booten in der blauen Bucht. Der Wind war kühl. Der Mond schien hell. Dayuan hatte mich schon erwartet.

Ich kann sehen, wie Dayuan und ich auf direktem Weg in dem Sampan in den Himmel gleiten, begleitet von paradiesischen Klängen, Musik, die mal auf- mal abwogt. Wir lassen unseren Blick über den unter uns brodelnden Ozean mit seinen weißen, an der Oberfläche treibenden Schaumkronen schweifen und sehen den großen und kleinen Schiffen, die schaukelnd im Sog der Wellen treiben, zu. Der Horizont ist von betörendem Rot und trotzdem herrscht absolute Stille. Dayuan und ich hatten gute und schlechte Fänge. Alles schenkte uns die große Göttin Muttererde Houtu Niangniang. Ich war mit Dayuan zusammen in einer großen Luftblase, gefüllt mit durchscheinendem, weißen Nebeldunst. Ein Windchen schickte uns hin und her, ließ uns in gemächlichem, süßem Nichtstun kreisen. Wir mussten uns mit niemandem herumärgern, und wir wurden von keinem geärgert. Die Zeit blieb jetzt stehen, es war herrlich.

Guo Ming, ich weiß, dass du mich treu und mit Wertschätzung liebtest. Aber du musstest dir doch nicht so viel Arbeit machen! Du bestandest darauf, mich an Land zu begraben! Du bestandest darauf, dass es einen Sarg geben müsste, in dem ich erdbestattet würde. Wir sind ursprünglich Söhne und Töchter des Winds und der Wellen. Wir kommen mit dem Wind und gehen mit den Wellen. Schade ist, dass Taiwan eine so kleine Insel ist, so klein, dass wir die Spitze der Insel umschifften und es noch nicht mal bemerkten. Wir segelten am

Süden der Insel vorbei bis an den äußersten Zipfel von Taiwan. Wir verpassten nicht nur den Himmel auf Erden, wir segelten in voller Fahrt voraus auf eine strategisch wichtige Marine-Garnison zu. Es war wie aus eigenem Antrieb ins aufgespannte Fangnetz zu laufen, oder dem Himmel ins Netz zu gehen, das zwar weitmaschig ist, aber nichts verliert. Sowie die Kameraden in den zwei kleinen Booten, die wir, um auszukundschaften, vorausgeschickt hatten, versklavt worden waren, wurde es für uns kompliziert, dem bösen Schicksal, das in aller Munde war, zu entgehen.

Der alte Generalfeldmarschall Zhang hatte sich nach Kräften bemüht, aber er hielt der Folter nicht stand. Er starb wegen dir. Der Hass von einst ist damit abgegolten. In die Planken an Deck unserer Dschunke hatte eine Kanonenkugel ein Riesenloch gerissen. Alles war voll schwarzen Qualms. Die Marinesoldaten kamen an Bord und verhafteten dich, du solltest mit zurück an Land. Du knietest nieder und batest sie. Du betteltest, wieder und wieder, weil du wolltest, dass sie dir etwas Zeit einräumten. Du machtest viele Kotaus, bis deine Stirn blutete. Die Kameraden kannten dich nicht wieder. Sie hatten niemals zuvor gesehen, wie du deine wahren Gefühle zeigtest. Sie wussten nicht, dass es dir möglich war, vor anderen zu knien. Sie waren vor den Kopf gestoßen, verdutzt, verstört. Sie sahen, wie du fast durchdrehtest. Allen kamen dabei die Tränen. Guo Ming, du warst aber nicht durchgedreht. Du wusstest genau, was du wolltest. Du kreischtest in schrillem Ton: „Ihr sollt die Maste absägen. Ihr sollt alles geben und meiner Frau einen Holzsarg zimmern!" In genau diesem Moment verlangtest du von Chang Sheng, zum Schiffsboden hinabzusteigen und ein Leck in den Boden zu hauen.

Du hast wegen mir alles weggegeben, dein Schiff, deine Mannschaft. Alles, Guo Ming. Du bliebst nackt bis aufs Hemd. Mir war von dem Kanonenschlag ein schwarzes Loch in die Brust gesprengt worden. Du sammeltest alle dabei fortgeflogenen Fleischstückchen vorsichtig wieder ein und tatest sie, an Ort und Stelle, zurück in meinen Leib. Du wischtest mir alle Blutspuren, Zentimeter für Zentimeter, sauber fort. Mein Haar war wirr, du brachtest es mir sorgsam in Ordnung. Meine Kleidung war zerknautscht. Du zogst sie mir gerade. Als meine Augen, die längst fest geschlossen waren, zu weinen begannen, nahmst du mich in deine Arme. Du schriest und weintest zugleich.

Du ließest deine Mannschaft nacheinander die Beiboote besteigen und damit zur Flotte, die uns umzingelt hielt, hinfahren. Der Marinebeamte sprach, er wolle, dass nur du mit ihm kommst, die anderen wolle er frei und am Leben lassen. Dann transportiertest du in der Nacht das Holz für meinen Sarg mit Dreien von deinen Kameraden ans Ufer und ihr trugt es von dort aus in den Wald. Du sprachst, du wollest mir eigenhändig eine Wohnung unter der Erde bauen. Du schaufeltest Spatenstich für Spatenstich und wühltest die Erde frei. Bei jedem Spatenstich riefst du laut meinen Namen. Du dachtest, wenn du nur laut genug riefst, würde dir meine Körper- und Geistseele folgen. Als du in die Dschunke zurückgekehrt warst, gabst du deinen drei Kameraden dein letztes Beiboot, damit sie damit zu den anderen Schiffen fahren konnten. Im Mondenschein wurde unser Schiff, das der Garant unseres Lebens gewesen war, mit dem wir oft unseren Untergang abgewendet hatten, immer niedriger, immer kleiner. Der größte Teil des Schiffs war bereits gesunken. Du wuschst dich rein und lagst auf deiner Opiumliege in bequemer Kleidung. Ruhig, und erhaben.

In der Früh schauten die Marinesoldaten einander verdutzt in die Augen. Die See war wundersam ruhig. Auf kleinen Wellen kräuselten sich entspannt und sorglos winzige Schaumkronen. Die große Dschunke, die noch tags zuvor vor ihren Augen hier geankert hatte, war spurlos verschwunden.

AQIN

„Wie gefällt dir das Leben hier?" - „Nicht schlecht. Was die Leute mir zu arbeiten auftragen, mache ich immer". Draußen vor der Tempelhaupthalle standen zu beiden Seiten große Mangroven. Der dicke Stamm war von einer kreisförmigen Steinbank eingefasst. Wenn es heiß war, kamen oft Leute zu uns in den Tempel, die sich unter die Mangrove setzten, sich im Schatten abkühlten und ein Nickerchen machten. A-Siong kam mich besuchen. Auf der Steinbank gab es gerade freie Plätze. Also setzten wir uns unter den Baum, um uns zu unterhalten. „Nebenan soll eine Reliquien-Pagode gebaut werden. Jeden Tag muss Erde geschaufelt werden. Die Gräben zu schaufeln, ist sehr anstrengend, und es ist sehr heiß. Ich trage immer einen Kegelhut, so wie früher, in den Zeiten, als wir in Huazhai das Feld am Hang bestellten und als wir für die Japaner die Bunker graben mussten". A-Siong wusste natürlich nicht, was es heißt, das Feld am Hang zu machen. Eigentlich war es nichts andres, als wenn Taiwaner sagen, wir machen das Feld fertig. Man sagt es wieder und wieder, dann versteht man es schon. Neben uns fuhr ein kleiner Junge auf einem Dreirad vorbei. Seine Mutter hatte einen Rohrstock in der Hand und hielt ihn an, schnell nach Hause zu fahren, um Mittagsschlaf zu halten. Die Erwachsenen wollten schlafen und sich ausruhen. Für ihre Kinder hieß das noch lange nicht, dass sie zuhause drinnen bleiben wollten.

„Vater hat ein Haus gekauft", sagte A-Siong. „Es ist ein zweistöckiges Reihenhaus. Es ist ein ganzes Stück weit weg von unserem jetzigen Haus, und es ist dort wesentlich ruhiger." - „Hei Yuan hat ein Reihenhaus gekauft?" Das überraschte mich sehr! Hei Yuan war ein äußerst sparsamer Mensch. Jemand, der sich eine Zigarette auf zweimal rauchen einteilte. Der sein Fahrrad ein ganzes Leben lang fuhr, es wieder und wieder flickte, es wieder und wieder reparierte. Ich wusste nicht, wie er es anstellte, Geld anzusparen, denn er hatte mir immer nur Haushaltsgeld gegeben und mir kein einziges Mal gesagt, wie viel er monatlich verdiente. Mein großer und mein zweitgrößter Bruder hatten ihm bestimmt dabei geholfen, indem sie etwas dazu gegeben hatten. Das dachte ich mir im Stillen.

Als wieder ein halbes Jahr vergangen war, kam A-Siong vorbei und nahm mich mit, das neue Haus anschauen. Der Stadtteil, in dem es sich befand, war gar nicht städtisch. Es gab keine Läden und auch sonst nichts. Nur die zwei Reihen mit den Reihenhäusern waren neu gebaut worden. Wenn man den Blick schweifen ließ, sah man eine Riesenfläche, die nicht erschlossen war, die aus einem Durcheinander mit lauter Wildwuchs bestand. Es gab Straßenabschnitte, die nicht asphaltiert waren, und auf denen es sehr staubte, sobald Wind aufkam. Wenn man bei dem neuen Haus zur Haustür hereinkam, betrat man als erstes das Wohnzimmer, einen großen Raum mit Terrazzoboden. Das ganze Haus atmete noch den Geruch nach der Farbe von den frisch gestrichenen Wänden. Neben dem Badezimmer gab es eine Treppe nach oben in den ersten Stock. Im ersten Stock gab es gleich links der Treppe ein Zimmer, das mit Tatami Matten ausgelegt war. Vor den Tatamis gab es eine kleine, leere Fläche und einen Raum mit einem Klosett. Rechts der Treppe gab es Zimmer mit einem Holzdielenfußboden. Der Raum hatte in der Mitte eine

Papierschiebetür, die den Raum teilte. An das Zimmer mit dem Holzdielenfußboden grenzte ein kleines Wohnzimmer. Dieses Zimmer hatte sogar einen Balkon. Die Klosetts oben im Toilettenraum und unten im Erdgeschoss im Bad waren beide solch neue Wasserspülklosetts. Man musste sich erst einmal daran gewöhnen, so ein Klo zu benutzen. Wir Nonnen, die eifrig unseren buddhistischen Glauben praktizieren, haben ja alle Meister-und-Schüler-Beziehungen. Der Meister meines Meisters, also ein hochbetagter Lehrer im Glauben, sagte immer, wenn andere feine Dinge besäßen, ihnen etwas Gutes widerführe, sollte man sich zusammen mit ihnen darüber freuen. Ich sage das ja auch immer. Als ich jetzt sah, dass die beiden A-Siong und Siok-lin, so jung wie sie waren, schon ein so schönes Reihenhaus besitzen konnten, kam ich in eine komplizierte, mich sehr anstrengende Stimmung. Als müsste ich mir ausnehmend viel Mühe geben, mir wieder und wieder sagen müssen, dass ich auf meinen Lehrer zu hören hatte, weil es mir sonst schwerfiel, mich für sie und mit ihnen daran zu erfreuen. Egal, ob ich jetzt nach Hause fuhr oder zu Kuan-á nach Haus, beide Häuser lagen sehr weit von mir entfernt. Es war schwierig, dorthin zu fahren. Auch Bruder und Schwester wohnten beide voneinander sehr weit entfernt. Sie mussten, wenn sie den Autobus nahmen, umsteigen und noch einmal ein Stück mit der Rikscha fahren, bis sie beim anderen ankamen. Jetzt wusste ich erst einmal, wie groß Hamasen war. Als ich früher in Huazhai wohnte, war es, egal, wen ich zuhause besuchen ging, immer gleich weit weg. Man ging ein Weilchen zu Fuß und schon war man angekommen.

Dann erkrankte Hei Yuan. Er erkrankte sehr schwer. Außer den beiden Malen wegen der Arbeit und der Prügelei, wo er sich verletzt hatte, war er während seines ganzen Lebens kein einziges Mal beim Arzt gewesen. Jetzt musste er im Krankenhaus behandelt werden, das hieß ja wohl, dass er schwer an einer ernsten Krankheit litt. Kurze Zeit, nachdem Hei Yuan in das neue Haus umgezogen war, ging er in Rente. Nachdem er in Rente war, begann er krank zu werden. Sie sagten, er hätte mit der Lunge Probleme. Sie erklärten mir alles Mögliche, wovon ich aber nichts verstand. Ich sah nur, dass er in einem Fort hustete. Er hustete und hustete. Manchmal kam ich nachhause. Jedes Mal war er etwas magerer geworden. Hei Yuan war ein Mann, der immer körperlich schwer gearbeitet hatte. Sein Lebtag lang hatte er keinen Speck angesetzt. Nachdem er krank geworden war, wurde er schrecklich mager. Er war ein ganzes Jahr lang krank. Dann war er das ganze zweite Jahr lang krank. Nach zweieinhalb Jahren Krankheit starb Hei Yuan. Die Nachricht überbrachte mir A-Siong, mein Glückspfand. Er kam mich im Tempel besuchen, um es mir zu sagen. Erst war ich völlig verdutzt. Lange brachte ich kein Wort heraus. In meinem Herzen hatten mich schrecklich widerstreitende Gefühle befallen. Es quälte mich grauenvoll. Dann kamen mir die Tränen. Er war lebenslang mein Todfeind gewesen. Hei Yuan, der seit meiner Kleinkinderzeit immer schon gemein zu mir gewesen war, dem ich immer schon versprochen gewesen war, konnte nun nie mehr der Grund meiner Wut und Enttäuschung sein. Eigentlich hätte er es, seit ich ins Kloster gegangen war und die Gelübde, Nonne zu werden, gesprochen hatte, schon niemals mehr sein sollen. Als Nonne zu leben oder aber in der gewöhnlichen Welt als gewöhnlicher Mensch zu leben muss sich für das seelische Empfinden wie etwas völlig Verschiedenes anfühlen. Zwischen diesen zwei Welten muss es eine klare, spürbare Grenze geben. Nur, ich hatte das nie hingekriegt. Ich hatte Gier, Hass und Verblendung, die drei Gifte des verweltlichten Lebens nicht überwunden. Das war meine Schwäche. Mich mit den drei Giften auseinanderzusetzen, sie mir mit jedem Atemzug zu vergegenwärtigen, waren die Hausarbeiten, die ich zu machen hatte. Seit Hei Yuan gestorben war, machte sich bei mir doch tatsächlich ein Gefühl der Leere breit. Der Gegner, den es zu bekriegen galt, war nicht mehr da. Schutzmaßnahmen, in Deckung zu gehen, waren nicht mehr erforderlich. Denn die Ursache war weggefallen. Hätte ich meinen Aufenthalt noch im verweltlichten Leben gehabt, hätte meinem Leben das Zielobjekt meiner dauernd verbissen agierenden Nerven gefehlt. Wäre es schon einige Jahre früher weggefallen, wäre ich nicht unbedingt glücklicher geworden. Denn mein Lebensziel, mich gegen Hei Yuan aufzulehnen, war lebenserhaltender Grund und Sinn meines Lebens gewesen. Ich hatte den Großteil meines Lebens in diesem Widerspruch lebend verbracht. Jetzt sollte ich mich umso mehr freuen, dass ich eine Klosternonne war, dass es in meinem Leben eine Aufgabe gab, und dass mein Geist alle Bedrohungen für alle Ewigkeit ausgeschaltet hatte.

Der orangerot in die Augen stechende Holzsarg war im Erdgeschoss aufgebahrt. Auf einem kleinen Holzstuhl neben dem Sarg stand eine mit Wasser gefüllte Plastik-Waschschüssel mit einem neu gekauften Handtuch bereit, um Hei Yuan Gesicht und Hände zu waschen. Es war außerdem so Brauch, dass für den Toten täglich dreimal Gebete gesprochen werden mussten, zu denen neben den Räucherkerzen auch Reis gereicht wurde. Weil der Sarg im Haus stand, musste er alle paar Tage mit einer Schicht Lack gestrichen werden, dessen strenger Geruch einem sehr in die Nase stach. Jeden Tag kamen uns eng bekannte Menschen vorbei. Siok-lin kochte immer wieder Wasser ab, damit alle Kondolenz-Besucher zu trinken bekamen. Manche wechselten mit uns ein paar Sätze und machten sich dann sofort wieder auf den Weg. Andere unterhielten sich länger mit uns. Tagtäglich zur gleichen Zeit sang ich für Hei Yuan Sutren. Währenddessen rannten A-Siongs Kinder hin und her. Der Leichnahm war vor unserem Haus auf der Straße aufgebahrt. Auf allen vier Seiten rund um den Sarg herum war ein blauweiß quer gestreiftes Plastik-Segeltuch gespannt. Wenn die Nachbarn ein- und ausgingen, war das ziemlich unpraktisch für sie, aber sie hatten alle volles Verständnis für uns.

Direkt in der Mitte vor dem im Sarg aufgebahrten Toten war, umgeben von frischen Trauerblumen, ein großes, schwarzweißes Foto seiner Büste aufgestellt worden. Das Foto gehörte zu einer Reihe von Fotos, die meine drei Brüder auf Anregung meines zweiten Bruders zur Erinnerung hatten machen lassen. Dafür waren sie alle zusammen zum Fotostudio gegangen. Auf diesem Foto hatte Hei Yuan einen Anzug mit Krawatte getragen und eine schwarze Hornbrille auf seiner aufrecht geraden Nase aufgehabt. Zig Jahre später, als er nicht mehr an meiner Seite und unter uns weilte, als er nicht mehr vor mir stehen konnte, schaute ich mir ihn in aller Ruhe an und begann, mich daran zu erinnern, was er alles gemacht und gesagt hatte. Ich hatte kein schlechtes Gewissen dabei. Ich wurde auch nicht mutlos davon. Es war Stille und Leere, die ich dabei fühlte. Es war genau, wie meine Frau Mutter gesagt hatte. Hei Yuan war ein sehr gutaussehender Mann gewesen. Auf dem Foto war sein Haar graumeliert. Er hatte sehr dichtes Haar gehabt. Seine Wangen waren länglich und sein Bart stets sauber rasiert gewesen. Er war wirklich ein sehr gutaussehender Mann gewesen.

Früher war ich seine kleine Schwester gewesen, danach seine angetraute Frau. Nun lag er in seinem Sarg, und ich schaute mir die Photographie von ihm an. Die Vergangenheit verdampfte im gleißend hellen Sonnenlicht vor dem aufgebahrten Toten. Hass und Zuneigung schienen überflüssig zu werden.

Am Tag seiner Beisetzung kamen viele Nonnen aus meinem Tempel vorbei, um mich dabei zu unterstützen, für ihn Sutren und Gebete zu sprechen. Die gesamten Familien meines großen und meines zweitgrößten Bruders, und Freunde und Verwandte, die wir schon lange Jahre nicht mehr gesehen hatten; alle waren gekommen. A-Muâi, A-Siong und Kuan-á halfen mit, alle unsere Verwandten aus unserer Heimat Penghu und die alten Nachbarn aus Huazhai zu begrüßen. A-Siongs Jüngster und sein Ältester saßen mit in der Sänfte. A-Siong selbst und seine Schwurbrüder trugen Hanfkleidung und Hanfschuhe. Auf dem Kopf trugen sie die Hanfkapuze und wollten schon loslaufen. Mit der Trauerblasmusikkapelle, die aus den Vollen ins Rohr blies und trommelte, was sie konnte, ging ein Trauergeleit von wohl sechzig oder achtzig Trauergästen in Hei Yuans Trauerzug durch die Straßen mit.

Der Trauerzug war sehr lang. Der Meister meines Meisters, ein hochbetagter Mönch, führte die ihn beim Sutren singen unterstützenden Nonnen und Mönche zusammen mit meiner Verwandtschaft zu einem Automobil, mit dem wir zum Friedhof fuhren. Alle anderen gingen dann ihrer Wege oder kehrten nach Haus zurück. Der Leichenwagen war vor uns, wir folgten ihm. Wir fuhren zur Grabstätte, die wir schon lange, bevor Hei Yuan gestorben war, für ihn ausgesucht hatten. Die Wege in den Bergen sind unwegsam, aber die Sargträger, vielleicht waren sie es gewohnt, hatten den Sarg bergauf, bergab in einem Rutsch zu dem bereits fertig geschaufelten Grab getragen und ihn neben dem offenen Grab abgestellt. Der Meister, die Mönche und Nonnen sangen zusammen Sutren für den Toten, während der Sarg langsam in die Grube hinabgelassen wurde. Meine drei Kinder weinten herzzerbrechend, Kuan-á weinte noch viel schlimmer und lauter. Sie war immer schon so, dass sie machte, was sie wollte und sich nicht darum scherte, was andere sahen und sagten.

Das bellende Geschrei von A-Siong, meinem Glückspfand, gegenüber Hei Yuan, und dass Hei Yuan Kuan-á niemals vergeben hatte, mein dauernder Streit mit Hei Yuan, war in dem Augenblick, als der Sarg in die Erde herabgelassen wurde, bedeutungslos geworden. Als der Sarg in der Grube ordentlich stand, schaufelten die Arbeiter Erde in das Grab. Wir schauten dabei zu. Die Erde auf dem Sarg wurde immer mehr. Sie stand immer höher, bis man von dem orangeroten Holz immer weniger sehen konnte und der Sarg schließlich ganz von Erde bedeckt war. Hei Yuans Leben war vorbei. Von dem kleinen, verspielten, immer zu Streichen aufgelegten Jungen, zum großen, der mit den Kuhfladen-Ditten die Wand reparierte, bis zum jungen Mann, der mit dem Segelboot Backsteine transportierte und als Mann dann mit dem Handelsschiff zur See fuhr, dessen Schiff in Korea beschlagnahmt wurde und der dort ins Gefängnis eingesperrt wurde, bis er als älterer Mann am Kai in der Hafenbehörde arbeitete. Er hatte sechs leibliche Kinder gehabt und eines, das ihm sein großer Bruder gegeben hatte und eine Familie, die regelmäßig mit ihm stritt. Er war sein Leben lang fleißig. Nach dreißig Jahren sparen kaufte er endlich ein Reihenhaus. Aber ihm war nicht vergönnt, in dem feinen, mehrgeschossigen Haus zu wohnen.

Die Erde über dem Grab türmte sich höher und höher, bis ein kleiner Erdhügel entstanden war. Als ein Wind aufkam, flog Erde auf. Meine graue Robe blähte sich und flatterte im Wind. Die Sutrengesänge der Mönche und Nonnen mischten sich mit dem lauten Weinen der Kinder. Sie fingen sich im Wind und kreisten, immer höher aufsteigend, über uns. Am Himmel zogen Wolken auf, es war dunstig. Am Grunde meines Herzens spürte ich, wie sich ganz langsam etwas änderte, ein Gefühl wie Frieden machte sich breit, … obschon das eiskalte, stockdunkle Loch nicht verschwunden war.

Siok-lin sah mich so gut wie nie. Sie sprach auch nicht mit mir. Ich wusste, dass sie mich ein bisschen fürchtete und sie mich auch nicht mochte. Kuan-á sagte, das ist so, weil ich so geschwätzig bin. Dass mich nämlich niemand ertragen kann. Jedes Mal, wenn ich nachhause kam, um meine drei Enkel und A-Siong zu besuchen, machte mir Siok-lin das kleine Tatami-Zimmer im ersten Stock zurecht und tat mir Steppbett und Kopfkissen raus. Sie machte mir immer Wok Gemüse mit Seitanwürsten und geschmortes Seitan und Reis zum Essen fertig. Ich aß vegan. Deswegen aß ich nie mit ihnen zusammen an einem Tisch, damit ich nicht störte. Siok-lin trug ihrer Tochter Siok-tsin immer auf, mir das Essen in eine große eiserne Bettelschale zu füllen und nach oben aufs Zimmer zu bringen. A-Siongs zwei Sätze, die er, wenn ich zu Besuch war, mit mir wechselte, gingen nur über seine Lippen, weil er sich dazu verpflichtet fühlte. Er war immer schlechtgelaunt. Er sagte immer, seine Kollegen würden sich beim Vorgesetzten einschmeicheln und so schneller befördert werden. Er dagegen rackerte sich gesenkten Kopfes brav bis zum Umfallen ab, aber niemand würde es bemerken. Wenn der Chef darum wüsste, dass er so viel arbeitete, würde das aber auch nichts nützen. Denn er würde keine Bittgeschenke machen und abends auch nicht mit den andern zusammensitzen, trinken und tanzen gehen. A-Siong mochte nach wie vor gern aufregende, neue Sachen. Er kaufte sich ein Motorrad, kaufte einen Fernseher, und er war auch einer der ersten in unserer Verwandtschaft, die ein eigenes Telefon zuhause besaßen. Als Hei Yuan noch lebte, sagte er oft, wenn A-Siong weiter so viel Geld ausgeben würde, würde er mal als Bettler enden. Einmal wollte A-Siong einen Kühlschrank kaufen. Er schilderte mir die Vorzüge, die das hätte, wenn wir einen Kühlschrank besäßen.

„Wir hatten doch auch nie einen Kühlschrank! Wir sind trotzdem mit allem ausgekommen. Es ist doch nicht nötig, für sowas Geld auszugeben! Wenn du hier so ein Ding anschleppst, nehme ich die Axt und mache Kleinholz draus!" Obschon ich ihn so eingeschüchtert hatte, kaufte er trotzdem den Kühlschrank. Er kaufte sogar den allergrößten! Einen riesigen, weißen Kühlschrank! Mir tat es leid, dass er so hart arbeitete. Er sollte doch nicht so verschwenderisch mit seinem Geld umgehen. Er beschwerte sich, dass er immer Pech hätte. Das wäre doch nur deshalb so, weil seines Vaters Grab geomantisch an einem ungünstigen Ort gelegen wäre. Er bestellte verschiedene Fengshui Meister, die das Grab anschauen und beurteilen sollten. Jeder neue Fengshui-Meister sagte etwas anderes. A-Siong hörte ganz genau zu. Dann grub er seines Vaters Grab um und platzierte den Sarg um. Manchmal versetzte er das Grab. Mal änderte er die Richtung des Sargs. Alles kostete ein Heidengeld. Als er wieder einmal auf dem Weg war, um sich eine neue andere Grabstätte anzusehen, hatte er einen Motorradunfall und brach sich das Schlüsselbein und das Brustbein. Sein bester Freund, sie hatten sich ewiglich brüderliche Freundschaft geschworen, suchte für ihn einen Knochenbrecher, der am Abend vor dem Morgen, an dem er operiert werden sollte, noch in letzter Minute bei A-Siong vorbeikam und die verrutschten Knochen mit Gewalt wieder zurückschob. Ich sah, welch gewaltige Schmerzen er litt. Ich konnte nicht ertragen, es mitanzusehen.

A-Siong bewohnte mit seiner Familie den ersten Stock des Reihenhauses. Jedes Jahr zwischen Frühling und Sommer war die Zeit der Flohbisse. Siok-lin wischte tagtäglich alle Holzbetten, alle Böden feucht aus. Es war wirklich überall sehr sauber. Es war nicht zu begreifen, woher die Flöhe hergekommen sein sollten und dennoch roch es unangenehm stinkend von irgendwo her. Deswegen machte sich Siok-tsin eines Abends, als alle schon eingeschlafen waren, und sie die Flöhe wieder so sehr zerbissen, dass sie nicht in den Schlaf fand, daran, den Ursprung dieses Gestanks zu suchen. Sie drehte sich um, schlüpfte aus dem Moskitonetz nach draußen, schaltete das Licht ein, und ging dem Gestank nach. Er kam hinter einem großen Schrank hervor, der zwischen den Betten von ihr und denen ihres kleinen Bruders und ihrer kleinen Schwester stand. An jenem Abend war ich zufällig auch nachhause gekommen. Ich schlief hinten auf dem Tatamibett. Alle wurden durch sie aufgeweckt. Sie begann als erstes, auf ihren Vater zu zeigen und ihn zu beschimpfen, von wegen Großvaters Kleider hätte er in den großen Schrank getan und niemand hätte daran gedurft, um sie wegzuwerfen. Nur deswegen wären die Ratten ins Haus gekommen und hinter dem Schrank eingegangen. Nur deswegen hätten sie alle die Flöhe. Er sagte wohl immer, dass er damit, dass er ständig Großvaters Grab umziehen ließ, seiner Seele besonders gedachte. Aber das stimmte gar nicht.

„Dass du das so machst, ist doch selbstsüchtig! Was sonst? Du denkst bei der Umzieherei des Grabs doch nur an dich selbst! An wen denn sonst, bitteschön?" Siok-tsin sprach wie eine kleine Erwachsene. Ich hatte meine große Enkelin, die im Allgemeinen sehr wortkarg war, niemals zuvor so in Wut entbrannt gesehen! Sie war erst zwölf Jahre alt. A-Siong wusste auf diese Schimpftirade nichts zu erwidern. Noch am selben Abend machte sich die ganze Familie an die Arbeit. Sie zerlegten den großen Kleiderschrank und brachten ihn vor die Tür. Die Sachen aus dem Schrank taten sie alle an die Straße, damit sie abgeholt und weggeworfen werden konnten. Siok-tsin räumte die vertrockneten Ratten hinter dem Schrank fort. Zusammen mit Siok-lin wischte sie die Betten sauber. Erst um vier Uhr morgens waren die beiden damit fertig.

Das Leben ging weiter, immer im Rhythmus der heranrollenden Wellen am großen Strand unten an der Meeresblickgasse Wanghaixiang bei uns zuhause in Huazhai. Dass ich Nonne geworden war, war nun bestimmt schon fünfzehn Jahre her. Meine Klosterzelle hatte sich nicht verändert, sie war so schlicht wie am Tage, als ich sie zum ersten Mal sah und bezog. Die einfachen Möbel waren nicht mehr und nicht weniger geworden und standen immer noch am gleichen Platz.

Es hatte sich nichts auch nur einen Deut verändert. Ich war alt geworden. Es ging Tag um Tag bergab mit mir. Dass man alt wurde und im Tempel an Altersschwäche starb, war ja selbstverständlich und nur normal. Wie es einen dann schließlich dahinrafft, und wie man stirbt, das kann man sich zwar ausmalen, aber nicht planen. Ich erkrankte. Mein linkes Bein war so schwach und welk, dass ich nicht mehr laufen konnte. Ich hatte Fieber, das nicht mehr zurückging und bekam keinen Bissen mehr hinunter. Tag und Nacht lag ich im Betraum des Tempels. Ich schaute zum Fenster hinaus. Das Laub an den Bäumen am Hang hinter dem Tempel war saftig grün, dann wurde es gelb, dann braun, dann vertrocknete es und fiel von den Bäumen. A-Siong brachte mich zum Arzt, damit er mich untersuchte. Der Doktor in dem großen Krankenhaus sagte mir, dass ich an Knochenkrebs erkrankt wäre. A-Siong wollte, dass ich wieder zuhause einzog, damit Siok-lin mich pflegen konnte.

Dann schaute ein Kräuterarzt vorbei. Er klebte mir ein großes, mit Medizin getränktes Pflaster auf. Es war kalt und nahm mir für kurze Zeit die Schmerzen. Als zwei Tage später der Salbenverband gewechselt wurde, deckte er meinen Unterleib mit einem Tuch zu. Er meinte, so wäre es dann weniger peinlich. Als das neue Pflaster mit der Kräutermedizin aufgeklebt wurde, fühlte es sich wieder kalt an. Es nahm mir eine Zeitlang die Schmerzen. Ich konnte schon lange nicht mehr aufstehen und mich in meinem Bett auch nicht mehr aufrichten. Siok-lin drehte mich vom Rücken auf die Seite und bewegte meine Arme und Beine. Sie massierte und knetete mich am ganzen Leib, jeden Tag zweimal. Ich weiß nicht, ob sie das bereitwillig oder gezwungenermaßen tat. Ich bekam sehr viel Medizin, und schlief jeden Tag sehr lange. Als wäre mein Kopf irgendwie taub oder ich stumpfsinnig geworden, reagierte ich nicht mehr und dachte auch über nichts mehr nach. Kuan-á kam oft zu mir, A-Muâi kam auch von der Insel nachhause zurück, um mich zu besuchen. Sie streichelten mein Gesicht, zupften an meinen Händen. Sie sagten nichts groß. Es gab auch nichts zu sagen. Eines Abends musste ich ganz dringend pinkeln. Ich wollte unbedingt, dass A-Siong bei mir war: „A-Siong, ich muss pinkeln, komm schnell! Siong-tzu, schnell, schnell, ich kann nicht mehr anhalten, komm sofort!", schrie ich aus Leibeskräften. Meine Enkelin Siok-tsin sagte: „A-Siong und Siok-lin sind nicht zuhause." Sie wollte ein Tuch holen und es mir unterlegen, damit ich pinkeln konnte. „Nein, so will ich das nicht! Warum muss er nur mit der Frau zusammen aus dem Haus gehen und hat mich hier alleine gelassen. Seine Mutter muss pinkeln! A-Siong komm! Komm schnell!" Ich schrie immer lauter. Mit aller Kraft schrie ich so laut ich konnte. Schließlich pinkelte ich doch. Ich lag in meinem Urin und schämte mich so. Ich war so wütend, aber ich konnte nur ganz leise weinen.

Ich kehrte dann wieder in den Tempel zurück. Sie steckten mich in ein Seitenzimmer, das vom hinteren Laubengang abging. Ich wusste, dass dieses Zimmer im Tempel von Menschen bewohnt wurde, denen die Reise in Amithabas Nirwana bevorstand, und die in diesem Zimmer ihre letzten Tage verbrachten. Hier war äußerste Stille. Ganz selten hörte konnte ich das Sirren irgendwelcher Insekten hören. Tagsüber war das einfallende Tageslicht hier weich und sanft. Abends gab es ein schummriges Nachtlicht. Manchmal sah ich Leute kommen und gehen. Es gab welche, die mich wuschen, welche, die mir klares Wasser zu trinken gaben. Wenn ich keine Schmerzen spürte, hatte ich das Gefühl, als hätte ich den Rumpf meines Körpers verloren, als schwebte ich schwerelos im leeren Raum. Ich war benommen, schwebte vage im Schummer und wusste nichts mehr von Tag und Nacht, von Jahr und Tag.

„Mutter, Mutter, ich habe einen alten Arzt, der bereits im Ruhestand ist und nicht mehr praktiziert, gerufen, damit er dich einmal anschaut. Vielleicht weiß er ja, wie wir dir helfen können", hörte ich meinen Sohn A-Siong mir leise ins Ohr flüstern. Mit Mühe öffnete ich langsam die Augen. Ich strengte mich an zu sehen. Tatsächlich … Hei De, du warst es. Du warst mich besuchen gekommen! Dein Haar war grau und du trugst eine Brille. Aber ich hatte dich trotzdem wiedererkannt. Ich konnte dich immer noch sofort erkennen! Du schienst die vage Vermutung zu haben, mich schon einmal gesehen zu haben. Du sahst mir gerade in die Augen, betrachtetest mein Gesicht. Ich konnte nur meine Lippen bewegen, konnte kein einziges Wort sagen. Ich bekam keinen Ton heraus. Du schicktest A-Siong zur Tür hinaus, weil du mich gründlich untersuchen wolltest. Hei De, aber du öffnetest deinen dicken Arztkoffer nicht, sondern kamst an mein Bett und nahmst meine Hand. Du bücktest dich zu mir herab und sagtest mit leiser Stimme: „Djim-a , ich habe dich gleich wiedererkannt. Du hast dich sehr verändert. Du hast dich unglaublich verändert. Aber ich habe dich trotzdem sofort wiedererkannt. Das hat der Jadekaiser im Himmel so gewollt, dass wir uns noch ein letztes Mal wiedersehen.

Ich weiß, dass du viel zu schwach bist, um noch zu sprechen. Aber du kannst mich hören, Djim-a, nicht wahr?" Ich zwinkerte mit den Augen. Und ich weinte. „Djim-a, hör mir zu! Ich weiß nicht, wie dein Leben dir mitgespielt hat. Aber sei ganz beruhigt. Mir ist es gut ergangen. Auch meine beiden Kinder sind erfolgreich. Jetzt sind wir beide alt. Djim-a, es ist sehr gut, dass wir jetzt alt sind. Denn dann sterben wir, und im nächsten Leben werden wir beide zusammen sein. Hab keine Angst! Du gehst schon mal einen Schritt voraus. Aber ich werde ganz schnell bei dir sein. Wir bekamen keine Chance, in diesem Leben zusammen zu sein. Aber im nächsten wird es uns vergönnt sein. Du gehst schon mal einen Schritt voraus. Ich werde dann ganz schnell bei dir sein." Während du sprachst, liefen dir die Tränen über dein Gesicht. Deine Hand erwärmte mein eiskaltes, stockdunkles Loch. Das stockdunkle Loch fülltest du mit deiner Liebe für mich auf. In den letzten Augenblicken meines Lebens, war die pechschwarze Dunkelheit vorbei. Ich flog hoch hinauf übers Meer, wurde ein hell leuchtender Vollmond und erleuchtete die brandenden Wellen bei uns in Huazhai. Unsere beständig kommen- und gehenden Wellen zuhause.

Nonnen und Mönche buddhistischen Glaubens werden feuerbestattet. Als mein Leichnam fertig vorbereitet zum Verbrennen war, musste mein Sohn ihn anzünden. Es geschah im Krematorium. A-Siong verbrannte mich. Ich verbrannte gründlich, sauber, bis alles ganz rein und leuchtend war. Es wurden sogar ein paar kristallene Sarira Kugeln in meiner Asche gefunden. Nachdem meine Bestattung abgeschlossen war, ging A-Siong nachhause. Er ging die Treppen hoch. Plötzlich setzte er sich dort auf den Boden neben das Holz gezimmerte Bett. Er saß dort sehr lange. Er weinte, er schrie, er brüllte aus Leibeskräften: „Mutter, oh Mutter. Ich habe dich nicht absichtlich so angeschrien! Ich weiß nicht, warum ich so wenig Geduld mit dir hatte. Ich weiß nicht, warum jedes Gespräch zwischen uns dazu führte, dass ich dich anbrüllte! Mutter! Bitte vergib mir! Mutter! Dein dämlicher Sohn findet, dass dich nicht die geringste Schuld trifft. Warum also überhaupt über Verzeihen noch reden?" Die Stationen unseres Lebens, in dem wir zusammen Mutter und Sohn waren, hatten wir zuende gelebt. Nun kam etwas anderes. Mein Leben, das mit so viel Bedauern und Reue beladen gewesen war, hatte ich vollendet. 64 Jahre hatte es gedauert. Jetzt war ich froh und leichten Herzens.

A-Siong, mein Glückspfand, stellte meine Asche in das Kolumbarium in ein Fach gleich rechter Hand des Buddhas. Täglich kamen Leute zum Tempel, um Räucherkerzen zu verbrennen. Und sie kamen, um reinezumachen. Ich war zufrieden, denn ich wartete darauf, mein nachweltliches Leben mit Hei De zusammen zu verbringen.

NACHWORT DES VERLEGERS

Yen Min-Rus Roman «Im Zeichen der Jadeblüte» reiht sich ein in die reichhaltige chinesische Literatur, die ausserhalb des Festlandes gedeiht. Bei vielen dieser Autorinnen und Autoren spielen regionale Kontexte, Einbeziehung von Dialekten, historische Begebenheiten abseits der Metropolen und meist nur lose Bezüge zu Werken der chinesischen Klassik eine wichtige Rolle. Genau wie in der englischsprachigen Literatur, die nicht mehr länger nur von britischen und amerikanischen Erzeugnissen dominiert wird, weil es je länger desto mehr eine weltweite anglophone Literatur gibt, sind Bücher aus der chinesischen Diaspora oft viel spannender, als jene aus der Volksrepublik. Das hat nicht nur politische Gründe, weil die KP China etwa alles unter Kontrolle haben will und immer wieder Propaganda gegen geistige Verschmutzung macht, sondern auch, weil sich die chinesische Literatur – etwa in Taiwan, Malaysia, in Europa oder in den USA – mit anderen Lebenswelten konfrontiert sieht und fremde Einflüsse ohne falsche Scheu zu absorbieren versteht. Mal ganz zu sprechen von den vielen Autorinnen und Autoren chinesischer Herkunft, die irgendwo ausserhalb der Volksrepublik im Exil leben …

Wer chinesische Literatur auf Deutsch (oder eine andere nicht-chinesische Sprache) herausgibt, tappt oft in die Exotik-Falle. Will heissen: man veröffentlich entweder klassische Werke, die risikofrei sind; oder dann Imitationen von klassischen Werken, die sich ebenso an den alten Tugenden der chinesischen Klassik orientieren – etwa Familiensagas, historische Romane, buddhistische Werke. Eine Ausnahme bilden allenfalls Pu Sung-Lings unheimliche Geschichten, die weit über Märchen oder Sagen klassischer Provenienz hinausgehen. Aber ist die PRONG PRESS nicht selber in die Exotik-Falle getappt? Heisst das Buch von Yen Min-Ru auf Deutsch nicht «Im Zeichen der Jadeblüte», ein Titel, der in hohem Masse aus diesem klassischen Fundus früherer Werke zehrt? Auf Chinesisch lautet der Titel «Wo-men Y-ge Nü-ren», vom Verlag in Taiwan mit der englischen Bezeichnung «We, A Woman» versehen? Hätte man also den deutschen Titel einfach mit «Wir, eine Frau» übersetzen müssen? Hätte man machen können. Was dabei aber verloren gegangen wäre: Die wunderbare poetische Kraft von Yen Min-Rus Roman um drei aussergewöhnlich starke Frauen, die eine Art Geschichte Taiwans in den letzten 200 Jahren nachzeichnen. Mit all ihren faszinierenden historischen, kulturellen, literarischen, gastronomischen und individuellen Bezügen. Die Geschichte einer Insel, die ausserhalb des Mainstreams auf dem chinesischen Festland verläuft, schon seit Urzeiten. Besiedelt von austronesischen Stämmen, später von Zuwanderern insbesondere aus der Provinz Fujian, heimgesucht von portugiesischen und holländischen Kolonisatoren, Rückzugsgebiet für Piraten und Peking-ferne Herrscher wie der legendäre Koxinga. Schauplatz einer fünfzigjährigen japanischen Besetzung, 1945 zurückgegeben an die Republik China, unter der Herrschaft der Guomindang und dem Generalissimus Tschiang Kai-Shek, der drei Jahre später den Bürgerkrieg gegen die Kommunisten auf dem Festland verliert und sich mit über zwei Millionen Anhängern auf eben diese Insel zurückzieht, was dann unweigerlich zu grossen Spannungen mit der einheimischen Bevölkerung führt …

Aber Yen Min-Ru hat nicht in erster Linie einen politischen Roman geschrieben, sondern einen ganz klar feministischen und humanistischen, denn sowohl Pinggu, die berüchtigte Piratin, als auch Yuying (= Jadeblüte), die unter japanischer Besetzung Geisha wird, gehen vielleicht nicht unbeirrt, aber eigensinnig ihren Weg. Ebenso die Fischerstochter Aqin, die als Kind in den Haushalt ihres zukünftigen Ehemannes weggegeben wird. Yen Min-Ru erzählt die Geschichte dieser drei starken Frauen nicht einfach linear, sondern als kolossale Collage, abwechselnd, in vielen kleinen Szenen und Motiven, die ganz nah bei den Frauenfiguren angesiedelt sind. Dabei mischen sich lokale Begebenheiten, Dialektbezüge und -wörter, nautisches Wissen, minutiöse Beschreibungen mit historischen Bezügen, ohne dass der Bogen dabei je überspannt wird. Die aktuelle Regierung in Peking beansprucht das südchinesische Meer für sich; Pinggu beherrscht zeitweilig Teile davon – als Seeräuberin, Piratin, Freibeuterin. Die frühere Opposition, die nun auf Taiwan – demokratisch gewählt – an der Macht ist, versucht in jüngster Zeit, die japanische Kolonialherrschaft zu beschönigen; bei Yen Min-Ru passt sich Jadeblüte den Begebenheiten an, wird Geisha, bestreitet so ihren Lebensunterhalt und hat enge Kontakte zu einem taiwanischen Freund, der grosse Sympathien für die kommunistische Partei, auch jene im japanischen Untergrund, hegt – und der auch für sie aktiv ist. Mit Aqin, der Fischerstochter, deren Leben von archaischen Bräuchen beeinflusst wird, ist die Autorin ganz nahe auch bei der regionalen Kultur in Taiwan und auf kleineren Inseln wie Penghu.

Und ihre Schreibtechnik mit Collage-Elementen, vielen kleinen Szenen, wirkt so lebendig und erfrischend, wie ein Bad im Meer vor der taiwanischen Küste, das wiederum eine Menge Gefahren birgt …
Die sprachstarke Übersetzung von Martina Hasse, der renommierten Sinologin aus Hamburg, trägt dem Stil von Yen Min-Ru grossartig Rechnung. Lokales mischt sich mit Wörtern und Redewendungen aus dem Dialekt, zeichnet poetische Elemente ebenso wie grässliche Flüche und Zoten der Piraten nach. Dieser Roman beinhaltet so viele Aspekte, die man als aufmerksame Leserin mit Staunen zur Kenntnis nimmt und denen man gerne nachsinnen möchte. Auch das Innenleben der drei Protagonistinnen kommt dabei niemals zu kurz. Durch ihre Lebensumstände und biografischen Prägungen erfährt man sehr viel über die Dynamik und Konflikte der Kultur in der chinesischen Diaspora rund um Taiwan. Nicht zuletzt das Streben nach Unabhängigkeit und Freiheit prägt sowohl die drei Frauen Pinggu, Yuying und Aqin – genauso wie die Gesellschaft, in der sie leben.

Als Fazit kann man nur sagen: Die Falle der Exotik ist sowohl in der chinesischen Originalausgabe des Buches, als auch in der kongenialen Übersetzung auf Deutsch mit grosser Gewandtheit umschifft worden! Für das Lesepublikum kann das nur heissen: Segel setzen, in den Sonnenuntergang fahren und auf das nächste Werk von Yen Min-Ru warten!

Rolf Bächi, Embrach, Juli 2023

WEITERE PRONG PRESS-TITEL ZUM THEMA

Chu Wen-Huei: Sprachspass; Sachbuch Sprachen; illustriert; 172 Seiten; ISBN: 978-3-906815-05-3; 3. Auflage Okt. 2020 - Eine Gegenüberstellung von deutschen und chinesischen Sprichwörtern und Redewendungen vom Autor mit vielen kleinen Geschichten erzählt.

Chu Wen-Huei (Hrsg.): Hsiao Hsun (Anthologie); llustrationen: Meret Bächi; eine Anthologie mit alten und neuen Geschichten zur kindlichen Pietät; ISBN: 978-3-906815-16-9; 252 Seiten; 1. Auflage 2018 - Die 24 Geschichten kindlicher Pietät gehören in China zum Kanon der Kultur; sie sind ein Schatz der Tradition; doch China hat sich in den letzten Jahrzehnten rasant gewandelt – wie kann man die Kindespietät heute ausdrücken und ausleben; Autoren und Autorinnen aus China, Taiwan, Singapur, Malaysia, Deutschland, Tschechien und der Schweiz formulieren moderne Versionen dieser Denkweise.

Li Ang: Sichtbare Geister, Roman; Übersetzung: Martina Hasse; Illustrationen Katja Möltgen ISBN: 978-3-906815-40-1; 356 Seiten; 2021 - Li Ang beschreibt das Schicksal von fünf Frauen/Frauenpaaren. Diese entsprechen den traditionellen Himmelsrichtungen im chinesischen Kulturraum: Osten – Norden – Mitte – Süden und Westen. Sie alle haben Gewalt erfahren, sind geschlagen, gefoltert oder getötet worden und finden nun keine Ruhe. Doch sie geistern nicht einfach herum und rächen sich, sondern finden in ihrer radikal anderen Existenz eine neue Identität. Traditionelle Motive und moderne Denkweisen bilden so ein meisterliches Werk der zeitgenössischen Literatur.

Sandy Taikyu Kuhn Shimu: Mit Buddha Tee trinken, eine Einführung in die chinesische Teezeremonie; Illustrationen: Meret Bächi; ISBN: 978-3-906815-17-6; 200 Seiten; 2019 - Die Kampfkunst- und Zen-Meisterin Sandy Taikyu Kuhn Shimu hat in Taiwan die chinesische Teezeremonie kennen- und lieben gelernt. In ihrem Buch zeigt sie nicht nur die Zubereitung der in Taiwan berühmten Oolong-Teesorten auf, sondern auch deren Hintergründe und die Einbettung in die uralte chinesische Philosophie und Kultur.

DSCHILLY Chinesisch; Memo-Spiel in Stülpschachtel; 2x48 Kärtchen; Design: Meret Bächi; ISBN: 978-3-906815-03-9; Juni 2017